LERNTIPPS

Kunst- und Bauwerke verstehen

Kunstwerke wie Bilder und Statuen, aber auch Bauwerke wie Kirchen, Schlösser oder Rathäuser können geschichtliche Quellen sein. Denn die Wahl eines Themas und die Art der Gestaltung sind nicht nur Ausdruck individueller künstlerischer Vorstellungen, sie enthalten immer auch Hinweise auf die Zeit (Epoche), in der ein Kunst- oder Bauwerk entstand.
Antworten auf folgende Fragen helfen, sie zu verstehen:

1. Welche Informationen gibt uns der Titel oder der Name des Kunst- bzw. Bauwerkes?
2. Werden Personen dargestellt? Wenn ja: Wer sind sie? Wie stehen sie zueinander?
3. Welche Gegenstände sind zu erkennen? Haben sie eine bestimmte Bedeutung?
4. Welche Materialien und Farben wurden verwendet?
5. Fallen weitere Besonderheiten auf?
6. Wer war der Künstler?
7. War das Kunst- oder Bauwerk eine Auftragsarbeit? Wer gab den Auftrag?
8. Gab es einen bestimmten Anlass zur Entstehung des Kunstwerkes? Diente es einem bestimmten Zweck?
9. Wo wurde es wann gemacht, gezeigt bzw. errichtet?

Berücksichtige bei der Untersuchung eines Kunst- oder Bauwerkes deine Kenntnisse aus dem Kunstunterricht, oder informiere dich über Kennzeichen der künstlerischen Epoche, aus der es stammt.
Oft wirst du nicht auf alle Fragen Antworten finden können. Aber auch einzelne Hinweise tragen zum besseren Verständnis dieser Quellen bei.

Siehe hier die Beispiele auf den Seiten 35, 120 f.

Schaubilder erklären

In einem Schaubild lässt sich übersichtlich darstellen, wie ein Staat oder eine Gesellschaft aufgebaut waren und vieles mehr. Es kann gut Zusammenhänge und Beziehungen zwischen Teilen eines Ganzen darstellen.
Beispiel Verfassung: Sie legt fest, wer regiert, also die Macht im Staat hat, wie der Staat aufgebaut ist, welche Rechte und Pflichten die Bürger haben.
Überlege zunächst, an welcher Stelle des Schaubildes du am besten mit der Beschreibung beginnst. Halte auch danach eine sinnvolle Reihenfolge ein. Wichtig sind die Beziehungen zwischen den Bestandteilen eines Schaubildes. Beachte die verwendeten Zeichen. Manchmal ist die Form des Schaubildes wichtig für die Deutung. Prüfe, welche Begriffe du erklären solltest.
Mögliche Arbeitsfragen:

1. Welche Ämter und Einrichtungen werden erwähnt? Wer hat Zugang zu ihnen, wer nicht?
2. Welche Teile der Bevölkerung werden genannt, welche nicht?
3. Wer arbeitet mit wem zusammen? Wobei?
4. Wer hat welche Aufgaben, Rechte oder Pflichten?
5. Wer hat wie viel Macht? Ist jemand von der Macht ausgeschlossen?

Schreibe die Antworten jeweils auf, ordne sie auf einem Stichwortzettel und präge sie dir ein. Trage die Ergebnisse möglichst frei vor.

Im Buch findest du verschiedene Typen von Schaubildern, siehe Seite 13, 15, 16, 33, 80, 95, 116, 165, 166 und 208.

Karten auswerten

Geschichtskarten behandeln in der Regel ein besonderes Thema und beziehen sich dabei auf eine bestimmte Zeit und einen ausgewählten Raum (z. B. Land).
Mögliche Leitfragen:

1. Worüber informiert die Karte? Was zeigt sie nicht?
2. Auf welche Zeit(en) und Region(en) bezieht sie sich? Zeigt sie einen Zustand oder eine Entwicklung?
3. Welche Bedeutung haben die Zeichen der Legende (Zeichenerklärung)?
4. Welche Bodenschätze, Industrien o. Ä. waren wann, wo, in welchem Umfang vorhanden?

Wenn du alle Informationen verknüpft und im Zusammenhang betrachtet hast, kannst du das Ergebnis aufschreiben oder vortragen.

Welche Informationen du einer mittelalterlichen Karte entnehmen kannst, zeigt dir der Lerntipp „Karte und Weltbild" auf Seite 144 f.

LERNTIPP → *Dieses Logo zeigt dir auf den Seiten dieses Buches weitere Lerntipps oder erinnert dich an die Informationen auf diesen Vorsatzblättern.*

LERNTIPPS

Internet für Einsteiger

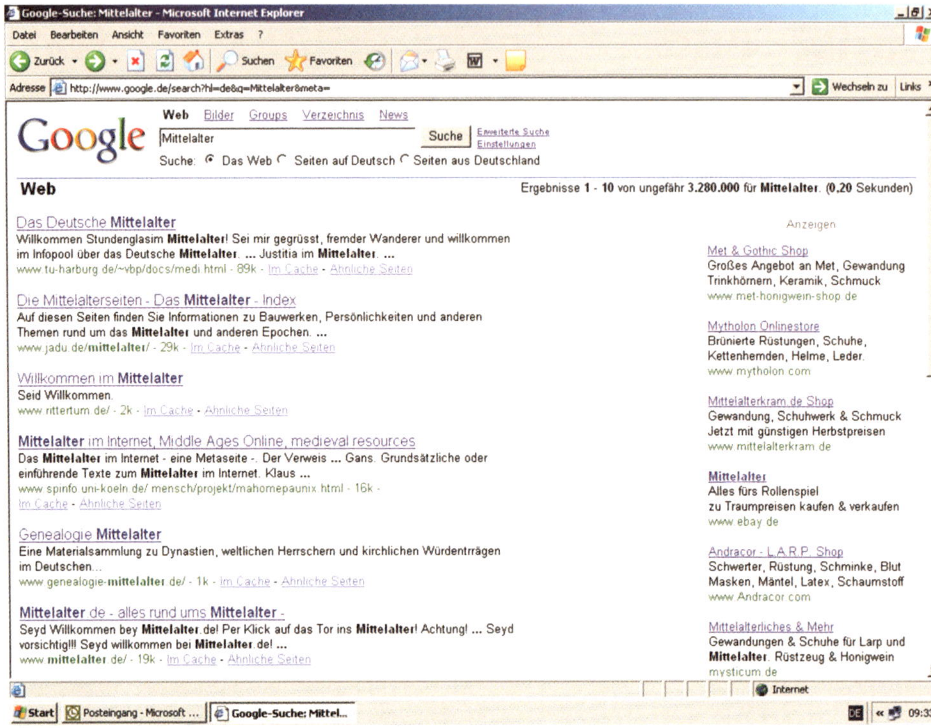

Trefferliste bei Google.

Was ist das Netz?
Das Internet ist ein internationales (weltweites) Netz, das Millionen von Computern verbindet. Wer dieses *World Wide Web* nutzen will, muss seinen Computer zunächst über ein **Modem** mit der Telefonleitung verbinden. Dann braucht man einen **Browser**: ein (Software-)Programm, das Texte, Grafiken, Bilder, Filme aus dem Internet auf den Bildschirm und Töne in die Lautsprecher bringt.

Informationen per Mausklick
Das Internet enthält Daten aller Art. Für den Geschichtsunterricht können Informationen aus Wörterbüchern und Nachschlagewerken ebenso wichtig sein wie Mitteilungen von Museen, Universitäten, Bibliotheken und Schulen. In diesem Buch findest du einige Adressen interessanter Homepages, die dir geschichtliche Informationen bieten. Die genannten Einrichtungen stellen auf den **Startseiten** ihr Web-Angebot vor. Angegebene Links (Querverweise) führen dann zu weiteren **Websites**. Wenn man sich per Mausklick von einer Seite zur nächsten hangelt, nennt man das „surfen".

Finden, was man sucht
Fehlt einem die Adresse für eine gewünschte Information, braucht man eine **Suchmaschine** wie *www.google.de*. In dieses spezielle Programm tippt man möglichst genaue Stichwörter ein. Sonst brechen zu allgemeine Informationen über einen herein. Ein Suchprogramm durchkämmt nur einen Teil des Internets. Findet es nicht das Gewünschte, können andere Suchmaschinen beauftragt werden.

Downloading mit Lesezeichen
Inhalte einer Website können auf den eigenen Computer kopiert werden. Das nennt man **Downloading** (*Herunterladen*). Webadressen, die regelmäßig abgefragt werden sollen, können als „Lesezeichen" oder „Favoriten" abgespeichert werden. Sie sind damit leicht wiederzufinden.

Vorsicht ist Pflicht
Da weltweit jeder seine Angebote unkontrolliert ins Internet stellen kann, sind sie stets kritisch zu prüfen, beispielsweise mithilfe neuerer Nachschlagewerke (Lexika). Alle Mitteilungen aus dem Internet müssen wie Zitate aus Büchern nachgewiesen werden, damit andere sie auch nachlesen können. Abgesehen davon: Surfen ist nicht kostenlos! Außerdem: Informationen allein bringen nicht viel. Erst der gekonnte Umgang mit ihnen ermöglicht Erkenntnisse.

Selbst im Internet aktiv
Auch eigene Arbeitsergebnisse können auf einer Website präsentiert werden. Über **E-Mail** (elektronische Post) kann man auf dem Computer geschriebene Briefe und andere Texte weltweit an bestimmte Empfänger verschicken. Per Mausklick geht das blitzschnell.

Internettipps stehen an vielen Stellen des Buches. Beachte, dass sich die Angaben im World Wide Web häufig ändern!

Das waren Zeiten

2

Zwischen Antike und Renaissance

herausgegeben von
Dieter Brückner
und
Harald Focke

C.C. BUCHNER

Das waren Zeiten – Hessen

Unterrichtswerk für Geschichte an Gymnasien, Sekundarstufe I

Band 2 für die Jahrgangsstufe 7

Herausgeber: Dieter Brückner und Harald Focke

Bearbeiter: Peter Adamski, Dieter Brückner, Harald Focke, Klaus Gast, Hannelore Lachner und Martina Tschirner

Lektorat: Klaus Dieter Hein-Mooren

Gestaltung: Peter Lowin

Dieses Werk folgt der reformierten Rechtschreibung und Zeichensetzung. Ausnahmen bilden Texte, bei denen künstlerische, philologische und lizenzrechtliche Gründe einer Änderung entgegenstehen.

1. Auflage ^{321} 2009 2008 2007
Die letzte Zahl bedeutet das Jahr dieses Druckes.
Alle Drucke dieser Auflage sind, weil untereinander unverändert, nebeneinander benutzbar.

www.ccbuchner.de

Einband: Artbox Grafik & Satz GmbH, Bremen
(unter Verwendung eines Teils des Freskos *„Die Folgen des guten Stadtregiments"*
von Ambrogio Lorenzetti, Sala della Pace, Siena, Palazzo Pubblico, um 1337-40)

Herstellung, Grafik und Karten: Artbox Grafik & Satz GmbH, Bremen

Druck- und Bindearbeiten: Pustet, Regensburg

ISBN 978-3-7661-**4712**-7

Inhalt

Rom – vom Dorf zum Weltreich

Von der Antike zum frühen Mittelalter

Leben im Mittelalter

Europa auf dem Weg in die Neuzeit

Kampf um den Glauben?

Das waren Zeiten oder: Wie sich die Zeiten ändern

Liebe Schülerinnen und Schüler,

erinnert ihr euch? Ihr habt erfahren, wie aus Jägern und Sammlern Bauern, Handwerker und Händler wurden. Ihr habt die Hochkultur der Ägypter kennengelernt und gesehen, wie die Griechen gelebt haben und wie mühsam ihr Weg zur Demokratie war. Gleichzeitig konntet ihr erste Erfahrungen im Umgang mit historischen Quellen, Bildern und Karten sammeln.
Jetzt liegt der zweite Band eures Geschichtsbuches vor euch, der euch auf eurem Weg durch die römische Geschichte, das Mittelalter und die Neuzeit begleiten wird.
In der Darstellung findet ihr gelbunterlegte Wörter: Diese Begriffe sind besonders wichtig. Auf den am Rand gelbgefärbten Seiten haben wir wieder Materialien zusammengestellt. Damit könnt ihr euch zu wichtigen Themen ein eigenes Bild machen.
Unsere Arbeitsvorschläge helfen euch, Methoden für den Umgang mit der Geschichte zu üben. Welche Erwartungen hinter den Arbeitsvorschlägen stecken, könnt ihr auf den inneren Umschlagseiten vorne und hinten im Buch nachlesen. Dort findet ihr auch kurze methodische Anregungen für den Umgang mit Texten, Bildern, Karten, Grafiken, Statistiken und dem Internet. Auf besonderen Lerntipp-Seiten führen wir euch an bestimmten Beispielen in bestimmte Arbeitsmethoden ein. Ein grüner Button bei den Arbeitsvorschlägen kennzeichnet zusätzliche Hinweise und Übungen.

Die Projekt-Seiten stellen Themen vor, die ihr nicht nur in der Schule behandeln könnt. Sie geben ebenso wie die Internet- und CD-ROM-Tipps Anregungen, eigene Wege im Umgang mit der Geschichte zu finden.
Damit ihr nicht den Überblick verliert, findet ihr nach jedem großen Kapitel zwei „Was war wichtig?"-Seiten, auf denen das Grundwissen wiederholt und der Inhalt zusammengefasst wird. Vielfältige Anregungen und Exkursionstipps runden diese Seiten ab.
Alle wichtigen Daten, Begriffe und Personen werden im Anhang nochmals aufgeführt.
Das Stichwort- und das Namensregister (siehe „Wo steht was?" und „Wer steht wo?") helfen euch bei der gezielten Suche nach Informationen.
Die Lesetipps zum Schluss des Buches bieten eine Auswahl unterhaltsamer, spannender und informativer Jugendbücher.

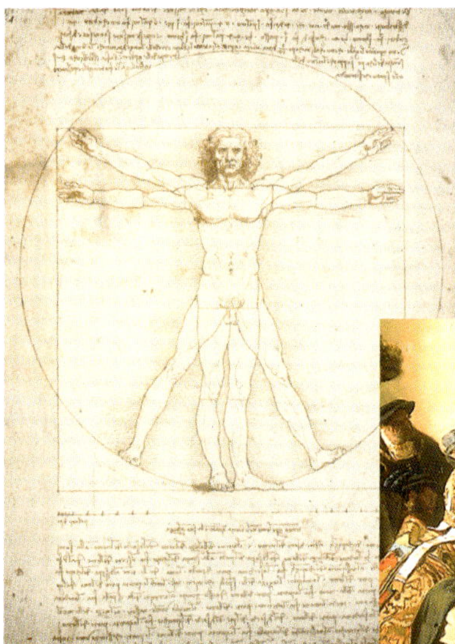

Du bist wie immer ein schlechter Verlierer, Remus!" Spöttisch und verärgert zog Romulus die Mundwinkel nach unten und ging ein paar Schritte weiter. Seit einiger Zeit mäkelte sein Zwillingsbruder an allem herum, was er anordnete oder tat. Offensichtlich konnte er es nicht verwinden, dass er, Romulus, nun König der Stadt sein würde, die sie gemeinsam mit anderen Männern hier auf dem Palatin, einer der Anhöhen über dem Tiber, gründen wollten. Romulus spürte den bohrenden Blick seines Bruders. Er drehte sich noch einmal um. „Was willst du? Die Götter haben ihren Willen unmissverständlich kundgetan, indem sie mir zwölf, dir aber nur sechs Geier geschickt haben. Du solltest dich dem Götterwillen fügen." Als er das verschlossene Gesicht des Remus sah, fügte er hinzu: „Ich bin mit all den anderen Männern hierher gekommen, um eine Stadt zu gründen, und niemand wird mich davon abhalten – auch du nicht. Hier ist nur Platz für einen König. Und der bin ich. Auf keinen Fall wirst du verhindern, dass die Stadt meinen Namen trägt: Roma!" Während Remus trotzig die Fußspitze in die Erde bohrte, ergriff Romulus wortlos den Pflug. Feierlich schritt er hinter dem Gespann mit einem weißen Ochsen her. Die Furche, die er auf dem Hügel zog, nahm allmählich die Form eines Quadrates an. Auf ihr sollte sich bald Roms Stadtmauer erheben. Als Romulus die Furche vollendet hatte, blickte er stolz auf sein Werk. „Die Stadt wird ewig stehen; die Götter schützen sie. Kein Bewaffneter darf sie betreten, denn sie ist heilig. Kein Feind soll je ihre Mauern überwinden, ohne dafür mit dem Tod zu büßen …"
Noch bevor Romulus zu Ende gesprochen hatte, zog Remus, auf den er gar nicht mehr geachtet hatte, sein Schwert und rief herausfordernd: „Dann versuche doch, mich aufzuhalten, wenn du dich traust! Mich wird deine „Mauer" nicht aufhalten." Mit einem weiten Satz sprang er über die Furche. Romulus wurde blass vor Zorn. Er zog ebenfalls seine Waffe, setzte dem Bruder nach und schlug auf ihn ein, bis er sich nicht mehr regte. Als er endlich wie aus einem tiefen Rausch wieder zu sich kam, stieß er keuchend hervor: „Bei meinem Vater Mars, so soll es jedem ergehen, der es wagt, Roms Mauern zu missachten."

Dieter Brückner

Die „Kapitolinische Wölfin".
Etruskische Bronzefigur, um 500 v. Chr. Die Figur soll auf dem Kapitol, einem der sieben Hügel Roms, gestanden haben. Das Kapitol war der religiöse Mittelpunkt der Stadt (ähnlich der Akropolis in Athen).

Rom – vom Dorf zum Weltreich

Wann beginnt die Geschichte Roms?

1 Aus der Gründungssage Roms.
Münze, Anfang des 2. Jh. v. Chr. Welcher Augenblick der Gründungssage ist dargestellt?

Sage …
Dass *Romulus* Rom gegründet habe, lernten später auch die römischen Kinder in der Schule. Sogar den angeblichen Gründungstag hatten römische Geschichtsschreiber festgelegt: den 21. April 753 v. Chr.
Von der Kindheit der Zwillinge berichtet die Sage, dass sie Söhne der Königstochter *Ilia* waren, zu deren Vorfahren der Trojaner *Aeneas* gehörte. Dieser große Held der griechischen Sage und Sohn der Göttin *Venus* sei mit seinen Leuten aus dem brennenden Troia geflohen und nach langen Irrfahrten in Italien gelandet. Und der Vater der Kinder? Laut Sage war es der Kriegsgott *Mars*.
Trotz ihrer besonderen Herkunft sei Ilia großes Leid widerfahren: Der Sage nach trieb ein machtgieriger Onkel sie in den Tod und setzte ihre beiden Säuglinge in einem Körbchen auf dem Tiber aus. Ans Ufer gespült, blieb dieses an einem Feigenbaum hängen. Dort fand eine von ihrem Vater Mars gesandte Wölfin die Zwillinge, säugte sie und bewahrte sie vor dem Verhungern. Ein Hirte entdeckte die Kinder und zog sie mit seiner Frau groß.
Später nahmen sich beide vor, nahe dem Ort ihrer wunderbaren Rettung eine Stadt zu gründen, wobei es zu dem Brudermord an Remus gekommen sein soll. Die Sage berichtet weiter, dass Romulus, der erste König der Stadt, nach seinem Tode in den Kreis der Götter aufgenommen worden sei. Sechs weitere Könige hätten nach ihm noch die Stadt regiert, bevor dann im Jahre 510 v. Chr. der siebente mit Namen *Tarquinius Superbus* (zu Deutsch: *„Tarquinius der Überhebliche"*) von den Römern vertrieben worden sei.

… und Wirklichkeit
Soweit die sagenhafte Überlieferung. Wie aber ist es wirklich gewesen? Archäologen haben im Bereich der Hügel am Tiber zweierlei gefunden: Spuren von einfachen Lehmhäusern und Gräbern aus dem 11. bis 9. Jh. v. Chr. Daraus schließt man, dass sich schon lange vor Roms angeblichem Gründungsjahr italische Völker dort niedergelassen hatten.
Im 7. Jh. v. Chr. muss der Ort für die *Etrusker* interessant geworden sein. Etruskische Könige aus verschiedenen Familien übernahmen dort die Herrschaft. Eine von ihnen trug den Namen *Ruma*. Die Zahl der Einwohner wuchs während der Monarchie, in der nur ein Einzelner von vornehmer Abstammung die Macht hatte. Vielen Einwanderern wurde **Asyl** (*Zuflucht*) gewährt. Es wurden Tempel, Häuser aus Stein und eine Brücke über den Tiber errichtet, die erste Kanalisation gebaut, ein großer Markt angelegt und die auf diese Weise allmählich entstandene Stadt mit einer Mauer umgeben. Die ältesten Überreste der Stadtbefestigung datieren die Archäologen auf die Zeit um 600 v. Chr.

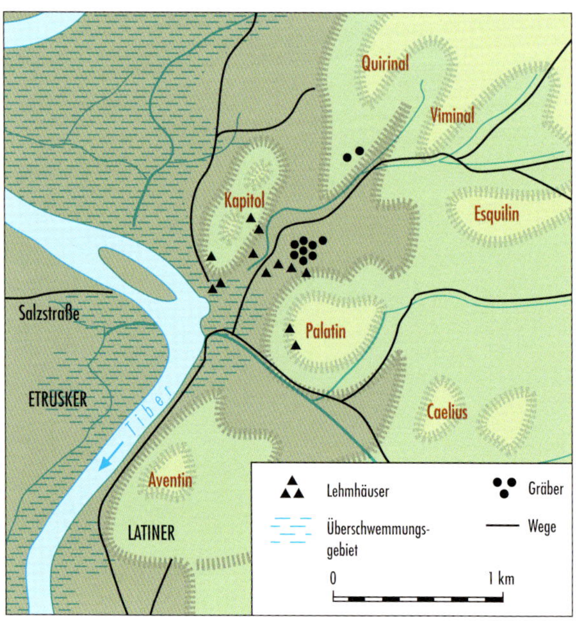

2 Rom – die Hügel, um 900 v. Chr.
Auf dem Palatin soll Romulus der Sage nach seine Furche für die Stadtmauer gezogen haben.

1. *Schau dir die Karten auf Seite 8 und 9 genau an und stelle fest, welche Vorteile die Gegend für die Gründung einer Stadt bot.*
2. *Überprüfe, ob du in der Sage einen Teil der tatsächlichen Entstehungsgeschichte wiederfinden kannst.*
3. *Überlege, weshalb die Römer auf ihre Herkunftssage besonders stolz waren.*

3 **Italien zur Zeit der größten etruskischen Ausdehnung, Ende des 6. Jh. v. Chr.**

4 **Etruskisches Ehepaar.**
Terrakottafiguren auf einem Sarkophag (Prunksarg), um 525 v. Chr.

Die Etrusker – ein rätselhaftes Volk

Die Etrusker lebten im nördlichen Italien, dehnten ihren Einfluss aber über Rom nach Süden aus. Sie hatten eine fremdartige Kultur. Bereits die Geschichtsschreiber der Antike nahmen deshalb an, dass sie von weit her nach Italien eingewandert seien, etwa aus dem Gebiet der heutigen Türkei.

Vor ihren Städten legten die Etrusker große Gräberstädte an. In den hausförmigen Grabanlagen fand man bunte Wandmalereien. Sie zeigen ihre Bewohner bei alltäglichen Beschäftigungen. Beispielsweise stellten sie aus gebranntem Ton (*Terrakotta*) kunstvolle Figuren her. Sie waren Meister in der Metallverarbeitung und schufen großartige Darstellungen von Menschen und Tieren – wie die „Kapitolinische Wölfin" – aus Bronze.

Was die Etrusker aufgeschrieben haben, können wir lesen, weil ihr Alphabet griechischen Ursprungs ist. Wir kennen aber nur einen kleinen Teil ihrer Sprache. Denn die Inschriften sind kurz und enthalten fast immer dieselben Wörter – vergleichbar den Grabsteinen auf unseren Friedhöfen. Aus diesen Inschriften wissen wir: Die Kinder wurden oft nach ihrer Mutter genannt. Wir schließen daraus, dass die Frauen der Etrusker ähnliche Rechte besaßen wie ihre Männer.

Hochentwickelt war bei den Etruskern die Kunst, den Willen der Götter – und damit die Zukunft – zu erforschen. Bevor sie eine wichtige Entscheidung, zum Beispiel über einen Kriegszug, trafen, opferten sie ihren Göttern und untersuchten die Leber und andere innere Organe der Opfertiere. Darüber hinaus deuteten sie die Flugbahnen der Vögel am Himmel und den Verlauf der Blitze bei einem Gewitter. So versuchten sie herauszufinden, ob die Götter mit ihrem Tun einverstanden waren oder nicht.

5 **Etruskisches Stadttor.**
Foto, um 1980.
Porta Giove in Falerri bei Viterbo, 4. bis 3. Jh. v. Chr.
Das Bild zeigt, welche Erfindung der Etrusker für die römische Bautechnik unentbehrlich wurde. Die Antwort findest du durch Vergleiche. Betrachte die römischen Wasserleitungen (Seite 43) und das Kolosseum (Seite 48).

LERNTIPP

M 1 Gastmahl. *Etruskische Wandmalerei, um 460 v. Chr., kolorierte Durchzeichnungen von Carlo Ruspi, 1832 (Ausschnitt).*

M 2 Ein Grieche über die Etrusker und Römer

Der griechische Geschichtsschreiber Diodor aus Sizilien, der im 1. Jh. v. Chr. eine Weltgeschichte in 40 Büchern verfasste, berichtet:

Es bleibt uns noch übrig, von den Etruskern zu sprechen. Dieses Volk, das sich von alters her durch Tapferkeit auszeichnete, eroberte viel Land und gründete zahlreiche ansehnliche Städte, gleichzeitig beherrschte es aufgrund seiner Seemacht lange Zeiten das Meer […]. Auch ihre Landstreitkräfte bildeten die Etrusker mit großem Eifer aus […]. Dazu verstanden sie es, den obersten Beamten das nötige Ansehen zu verschaffen, indem sie ihnen die Liktoren* beigaben und den elfenbeinernen Stuhl und die purpurgesäumte Toga** verliehen. Im Häuserbau erfanden sie die Vorhallen, eine gute Hilfe, die Störungen durch das Gedränge der aufwartenden Volksmenge zu vermeiden. Das meiste davon haben die Römer nachgeahmt und es – noch verschönert – in ihr eigenes Gemeinwesen übernommen. Auf die Weiterbildung der Wissenschaften und die Natur- und Götterlehre haben sie viel Eifer verwendet. Sie haben die Beobachtung und Deutung des Donners und Blitzes mehr als alle übrigen Menschen ausgebildet, um die göttlichen Vorzeichen durch den Donner auszulegen.

Das Land, das sie bewohnen, ist in jeder Weise fruchtbar, und sie gewinnen durch seine Bearbeitung eine nicht endende Fülle an Feldfrüchten, die ihnen über den nötigen Unterhalt hinaus reichlichen Genuss und Schwelgerei ermöglichen. Zweimal am Tage lassen sie sich nämlich köstliche Speisen auftischen, und sie lassen sich auch alles andere zukommen, was zu übermäßiger Üppigkeit gehört: Bunte Teppiche mit Blumen breiten sie beim Mahle aus, eine Menge silberner Trinkgefäße von allen Formen stehen bereit, und eine große Zahl von Sklaven steht jederzeit dienend zur Verfügung.

Walter Arend (Bearb.), Altertum. Geschichte in Quellen, München ^{3}1978, S. 391 (vereinfacht)

* *Über Liktoren findest du auf Seite 13 weitere Informationen.*

** *Zur Toga siehe Abb. 1, Seite 11.*

1. *Beschreibe das Wandgemälde (M 1), und vergleiche mit dem Bericht Diodors (M 2).*
2. *Der Sarkophag (Abb. 4, Seite 9) und das Bild (M 1) könnten dich an ähnliche Darstellungen der Griechen erinnern. Was die Frauen betrifft, wirst du jedoch einen wichtigen Unterschied entdecken. Erläutere ihn.*
3. *Was sagen Sarkophag und Wandgemälde über die Vorstellungen der Etrusker vom Leben nach dem Tod aus?*

Rom wird Republik

Wer bestimmt im frühen Rom?
Nachdem die Römer im Jahr 510 v. Chr. ihren letzten König für immer aus der Stadt verbannt hatten, bezeichneten sie ihren Staat als Republik*, das bedeutet „öffentliche Angelegenheit" (lat. *res publica*). Wer aber sollte nun in dieser Republik regieren, das Heer führen, als Priester den Willen der Götter erkunden, oberster Richter sein? Diese Aufgaben waren bisher dem König vorbehalten.
Die königliche Macht teilten die Patrizier unter sich auf. Sie stammten von den Männern ab, die angeblich zusammen mit Romulus die Stadt gegründet hatten und galten als die „Väter" (lat. *patres*) Roms. Damit die Patrizier, die über umfangreichen Landbesitz verfügten, ihre Vorrechte behalten konnten, war ihnen die Heirat mit den übrigen Bürgern verboten.
All diese waren für sie **Plebejer**, die Volksmenge (lat. *plebs*). Zu ihnen zählten die Bauern, Handwerker, Händler und Tagelöhner – der bei weitem größte Teil der Römer.

Streit zwischen Patriziern und Plebejern: die Ständekämpfe
Die Plebejer wussten, dass die Patrizier sie als Arbeitskräfte brauchten. Sie wussten auch, dass Rom sie im Krieg benötigte. Dort waren die plebejischen Fußsoldaten wichtiger geworden als die patrizischen Reiter.
Was lag da für die Plebejer näher, als zu streiken, um ihre Stellung zu verbessern? Im Jahre 494 v. Chr., als das Heer für einen Krieg versammelt werden sollte, zogen sie der Überlieferung nach aus der Stadt auf den nahen „Heiligen Berg" und stellten Bedingungen für ihre Rückkehr.

Die unterlegten Begriffe werden am Ende eines Kapitels und im Anhang des Buches noch einmal erklärt.

Die Plebejer setzen sich durch
In den **Ständekämpfen** errangen die Plebejer mit der Einführung des Amtes der **Volkstribunen** einen ersten Erfolg. Seit 450 v. Chr. gab es zehn Volkstribunen, die jährlich gewählt wurden. Sie hatten die Aufgabe, Leben und Vermögen der Plebejer zu schützen, und waren in ihrem Amt unverletzlich (*sakrosankt*). Denn angeblich hatten die Plebejer geschworen, Rom sofort wieder zu verlassen, falls einem der Volkstribunen auch nur ein Haar gekrümmt werde. Die Volkstribunen erhielten das Recht, gegen Amtshandlungen der Patrizier ihr **Veto** einzulegen (lat. *veto*: ich verbiete). Darüber hinaus beriefen sie Versammlungen der Plebejer ein, auf denen **Plebiszite** (*Volksbeschlüsse*) gefasst werden konnten.
In den folgenden 200 Jahren erstritten die Plebejer weitere Zugeständnisse:
- Sie wurden an der Wahl der Heerführer beteiligt (vor 450 v. Chr.).
- Alle gültigen Gesetze wurden auf Bronzetafeln veröffentlicht (*Zwölf-Tafel-Gesetz*, um 450 v. Chr.).
- Das Heiratsverbot zwischen Patriziern und Plebejern wurde aufgehoben (445 v. Chr.).
- Die Plebejer konnten in die höchsten Staatsämter gewählt werden (367 v. Chr.).
- Kein Römer konnte mehr wegen Überschuldung versklavt werden (Aufhebung der Schuldknechtschaft, 326 v. Chr.).
- Plebiszite der Plebsversammlung erhielten Gesetzeskraft, d. h. auch Patrizier mussten sie befolgen, obwohl sie nicht an diesen Versammlungen teilnehmen durften (287 v. Chr.).

1 Der „Volksredner".
1,85 m hohe Bronzefigur, um 80 v. Chr.
Der Mann trägt eine **Toga** *mit einem eingewebten Streifen auf dem Saum und einen Ring am Finger der linken Hand. Dies kennzeichnet ihn als Angehörigen der Oberschicht. Die Toga war das Kennzeichen des freien Bürgers. Ausländer durften sie nicht tragen.*
Welche Vor- und Nachteile hat es, wenn man die gesellschaftliche Stellung eines Menschen an der Kleidung sofort erkennen kann?
Überlege, was der Redner mit der Haltung des Armes ausdrücken wollte.

M 1 „Der Magen und die Glieder".

Wie es an dem Tag, als der Streit zwischen den Plebejern und Patriziern seinen ersten Höhepunkt fand, im alten Rom genau zuging, wissen wir nicht. Aber so ähnlich, wie es unsere Hauptfigur Lucius Cornelius erlebt hat, könnte es schon gewesen sein …

Es schien ein Morgen wie viele andere zu sein. Der vornehme Lucius Cornelius ging zum Forum. Das Gedränge war so groß wie immer um diese Zeit. Aber plötzlich fiel Lucius Cornelius auf, dass die Leute heute nicht in die Stadt zum Marktplatz gingen. Nein, ganze Familien zogen mit all ihren Habseligkeiten aus der Stadt.

Da erkannte Lucius Cornelius in der Menge den Plebejer Quintus. „Was ist hier los?", wollte er wissen. Ohne den sonst üblichen Respekt gegenüber dem vornehmen Patrizier raunzte Quintus zurück: „Was soll schon los sein? Es reicht uns. Wir gehen." Lucius Cornelius war so verblüfft, dass er ganz vergaß, Quintus wegen seines groben Tons zu tadeln. „Was reicht euch? Wohin geht ihr?" Quintus baute sich breitbeinig vor ihm auf: „Wir haben es satt, dass ihr Patrizier, mit eueren angeblich so vornehmen Vorfahren, hier in der Stadt schaltet und waltet, wie es euch in den Kram passt. Ihr plündert uns aus, ihr biegt euch die Gesetze so zurecht, wie ihr sie braucht. Wir arbeiten, und ihr schiebt euch die hohen Ämter gegenseitig zu. Ihr befehlt, wir buckeln! Jetzt hat es sich ausgebuckelt. Wir haben beschlossen, Rom zu verlassen und einen eigenen Staat zu gründen."

Quintus blickte Lucius Cornelius triumphierend an, dem bei diesen Worten beinahe die Luft weggeblieben wäre. Der Plebejer ging weiter, doch nach ein paar Schritten drehte er sich noch einmal um: „Und eure hübschen Töchter könnt ihr für euch behalten. Ihr gebt sie uns ja sowieso nicht als Bräute."

Auf dem Forum hatten sich unterdessen die Oberhäupter der Patrizierfamilien in heller Aufregung versammelt. Lucius Cornelius hörte sie schon von weitem durcheinanderreden. Gerade rief einer mit sich überschlagender Stimme: „Sie erklären uns den Krieg. Wir müssen sie züchtigen. Das bedeutet Krieg! Bürgerkrieg!" „Und ich kann dir sagen, wer ihn verlieren wird: Wir!", lautete die knappe Antwort eines anderen. „Sie sind viel mehr als wir. Und den Zeitpunkt ihres Auszugs haben sie gut gewählt. Unsere Neider in der Nachbarschaft werden sich die Gelegenheit nicht entgehen lassen und uns angreifen. Wie sollen wir uns ohne Hilfe der Plebejer verteidigen?" „Er hat Recht", meinte ein Dritter. „Wir müssen versuchen, sie zurückzuholen." „Das kannst du gerne tun", spottete der erste Patrizier. „Ich bin gespannt, wie lange sie dich reden lassen." Nach langem Hin und Her ergriff Menenius Agrippa das Wort: „Ich werde gehen."

Im Lager der Plebejer wurde er mit einer Mischung aus Überraschung und Misstrauen empfangen. Als sich die Menge um ihn versammelt hatte, begann er: „Stellt euch einen Körper vor mit Kopf, Armen, Beinen, Rumpf und Magen. Eines Tages empörten sich die Glieder dieses Körpers. Denn sie mussten ja schließlich alle für den Magen arbeiten, der selbst nichts anderes tat, als faul …–" Weiter kam Menenius Agrippa nicht. Wütende Zwischenrufe unterbrachen ihn: „Wir wollen keine Märchen hören! Wir wollen endlich mitbestimmen, was im Staat geschieht, und wir wollen gerecht behandelt werden!"

Nur mühsam beruhigten einige der Umstehenden die aufgebrachte Menge. Menenius Agrippa konnte fortfahren: „Die empörten Glieder sprachen sich untereinander ab. Die Hände wollten keine Speisen mehr zum Mund führen, der Mund weigerte sich, Essen aufzunehmen, die Zähne hörten auf, Nahrung zu zerkleinern. Bald mussten sie aber erkennen, dass der ganze Körper verfiel. Sie selbst wurden immer schwächer, nur weil sie geglaubt hatten, sie könnten den Magen durch Hunger bestrafen und auf ihn verzichten." An dieser Stelle hörte Menenius Agrippa einfach auf zu sprechen. Wortlos ging er durch die Menge der schweigenden Plebejer zurück nach Rom.

Livius, Römische Geschichte II, 32 (nacherzählt von Dieter Brückner)

M 2 Concordia-Tempel.

Münze von 36 n. Chr.
Zu sehen ist der Tempel der Concordia, der Göttin der Eintracht und Einigkeit. In der Mitte sieht man durch den offenen Eingang auf die Statue der sitzenden Concordia.
Der erste Concordia-Tempel wurde im Jahre 366 v. Chr. „gemeinsam von Senat und Volk" mitten in Rom errichtet.
Nenne Gründe für die Errichtung eines solchen Tempels.

1. *Grundlage der Erzählung (M 1) ist die Fabel vom „Magen und den Gliedern", die der Geschichtsschreiber Livius (um 59 v.Chr.-17 n. Chr.) in seiner ‚Römischen Geschichte' wiedergibt. Der Schluss wird hier nicht nacherzählt. Erarbeitet in Gruppen den Inhalt der Erzählung und stellt begründete Vermutungen an, wie die Geschichte ausgeht.*
2. *Versetzt euch in die Lage der Patrizier und Plebejer und spielt den Konflikt in einem Rollenspiel nach. Legt dabei fest, welche Rollen besetzt werden müssen und wie die einzelnen Spieler sich im Gespräch verhalten sollen.*
3. *Besprecht nach den Vorführungen, ob es den Gruppen gelungen ist, sich in die Zeit hineinzuversetzen. Diskutiert die unterschiedlichen Lösungen der Streitfrage.*

Wer regiert die Republik?

Eine neue Führungsschicht entsteht: die Nobilität
Die Plebejer hatten eine weitreichende Gleichstellung mit den Patriziern erreicht. Den vollen Nutzen davon hatten aber nur die reichsten von ihnen: Sie konnten es sich leisten, die unbezahlten Staatsämter zu übernehmen. Und nur sie wurden von den Patriziern für würdig befunden, in ihre vornehmen Geschlechter einzuheiraten. Die etwa 30 einflussreichsten Familien der Patrizier und Plebejer bildeten gemeinsam die neue Führungsschicht in Rom: die **Nobilität** (dt. *die Namhaften*). Aus ihnen stammten die erfolgreichen Staatsmänner.

Treue und Vertrauen
Dass die Ständekämpfe nicht zu Bürgerkriegen wurden, verdankten die Römer einer Einrichtung, die wohl seit der Königszeit bestand: das **Klientelwesen**. Ärmere Bürger unterstellten sich einem wohlhabenden und einflussreichen Mitbürger und wurden so zu Klienten eines **Patrons** (lat. *patronus*: Schutzherr). Sie kamen regelmäßig in sein Haus und boten ihm ihre Dienste an. Der Patron gewährte ihnen Schutz und Sicherheit, indem er sie vor Gericht vertrat oder in Notfällen ihren Lebensunterhalt sichern half. Strebte der Patron ein politisches Amt an, waren die Klienten wichtig: Sie begleiteten ihn auf seinen Wegen, stimmten bei Abstimmungen in seinem Sinne und warben bei Wahlen für ihn.
Die Treue, die beide Partner verband, galt lebenslang. Sie wurde auf die Kinder übertragen und hielt in der Regel über Generationen. Denn es war für die Römer eine Verpflichtung, an den von ihren Vorfahren ererbten Verhaltensweisen festzuhalten.

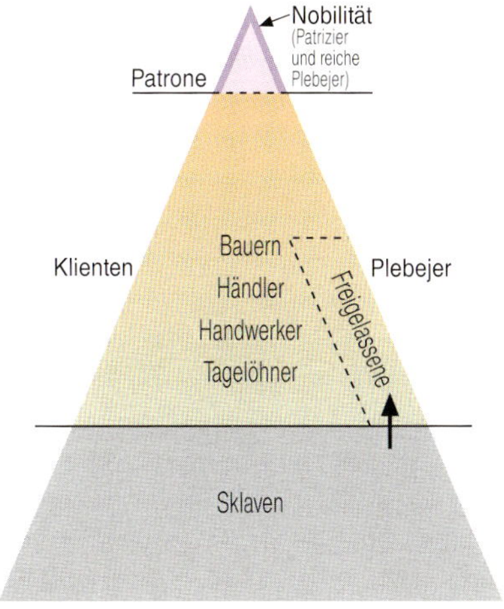

1 Die sozialen Verhältnisse in der Republik.
Erkläre mit dieser Grafik die Beziehungen der Menschen in der römischen Gesellschaft.

Zahlreiche Ämter
An der Spitze der Regierung standen zwei Konsuln. Im Kriegsfall hatten sie den Oberbefehl über das Heer. In ihrer Amtsführung standen ihnen weitere **Magistrate** – so bezeichneten die Römer die Inhaber der Regierungsämter – zur Seite.
Prätoren waren die Stellvertreter der Konsuln und überwachten die Rechtsprechung.
Ädile sorgten für die Sicherheit der Stadt Rom, prüften auf dem Markt Preise, Maße und Gewichte und organisierten die öffentlichen Feste und Spiele.
Quästoren verwalteten die Staatskasse. Als Quästor begann ein Römer mit etwa 30 Jahren seine Ämterlaufbahn.
Die Amtszeit aller dieser Magistrate war auf ein Jahr beschränkt (Grundsatz der *Annuität*: der zeitlich begrenzten Herrschaft). Jedes Amt wurde mit mindestens zwei Amtsträgern besetzt, von denen jeder gegen Handlungen seines Kollegen Einspruch erheben konnte (Grundsatz der *Kollegialität*). Kein Römer durfte dasselbe Amt zweimal, zwei Ämter gleichzeitig oder unmittelbar hintereinander bekleiden. Es war eine Pause von zwei Jahren vorgeschrieben.
Eine Sonderstellung behielten die jährlich von den Plebejern gewählten zehn *Volkstribune*. Sie durften in ihrer Amtsführung von niemandem behindert werden, konnten jede Amtshandlung anderer Beamte durch ihr Veto verhindern und sogar den Abbruch einer Senatssitzung herbeiführen. Dazu besaßen sie das Recht, Volksversammlungen einzuberufen und Beschlüsse fassen zu lassen.
Alle fünf Jahre wurden zwei *Zensoren* gewählt. Sie führten die Listen der nachrückenden Senatoren und setzten die Steuern fest. Darüber hinaus konnten sie Bürgern, die einen unwürdigen Lebenswandel führten, eine öffentliche Rüge (lat. *nota*) erteilen.
In Zeiten besonderer Gefahr für den Staat konnte eine Diktatur errichtet werden. Den Anweisungen des Diktators hatten sich alle unterzuordnen. Er blieb sechs Monate im Amt.
Einem Konsul gingen in der Öffentlichkeit zwölf, einem Prätor sechs Liktoren voran.

2 Liktor.
Bronzefigur, 1. Jh. v. Chr.
Kennzeichen der Magistrate war ein mit roten Riemen verschnürtes Rutenbündel (lat. fasces) mit einem Beil. Es wurde von den Liktoren getragen.

3 **Der Senat tagt.**
Wandgemälde von Cesare Maccari, Rom 1882/88.

Erfahrene Männer machen die Politik
Dem Senat (ursprünglich *„Rat der Alten"*) gehörten 300 ehemalige Magistrate auf Lebenszeit an. Er tagte mehrmals im Monat bei geöffneten Türen. Jede Sitzung wurde von einem Konsul einberufen und geleitet. Der Konsul trug Probleme vor und forderte die Senatoren auf, ihre Meinung dazu zu sagen. Die Reihenfolge der Redner lag fest: Sie richtete sich nach Alter und Ämtern, die ein Senator bekleidet hatte. Die Redezeit war nicht begrenzt. Bei Sonnenuntergang endete aber die Sitzung. Stimmte die Senatsmehrheit einer der Meinungen zu, wurde daraus ein Senatsbeschluss.

Der Senat überwachte die Einnahmen und Ausgaben des Staates, empfing auswärtige Staatsmänner und schloss Verträge mit fremden Staaten. Vor allem aber bereitete er Gesetze und Wahlvorschläge vor und erteilte den Magistraten verbindliche „Ratschläge" für ihre Amtsführung. Die herausragende Stellung der Senatoren wurde durch ihre Kleidung deutlich: Nur sie durften eine Toga mit breitem Purpurstreifen und rote Schnabelschuhe tragen.

Das Volk entscheidet mit
Vom Volk wurden sowohl die Magistrate gewählt als auch die Gesetze beschlossen, und zwar auf unterschiedlich zusammengesetzten Volksversammlungen. Stimmberechtigt waren alle wehrfähigen Männer, allerdings wurden ihre Stimmen unterschiedlich gewichtet. Auf der *Heeresversammlung*, die unter anderem die Konsuln wählte und über Krieg und Frieden entschied, wurde nach Klassen abgestimmt. Die wenigen Stimmen der Reichen in den oberen Klassen zählten so viel wie die zahlreichen Stimmen der weniger Vermögenden in den unteren Klassen.
In der Plebsversammlung, in der über die meisten Gesetze abgestimmt wurde, zählten die Stimmen aller Teilnehmer gleich.
In den Versammlungen wurde nicht diskutiert, sondern nur mit „Ja" oder „Nein" abgestimmt. Die Vorschläge brachte ein Konsul mit dem Einverständnis des Senats oder ein Volkstribun ein.
Die Römer erhielten für ihre politische Arbeit keine Bezahlung. Alle Magistrate waren Ehrenämter. **Diäten*** gab es weder für Senatssitzungen noch bei Volksversammlungen. Im Gegensatz zu den Athenern konnten es sich die meisten Römer daher nicht leisten, politische Ämter zu bekleiden.

***Diäten**: *Sitzungsgelder*

1. *Nenne zwei Regeln für die Vergabe der Magistrate und die Ausnahmen.*
2. *Nenne Bestimmungen, an denen deutlich wird, dass die Römer eine Königsherrschaft verhindern wollten.*
3. *Bestimme das einflussreichste Amt. Begründe!*

M 1 Stimmabgabe in einer Volksversammlung.
Münze von 113 / 112 v. Chr.
Das aufgeprägte Wort nennt den Münzmeister, hat also mit der Stimmabgabe nichts zu tun.

M 2 SPQR.
Die Abkürzung der Formel „Senat und Volk von Rom" (lat. SENATUS POPULUSQUE ROMANUS) finden wir unter anderem auf Münzen und Gebäuden. Noch heute dient die Abkürzung in Rom – wie auf diesem Kanaldeckel – zur Bezeichnung öffentlichen Eigentums.

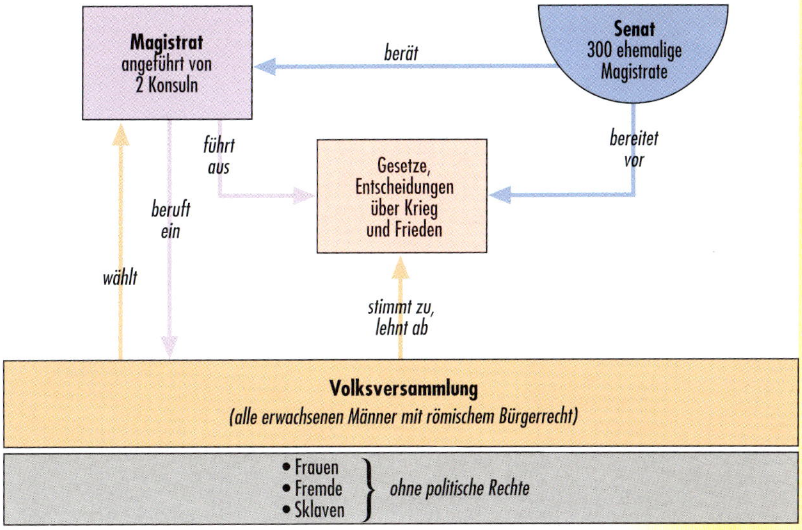

M 3 Die „gemischte Verfassung"
Polybios (um 200-120 v. Chr.), der als Sohn eines griechischen Feldherrn nach Rom verschleppt worden war, beschreibt die Verfassung der römischen Republik so:

Es gab drei Teile, die im Staat Gewalt hatten [...]. So gerecht und angemessen aber war alles geordnet, waren die Rollen verteilt und wurden in diesem Zusammenspiel die Aufgaben gelöst, dass auch von den Einheimischen niemand mit Bestimmtheit hätte sagen können, ob die ganze Verfassung aristokratisch, demokratisch oder monarchisch war. Und so musste es jedem Betrachter ergehen!

Denn wenn man seinen Blick auf die Machtfülle der Konsuln richtete, erschien die Staatsform vollkommen monarchisch und königlich, wenn man auf die Macht des Senats sah, jedoch aristokratisch, und wenn man auf die Befugnisse des Volkes blickte, schien sie unzweifelhaft demokratisch [...].

Obwohl jeder der drei Teile eine solche Macht hat, einander zu schaden oder zu helfen, so wirken sie doch in allen kritischen Situationen so einträchtig zusammen, dass man unmöglich ein besseres Verfassungssystem finden kann [...].

Daher ist dieser Staat aufgrund seiner eigentümlichen Verfassung unüberwindlich und erreicht alles, was er sich vorgenommen hat.

Walter Arend (Bearb.), Altertum, a.a.O., S. 418 (stark vereinfacht)

M 4 Die Verfassung der römischen Republik nach den Ständekämpfen.
Da es bei den Römern keine geschriebene Verfassung gab, wie wir sie heute kennen (Grundgesetz), kann diese Grafik nur einen ungefähren Einblick in die Verhältnisse bieten. Wer regierte in Rom? Wie ist die Macht verteilt? Wer hat den größten Einfluss? Das Schaubild hilft dir, diese Fragen zu beantworten.

1. *Polybios bezeichnet die politische Ordnung Roms als „gemischte Verfassung" (M 3). Erkläre!*
2. *Durch das Kürzel SPQR (M 2) gaben die Römer zu erkennen, dass sie die Machtverteilung anders sahen als Polybios (M 3). Erkläre.*

1 Patrizier mit Ahnenbildnissen.
1,65 m hohe Marmorstatue aus dem 1. Jh. v. Chr.
Ahnenbildnisse wurden zu festlichen Anlässen in der Öffentlichkeit gezeigt. Sie galten für den vornehmen Römer als Zeichen für das Weiterleben in der Erinnerung der Nachfahren.
Nebenbei: Die Römer trugen mindestens drei Namen: den Vornamen (z. B. Lucius), den Familiennamen (z. B. Iunius) und den Beinamen (z. B. Brutus). Für die Frauen genügte dagegen die weibliche Form des Familiennamens (z. B. Cornelia, Claudia).

Familienleben

Die „familia" und die „väterliche Gewalt"

Zur römischen „familia" gehörten alle Generationen einer Familie mit deren Familien, einschließlich der Sklaven und Freigelassenen*.

An der Spitze des Familienverbandes stand das älteste männliche Mitglied: der **pater familias** (dt. *Vater der Familie*). Er besaß aufgrund seines Alters und seines Ansehens die Entscheidungsgewalt über alle Angehörigen der „familia" und durfte über das Vermögen verfügen. Nur er konnte sich und seine „familia" vor Gericht vertreten.

Die Rechte des „Familienoberhaupts" waren weitreichend. So durfte er Mitglieder der eigenen Familie bestrafen, sogar mit dem Tode. Er konnte bis ins 4. Jh. n. Chr. neugeborene Kinder aussetzen, weil sie unehelich, krank oder nicht zu ernähren waren.

Der „pater familias" war auch das religiöse Oberhaupt der Familie. Nur er durfte den Hausgöttern Opfer bringen. Sich seinem Willen zu widersetzen, galt als Verstoß gegen die „Sitten der Vorfahren" (lat. *mos maiorum*), gegen die Regeln ehrenhafter Lebensführung. Sie zu missachten, konnte den Ausschluss aus der Familie bedeuten.

Männerherrschaft

Die römische Gesellschaft wurde von Männern beherrscht. Nur sie durften wählen und öffentliche Ämter übernehmen. Lediglich einige Frauen aus vornehmen Familien konnten Priesterinnen werden, z. B. *Vestalinnen*, die der Göttin des häuslichen Herdes (lat. *vesta*) dienten. Allgemein durften Frauen nicht einmal als Zeuginnen vor Gericht auftreten. Diese Zurücksetzung begründeten die Männer damit, dass die Frauen keinen Kriegsdienst leisten mussten.

Das Familienoberhaupt bestimmte Ausbildung, Beruf und oft auch Ehepartner der Kinder. Mädchen galten mit 12 Jahren als volljährig, die Jungen mit 14. In der Regel wurden Mädchen schon zwischen dem 13. und 17. Lebensjahr verheiratet.

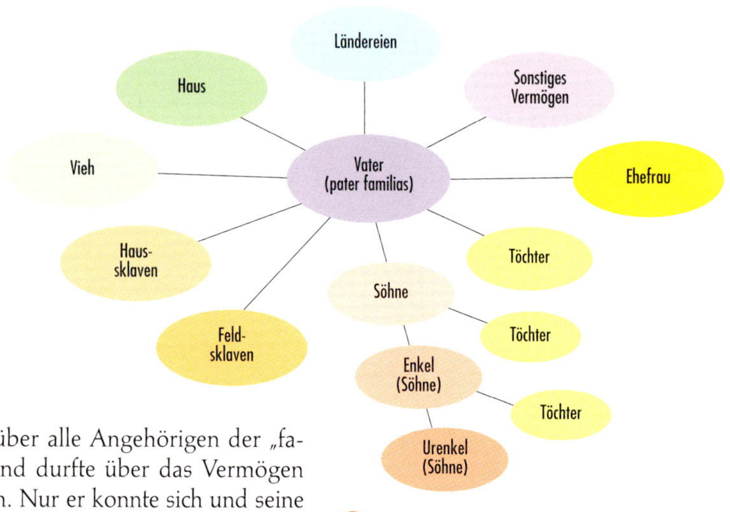

2 Die Macht des „pater familias".
Eine Gesellschaft, in der ein Familienoberhaupt eine solche Stellung besitzt wie im alten Rom, nennt man „patriarchalisch". Gibt es in unserer Gesellschaft noch solche Verhältnisse?

Seit dem Ende des 3. Jh. v. Chr. konnten Paare einen Ehevertrag abschließen, bei dem die Frau im Besitz der Mitgift und ihres Vermögens blieb und sich nicht ganz in die Gewalt ihres Gatten begab. Allerdings brauchte sie einen Vormund – meist das älteste männliche Mitglied ihrer Familie –, der die rechtlichen Angelegenheiten für sie regelte. Diese übliche Form der Ehe konnte geschieden werden, wenn einer der Ehepartner das verlangte.

Auch wenn das römische Frauenbild davon ausging, dass der Wirkungsbereich der Frau allein das Haus sei, gab es einige selbstständige Geschäftsfrauen und viele erwerbstätige Frauen. Frauenberufe waren Hebamme, Näherin, Friseurin, Gastwirtin und (selten) Ärztin.

Im Vergleich zu den Verhältnissen in Athen lebten die römischen Frauen weniger zurückgezogen. Sie nahmen an den Mahlzeiten mit Gästen teil, konnten sich allein in der Öffentlichkeit zeigen und nicht nur Läden, sondern auch öffentliche Veranstaltungen wie Wagenrennen oder Gladiatorenkämpfe besuchen. Zudem nahmen Frauen aus den angesehenen Familien über ihre Männer Einfluss auf politische Entscheidungen.

*Lies dazu Seite 23-24

M 1 Eine römische Hochzeit.
Relief aus dem 2. Jh. n. Chr. Nachdem die Braut am Vorabend ihre Mädchenkleider und ihr Kinderspielzeug den Hausgöttern geweiht hatte, legte sie am Morgen ihre Hochzeitskleider an. Traf der Bräutigam ein, reichten sich beide feierlich die Hände, wobei sie die Ehegötter anriefen und ihnen opferten. Danach wurde der Ehevertrag, der die Mitgift regelte, unterzeichnet.
Angetan mit einem Schleier wurde die Braut nun in einem fröhlichen Fackelzug unter Gesängen zum Haus des Bräutigams geleitet. Dieser trug sie dort über die Türschwelle und führte sie zum Herd, wo die Hausgötter und Ahnenbilder um das Feuer aufgestellt waren. Die Braut brachte ein Opfer dar, Gebete wurden gesprochen, und gemeinsam verzehrte das Brautpaar einen Kuchen, der aus feinstem Mehl zubereitet war. Erst am folgenden Tag fand dann das große Hochzeitsmahl mit vielen Gästen statt.
Beschreibe, was auf dem Relief vorgeht.

M 2 Verlobungsringe.

M 3 Ein Mann trauert
Aus der Grabrede eines Römers für seine Ehefrau (1. Jh. v. Chr.):

Ehen von so langer Dauer, die durch den Tod beendet, nicht durch Scheidung getrennt werden, sind selten. Ward es uns doch beschieden, dass unsere Ehe ohne eine Trübung bis zum 41. Jahre fortdauerte […].
Was soll ich deine häuslichen Tugenden preisen, deine Keuschheit, deine Folgsamkeit, dein freundliches und umgängliches Wesen, deine Beständigkeit in häuslichen Arbeiten, deine Frömmigkeit, frei von allem Aberglauben, deine Bescheidenheit im Schmuck, die Einfachheit im Auftreten? Wozu soll ich reden von der Zuneigung zu den Deinen, deiner liebevollen Gesinnung gegenüber der ganzen Familie? […]
Wir haben uns so die Pflichten geteilt, dass ich die Betreuung deines Vermögens übernahm und du über dem meinen wachtest […]. Als ich vor politischer Verfolgung fliehen musste, warst du es, die mir mithilfe deines Schmuckes die meisten Mittel dazu verschaffte […].
Wir sehnten uns nach Kindern, die ein neidisches Geschick uns für lange Zeit verweigert hatte […]. Verzweifelnd an deiner Fruchtbarkeit und untröstlich darüber, dass ich ohne Kinder bleiben sollte […], sprachst du von Scheidung und dass du das kinderlose Heim einer anderen, fruchtbareren Gattin abtreten wolltest […], und versichertest, du wollest ihre Kinder wie deine eigenen halten […]. Du bist bei mir geblieben; hätte ich doch dir nicht nachgeben können, ohne mir selbst Unehre und uns beide unglücklich zu machen.

Jochen Martin, Das alte Rom. Geschichte und Kultur des Imperium Romanum, München 1994, S. 188, übersetzt von Hans-Jürgen Hillen (vereinfacht)

1. *Beschreibe das von Frauen erwartete Verhalten. Erkläre die Bereitschaft, bei Kinderlosigkeit einer anderen Frau Platz zu machen (M 3).*
2. *Vergleiche die Hochzeit damals und heute: Wodurch wurde/wird die Ehe geschlossen?*

Ein Dorf erobert ein Weltreich

Kriege ohne Ende?

In den ersten vier Jahrhunderten nach dem Ende der Königsherrschaft führten die Römer mindestens 150 Jahre lang Krieg. Wie kam es dazu? Die Völker Italiens lebten anfangs von der Landwirtschaft und kämpften nur, um ihren Besitz gegen Angreifer zu verteidigen. Allmählich wandelte sich ihre Einstellung.

Die Bevölkerung war stark angewachsen. Sie brauchte mehr Nahrung und damit mehr Ackerland. Hinzu kamen Abenteuerlust und die Hoffnung auf Beute. Manche Völker waren reicher als andere. Das weckte den Neid der Armen und ein Gefühl der Stärke oder Überheblichkeit der Reichen, die noch mehr wollten. Die Folge waren Auseinandersetzungen zwischen den Völkern und immer neue Kriegszüge.

Die Römer unterwerfen Italien

Die Römer waren den umliegenden Völkern militärisch überlegen. Seit dem Ende des 5. Jh. v. Chr. beanspruchten sie die Vorherrschaft im *Latinischen Bund*, einem Bündnis mehrerer Städte im Umkreis von Rom. Alle, die Rom den Rang streitig machen konnten oder wollten, wurden nun Opfer der römischen Heere. Das bekamen besonders die Etrusker zu spüren. Sie verloren Land und Herrschaft an die Römer.

Während Rom versuchte, Mittelitalien zu unterwerfen, musste es schwere Rückschläge einstecken. Im Jahre 387 überfielen die *Kelten* aus dem Norden – von den Römern später auch *Gallier* genannt – Rom. Sie plünderten die Stadt und zogen nur gegen ein hohes Lösegeld ab. Der Kampf gegen die *Samniten*, ein südlich von Rom lebendes Bergvolk, dauerte über 30 Jahre.

Mit der Unterwerfung Tarents und anderer Griechenstädte im Süden der Halbinsel beherrschen die Römer um 270 v. Chr. ganz Italien.

Rom wird Weltmacht

Als Herrscher über Italien hatten die Römer neue Nachbarn jenseits des Meeres: Makedonien und die griechischen Stadtstaaten Siziliens sowie Karthago. Sie herauszufordern, war weit gefährlicher als der Kampf mit den bisherigen Gegnern. Das Ringen um die Vorherrschaft im Mittelmeerraum zog sich mit Unterbrechungen von 264 bis etwa 133 v. Chr. hin. Mehr als einmal standen die Römer kurz vor dem Untergang.

1 Römische Soldaten.

Seit etwa 300 v. Chr. formierten sich die Soldaten im Kampf zu drei Schlachtreihen. Die jüngsten Krieger, die Hastati, und die mit einer kompletten Schutzausrüstung versehenen Principes (lat. princeps: die erste Stelle einnehmend) bildeten die 1. und 2. Reihe der Schlachtordnung. Die Kämpfer der 3. Reihe, die Triarii, standen dahinter. Sie waren die am besten ausgerüsteten Krieger und entschieden vielfach den Ausgang der Schlacht. Die Velites kämpften außerhalb der drei Reihen. Betrachte die Abbildungen von Triarius, Hastatus bzw. Princeps sowie Veles und beurteile deren jeweilige Aufgabe im Kampf.

In römischen Schlachtschilderungen finden wir oft den Satz: „Die Sache ging bis zu den Triariern." Was sagt dies über den Verlauf der Schlacht aus?

Triarius *(Soldat der 3. Reihe)*

Hastatus *oder* **Princeps** *(Soldat der 1. und 2. Reihe)*

Veles *(Vorkämpfer)*

Aus Nachbarn werden Feinde

Karthago war um 800 v. Chr. von den Phöniziern an der nordafrikanischen Küste gegründet worden. 500 Jahre später beherrschte es Nordafrika und das westliche Mittelmeer.

Dem Kampf Roms mit Karthago waren Kämpfe zwischen zwei reichen griechischen Kolonien auf der Insel Sizilien vorausgegangen: Syrakus und Messana (heute Messina). In die Enge getrieben baten die Machthaber Messinas zuerst Karthago und dann Rom um Hilfe.

Der römische Senat überlegte lange, ob man den Messanern helfen und damit einen Krieg mit Karthago riskieren sollte. Schließlich stimmte die Volksversammlung für ein Eingreifen Roms.

Im Jahre 264 v. Chr. setzte das römische Heer nach Sizilien über. Damit begann der **Erste Punische Krieg** (*punisch = phönikisch = karthagisch*), in dem Rom sich die Herrschaft im westlichen Mittelmeer sichern wollte. Die Römer gewannen ihn erst nach 23 Jahren, nachdem sie mühsam gelernt hatten, einen Seekrieg zu führen. Karthago musste hohe Kriegsentschädigungen zahlen. Sizilien wurde römisch.

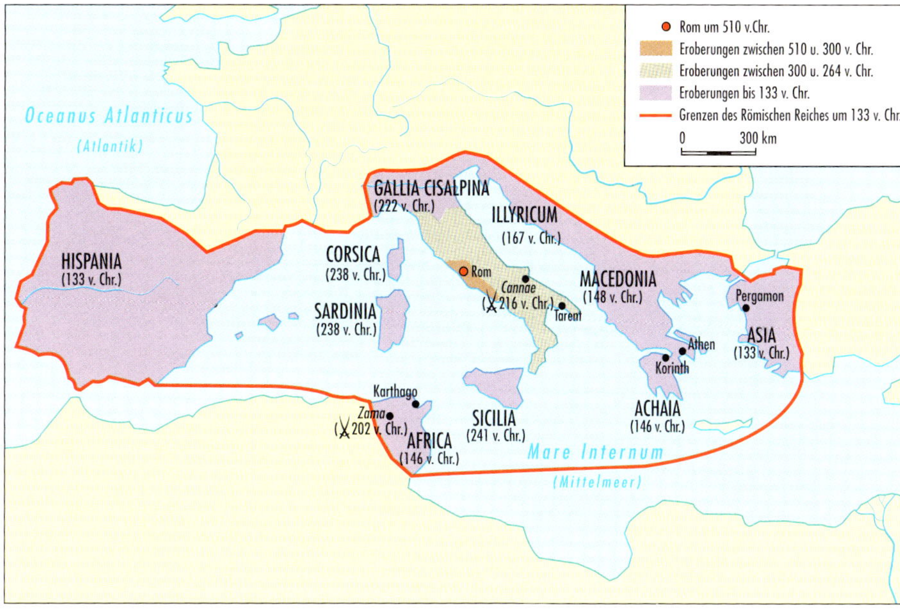

2 Das Römische Reich dehnt sich aus.
Nebenbei: Die Ausdehnung eines Machtbereiches nennen wir **Expansion**.

Eine schlimme Niederlage

Rom konnte trotz seines Sieges die Macht der Karthager nicht brechen. Diese bauten ihre Herrschaft auf der spanischen Halbinsel aus. Dort wuchs *Hannibal* auf. Schon als Neunjähriger soll er den Römern Rache geschworen haben. Im Jahre 219 griff er Roms spanischen Verbündeten Saguntum an. Danach begann der **Zweite Punische Krieg** (218-201 v. Chr.). Hannibal zog mit seinen Truppen vom südlichen Spanien aus über Gebirge und Flüsse nach Südfrankreich, um Rom von Norden her anzugreifen. Er verlangte sich, seinen Soldaten und den mitgeführten Tieren – vor allem den Kriegselefanten – eine außergewöhnliche Leistung ab: die Überquerung der Alpen auf verschneiten Pässen! Der Gewaltmarsch machte Hannibal berühmt. Dabei blieb oft unbeachtet, dass die Hälfte der beteiligten Menschen und Tiere während des Zuges ums Leben kam.

In Norditalien begrüßten die Kelten Hannibal als Befreier von der römischen Herrschaft. Sie schlossen sich seinem Zug nach Süden an. Im Jahre 216 v. Chr. erlitten die Römer in der **Schlacht bei Cannae** die schlimmste Niederlage ihrer Geschichte: etwa 60 000 Mann starben.

3 Hannibals Marsch über die Alpen.
Holzstich nach einer Zeichnung von Heinrich Leutemann, 1866.
Erstmals hatten die Perser im Jahre 331 v. Chr. Elefanten im Kampf gegen Alexander den Großen eingesetzt.

Hannibal vor den Toren Roms

Hannibal griff Rom nicht an. Stattdessen versuchte er, die Bundesgenossen der Römer für sich zu gewinnen. Das gelang ihm nur teilweise. Der Krieg in Italien erstarrte, und erst nach 15 Jahren stellte sich ein Wandel ein. Inzwischen hatte der junge Feldherr *Scipio* das karthagische Spanien für Rom erobert und seine Soldaten nach Nordafrika übersetzen lassen. Hannibal verließ daraufhin mit seinen Truppen Italien, um seine Vaterstadt zu verteidigen. Aber die Römer siegten in der entscheidenden **Schlacht bei Zama** (202 v. Chr.). Karthago musste alle seine Außengebiete einschließlich Spanien an Rom abtreten, beinahe seine gesamte Flotte ausliefern und hohe Wiedergutmachungszahlungen leisten. Damit hatten die Römer die Vorherrschaft über das westliche Mittelmeergebiet gewonnen.

Musste Karthago zerstört werden?

Trotz der Niederlage blieb Karthago eine erfolgreiche Handelsmacht. Rund 50 Jahre nach dem Zweiten Punischen Krieg forderten daher viele römische Senatoren: „Karthago muss zerstört werden!" Die römischen Politiker ermutigten die benachbarten *Numider*, Karthago durch ständige Angriffe herauszufordern. Nach dem Friedensvertrag von 201 v. Chr. durfte sich Karthago nicht ohne römisches Einverständnis gegen diesen unfriedlichen Nachbarn wehren. Als es dies im Jahre 149 v. Chr. doch tat, hatte Rom den ersehnten Anlass für den **Dritten Punischen Krieg**.
Drei Jahre später war Karthago von der Landkarte verschwunden. Die Sieger verkauften die Bevölkerung in die Sklaverei und rissen die Mauern der Stadt nieder.

„Unser Meer"

Von nun an beherrschten die Römer das westliche Mittelmeer. Mit der Eroberung Makedoniens und der griechischen Staatenwelt, die sie im Jahre 133 v. Chr. abschlossen, bestimmten sie auch über das östliche Mittelmeer.

4 Der Kriegsgott Mars.
Münze, nach 289 v. Chr.
In dem nach dem Gott benannten Monat März (ursprünglich der erste Monat des römischen Jahres) begann sowohl das Wachstum der Pflanzen wie auch die Zeit der Kriegszüge. Sein Altar stand vor den Toren der Stadt auf dem Marsfeld, das in frühen Zeiten als Übungsgelände für die Truppen diente und Ort der Heeresversammlung war.

Das Mittelmeer war zum Meer Roms geworden, zum „mare nostrum" (dt. *unser Meer*). Damit waren die Römer aus der Sicht der Zeitgenossen zur Weltmacht aufgestiegen. Weit und breit gab es für Jahrhunderte keinen Staat, der Roms Vorherrschaft bedrohen konnte. Schon bald bürgerte sich für den römischen Herrschaftsbereich die Bezeichnung Imperium Romanum (dt. *Römisches Reich*) ein.

Führten die Römer „gerechte Kriege"?

Die Römer waren stets überzeugt, in einen „gerechten Krieg" zu ziehen. Immer sahen sie im Gegner den Angreifer und nahmen für sich das Recht in Anspruch, das „Vaterland" zu schützen – ob durch Verteidigung oder Angriff. Auch beschuldigten sie ihre Gegner, Verträge oder Bündnisse gebrochen zu haben.
Die Nobilität verbreitete die Vorstellung vom „gerechten Krieg", denn die Kriege boten ihren Angehörigen die Chance, Ruhm und Reichtümer zu erwerben. Sie verbreitete auch die Vorstellung, dass Rom von den Göttern dazu bestimmt sei, die Welt zu regieren.

Kolonien und Provinzen

Ihre militärischen Erfolge sicherten die Römer politisch. Bevor sie einen Krieg begannen, boten sie ihren Gegnern in der Regel ein Bündnis an. Sie sollten sich verpflichten, „auf ewig dieselben Feinde und Freunde zu haben wie das römische Volk". Gingen die Betroffenen darauf ein, mussten sie künftig als **Bundesgenossen** Rom in jedem Krieg mit Soldaten unterstützen. Als Gegenleistung gewährten die Römer ihnen Schutz. Lehnten die Gegner ab, begann der Krieg.
Nach einem Sieg zwangen die Römer die Unterlegenen zum Bündnis. So konnte Rom zur Zeit Hannibals rund 700 000 Männer zu den Waffen rufen, weit mehr als jede andere Macht.
Um ihre Vorherrschaft in Italien zu sichern, gründeten die Römer **Kolonien**. Diese Ansiedlungen römischer Bürger im Land besiegter Gegner dienten militärischen und wirtschaftlichen Zielen. Ostia, der spätere Hafen Roms an der Mündung des Tibers, war eine der ersten römischen Kolonien (um 350 v. Chr.). Um 218 v. Chr. gab es bereits zwölf Küstenkolonien – alles befestige Städte, in denen römische Staatsbürger siedelten.
Nach dem Ersten Punischen Krieg erklärten die Römer die außerhalb Italiens eroberten Gebiete zu **Provinzen**: zu Amtsbereichen römischer Magistrate. Die Bewohner mussten den römischen Statthaltern vielfältige Dienste leisten und hohe Steuern zahlen. Die erste römische Provinz wurde das reiche Sizilien.
Bündnisse, Kolonisation und die Errichtung von Provinzen trugen dazu bei, dass die besiegten Völker die römische Lebensweise annahmen.*

**Zur Romanisierung siehe Seite 60 ff.*

M 1 Das Heer verschanzt sich.
Rekonstruktionszeichnung von Peter Connolly. Das römische Heer bestand zunächst aus vier Legionen von je etwa 6 000 Fußsoldaten. Die Soldaten mussten für ihre Ausrüstung selbst aufkommen. Sie trugen auf ihren Märschen neben den Waffen noch Werkzeuge zum Bau von Schutzwällen und Lagern, Töpfe und Pfannen zum Kochen sowie Proviant für mehrere Tage. Alles zusammen wog etwa 40 kg. Zum Bild: Alle velites (Vorkämpfer), die Kavallerie (Reiterei) und die Hälfte der schweren Infanterie (Fußsoldaten) befinden sich zwischen der Umwallung und dem Feind. Der Gepäcktross steht hinter dem Wall (links). Ein Zenturio (Befehlhaber über 100 Mann) hält eine Messlatte.

M 2 Ein römisches Lager.
Vereinfachter Grundriss.

M 3 Römische Disziplin
Polybios (siehe Seite 15, M 3) berichtet:

Bei Wachvergehen tritt sogleich das Standgericht der Offiziere zusammen, und wenn der Betroffene verurteilt wird, ist die Strafe das Schlagen mit Stöcken, das folgendermaßen vollzogen wird: Der Offizier nimmt einen Holzstock und berührt damit den Verurteilten nur eben. Darauf schlagen alle Soldaten im Lager mit Stöcken auf ihn ein. Die meisten Verurteilten finden dabei schon im Lager den Tod [...].
Das Folgende rechnen die Römer als Verletzung der soldatischen Pflicht und Ehre und als Feigheit: Wenn jemand aus Furcht seinen Platz verlässt; wenn jemand während des Kampfes aus Furcht eine Waffe fortwirft. Deshalb gehen viele in den Tod und wagen trotz vielfacher Übermacht des Feindes nicht, ihren Posten zu verlassen, aus Furcht vor der Strafe, die sie im eigenen Lager erwartet [...].
Wenn einer in einer Schlacht besondere Tapferkeit bewiesen hat, beruft der Feldherr eine Heeresversammlung ein, stellt ihn ihr vor, richtet an ihn anerkennende Worte für seine Tapferkeit und überreicht ihm dann ein Ehrengeschenk.
Wer bei der Einnahme einer Stadt als Erster die Mauer erstiegen hat, erhält einen goldenen Kranz.* Ebenso, wer einem Kameraden, Bürger oder Bundesgenossen das Leben gerettet hat, indem er ihn mit seinem Schilde deckte. Der Gerettete bekränzt den Retter und ehrt diesen sein Leben lang wie einen Vater.

Walter Arend (Bearb.), Altertum, a.a.O., S. 420 f. (vereinfacht)

** Siehe hier M 5, S. 22, und Abb. 1, S. 32.*

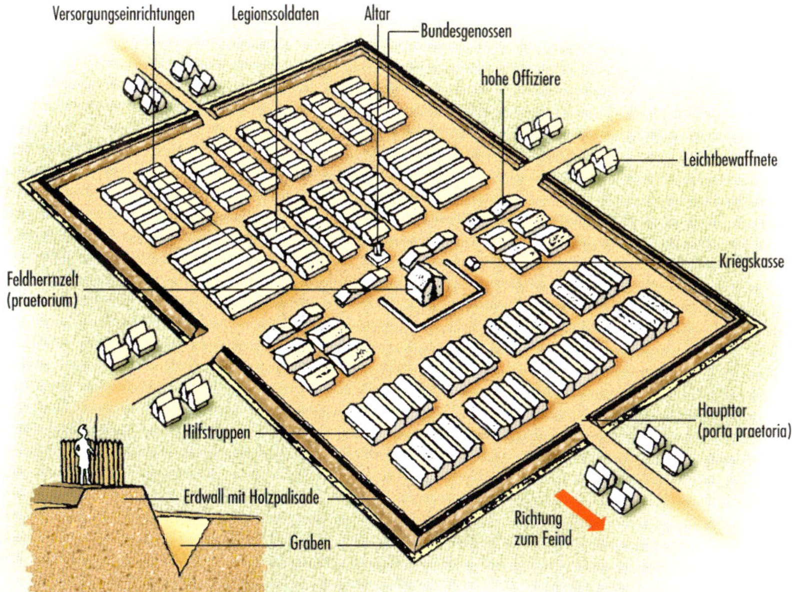

1. *Erläutere den Grundriss des Lagers (M 2).*
2. *Der Bericht des Polybios (M 3) ist aus der Sicht eines Griechen geschrieben. Überlege, warum er bestimmte Verhaltensweisen der Römer hervorhebt und ob diese die römischen Erfolge erklären.*

M 4 Urteile über den Aufstieg und die Herrschaft Roms

*Der römische Geschichtsschreiber **Livius** (59 v. Chr.-17 n. Chr.) überliefert uns eine Rede, die Hannibal vor der ersten Schlacht auf italischem Boden (218 v. Chr.) vor seinen Soldaten gehalten haben soll:*

Dieses höchst unmenschliche und sehr hochmütige Volk will überall besitzen, überall entscheiden. Immer maßt es sich die Entscheidung an, mit wem wir Krieg führen, mit wem wir Frieden haben sollen. Es engt und schließt uns in Grenzen von Bergen und Flüssen ein, die wir nicht verlassen dürfen; und selbst achtet es die Grenzen nicht, die es setzte. „Du darfst den Ebro nicht überschreiten! Du darfst dich nicht an den Saguntinern vergreifen! […] Du darfst dich nirgends von der Stelle rühren!" Ist es denn noch zu wenig, dass du mir meine uralten Provinzen Sardinien und Sizilien geraubt hast? Du nimmst mir nun auch noch Spanien. Und wenn ich es aufgebe, dann wirst du auch nach Afrika kommen.

*Im Jahr 69 v. Chr. soll nach dem Historiker **Sallust** (86-35 v. Chr.) ein von den Römern vertriebener Fürst aus Kleinasien folgenden Brief an seinen Nachbarfürsten in Armenien geschrieben haben:*

Denn für die Römer gibt es seit ehe und je diesen einzigen Anlass, mit allen Stämmen, Völkern und Königen Krieg zu führen: ihre unermessliche Begierde nach Herrschaft und Reichtum […].
Oder weißt du nicht, dass die Römer, nachdem ihnen der Ozean beim Vordringen nach Westen eine Grenze gesetzt hat, ihre Waffen hierher gerichtet haben und dass sie vom ersten Anfang an nichts besitzen, was nicht geraubt wäre, Haus und Frauen, Ländereien und Herrschaft? […] Mit diesem Verhalten werden sie alles vernichten oder selbst zugrunde gehen.

*Der aus Sizilien stammende griechische Geschichtsschreiber **Diodor** (um 80-29 v. Chr.) schreibt:*

Die Römer errichteten ihre Weltherrschaft durch die Tapferkeit ihrer Heere und brachten sie zur größten Ausdehnung durch die überaus anständige Behandlung der Unterworfenen […]. Denn während die Besiegten der härtesten Bestrafung als einstige Feinde entgegensahen, ließen sich die Sieger an Mäßigung von keinem anderen übertreffen. Den einen gaben sie Anteil am Bürgerrecht, anderen gestanden sie das gegenseitige Recht, Ehen zu schließen, zu. Einigen gaben sie das Recht, nach eigenen Gesetzen zu leben. Keinem trugen sie das frühere Unrecht härter nach als nötig. Wahrlich, dies Übermaß an Milde war der Grund, dass Könige und freie Städte und schließlich ganze Völker aus freiem Willen sich der römischen Vormacht eilends unterstellten. Als die Römer aber nahezu die ganze bewohnte Erde beherrschten, da begannen sie, ihre Herrschaft durch Terror und die Vernichtung der ansehnlichsten Städte zu sichern.

*Der römische Dichter **Vergil** schrieb um 20 v. Chr. über die Aufgabe der Römer:*

Du, Römer, lenke durch deine Herrschaft die Völker! Bedenke, das kannst du am besten: gesitteten Frieden stiften, die Unterworfenen schonen und die Hochmütigen bezwingen.

Texte nach: Livius, Römische Geschichte, Buch XXI, 43 f., hrsg. von Josef Feix, Zürich-Düsseldorf ^{4}1991; Sallust, Historiae/Zeitgeschichte, übers. u. hrsg. v. Otto Leggewie, Stuttgart 1975; Walter Arend, Altertum, a.a.O., S. 456 (Diodor); Vergil, Aeneis 6, 847 ff., übers. von Klaus Gast

M 5 Feldzeichenträger 1. Jh. n. Chr.
Rekonstruktionszeichnung von Peter Connolly. Nach den Signalen, die der Feldzeichenträger gab, richteten sich die Soldaten. Im oberen Drittel des abgebildeten Feldzeichens befindet sich die „goldene Mauerkrone".

1. *Das römische Weltreich ist das Ergebnis einer bestimmten Politik. Beschreibe sie und suche eine Bezeichnung dafür.*
2. *Wie versuchen Diodor und Vergil (M 4), den römischen Herrschaftsanspruch zu rechtfertigen? Welche Auffassung vertreten Hannibal und der Fürst von Kleinasien? Wessen Urteil trifft deiner Meinung nach am ehesten zu?*

Sklavenleben

Sklaven – Eigentum anderer

Zu einer römischen Familie gehörten Sklaven. Sie waren Eigentum des „pater familias". Er konnte über sie und ihre Nachkommen verfügen wie über Haustiere oder Geräte. Er durfte sie zu den härtesten Arbeiten zwingen, sie belohnen und bestrafen, sie verkaufen, verleihen oder verschenken.

1 Sklavenfessel aus Südattika.
Nur Sklaven, die im Bergbau arbeiten mussten, erhielten solche Fesseln. In der rechten Fessel haben sich Knochenreste erhalten.

Wie man Sklave wurde

Warum gab es Sklaven, und wie lebten sie in Rom und im Reich? Die wichtigste und früheste Wurzel der Sklaverei war die Kriegsgefangenschaft. Die Römer glaubten, dass nach einem Kampf auf Leben und Tod der Überlegene das Recht habe, den Unterlegenen zu töten und dessen Eigentum zu übernehmen. Ließ der Sieger den Besiegten am Leben, so gehörte ihm dessen Leben.
Da die Römer ganze Heere gefangen genommen und zahllose Städte erobert hatten, gerieten Hunderttausende in die Sklaverei. In Friedenszeiten wurden die Sklavenmärkte von Menschenräubern beliefert, vor allem von Piraten.
Als Sklave konnte man auch zur Welt kommen. Denn als Sklave galt, wer eine Sklavin zur Mutter hatte.

Was kosten Sklaven?

Der Preis für einen Sklaven richtete sich nach Alter, Gesundheit und Ausbildung. Junge und gesunde Männer und Frauen ohne Ausbildung kosteten in Rom zu Beginn der Kaiserzeit etwa den Jahreslohn eines Arbeiters. Spezialisten wie Sprachlehrer für Griechisch oder Ärzte waren wesentlich teurer.

Ohne Sklaven läuft fast nichts

Sklaven brauchten keinen Wehrdienst zu leisten. Während der Kriegszüge der Römer mussten sie dafür sorgen, dass genügend Nahrungsmittel angebaut sowie die notwendigen Güter hergestellt und transportiert wurden. Insofern bildete die Sklaverei eine Voraussetzung für die Eroberungen Roms.
Nutzen aus der Sklaverei zogen vor allem die Großgrundbesitzer aus dem Senatoren- und Ritterstand. Sie setzten seit dem 2. Jh. v. Chr. immer mehr Sklaven als Landarbeiter auf ihren großen Ländereien ein.
Zur selben Zeit wurden Sklaven in Betrieben wie Großbäckereien oder Töpfereien und im Bergbau beschäftigt.
Die Zahl der Sklaven im Italien des 1. Jahrhunderts n. Chr. wurde auf 2,5 Mio. geschätzt. Das entsprach etwa einem Drittel der Gesamtbevölkerung.

Lebens- und Arbeitsbedingungen

Die Lebensbedingungen der Sklaven hingen von ihren Besitzern ab. Entscheidend war, ob sie zu einem städtischen oder einem ländlichen Haushalt gehörten und welche Aufgaben sie dort zu erfüllen hatten. Sklaven und Sklavinnen wurden nicht nur als ungelernte Arbeiter, Diener, Köche, Hausgehilfinnen oder Ammen beschäftigt, sondern auch als Privatsekretäre, Lehrer und Ärzte. Zahlreiche Sklaven leiteten im Auftrag ihres Herrn Geschäfte und Handwerksbetriebe, außerdem gab es Sklaven im öffentlichen Dienst, z. B. bei der Feuerwehr. Ihre wirtschaftliche Lage war oft nicht ungünstiger als die vieler freier Stadtbewohner. Dennoch blieben sie Außenseiter der Gesellschaft.
Viel schlechter erging es den Sklaven, die in großen Arbeitskolonnen auf Landgütern bei der Feldarbeit eingesetzt wurden oder angekettet in Bergwerken, Steinbrüchen oder auf Galeeren arbeiten mussten.

Sklavenaufstände

Nicht von ungefähr brachen die großen Sklavenunruhen (135-132 und 105-101 v. Chr.) in Sizilien auf dem Lande aus. Auch der berühmte Aufstand des Gladiatorensklaven *Spartacus* (73-71 v. Chr.) wurde durch die ländlichen Sklaven zur größten Sklavenerhebung Italiens. Etwa 70 000 Sklaven und verarmte Bürger lehnten sich über zwei Jahre gegen die römische Macht auf und zogen plündernd und raubend durch das Land. Sie wollten ihre Freiheit zurück, die Beseitigung der Sklaverei war nicht ihr Ziel. Alle Sklavenaufstände fanden ein blutiges Ende. Die Überlebenden wurden am Kreuz hingerichtet.

Einmal Sklave – immer Sklave?

Sklaven, die Geld gespart oder geerbt hatten, konnten sich freikaufen. Auch war mancher Herr bereit, einen Sklaven als Belohnung für eine besondere Leistung oder für treue Dienste freizulassen. Die Freilassung war das Lebensziel fast aller Sklaven, besonders wenn sie Kinder hatten. Die Aussicht darauf lohnten sie dem Herrn durch erhöhte Arbeitsleistung. Auch nach der Freilassung musste dieser nicht auf ihre Dienste verzichten: Sie blieben ihm verpflichtet und gehörten weiterhin zur „familia".
Ab dem 1. Jh. n. Chr. wurde es vor allem in den Städten üblich, Sklaven nach etwa fünf Jahren freizulassen, vorausgesetzt, sie waren über 30 Jahre alt und hatten sich nichts zuschulden kommen lassen. Danach sank die Zahl der Sklaven.

M 1 Sklavenmarke aus Rom oder der Umgebung, 4. Jh. n. Chr.
Manche Sklaven trugen Marken am Halsband. Die abgebildete Aufschrift lautet sinngemäß: „Hindere mich an der Flucht und bringe mich zu meinem Meister, Viventius, der im Hof des Callistus wohnt, zurück."

M 2 Aus Gefangenen werden Sklaven
Der jüdische Geschichtsschreiber Josephus, der an dem bewaffneten Aufstand der Juden gegen die römischen Besatzer teilnahm (66-70 n. Chr.) berichtet:

Als die Soldaten vom Töten bereits ermüdeten, jedoch noch eine große Menge Überlebender zum Vorschein kam, befahl der spätere Kaiser Titus, nur die Bewaffneten und die aktiv Widerstand Leistenden zu töten, die übrige Menge aber lebend gefangenzunehmen [...]. Von den jungen Leuten sonderte man die körperlich größten und ansehnlichsten aus und sparte sie auf für den Triumphzug. Von der übrigen Menge schickte man die Gefangenen, die älter waren als 17 Jahre, in die ägyptischen Bergwerke und Steinbrüche, die meisten aber verteilte Titus als Geschenke auf die Provinzen, wo sie in den Amphitheatern* durch Schwert und wilde Tiere umkommen sollten. Gefangene unter 17 Jahren verkaufte er.

Werner Eck u. Johannes Heinrichs (Hrsg.), Sklaven und Freigelassene in der Gesellschaft der römischen Kaiserzeit, Darmstadt 1993, S. 6 (vereinfacht)

* *Siehe dazu die Bildunterschrift zu Abb. 1, Seite 48.*

M 3 Sklavenschicksale
Im Jahre 54 v. Chr. schrieb der Politiker und Philosoph **Cicero** *seinem Schreibsklaven Tiro:*

Ich bin tief beunruhigt wegen deiner Gesundheit [...] und würde dir mehr schreiben, wenn ich glauben könnte, dass du schon gern Briefe lesen magst. So richte deinen Geist, den ich sehr hoch schätze, darauf, dass du ihn für mich und für dich bewahrst [...]. Nachdem ich den Brief geschrieben habe, kommt endlich Hermia: Ich habe nun deinen Brief in der Hand, geschrieben mit zittrigen Buchstaben; kein Wunder, bei einer so schweren Krankheit! Ich schicke dir Ägypta – weil er ein feinfühliger Mensch ist und dich zu lieben scheint – damit er dich umsorgt; und mit ihm einen Koch. Lebewohl!

Der Philosoph und Schriftsteller ***Apuleius*** *(2. Jh. n. Chr.) beschreibt das Los der Mühlensklaven:*

Gute Götter, welch elende Menschlein gab es dort: Ihre ganze Haut mit graublauen Striemen gezeichnet, ihr zerschundener Rücken mit zerschlissenen Lumpen mehr behangen als bedeckt, einige überhaupt nur mit einem winzigen Lappen in der Schamgegend; und alle waren so wenig und schlecht bekleidet, dass man ihre Körper durch die Fetzen hindurch sah; ihre Stirn war mit Buchstaben markiert, ihr Haar halb abrasiert, ihre Fußgelenke steckten in Eisenringen.

Cicero, ad fam. 16,15, übers. von Klaus Gast sowie Werner Eck u. Johannes Heinrichs (Hrsg.), a. a. O., S. 113

M 4 „Warum denken sie so?"
Der Politiker und philosophierende Schriftsteller Seneca (4 v. Chr.-65 n. Chr.) schreibt an einen Freund:

Ich lache über die, die es für schimpflich halten, mit ihrem Sklaven zu speisen!
Warum denken sie so?
Nur weil die überaus hochmütige Gewohnheit herrscht, dass um den Herrn beim Speisen eine Schar von Sklaven herumsteht! Dieser stopft mehr in sich hinein, als er verdauen kann, und belädt mit ungeheurer Gier seinen vorstehenden Bauch, der seine Pflicht schon nicht mehr erfüllen kann, sodass er mit größerer Mühe alles wieder hervorbringt, was er in sich hineingetan hat – aber den unglücklichen Sklaven ist nicht einmal erlaubt, die Lippen zu bewegen, um zu sprechen. Mit der Rute wird jedes Flüstern unterdrückt. Sogar unwillkürliche Laute ziehen Prügel nach sich: Husten, Niesen, Schluckauf. Mit harter Bestrafung wird jede Unterbrechung der Stille geahndet. Die ganze Nacht hindurch stehen die Armen da, stumm und ohne Essen.

Seneca, ad Lucilium 47,2-4, übers. von Klaus Gast

1. *Schreibe auf, was du aus den Quellen (M 1 bis M 4) Neues über die Sklaverei erfahren hast.*
2. *Entwickelt ein Rollenspiel zu folgendem Problem: Ein pater familias hat vor mehreren Jahren eine hohe Summe für einen griechischen Hauslehrer bezahlt. Der Sklave unterrichtet dessen einzige Tochter erfolgreich. Sie kommt auf den Gedanken, den Vater um Freilassung des Lehrers zu bitten ...*

Die Republik in der Krise

Die Gewinner

Die Kriegsbeute und die Tributzahlungen* der unterworfenen Länder brachten für einige Wohlstand nach Rom, besonders den Geschäftsleuten aus dem Ritterstand, die das römische Heer belieferten, sowie den Senatoren. Sie beanspruchten das Land, das an den römischen Staat gefallen war, erweiterten damit ihre Landgüter (*Latifundien*), kauften Höfe kleinerer und mittlerer Bauern auf und ließen sie mit Sklaven bewirtschaften.

Die Verlierer

Die wehrpflichtigen Bauern gehörten zu den Verlierern der Kriege. Sie konnten während der Kriegszüge ihr Land nicht bestellen. Wurde ihr Eigentum zerstört, mussten sie sich bei den reichen Großgrundbesitzern verschulden, um ihre Familien ernähren und den Hof wieder aufbauen zu können. Da Brotgetreide billig aus den neuen Provinzen eingeführt wurde, verdienten viele kleine Bauern kaum noch etwas. Wenn sie ihre Schulden nicht zurückzahlen konnten, zogen sie in die Städte, meist nach Rom. Dort lebten sie in armseligen Hütten. Arbeit suchten sie meist vergeblich, weil immer häufiger die billigeren Sklaven beschäftigt wurden. Da der einzige Reichtum der verarmten Bürger ihre Kinder waren, nannte man sie **Proletarier** (lat. *proles*: Nachkommen).

Diese Entwicklung hatte für Rom einen gefährlichen Nachteil: Immer weniger Römer konnten ihre Waffen selbst bezahlen und somit Kriegsdienst leisten.

Die Ackergesetze

Im Jahr 133 v. Chr. versuchte der Volkstribun *Tiberius Gracchus*, den verarmten Bauern zu helfen. Er schlug ein Ackergesetz vor, nach dem zukünftig kein Römer über sein Privatland hinaus mehr als 250 Hektar Staatsland besitzen dürfe. Hatte er mehr Staatsland, sollte es an Proletarier verteilt werden. Die meisten Senatoren waren gegen das Gesetz. Die Auseinandersetzungen führten zu zwei Parteien im Senat: Die **Popularen** (Partei des Volkes) wollten Reformen durchsetzen. Dagegen wandten sich die **Optimaten** (Partei der „Besten"), die Mehrheit der Senatoren. Beide Gruppen bekämpften sich schließlich in blutigen **Bürgerkriegen**. In ihnen starben Tiberius Gracchus und sein Bruder *Gaius*, der ebenfalls ein Ackergesetz vorgeschlagen hatte.

Heeresreform und Bürgerkrieg

Eine Gefahr von außen ließ den Streit im Innern für einige Zeit vergessen. Die *Germanen* kamen! *Kimbern* und *Teutonen* hatten in Gallien (Norditalien, Südfrankreich) mehrere römische Heere besiegt. In dieser Gefahr wählten die Römer den Feldherrn *Gaius Marius* fünfmal hintereinander zum Konsul (von 104 bis 100 v. Chr.), obwohl er nicht der Nobilität entstammte.

Durch eine **Heeresreform** machte Marius aus dem Bürgerheer ein Berufsheer. Die Soldaten erhielten Sold und eine Ausrüstung vom Staat. Nun konnten auch Proletarier in die Armee eintreten. Damit war Marius Führer der Popularen.

Mit dem neuorganisierten Heer schlug Marius die Germanen zurück. Die Soldaten folgten ihrem Feldherrn blind, da er sie nicht nur bezahlte, sondern ihnen auch nach ihrer Dienstzeit Land als Altersversorgung versprach.

Die so erreichte Anhänglichkeit der Soldaten nutzte außer Marius auch *Lucius Sulla*, der Führer der Optimaten. Er eroberte mit seinen Soldaten Rom wie eine feindliche Stadt, um Marius und seine Anhänger zu vertreiben. Im Jahre 82 v. Chr. wurde er Diktator. Sulla erklärte seine Gegner für vogelfrei. Jeder durfte sie straffrei töten. 40 Senatoren und 1600 Ritter sollen durch Sullas Verfolgungen umgekommen sein.

1 Ein Bauer mit Kuh vor einem Heiligtum.
Marmorrelief (33,5 x 29 cm) aus dem 1. Jh. n. Chr. (Ausschnitt).

2 Sulla.
Münze von 82/81 v. Chr.

Nenne Gewinner und Verlierer der Krise.

__Tribute__: eine Art Steuerleistung

M 1 Mosaik aus Ostia, 2. Jh. n. Chr.
Dargestellt ist, wie Getreide an arme Bürger verteilt wird. Zur Zeit der Republik stand die Getreideversorgung unter der Oberaufsicht des Senats, der bei Hungersnöten für die Verteilung verbilligten Getreides sorgte.

M 2 Was wird aus den freien Bauern?
Der aus Alexandria stammende römische Historiker Appian schreibt im 2. Jh. n. Chr.:

Die Reichen nahmen den Großteil des nicht aufgeteilten Landes in Besitz und vertraten im Laufe der Zeit die kühne Meinung, dass niemand mehr ihnen dieses abnehmen könne. Außerdem zogen sie die angrenzenden Landstriche und was sonst an bescheidenem Grundbesitz armer Leute vorhanden war, an sich, teils durch Kauf unter gütlichem Zureden, teils durch gewaltsame Wegnahme. So konnten sie statt kleiner Güter ausgedehnte Latifundien bebauen, wofür sie dann Sklaven als Arbeiter und Hirten einsetzten; das sollte verhindern, dass freie Arbeitskräfte vom Ackerbau zum Heeresdienst abgezogen werden konnten. Gleichzeitig brachte auch dieser Besitz von Sklaven den Reichen großen Gewinn, da jene zahlreiche Kinder hatten und sich wegen der Befreiung vom Kriegsdienst ungefährdet vermehrten. So wurden die einflussreichen Persönlichkeiten steinreich und das Sklavenvolk nahm über das Land hin massenhaft zu, während die Italiker an Zahl und Stärke dahinschwanden und sich in Armut, Steuerabgaben und Feldzügen erschöpften.

Appian von Alexandria, Römische Geschichte. Zweiter Teil: Die Bürgerkriege, übers. von Otto Veh, Stuttgart 1989, S. 17

M 3 Nichts als Luft und Licht?
Der griechische Schriftsteller Plutarch (46-120 n. Chr.) berichtet über die von Tiberius Gracchus vorgeschlagenen Gesetze:

Die Reform hielt sich in vernünftigen Grenzen, aber das Volk gab sich gleichwohl zufrieden. Es ließ das Vergangene ruhen, froh, dass in Zukunft das Unrecht ein Ende hätte. Die reichen Besitzer hingegen verfolgten aus Habgier das Gesetz, aus Zorn und Eifersucht den Gesetzgeber mit ihrem Hass und versuchten, das Volk umzustimmen: Die Verteilung des Landes sei für Tiberius nur ein Vorwand, die Verfassung zu zerrütten und einen allgemeinen Umsturz herbeizuführen. Aber sie erreichten nichts, denn Tiberius, der für ein schönes und gerechtes Ziel kämpfte mit einer Gewalt des Wortes, die eine schlechtere Sache hätte adeln können, war gewaltig und unüberwindlich, wenn er, umdrängt vom Volk, auf der Rednerbühne stand und von den Armen sprach: „Die wilden Tiere, welche in Italien hausen, haben ihre Höhlen, jedes weiß, wo es sich hinlegen, wo es sich verkriechen kann - die Männer aber, die für Italien kämpfen und sterben, sie haben nichts außer Luft und Licht. Heimatlos, gehetzt irren sie mit Weib und Kind durch das Land. Die Feldherren lügen, wenn sie in der Schlacht die Soldaten aufrufen, für ihre Gräber und Heiligtümer sich zu wehren gegen den Feind, denn von all diesen Römern besitzt keiner einen Altar, den er vom Vater ererbt, keiner ein Grab, in dem seine Vorfahren ruhen, vielmehr kämpfen und sterben sie für anderer Wohlleben und Reichtum. Herren der Welt werden sie genannt und haben nicht eine Scholle Landes zu eigen."

Plutarch, Große Griechen und Römer, eingel. und übers. von Konrat Ziegler, Bd. VI, Zürich-Stuttgart 1965, S. 245f.

1. *Ein Kleinbauer geht mutig zu einem der Großgrundbesitzer und schildert seine Lage. Berichte über das, was er sagen könnte (M 2).*
2. *Zeige, wie Plutarch zu den Plänen des Tiberius Gracchus steht (M 3).*
3. *In einer Versammlung nimmt einer von Tiberius' Gegnern das Wort. Schreibe seine Rede.*

Wie herrscht Caesar?

Eine steile Karriere

Im Jahre 100 v. Chr. wurde *Gaius Iulius Caesar* geboren. Er entstammte einer der ältesten Familien Roms. Von Jugend an neigte Caesar den Popularen zu. So war es gut für ihn, dass er während der Diktatur Sullas im Osten Militärdienst leistete und erst nach dessen Tod in die Hauptstadt zurückkehrte. Seine Ämterlaufbahn begann er im Jahre 68 v. Chr. als Quästor. Um als Politiker bekannt zu werden, veranstaltete Caesar als Ädil besonders prächtige Spiele. Die riesigen Geldsummen, die er sich dafür geliehen hatte, konnte er erst zurückzahlen, nachdem er Statthalter in Spanien gewesen war (61 v. Chr.).

Das Jahr 60 v. Chr. wurde für Caesar besonders wichtig. Mit dem angesehenen Feldherrn *Pompeius*, der das Mittelmeer von Seeräubern befreit und im Osten bis zur Grenze Arabiens römische Provinzen errichtet hatte, und *Crassus*, dem als reichstem Mann Roms ganze Stadtviertel gehörten, schloss er eine wichtige Vereinbarung: das erste **Triumvirat** (dt. *Dreimännerbund*). Gemeinsam wollten die drei ihre politischen Pläne gegen den Senat durchsetzen.

Caesar unterwirft Gallien

Caesar konnte in das Triumvirat, das von seinen Gegnern „dreiköpfiges Ungeheuer" genannt wurde, nicht mehr einbringen als das Konsulamt für das Jahr 59 v. Chr. Er nutzte es, um sich die Statthalterschaft der Provinz Gallien, die Norditalien und Teile Südfrankreichs umfasste, zu sichern.

Zwischen 58 und 50 v. Chr. eroberte er mit einem riesigen Heer das restliche Gallien vom Atlantik bis zum Rhein. Außerdem unternahm er mehrere Kriegszüge nach Germanien und Britannien.

Eine Million Gallier soll in den sieben Kriegsjahren umgekommen, eine weitere in die Sklaverei gegangen sein. Die großen Reichtümer des Landes füllten die Kassen Caesars und seiner Anhänger.

1 Gaius Iulius Caesar.
Diese 33 cm hohe Marmorbüste wurde wohl kurz nach Caesars Tod angefertigt.
In Schriften verteidigte Caesar sein Vorgehen als Feldherr und Politiker. „Caesar" wurde zum Beinamen, später zum Titelbestandteil der römischen Kaiser. Er lebt in den Herrschertiteln „Zar" und „Kaiser" fort.

2 Unterwerfung Galliens.

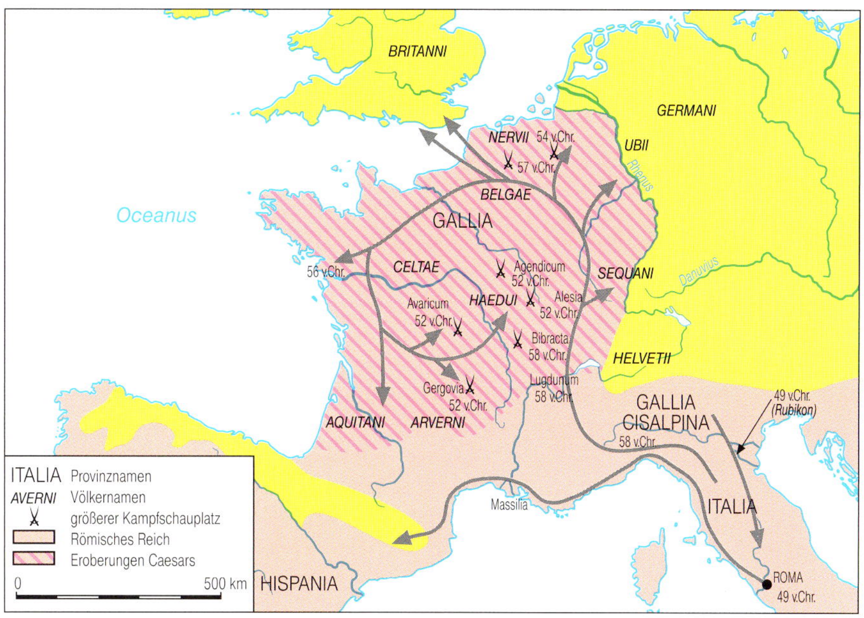

3 Die Niederlage der Gallier im Comic.
Nach: Rene Goscinny und Albert Uderzo, Asterix und der Arvernerschild (Großer Asterix-Band XI), übers. von Gudrun Penndorf, Stuttgart: Delta-Verlag 1972, Seite 5.
Im Jahr 52 v. Chr. führte Vercingetorix einen Aufstand der Gallier gegen Caesar an. Bei Alesia siegten die Römer. Damit war Gallien unter römische Herrschaft gelangt.
Der Comic-Zeichner hat eine ganz besondere Auffassung von der endgültigen Niederlage der Gallier. Beschreibe seine Sicht.
Siehe dazu auch den Lerntipp auf Seite 30 f.

4 Freiheitsmütze zwischen zwei Dolchen.
Münze von 43/42 v. Chr.
Die Münze ließ der Caesarmörder Brutus nach seiner Flucht im Osten des Reiches prägen. Die Aufschrift EID[ibus] MAR[tiis] ist die abgekürzte Datumsangabe (an den Iden des März).
In der Mitte ist eine Kappe (lat. pilleus) zu sehen. Solche Kopfbedeckungen wurden von freigelassenen Sklaven getragen.

5 „Caesar und Kleopatra". →
Standbild aus dem amerikanischen Historienfilm „Cleopatra", 1962.
Kleopatra, die letzte Königin von Ägypten, wurde von Caesar unterstützt. Einer Erzählung nach verschaffte sie sich in einem Stoffballen Zugang zu seinen Gemächern. Sie wurde Caesars Geliebte und gebar ihm einen Sohn. 46 bis 44 v. Chr. hielt sich Kleopatra in Rom auf.

Kampf um die Macht

Caesars Erfolge und seine wachsende militärische Macht beobachtete der Senat in Rom mit Misstrauen. Die Optimaten fürchteten um ihre führende Stellung. Ihnen gelang es, den eifersüchtigen Pompeius auf ihre Seite zu ziehen. In einem widerrechtlichen Senatsbeschluss setzten sie Caesar als Statthalter und Heerführer ab.
Als Caesar davon erfuhr, befand er sich an der Grenze zwischen seiner Provinz und Italien. Er wusste, dass er ohne Amt und Truppen den Angriffen seiner Gegner ausgeliefert war.
Damit wollte er sich nicht abfinden. Er suchte die Entscheidung in einem Bürgerkrieg. Am 10. Januar 49 v. Chr. überschritt er mit seinen Truppen den Grenzfluss *Rubikon*, um nach Rom zu marschieren.

„Ich kam, ich sah, ich siegte"

Caesars Gegner flohen übers Meer nach Griechenland. Ungehindert konnte er in Rom einziehen. In den Provinzen waren die Truppen des Senats zwar zahlenmäßig überlegen, doch Caesar schaffte es regelmäßig, sie zu besiegen. So geriet Caesars Kampf gegen seine Feinde zu einem vierjährigen Siegeszug rund ums Mittelmeer: Spanien – Griechenland – Ägypten – Kleinasien – Nordafrika – Spanien. Aus dieser Zeit stammen seine stolzen Worte: „Ich kam, ich sah, ich siegte" (lat. *veni, vidi, vici*).
In Rom übertrug man Caesar das Amt des Diktators, zunächst zeitlich begrenzt, ab 45 v. Chr. auf Lebenszeit. Seine Macht nutzte er, um Reformen durchzusetzen:

- Die Bewohner Norditaliens erhielten das Bürgerrecht, und die Städte Italiens konnten sich selbst verwalten.
- Zur Altersversorgung der Soldaten sowie für Proletarier wurden auch außerhalb Italiens Kolonien gegründet.
- In Rom erhielten nur noch 150 000 Proletarier Getreidespenden, weil die Arbeitslosigkeit gesenkt werden konnte.
- Die Zahl der Senatoren wurde auf 900 erhöht; außerdem durften sie jetzt auch aus den Provinzen stammen.
- Eine längst fällige Kalenderreform wurde durchgeführt (die Jahreszeiten hatten sich verschoben, die Bäume blühten Ende Januar).

Zugleich startete Caesar in Rom ein öffentliches Bauprogramm. Dazu wollte er den Tiber umleiten, den Hafen ausbauen und Sümpfe trockenlegen.

„Auch du, mein Sohn?"

Der Senat überhäufte Caesar mit Ehrungen. Er durfte ständig das Purpurgewand des Triumphators mit goldenem Lorbeerkranz tragen, erhielt den Ehrennamen *Vater des Vaterlandes* und sein Geburtsmonat bekam den Namen *Iulius*.
Caesar regierte wie ein König. Dies war für eine Minderheit im Senat, die an der Republik festhielt, unerträglich.
An den **Iden des März** (15. März) 44 v. Chr. wurde Caesar vor einer Senatssitzung von einer Gruppe von Senatoren durch 23 Dolchstiche getötet. Unter den Mördern war sein junger Freund *Brutus*, zu dem er gesagt haben soll: „Auch du, mein Sohn?" Die Attentäter retteten die Republik nicht. Ein weiterer Bürgerkrieg um Caesars Erbe folgte.

1. *Zeichne Caesars Aufstieg als Treppe, auf deren Stufen du Jahreszahlen/Zeiträume einträgst. (Die Stufen können unterschiedlich hoch und breit sein.)*
2. *Prüfe die Reformen Caesars und notiere, welche lagen im Interesse des Staates, welche nutzten ihm selbst.*
3. *Warum wählte Brutus das Motiv für die Münze (Abb. 3)? Was wollte er erreichen? Was zeigt dir dieses Beispiel für die Bedeutung von Münzen?*

M 1 Über den Feldherrn und Politiker Caesar

Der Schriftsteller ***Sueton*** *(70-140 n. Chr.) schreibt über den Feldherrn und Politiker Caesar:*

Seine Soldaten beurteilte er weder nach ihrer Moral noch nach ihrer äußeren Stellung, sondern nur nach ihren militärischen Fähigkeiten [...]. Weder nahm er alle Vergehen zur Kenntnis, noch bestrafte er sie ihrer Schwere entsprechend, war aber gegenüber Deserteuren* und Meuterern ein sehr strenger Richter und Rächer; im Übrigen drückte er ein Auge zu [...].
Bei Ansprachen redete er sie nicht mit „Soldaten", sondern mit dem schmeichelhafteren „Kameraden" an, und er hielt auch auf ihr Äußeres: So stattete er sie mit silber- und goldverzierten Waffen aus, einmal des Aussehens wegen, dann auch, damit sie im Kampf eher darauf achteten und Angst hätten, sie zu verlieren [...]. Auf diese Weise spornte er sie zu größter Ergebenheit und Tapferkeit an. Als er den Bürgerkrieg begann, steuerten die Offiziere jeder Legion aus ihrem Ersparten die Ausrüstung je eines Reiters bei, und alle Soldaten boten sich an, ohne Sold und Getreiderationen, ganz umsonst, für ihn zu kämpfen [...].
Gegenüber seinen Freunden war Caesar immer zuvorkommend und nachsichtig [...]. Auf dem Gipfel seiner Macht erhob er auch Leute aus den untersten Schichten zu hohen Ehren [...]. Andererseits saßen seine Feindschaften nie so tief, dass er sie nicht bei Gelegenheit gerne beilegte.

Der griechische Schriftsteller ***Plutarch*** *(46-120 n. Chr.) berichtet:*

Vor Caesars Glück indes beugten die Römer trotz alledem das Haupt und fügten sich willig ins Joch. Und da sie unter der Monarchie Erholung zu finden hofften von den Leiden der Bürgerkriege, ernannten sie ihn zum Diktator auf Lebenszeit. Dies bedeutete die unverhüllte Tyrannis [...].
Wenn aber der Hass gegen Caesar immer sichtbarer hervorbrach und ihn schließlich in den Tod hineinriss, so trug daran sein Streben nach der Königswürde die Schuld. Für das Volk war dies der erste Anlass, sich von ihm abzuwenden, für seine Gegner [...] ein besonders günstiger Vorwand.

Sueton, Gaius Iulius Caesar, 65 ff., zitiert nach: ders., Leben der Caesaren, übers. u. hrsg. von André Lambert, Reinbek 1960, S. 38 ff. u. Plutarch, Große Griechen und Römer, Caesar 57 u. 60, übers. von Walter Wuhrmann, München 1994

* **Deserteur:** *Soldat, der zur Gegenseite überläuft oder seinen Platz verlässt.*

1. *Vergleiche die Äußerungen über Caesar von Sueton und Plutarch (M 1). Inwieweit entsprechen ihre Aussagen Caesars Taten, wie sie im Lehrbuchtext dargestellt werden?*
2. *Wie beurteilst du, dass Brutus und die anderen Verschwörer die Republik durch einen „Tyrannenmord" retten wollten?*
3. *Auch ein Historienfilm enthält Deutungen von Geschichte. Wie erscheint Caesar auf dem Standbild (Abb. 4)? Welche Darstellungsmittel wurden angewandt?*

LERNTIPP

Geschichte in Comics und Jugendbüchern

„Wir befinden uns im Jahr 50 v. Chr. Ganz Gallien ist von den Römern besetzt …. Ganz Gallien? Nein!“ – Kennt ihr diese Sätze? Mit ihnen beginnt jeder Comic über den kleinen Gallier Asterix (von *astérisque:* Sternchen), der sich mit seinen Freunden Caesar, dem mächtigsten Mann Roms, in den Weg stellt. – Was hat Asterix und was haben Comics aber in eurem Geschichtsbuch zu suchen?

In manchen Comics kommen Personen und Ereignisse aus der Geschichte vor. In den gezeichneten Bildern werden sie uns scheinbar lebensecht vorgestellt und in Sprechblasen reden sie zu uns. Aber Vorsicht: Im Comic werden Geschichte und Erfindung bunt gemischt, ohne dass wir das immer auf Anhieb erkennen.

Dasselbe gilt für historische Jugendbücher. Deren Autoren verwenden aus der Geschichte, was ihnen entweder unterhaltsam erscheint oder was sie für ihre Zwecke brauchen können. Sie wollen Interesse für die Geschichte wecken, aber kein historisches Sachbuch schreiben. Manchmal folgen sie den historischen Quellen, manchmal gehen sie frei mit ihnen um: sie verändern, fügen etwas hinzu, lassen weg, was ihnen langweilig erscheint oder nicht in ihr Konzept passt. Vor allem die wörtlichen Reden sind so gut wie immer erfunden.

Comics und historische Erzählungen können und sollen uns „Appetit“ machen, uns mit Geschichte zu befassen. Sie reichen nicht aus, wenn ihr euch über Personen und Ereignisse der Geschichte zuverlässig informieren wollt. Oft muss man eine ganze Menge wissen, um den Zeichnern und Erzählern nicht auf den Leim zu gehen.

Die folgenden Fragen können dir helfen, Comics und Geschichtserzählungen zu prüfen:

- Welche Handlung wird erzählt? Was davon hat sich tatsächlich ereignet? Was wurde erfunden, was weggelassen?
- Welche Personen kommen vor? Sind sie historisch nachweisbar oder ausgedacht? Welche Eigenschaften und Charakterzüge haben sie? Entsprechen sie den historischen Personen? Lassen sie sich durch Quellen bestätigen oder widerlegen?

M 1 „Wie alles begann …“

*Asterix-Hefte erscheinen seit 1959 in Frankreich und seit 1967 in deutschen Übersetzungen; die Texte stammen von Rene Goscinny (1926–1977) und die Zeichnungen von Albert Uderzo (*1927).*

Die abgebildete Seite ist aus: Gallische Geschichten mit Asterix und Obelix. Goscinny und Uderzo präsentieren das Beste aus 29 Abenteuern, übers. von Gudrun Penndorf, Stuttgart: Ehapa Verlag 2. Auflage 1994, Seite 6.

Prüft die erste Aussage des Comics.

M 2 Interview mit einem Geschichtenerzähler

Warum stellen Sie, Herr Brückner, jedem Hauptkapitel von „Das waren Zeiten" eine Erzählung voran?

Ein Geschichtsbuch für die Schule muss in erster Linie sachlich informieren. Meine kurzen Erzählungen fallen da absichtlich etwas aus dem Rahmen: Sie wirken durch die wörtliche Rede locker, denn sie sollen Interesse bei den Schülern wecken. Sie sprechen auf unterhaltsame Weise ein Thema an und führen so in das Kapitel ein.

Woher bekommen Sie die Anregungen für die Erzählungen?

Die Idee zu „Romulus und Remus" (siehe Seite 6) verdanke ich z.B. griechischen und römischen Sagen. Dabei habe ich mich auch an Gustav Schwabs Ausgabe der „Sagen des klassischen Altertums" orientiert, die 1877 erstmals erschien und noch heute von vielen Jungen und Mädchen gerne gelesen wird.

Gehören solche Erzählungen überhaupt in ein Geschichtsbuch?

Ich finde, sie bereichern es ganz wesentlich. Erstens beruhen sie alle auf geschichtlichen Quellen oder Dokumenten. Zweitens sind sie kurz. Und drittens: Auf jede Erzählung folgt ein langes Kapitel mit einer sachlichen Darstellung und einer bunten Reihe historischer Quellen. Schüler lernen Geschichte ja nicht aus der einen Erzählung. Vielmehr werden sie von ihr angeregt, dem angetippten Thema mit sachlich zuverlässigen Informationen auf den Grund zu gehen.

Gesprächsprotokoll vom Oktober 2003

M 3 Wie sah Caesar aus?

In dem Roman „Caesar und der Gallier" von ***Hans Dieter Stöver*** *(* 1937) wird Caesar von dem 17-jährigen Römer Sextus, der Hauptfigur der Erzählung, so beschrieben:*

So dunkel hatte er sich Caesars Augen nicht vorgestellt. Er spürte, welche Kraft von ihnen ausging, doch er sah auch, dass die Strapazen und Anstrengungen der vergangenen Wochen Spuren in seinem Gesicht hinterlassen hatten. Scharf zeichneten sich die Falten an den Seiten des Mundes ab. Noch mehr fiel ihm auf: die helle, weiche Haut, die feinen, sehr gepflegten Hände, die scharfen Backenknochen, die hagere und doch kraftvolle Gestalt. Caesars Bewegungen waren geschmeidig, schnell, gezielt, besonders die der Augen. Ihnen schien nichts zu entgehen.

Plutarch *(siehe M 1, Seite 29) schreibt:*

Er war von hagerer Gestalt und hatte eine zarte weiße Haut [...].

Sueton *(siehe M 1, Seite 29) berichtet:*

Er soll von stattlicher Figur gewesen sein, weiße Haut, schlanke Gliedmaßen, ein etwas zu volles Gesicht, schwarze, lebhafte Augen [...]. Um sein Aussehen war er allzu besorgt. [...] Über seine Glatze war er sehr ärgerlich, da sie seinen Gegnern oft Anlass zu Witzen bot. Deshalb pflegte er seine Haare vom Scheitel nach vorn zu bürsten [...].

Erster Text: Hans Dieter Stöver, Caesar und der Gallier, München 2. Auflage 2001, S. 268 f. Zweiter Text: Plutarch, Von großen Griechen und Römern, Caesar 17.2. Dritter Text: Sueton, Leben der Caesaren, Caesar 45

M 4 Gaius Iulius Caesar.

26 cm hohe Marmorbüste, um 20 v. Chr.

LERNTIPP

M 5 „Caesar und der Gallier".

Umschlagbild von Tilman Michalski, um 2000.

Vergleiche das Bild von Caesar mit M 3, M 4 und Abb. 1 auf Seite 27. Was fällt dir auf?

● Lesetipps → *Ausgewählte Hinweise auf historische Jugendbücher findet ihr im Anhang des Buches auf den Seiten 251 f.*

1. *Comics wirken oft lustig. Warum (M 1)?*
2. *Wann empfindet ihr eine Geschichtserzählung als unterhaltsam? Untersucht dazu in diesem Buch die Beispiele auf den Auftaktseiten. Berücksichtigt M 2.*
3. *Überlege, welche Aussagen über Caesar sind von Stöver frei erfunden, welche kann er aus schriftlichen und bildlichen Quellen übernommen haben (M 3 und M 4).*

Augustus: Retter oder Zerstörer der Republik?

Gaius Octavius setzt sich durch
Mit dem neuen Bürgerkrieg begann der Aufstieg des *Gaius Octavius*. Er war von seinem Großonkel Caesar adoptiert und zum Erben bestimmt worden; der 18-Jährige hieß nun *Gaius Iulius Caesar Octavianus*. Zu Ehren seines Adoptivvaters veranstaltete er in Rom prächtige Spiele und stellte mit eigenem Geld ein Privatheer auf. Für den Krieg gegen die Caesar-Mörder verbündete er sich mit *Antonius*, einem Anhänger seines Adoptivvaters. Nach ihrem Sieg überließ er diesem die Regierung der östlichen Reichshälfte. Octavian wollte sein Erbe nicht teilen. Er warf Antonius vor, eine unerlaubte und für Rom gefährliche Verbindung mit der ägyptischen Königin *Kleopatra* eingegangen zu sein. Rom erklärte daraufhin Kleopatra – und damit auch ihrem Partner Antonius – den Krieg. Die Entscheidung fiel 31 v. Chr. in der **Seeschlacht bei Aktium** an der Küste Griechenlands. Octavians Flotte siegte. Kleopatra und Antonius begingen Selbstmord. Ägypten wurde römische Provinz.

1 Bildnis des Augustus.
Etwa 8 cm hoher Anhänger, 1. Jh. n. Chr. (die Fassung stammt aus dem 17. Jh.).
Im Jahre 27 v. Chr. erhielt Augustus vom Senat „für die Rettung aller Bürger" die „corona civica", den Eichenkranz. Er wurde seit langem für die Rettung eines Mitbürgers in der Schlacht verliehen. Lies dazu nochmals M 3, S. 21.
Dieses Ehrenzeichen nahm später mehr und mehr den Charakter eines Herrschaftssymbols an. Wie nennt man es heute?

Die „Bescheidenheit" des Augustus
Endlich war der Bürgerkrieg vorbei. Octavian, der in Rom mehr als 2000 politische Gegner, darunter 300 Senatoren, hatte umbringen lassen, war der unumstrittene Herr des Römischen Reiches. Im Jahre 27 v. Chr. veranstaltete er einen Triumphzug und erklärte vor dem Senat den Rücktritt von allen Ämtern. Der Reaktion der Senatoren muss sich Octavianus sicher gewesen sein: Sie protestierten und baten ihn einhellig, doch wenigstens in den von Feinden bedrohten Provinzen den militärischen Oberbefehl zu behalten. Als er zögernd zustimmte, wurde er mit Ehrungen überhäuft. Octavianus wurde als zweiter Romulus gefeiert, der Rom mithilfe der Götter neu gegründet habe. Dies drückte der Ehrenname aus, der ihm vom Senat verliehen wurde: *Augustus* (dt. *der Erhabene*; daraus wurde später die Formel *Imperator Augustus*, dt. *Kaiserliche Majestät*).

2 Römischer Adler.
Schmuckstück (Durchmesser: 22 cm), 1. Jh. n. Chr. (die Fassung stammt aus dem 16. Jh.).
Der Adler, der Vogel Jupiters (Zeus'), wurde zum Sinnbild der kaiserlichen Macht; in seinen Klauen hält er außer dem Eichenkranz einen Palmenzweig, das Ehrenzeichen für eine siegreiche Schlacht.

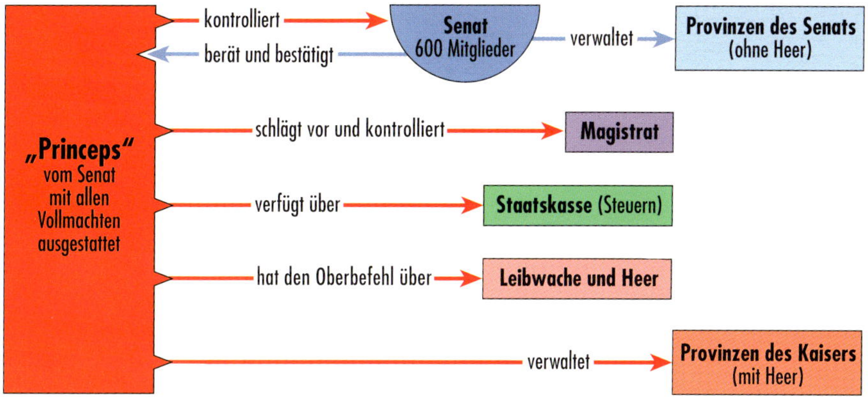

3 Wie viel Macht hat der „erste Bürger"?

Die Macht des Augustus

Hinter einer republikanischen Fassade entstand ein Kaiserreich. Augustus – unter diesem Namen ist Octavianus in die Geschichte eingegangen – behielt den Oberbefehl über alle römischen Truppen sein Leben lang. Hinzu kamen im Laufe der Zeit weitere Rechte:

- Augustus erhielt auf Dauer die Befugnisse eines Volkstribunen, sie gaben ihm Schutz vor gerichtlicher Verfolgung und das Recht, Gesetze vor die Volksversammlung zu bringen.
- Er übernahm die Aufgaben eines Zensors, wodurch ihm unter anderem die Auswahl der Senatoren zustand.
- Er bekleidete das Amt des Ersten Priesters, das ihn zum obersten Wächter über Religion und Sitten machte.

Das Heer organisierte Augustus neu. Unter ihm entstand eine auch in Friedenszeiten ständig einsatzbereite Truppe: das **stehende Heer**. Es bestand aus 28 Legionen und umfasste etwa 150 000 Mann mit langjähriger Dienstzeit (20 Jahre und mehr). Ergänzt wurde das Heer durch Hilfstruppen aus den Provinzen. Augustus behielt sich die Versorgung der Soldaten vor. Sie mussten einen Treueeid auf ihn schwören. Die höchsten Kommandostellen vergab er selbst.

Auch die Verwaltung des Reiches änderte Augustus. Dem Senat beließ er die Aufsicht über die befriedeten Provinzen. Die Verantwortung für die reichsten und für die gefährdeten Provinzen, in denen die Legionen stationiert waren, lag bei ihm. Er ließ sie von Männern seiner Wahl verwalten.

Der Princeps und das Volk

Augustus wahrte den Schein, die Republik wiederhergestellt zu haben. Er behauptete, die vom Volk gewählten Magistrate an Macht nicht zu übertreffen, sondern nur durch das Maß der Verantwortung und sein persönliches Ansehen. In der Öffentlichkeit trug er deshalb wie die übrigen Senatoren die purpurgesäumte Toga. Seinem Selbstverständnis nach war er der „erste Bürger" (lat. *princeps civium*) des Staates. Nach dieser Bezeichnung erhielt die Herrschaftsform des Augustus auch ihren Namen: der Prinzipat.

Augustus – der Friedensbringer

Für weite Teile der Bevölkerung war es Augustus, der die über 100 Jahre andauernden Bürgerkriege beendet und eine Zeit des Friedens und Wohlstandes eingeleitet hatte: die *Pax Augusta*.

Augustus setzte den unter Caesar begonnenen Ausbau Roms zur prunkvollen Hauptstadt fort. Er rühmte sich später, „eine Stadt aus Ziegelsteinen vorgefunden und eine aus Marmor hinterlassen" zu haben. Die von ihm durchgeführten Spiele für das Volk übertrafen die seiner Vorgänger – sieht man von denen Caesars ab – bei weitem. Kunstwerke, Inschriften und Münzen verbreiteten seine Taten. Zahlreiche Dichter verkündeten in ihren Werken, mit Augustus sei ein „goldenes Zeitalter" angebrochen.

1. *Augustus behauptete, die Republik wiederhergestellt zu haben. Hat er Recht?*
2. *Stelle dir vor, du wärest Reporter im antiken Rom und könntest Augustus interviewen. Was würdest du ihn zu seinen Zielen fragen? Formuliere Antworten, wie sie Augustus gegeben haben könnte. Es lässt sich aus den Vorlagen auch ein Rollenspiel gestalten.*

LERNTIPP

4 Triumphzug auf dem Forum Romanum zur Kaiserzeit.
Rekonstruierte Ansicht von Johannes Bühlmann und Friedrich von Thiersch, 1900/02.
Das Forum Romanum galt als das „Herz" der Stadt. Hier fanden Triumphzüge, Versammlungen, Gerichtsverhandlungen und Prozessionen statt.
Zu den abgebildeten Gebäuden:
① **Tempel der Vesta**
② **Dioskuren-Tempel**
③ **Basilica Iulia**
④ **Tempel des Jupiter**
⑤ **Tempel des Saturn**
⑥ **Bogen des Kaisers Tiberius**
⑦ **Tempel des Kaisers Vespasian**
⑧ **Staatsarchiv**
⑨ **Tempel der Concordia**
⑩ **Triumphbogen des Kaisers Septimius Severus**
⑪ **Basilica Aemilia**
⑫ **Rednertribüne**
⑬ **Goldener Meilenstein**

Internettipp → *Einen virtuellen Rundgang zu den antiken Stätten Roms kannst du unter www.roma-antiqua.de finden.*

Varus verliert
Im Vergleich zu Caesar zog Augustus Verhandlungen den Kriegszügen vor. Auf diesem Weg erreichte er im Osten Erfolge gegen die *Parther*. Im Norden stießen seine Stiefsöhne *Drusus* und Tiberius bis an die Donau vor. Aus dem von Kelten bewohnten Land zwischen Alpen und Donau wurden unter Augustus römische Provinzen.
Von den Feldherren des Augustus hatte *Varus*, der mit drei Legionen und zahlreichen Hilfstruppen über den Rhein bis zur Elbe gezogen war, Pech. Im Herbst des Jahres 9 n. Chr. wurde er von *Arminius*, einem Anführer der *Cherusker*, der im römischen Heer Offizier gewesen war, in einen Hinterhalt gelockt. In einem dreitägigen Kampf soll Rom etwa 20 000 Mann verloren haben*. Möglicherweise trug diese Niederlage dazu bei, dass der mittlere und nördliche Teil Deutschlands und Europas nicht römisch wurden.

Die Kaiserzeit beginnt
Die Bürgerkriege hatten deutlich gemacht, dass die innen- und außenpolitischen Probleme des römischen Weltreiches nicht mehr von Politikern im jährlichen Wechsel der Ämter gelöst werden konnten. Die von Augustus geschaffene Ordnung, die dem Reich 40 Jahre inneren Frieden brachte, schien dafür besser geeignet. Aber, wer sollte sein Werk weiterführen? Auch dieses Problem löste Augustus: Da er keine leiblichen Söhne hatte, bestimmte er seinen Stiefsohn *Tiberius* zu seinem Nachfolger. Ihm vererbte er mit Zustimmung des Senats seine Stellung. Die römische Kaiserzeit begann.

Mehr über die Varus-Schlacht findest du auf den Seiten 38 f.

LERNTIPP

Eine Statue als Quelle?

1 Augustus.
Kopie der Panzerstatue aus Primaporta bei Rom, nach 20 n. Chr.
Die farbige Rekonstruktion geht auf die Marmorstatue zurück, die 1863 in der Villa der Livia, der Frau des Augustus, gefunden wurde und heute in den Vatikanischen Museen in Rom zu sehen ist. Die Bemalung wurde nach Farbspuren der Originalstatue rekonstruiert. Die Lanze ist später von Archäologen hinzugefügt worden. Denkbar wäre auch, dass die Figur im linken Arm einen Lorbeerzweig (höchste Auszeichnung für einen römischen Soldaten) trug und in der rechten die Lanze (Zeichen für die Befehlsgewalt des Herrschers) hielt.
Auf dem Brustpanzer ist zu sehen, wie der Partherkönig dem Gott Mars die römischen Feldzeichen übergibt, die die Römer in einer Schlacht 53 v. Chr. an ihn verloren hatten. Augustus erreichte 20 v. Chr. die Rückgabe der Feldzeichen durch Verhandlungen.

Auf die Wirkung kommt es an
Herrscherstandbilder sollen auf die Betrachter wirken. Um sie beurteilen zu können, müssen wir sie zunächst als Ganzes und dann in ihren Einzelheiten betrachten. Wichtig sind Größe, Kopf-, Arm- und Beinhaltung, Blickrichtung, Kleidung und Beigaben. Die Besonderheiten sind nicht zufällig gewählt, sondern sollen etwas Bestimmtes aussagen. Aus ihnen können wir erschließen, wie sich der Herrscher sah und wie er vom Volk gesehen werden wollte.
An der Augustus-Statue fällt auf:
- Augustus war etwa 1,70 m groß. Die Höhe der Statue beträgt aber 2,04 m.
- Augustus trägt einen verzierten Brustpanzer und eine Lanze.
- Die Römer stellten nur ihre Götter barfuß dar.
- Die kleine Figur am rechten Bein soll der Liebesgott Amor sein, ein Kind der Venus, der Göttin der Liebe und Schönheit und die angebliche Stammesmutter der Familie von Caesar und Augustus.

Die Statue wurde wahrscheinlich im Auftrag des Senats aufgestellt. Überlege, was sie den Bürgern aus der Ferne mitteilen sollte, was bei näherer Betrachtung.

M 1 Altar des augusteischen Friedens (Ara Pacis Augustae) in Rom, 13 - 9 v. Chr.

Nachzeichnung der Opferprozession, die auf der Marmormauer des Altars dargestellt ist. Das Relief ist im Original 1,55 m hoch und 8 m lang. Das Foto (rechts) zeigt die Ansicht des Altars von weitem.

Der „Friedensaltar" war 13 v. Chr. vom Senat in Auftrag gegeben worden, um Augustus dafür zu danken, dass er nach den Siegen in Spanien und Gallien den Frieden im Reich wiederhergestellt hatte. Er wurde 9 v. Chr. in einer feierlichen Zeremonie eingeweiht.

Neben der kaiserlichen Familie, den Auguren und Liktoren sind auch Agrippa, der Freund und Schwiegersohn des Augustus, und Livia, die Ehefrau des Herrschers, abgebildet.

In der rechten Bildhälfte stehen die Stiefsöhne des Augustus, Drusus und Tiberius.

Was findest du an der Anordnung der Personen sowie ihrem Aussehen bemerkenswert?

***Augur**: *eine Art Priester. Allein den Auguren war es erlaubt, göttliche Zeichen zu deuten. Sie bestimmten zum Beispiel am Flug wilder Vögel, ob die Götter einem Vorhaben günstig gesonnen waren.*

M 2 Augustus legt Rechenschaft ab

Augustus fasste in einem „Tatenbericht" sein gesamtes politisches Handeln zusammen. Er wurde nach seinem Tode im Senat verlesen und seinem Wunsch gemäß dann in Bronzetafeln eingraviert und vor seinem Grabmal in Rom aufgestellt. In Ankara (Türkei) fand man eine Kopie des Textes an der Wand des dortigen Augustus-Tempels eingemeißelt.

Im Alter von 19 Jahren stellte ich aus eigenem Entschluss und aus eigenen Mitteln ein Heer auf, mit dem ich die Gewaltherrschaft einer Partei in Rom beendete und die Republik in die Freiheit zurückführte [...].

Die meinen Vater getötet haben, habe ich in die Fremde getrieben und sie für ihre Tat in rechtmäßigen fünf Prozessen bestraft [...].

Ich habe zu Wasser und zu Land [...] Kriege auf dem ganzen Erdkreis geführt und als Sieger allen Bürgern Schonung gewährt, wenn sie um Verzeihung baten [...].

Die Diktatur, die mir in Abwesenheit und Anwesenheit vom Volk und Senat einstimmig angeboten wurde, habe ich nicht angenommen.

Princeps des Senats war ich bis zu dem Tag, an dem ich dies schrieb, 40 Jahre lang.

Die Senatsliste habe ich dreimal erneuert und drei Volkszählungen* durchgeführt [...].

Die Tür des Ianus-Tempels, den unsere Vorfahren geschlossen haben wollten, wenn im ganzen Reich durch Siege gewonnener Friede eingetreten sei, was vor meiner Geburt seit der Gründung der Stadt zweimal geschehen war, ist unter meiner Führung durch Senatsbeschluss dreimal geschlossen worden.

Viermal habe ich mit meinem Geld die Staatskasse unterstützt [...]. Aus mei-

rippa Livia Tiberius Drusus

nem Erbe habe ich in die Kriegskasse bezahlt, damit die Soldaten, die 20 Jahre und mehr gedient hatten, Prämien bekamen.

Augustus nennt Beträge von zusammen fast einer Milliarde Sesterzen (an Kaufkraft heute etwa sechs Milliarden €). Er zählt seine Bauten auf, darunter elf neuerbaute und 82 renovierte Tempel.

Die gallischen und die spanischen Provinzen und Germanien […] habe ich bis zur Mündung des Flusses Elbe erobert und befriedet […]. Während ich dies schreibe, stehe ich im 76. Lebensjahr.

Ausgewählt und übersetzt von Klaus Gast

* *„Es begab sich aber zu der Zeit, dass ein Gebot von dem Kaiser Augustus ausging, dass alle Welt geschätzet würde …“ Kennst du diesen Text? Erkundige dich nach seiner Fortsetzung!*

M 3 Wie die kaiserliche Macht entsteht

Der wohl bedeutendste römische Historiker, der Senator Cornelius Tacitus (um 56-117 n. Chr.) schreibt:

Sobald Augustus das Militär mit Geschenken, das Volk durch Getreidespenden, alle miteinander durch die Annehmlichkeit einer Friedenszeit für sich gewonnen hatte, erhob er allmählich höher sein Haupt und zog die Befugnisse des Senats, der Staatsverwaltung und der Gesetzgebung an sich. Dabei fand er keinen Widersacher, da die tatkräftigsten Männer auf den Schlachtfeldern geblieben oder den öffentlichen Verfolgungen (Proskriptionen) zum Opfer gefallen waren, während die übriggebliebenen Angehörigen der Nobilität bereitwillig das Joch der Knechtschaft auf sich nahmen und dafür umso höher an Reichtum und Ehren stiegen […].
So hatte sich denn die Staatsform gewandelt […]. Die Gleichheit der Staatsbürger war beseitigt, und alle schauten nur noch auf die Befehle des Princeps […].

Tacitus, Annalen I.2, übers. von Walther Sontheimer, Stuttgart 1964 (vereinfacht)

1. *Überprüfe, ob Augustus richtig über seine außenpolitischen Erfolge berichtet (M 2).*
2. *Schreibe aus M 2 und M 3 heraus, mit welchen Mitteln Augustus sich seine Herrschaft in Rom sicherte.*
3. *M 2 und M 3 gehen auf die Erfolge des Augustus ein. Die Verfasser verfolgen aber sehr unterschiedliche Absichten. Erkläre!*

Arminius schlug Varus – aber wo?

2 **Das Hermanns-Denkmal bei Detmold.**
Foto, um 1980.
Es ist bis zur Schwertspitze 26 m hoch und steht auf einem ebenso hohen Unterbau. Auf dem Schwert steht: „Deutsche Einigkeit meine Stärke, meine Stärke Deutschlands Macht." Bezahlt wurde das 1875 eingeweihte Denkmal mit Spenden der Bürger und Geldern des Kaisers.

Internettipp → *www.hermannsdenkmal.de*

Ein Denkmal steht falsch

An Sommerwochenenden pilgern Tausende nach Hiddesen, einem kleinen Ort in der Nähe von Detmold. Ihr Ziel ist das Hermanns-Denkmal. Es soll an den Sieg der Germanen über die Römer im Jahre 9 n. Chr. erinnern: Der Cheruskerfürst Arminius, später „Hermann" genannt, schlug mit seinen Kriegern irgendwo östlich von Ems und Lippe das Heer des römischen Statthalters Varus. Darüber informieren uns nur römische Schriften, unter anderem die Werke der Historiker *Cassius Dio* und *Tacitus*. Schriftliche Quellen der Germanen gibt es nicht.
Die Niederlage der Römer galt lange als der Anfang vom Ende ihrer Herrschaft in Germanien. Zwar zogen sich die Römer nach ihrer Niederlage an den Rhein zurück. Ihre Eroberungspolitik aber gaben sie nicht auf.
Wo genau die unter Arminius kämpfenden germanischen Völker den Sieg über die Römer errangen, war lange umstritten. Sicher ist heute: Da, wo das vielbesuchte Hermanns-Denkmal an die Schlacht erinnern soll, fand sie garantiert nicht statt. Archäologen konnten dort keinerlei Spuren eines Kampfes finden.

Münzen weisen den Weg

Bereits 1884 hatte der Altertumsforscher *Theodor Mommsen* nach der Auswertung von Münzen behauptet, die Schlacht sei in Kalkriese bei Bramsche etwa 20 Kilometer nördlich von Osnabrück in Niedersachsen geschlagen worden. Seine Kritiker warfen ihm vor, ein paar römische Geldstücke seien kein Beweis für den Untergang von drei Legionen.
Hundert Jahre nach Mommsen zog ein Hobby-Archäologe mit einem Metallsuchgerät über die Wiesen und Felder bei Kalkriese. Er fand 160 Münzen – und das Auffallende daran: sie alle waren vor 9 n. Chr. geprägt worden. Noch sensationeller war ein anderer Fund: drei knapp 4 cm lange Schleudergeschosse, wie sie römische Soldaten benutzt hatten.

Die Profis kommen

Die Hinweise, dass Kalkriese der Ort der Varus-Schlacht sein konnte, mehrten sich: Ende der 1980er-Jahre begannen deshalb Wissenschaftler mit systematischen Grabungen. Sie fanden römische Wurfspieße, Teile von Helmen, Schilden und Pferdegeschirr, Werkzeuge, Münzen, medizinische Instrumente und Alltagsgegenstände – vom Besteck bis zu Spielsteinen. Sie entdeckten auch eine von den Germanen errichtete Wallanlage, die ihnen als Hinterhalt diente. Die Funde belegen eindeutig: Bei Kalkriese fand eine große Schlacht statt. Ob es aber die Varus-Schlacht war, diskutieren Forscher noch immer.

Exkursionstipp → *Museum und Park Kalkriese, Bramsche-Kalkriese*

1 **Der Hinterhalt der Germanen.**
Das Foto wurde Pfingsten 2003 im Museum und Park Kalkriese anlässlich der „Römer- und Germanentage" aufgenommen. Es zeigt den rekonstruierten Wall mit einigen Germanen.

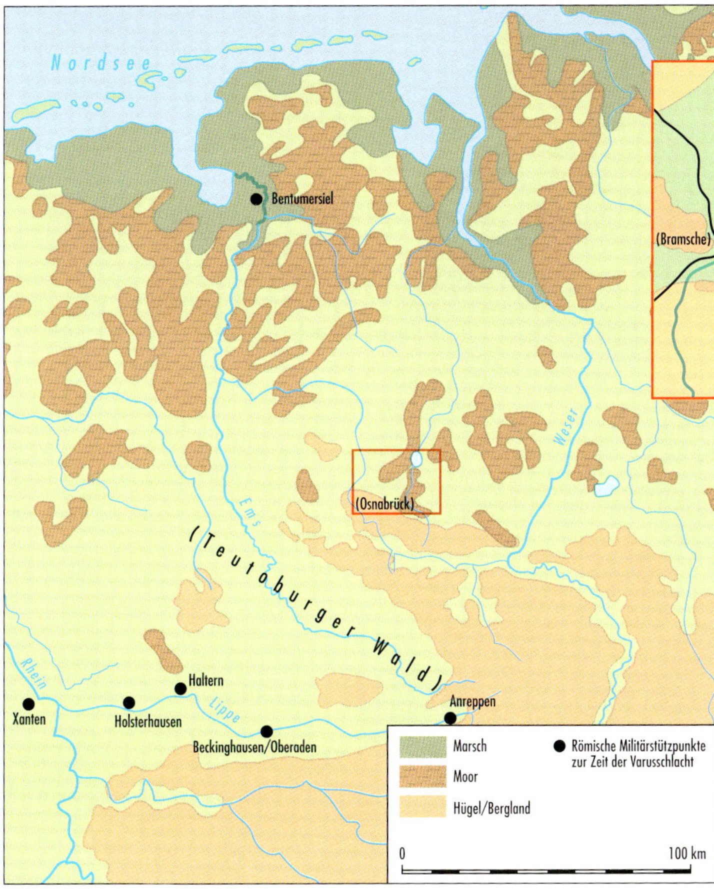

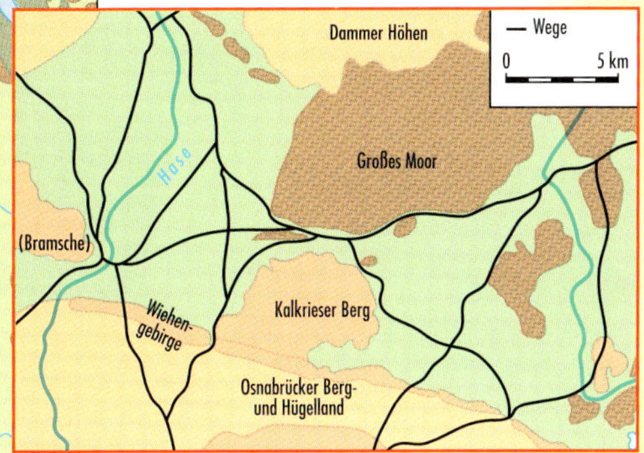

M 1 Lage und landschaftliche Gliederung des Fundplatzes Kalkriese.

M 3 Eiserne, ursprünglich mit Silberblech überzogene Maske.
Teil eines etwa 17 cm hohen Prunkhelms, der vor allem bei Paraden getragen wurde. Links: Kaum zu erkennender Rostklumpen. Rechts: Restaurierter Zustand.

M 2 Zwei Geschossspitzen, ein Lanzenschuh, drei Lanzenspitzen.
Länge der größten Lanzenspitze: 20,5 cm.

M 4 Alltagsgeld der römischen Soldaten.
Diese in Kalkriese gefundene Kupfermünze (As) wurde 8-3 v. Chr. geprägt. Sie trägt einen Stempel mit den Buchstaben VAR (= Varus). Varus, der in der Schlacht fiel, war seit 7 n. Chr. Statthalter und Oberbefehlshaber in Germanien. Er wird die mit seinem Kürzel versehenen Münzen an die Soldaten ausgegeben haben.

1. *Überlegt, warum die Funde des Hobby-Archäologen die Wissenschaftler aufmerksam gemacht haben.*
2. *Inwiefern kann aus der Karte (M 1) abgeleitet werden, dass der Ort für einen Überfall der Germanen besonders geeignet war?*
3. *Betrachte das Denkmal (Abb. 2, Seite 38), und lies dazu nochmals die Bildlegende. Wie wird die Varus-Schlacht damit gedeutet?*
4. *Diskutiert darüber, welche Funde in Kalkriese noch gemacht werden müssten, um zu bestätigen oder zu widerlegen, dass hier die Varus-Schlacht stattgefunden hat.*

Internettipps → *Über den Ort der Varus-Schlacht und die Quellen siehe www.geschichte.uni-osnabrueck.de/projekt und www.kalkriese-varusschlacht.de*

Soldaten werden Kaiser

1 **Diokletian und seine Mitkaiser.** *Etwa 1,30 m hohe Skulptur aus Byzanz, um 300 (heute an der Fassade des Markusdoms in Venedig). Jeder Kaiser umarmt einen „Unterkaiser", den er sich zum Helfer bestellt hat.*

Die Macht der Armee

Schon Augustus regierte das Reich im Grunde allein. Das änderte sich unter seinen Nachfolgern nicht. Dem Senat blieb nur noch die Aufgabe, die Kaiser zu bestätigen, welche durch Geburt oder durch Testament der Vorgänger zum neuen Herrscher bestimmt worden waren. Doch auch dieses Recht verlor der Senat schließlich. Ab dem Ende des 2. Jh. entschieden meist die Heerführer in den kaiserlichen Provinzen oder die kaiserliche Palastgarde, die etwa 10 000 *Prätorianer*, wer Kaiser sein sollte.

Die Herrscher stützten ihre Macht auf die Grenzarmee, die sie mit beträchtlichen Solderhöhungen, Schenkungen und anderen Vergünstigungen belohnten.

Eine Krise nach der anderen

Im Laufe des 3. Jh. herrschten weit über 40 Kaiser. Dazu kamen nochmals doppelt so viele Männer, die mithilfe ihrer Truppen versucht hatten, die Macht an sich zu reißen. Das Reich litt unter mehreren Problemen:

- Von Norden und Osten drangen immer häufiger fremde Völker ins Reich ein und es wurde schwieriger, die Tausende von Kilometern lange Reichsgrenze zu sichern.
- In den Grenzregionen litten Handel, Handwerk und Landwirtschaft. Die Folge waren geringere Steuereinnahmen.
- Die steigenden Kosten für die Armee belastete die Staatskasse stark.
- Der häufige Herrscherwechsel machte eine langfristig angelegte Politik unmöglich.

Keine Lösung in Sicht

Zu den ersten Versuchen, die Schwierigkeiten in den Griff zu bekommen, gehörte die Verleihung des Bürgerrechtes an alle freien Reichsbewohner im Jahre 212. Kaiser *Caracalla*, der von 211 bis 217 regierte, übertrug damit den neuen Bürgern nicht nur Rechte, sondern bürdete ihnen auch Pflichten auf: Militärdienst und Steuern. Eine Lösung der Schwierigkeiten erreichte er nicht. Stattdessen stiegen die Steuern und Preise. Das Geld verlor an Wert.

Der Kaiser – „Herr und Gott"

In dieser Krisenzeit bemühten sich die Herrscher, ihrem Kaisertum eine unanfechtbare Begründung zu geben. Diokletian, den seine Soldaten 284 zum Kaiser ausgerufen hatten, bezeichnete sich als „Herr und Gott" (lat. *dominus et deus*). Er und seine Nachfolger fühlten sich keinem Menschen mehr verantwortlich. Aus dem Prinzipat war der **Dominat** geworden.

Für die Römer rückten die Kaiser in fast unerreichbare Ferne. Wer die Gnade erhielt, vor das Angesicht eines Kaisers treten zu dürfen, musste sich vor ihm auf die Erde werfen und den Saum seines Gewandes küssen. Aus Bürgern waren Untertanen geworden, die jegliche Mitspracherechte verloren hatten.

Vier Männer regieren ein Reich

Diokletian hatte erkannt, dass unter den schwierigen Bedingungen ein Herrscher das riesige Reich mit Gesetzen allein nicht regieren konnte. Deshalb teilte er es in vier Verwaltungseinheiten, sogenannten **Präfekturen**. In diesen sollten vier Männer, zwei Kaiser und zwei Unterkaiser, die kaiserliche Macht ausüben. Jeder der vier Herrscher (griech. *tetrarchia*: Viererherrschaft) regierte seinen Teil von einer militärisch günstig gelegenen Stadt aus: Mailand, Trier, Sirmium (in der Nähe des heutigen Belgrad) und Nikomedia (Kleinasien) wurden die neuen Zentren des Reiches.* Rom hatte aufgehört, Hauptstadt des Weltreichs zu sein.

* *Die erwähnten Zentren findest du auf der Karte M 1, Seite 69.*

M 1 Das römische Bürgerrecht – eine Auszeichnung?

Der Geschichtsschreiber Cassius Dio, ein Zeitgenosse Caracallas, berichtet über die Umstände, die im Jahre 212 zur Verleihung des römischen Bürgerrechtes an alle freien Reichsbewohner führten:

Caracalla war ein Freund der Verschwendung seinen Soldaten gegenüber […]. Er war gewohnt, alle Menschen ringsum zu berauben und aufzureiben, nicht zum wenigsten die Senatoren. Denn abgesehen von den goldenen Kränzen, die er als steter Sieger über irgendwelche Feinde öfters forderte […], abgesehen von den Proviantlieferungen, die von uns in großen Mengen und bei allen Gelegenheiten, teils umsonst, teils auch noch unter eigenem Aufwand eingetrieben wurden, die er alle seinen Soldaten zukommen ließ oder auch verhökerte, von den Geschenken, die er von reichen Privatleuten wie auch von den Gemeinden zusätzlich forderte, von den sonstigen Steuern, die er neu einführte, und von dem Zehnten, den er anstelle des Zwanzigsten für Freilassungen, für Erbschaften und alle Schenkungen erhob […], abgesehen von dem Bürgerrecht, das er allen Untertanen des Römischen Reiches, angeblich als eine Auszeichnung, tatsächlich aber in der Absicht verlieh, dadurch seine Einkünfte zu vermehren, da nämlich die Nichtbürger die meisten dieser Abgaben nicht zu entrichten brauchten: Außerdem mussten wir ihm, sooft er von Rom verreiste, mitten auf den Wegstrecken, auch wenn sie noch so kurz waren, Gebäude aller Art und kostspielige Absteigequartiere auf unsere eigenen Kosten errichten lassen, in denen er niemals wohnte, nein, von denen er vermutlich nie ein einziges zu Gesicht bekam.

Walter Arend (Bearb.), Altertum, a.a.O., S. 698

M 2 Kaiserpalast von Split.

Rekonstruktionszeichnung.
An der dalmatinischen Küste (heute Kroatien) ließ sich um 300 Kaiser Diokletian diesen riesigen Palast als Alterssitz bauen. Die Anlage folgt dem Grundmuster des römischen Militärlagers; sie umfasst eine Fläche von 215 x 180 m. An den drei Landseiten war der Palast von 13 m hohen Mauern mit Türmen und Toren umgeben. Die heutige Altstadt von Split ist zum Teil in die Ruinen dieses Palastes hineingebaut.

1. *Erarbeite aus M 1, wieso unter den Soldatenkaisern viele Menschen verarmten.*
2. *Nenne Gründe, weshalb das Bürgerrecht an alle freien Reichsbewohner verliehen wurde (M 1).*

Leben und Arbeiten in der Stadt

Sorgen und Probleme

In der Hauptstadt Rom lebten nach den Angaben der Behörde für die Getreideversorgung im 3. Jh. n. Chr. knapp eine Million Menschen.

Die meisten der Stadtbewohner hatten mit Problemen zu kämpfen, die in ähnlicher und doch ganz anderer Weise auch heute die Menschen beschäftigen: die Sorge um ein erträgliches Auskommen, um einen sicheren Arbeitsplatz oder um eine Wohnung. Grundstücke waren in der Stadt Mangelware. Einzeln stehende Stadthäuser konnten sich nur sehr reiche Römer leisten.

Die einfache Bevölkerung lebte auf engstem Raum in großen Mietshäusern, die oft einsturzgefährdet waren. Mauern und Wände bestanden aus dünnem Holz oder Fachwerk, das für Risse anfällig war. Die Bauunternehmer sparten an Ziegelsteinen, Mörtel und Zement. Häufig stürzten Häuser ein. Möglicherweise wurde aus diesem Grund im 1. Jh. n. Chr. die Höhe der Mietshäuser in Rom auf etwa 21 m (sechs Stockwerke), später auf etwa 18 m begrenzt.

Im Erdgeschoss dieser Stadthäuser lagen oft Läden mit Werkstätten oder Lagerräumen. In den ersten und zweiten Etagen befanden sich jeweils drei bis fünf Räume, in den höheren Stockwerken wurden die „Wohnzellen" immer kleiner und dunkler. Es gab weder Wasseranschlüsse noch Toiletten. Ein Bottich unter der Treppe diente oft als Sammelbehälter für Urin. Sonst waren die Bewohner auf öffentliche Toiletten angewiesen. Nebenbei: Urin wurde von Gerbern gesammelt, sie brauchten ihn zur Bearbeitung von Fellen und Häuten.

Eine ständige Gefahr war das Feuer. Wenn ein Bewohner unvorsichtig mit einer Fackel, einer Kerze oder einem Wärmebecken umging, konnte ein Haus

oder ein ganzes Stadtviertel in Flammen aufgehen. Die römische Feuerwehr, die unter Augustus aus 7000 Mann bestand, kam oft zu spät.

Die Versorgung mit Getreide

Zur Versorgung der Millionenstadt Rom wurden jährlich etwa 270 000 Tonnen Getreide aus den Provinzen, vor allem aus Sizilien, Sardinien, Ägypten und Afrika eingeführt. Kaiserliche Frachtschiffe, die über tausend Tonnen fassten, brachten Getreide, Wein und Olivenöl nach Ostia, dem Seehafen Roms. Lastkähne transportierten die Waren dann tiberaufwärts in die Stadt.

1 Rom zur späten Kaiserzeit. *Rekonstruktionszeichnung und Stadtplan.*

① **Circus Maximus***: der älteste und größte Circus in Rom – die Wagenrennbahn hatte eine Länge von 600 m und eine Breite von 150 m, hier soll Platz für 225 000 Zuschauer gewesen sein*

② **Palatin***: bevorzugtes Wohngebiet der Herrscher*

③ **Aquädukt** *(Wasserleitung)* **des Kaisers Claudius** *(1. Jh.)*

④ **Kolosseum** *(siehe Seite 48)*

⑤ **Forum Romanum** *(siehe Seite 34)*

⑥ **Tempel des Jupiter** *auf dem Kapitol*

⑦ **Thermen des Kaisers Trajan** *(Anfang des 2. Jh.)*

Stelle dir vor, du bist Stadtführer im kaiserzeitlichen Rom und musst eine Stadtführung vorbereiten. Schreibe auf, was du deinen Gästen zeigen und erklären möchtest. Berücksichtige dabei auch die Informationen auf den Seiten 34 und 44.

M 1 Mietshaus in Ostia, 2. Jh. n. Chr. *Modell.*
In solchen Mietshäusern (lat. insulae), die in Rom noch zwei Stockwerke höher sein konnten, lebte die Masse der städtischen Bevölkerung. Im 4. Jh. gab es in Rom etwa 47000 solcher Häuser. Vergleiche ein römisches Geschäfts- und Wohnhaus mit einem modernen.

M 2 Rom – ein Albtraum?

Der römische Dichter Juvenal (um 60-140 n. Chr.) stellte das Großstadtleben in kritisch drastischen Gedichten (Satiren) dar.

Hier sterben viele, weil Schlaflosigkeit sie krank gemacht hat; denn in welcher Mietwohnung kann man schlafen? Sehr reich muss man sein, um in Rom schlafen zu können. Das ist die Hauptursache des Übels: Wagen biegen in scharfer Wendung um die Straßenecken, die Treiber schimpfen laut, wenn ihre Herde nicht weiter kann […]. Und sieh nur, mit wie viel Rauch die Überreichung des Essens zum Mitnehmen vor sich geht. Da sind hundert „Gäste“, deren jeder seinen Wärmeapparat [gemeint ist ein kleiner Holzkohleofen] hinter sich hertragen lässt […].

Auf dem Karren, der dir entgegenkommt, schwankt gefährlich ein langer Fichtenstamm, auf einem anderen Wagen führt man Pinienholz, das hochgetürmt bebt und die Passanten bedroht. Wenn aber ein mit Marmorblöcken beladener Karren umkippt und seine Ladung auf die dichte Menschenmenge ergießt, was bleibt da noch vom Körper übrig? […]

Betrachte jetzt noch andere Gefahren der Nacht: Wie hoch die Häuser sind, von denen dir ein Dachziegel auf den Schädel fällt, wie oft man ein undichtes oder gesprungenes Gefäß aus dem Fenster wirft, mit welcher Wucht sie auf dem Pflaster ihre Spuren hinterlassen oder sie zerbrechen. Für leichtsinnig magst du gelten oder als einer, der sich vor plötzlichem Unfall nicht vorsehen will, wenn du zum Abendessen ausgehst, ohne dein Testament gemacht zu haben. So viele Gefahren bedrohen dich, wie beleuchtete Fenster offen stehen, unter denen du vorbeigehst. Begnüge dich also mit der kläglichen Hoffnung, dass man wenigstens nur den Inhalt flacher Becken* auf dich ausleert.

Juvenal, Satiren, übers. von Harry C. Schnur, Stuttgart 1969, S. 36 f. (vereinfacht)

** gemeint sind Nachttöpfe*

M 3 Kohlebecken auf bronzenem Dreifuß.

1. *Lege eine Liste der Verkehrsteilnehmer an, die in M 2 genannt werden.*
2. *Nenne die Gefahren, die einem Fußgänger nach Juvenal (M 2) drohten.*
3. *Juvenal (M 2) hat offenbar Umweltprobleme erkannt. Nenne sie!*

M 4 Wohnviertel in Pompeji.
Rekonstruktionszeichnung von Peter Connolly. Die süditalienische Hafen- und Marktstadt Pompeji wurde 79 n. Chr. durch den Ausbruch des Vulkans Vesuv unter einer zum Teil über 5 m hohen Aschenschicht begraben; etwa 2000 (von 10000) Einwohner sollen dabei umgekommen sein. Erst im 18. Jh. wurde die verschüttete Stadt wiederentdeckt. Inzwischen haben Archäologen den größten Teil der Stadt freigelegt. Von Rom abgesehen, gibt es keine andere Stadt, an der sich das antike Leben in seiner Vielfalt besser zeigen ließe, als Pompeji.

Internettipp → *Hinweise auf Links zu Pompeji findest du unter: www.lateinforum.de/pompeji.htm*

M 5 Haus in Pompeji.
Rekonstruktionszeichnung.

① Geschäft, Lokal (*taberna*)
② Flur (*fauces*)
③ Eingangshalle (*atrium*)
④ Wasserbecken (*impluvium*)
⑤ Seitenraum im Atrium (*ala*)
⑥ Empfangs-, Arbeitszimmer (*tablinum*)
⑦ Speiseraum (*triclinium*)
⑧ Schlafraum (*cubiculum*)
⑨ Säulengang mit Garten (*peristylium*)

1. *Stelle dir vor, du stehst in der Eingangshalle (atrium) des Hauses. In welche Räume kannst du gehen oder hineinsehen (M 5)?*
2. *Woran erkennst du, dass es sich bei M 5 um ein Stadthaus in einem warmen Land handelt?*

1 Öffentliche Badeanlage.
Rekonstruktionszeichnung von Peter Connolly. Die Abbildung zeigt eines von drei großen öffentlichen Bädern in Pompeji. Der Badende ging zunächst in einen ungeheizten Raum, ① frigidarium *genannt, und nahm ein kurzes, kaltes Bad. Danach kam er in einen Warmluftraum, das* ② tepidarium. *Von dort aus ging es ins* ③ caldarium, *einen Raum voller Dampf mit heißen Bädern und einem warmen Brunnen zum Waschen, ähnlich der heutigen Sauna. Wer heiß gebadet oder geschwitzt hatte, konnte sich von Masseuren tüchtig durchkneten lassen und sich anschließend im Kaltbad oder im großen Schwimmbecken unter freiem Himmel erfrischen.*

Umgang mit der Natur

Wasser für Rom

„Die Wassermengen, die in die Stadt geführt werden, sind so groß, dass ganze Flüsse durch die Stadt und die unterirdischen Kanäle strömen, dass nahezu jedes Haus Wasserbehälter und Wasserleitungen hat und reichlich sprudelnde Brunnen besitzt." Als der griechische Geograf *Strabon* dies im 1. Jh. n. Chr. schrieb, verfügte Rom über sieben große Fernwasserleitungen, später waren es elf. Täglich flossen mindestens 500 000 m³ Trinkwasser in die Stadt.
Die Bevölkerung musste das Wasser aus öffentlichen Brunnen holen. Im 4. Jh. n. Chr. gab es in Rom davon 1350; ein Brunnen je Hektar Stadtfläche. Nur der Kaiserpalast und die Häuser reicher Bürger hatten Direktanschlüsse. Das überfließende Brunnenwasser sowie das verbrauchte Wasser der öffentlichen Badeanstalten, Toilettenanlagen und gewerblicher Einrichtungen wurde in ein unterirdisches Kanalsystem geleitet, dessen Herzstück die **Cloaca maxima*** war, eine gewaltige Abwasseranlage im Zentrum der Stadt, die noch auf etruskische Vorarbeiten zurückging. Von dort gelangten die Abwässer in den Tiber. Die Wasserversorgung und das Abwassersystem in Rom – sowie in anderen Städten – waren große technische Leistungen. Die meisten europäischen Großstädte erhielten erst vor 100 Jahren ein vergleichbar leistungsfähiges Abwassernetz.

Die öffentlichen Badeanstalten

Viel Wasser verbrauchten die Bäder. Allein in Rom gab es im 4. Jh. n. Chr. neben fast 900 kleinen Badeanstalten elf große **Thermen** (dt. *warme Bäder*). Das waren zum Teil riesige Anlagen mit Baderäumen, Wandelgängen, Läden, Gaststätten, Bibliotheken und Museen sowie Gärten, Sportplätzen und Parkanlagen.

Die Umwelt wird zerstört

Das Gesicht der Landschaft wurde durch die landwirtschaftliche Nutzung, den Berg- sowie den Straßen- und Städtebau verändert. Außerdem verwüsteten Kriege ganze Landstriche, denn die Vernichtung von Ernten gehörte zu den Mitteln der Kriegsführung.
Von größerer Bedeutung für die Veränderung der Umwelt war die Ausnutzung der Rohstoffe, vor allem von Holz. Es wurde nicht nur zum Bauen der Häuser, Brücken und Schiffe benötigt. Riesige Mengen wurden zum Heizen der öffentlichen Bäder und privaten Häuser sowie bei der Metallverarbeitung verbraucht.
Um ihren Holzbedarf zu decken, entwaldeten die Römer – wie schon die Griechen – das Landesinnere sowie die Küstenregionen des Mittelmeerraumes. Auch die Flusstäler wurden gerodet. Bei starken Regenfällen und Überschwemmungen riss nun das Wasser das Erdreich mit sich. Der Schlamm lagerte sich an den Mündungen der Flüsse ab. Einige Häfen verlandeten und wurden vom Meer abgeschnitten. Milet in Kleinasien, Ravenna und Ostia in Italien sind Beispiele dafür.
Der Abbau von Metallen und Gesteinen schlug tiefe Wunden in die natürliche Landschaft. In Spanien ließen die Römer z. B. Silbererze aus über 200 m tiefen Stollen fördern. Was sie noch nicht wussten: An manchen Orten enthielten die Abraumhalden Schwermetalle (z. B. Blei), die das Wasser und die Pflanzen und damit die Menschen belasteten.

**Cloaca maxima* *(lat. cloaca: Reinigungsanlage, cloaca maxima also „die Reinigungsanlage mit den größten Ausmaßen"): Mit der Anlage des Entwässerungskanals im Zentrum Roms wurde im 7. Jh. begonnen.*

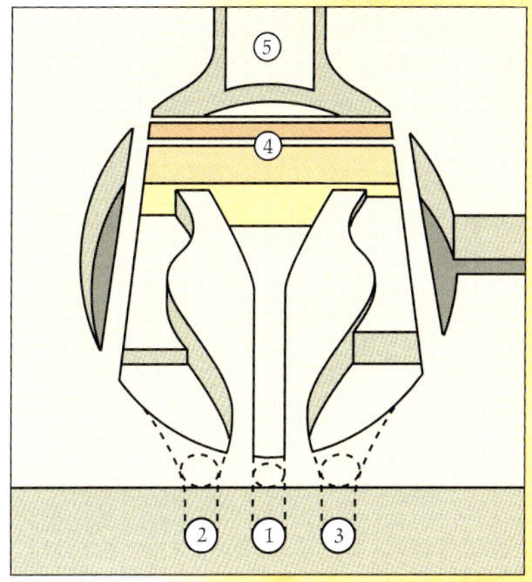

M 4 Wasserverteiler.
Schema.
① Leitung für öffentliche Brunnen
② Leitung für Thermen
③ Leitung für Privatabnehmer
④ Filter
⑤ Wasserzulauf

M 1 Wasserver- und -entsorgung in Ostia.
Zeichnung von A. Pascolini, 1980.

M 2 Der Tiber – eine trübe und dreckige Brühe

Der Lehrer und Forscher Karl-Wilhelm Weeber schreibt in einem 1993 veröffentlichten Buch:

Der Tiber dürfte angesichts der hohen Konzentration von Abfällen und Schmutzwasser [...] im Stadtgebiet Roms schon damals eine trübe, dreckige Brühe gewesen sein [...]. Unangenehm – und unhygienisch – wurde es, wenn der Tiber Hochwasser führte. Dann überschwemmten die Fluten des Stromes nicht nur die niedriger gelegenen Stadtgebiete, sondern es bestand auch große Rückstaugefahr: Vieles von dem, was zuvor in die Kanalisation gelangt war, wurde dann auf die Straßen zurückgeschwemmt; keine schöne Vorstellung, wenn man sich klarmacht, dass außer Toilettenrückständen auch Tierhäute, Aas und ähnlich eklige Abfälle wieder auftauchten.

Karl-Wilhelm Weeber, Smog über Attika. Umweltverhalten im Altertum, Zürich-München 1993, S. 126 (vereinfacht)

M 3 Umweltschutz im alten Rom

Im 2./3. Jh. n. Chr. gab es bereits verschiedene Maßnahmen, um die Umweltprobleme in den Griff zu bekommen. Der Rechtsgelehrte Günter Heine schreibt:

Nach dem römischen Recht hatte der Eigentümer eines Grundstückes das Eindringen von Wasser, Rauch usw. vom Nachbargrundstück nur dann zu dulden, wenn es das gewöhnliche Maß nicht überschritt. Der Staat versuchte bereits zu dieser Zeit, mit Verordnungen die Wasser- und Luftverschmutzung in den Griff zu bekommen: So gab es in Rom schon im Jahre 235 eine Verordnung, nach der die Betriebe der Gerber, Ölpresser und Wäscher (mit Harnstoffen) nur jenseits des Tibers liegen durften, dort also, wo keine Wohnsiedlungen standen. Ähnlich durften die Schmelzöfen der Glasfabriken wegen ihrer luftverunreinigenden Abgase nur in einem begrenzten Stadtgebiet angesiedelt werden. Ferner sahen bereits frühe Bauordnungen der Städte Zuzugsbeschränkungen für besonders laute Handwerksbetriebe vor.

Günter Heine, Ökologie und Recht in historischer Sicht, in: Hermann Lübbe u. Elisabeth Ströker (Hrsg.), Ökologische Probleme im kulturellen Wandel, München 1986, S. 119 f. (der Text wurde stark vereinfacht)

1. *Täglich flossen rund 500 000 m³ Trinkwasser in die Stadt Rom. Wie hoch war das Wasserangebot pro Einwohner? Vergleicht den Wert mit heutigen Verhältnissen. Informationen über den Wasserbedarf erhaltet ihr bei eurer Gemeinde- oder Stadtverwaltung.*
2. *Stelle zusammen, in welchen Bereichen die Römer Umweltbewusstsein bewiesen (M 1 bis M 3).*
3. *Wessen Wasserversorgung hatte Vorrang (M 4)?*
4. *Informiert euch über Maßnahmen, die heute zur Reinhaltung der Gewässer getroffen werden.*

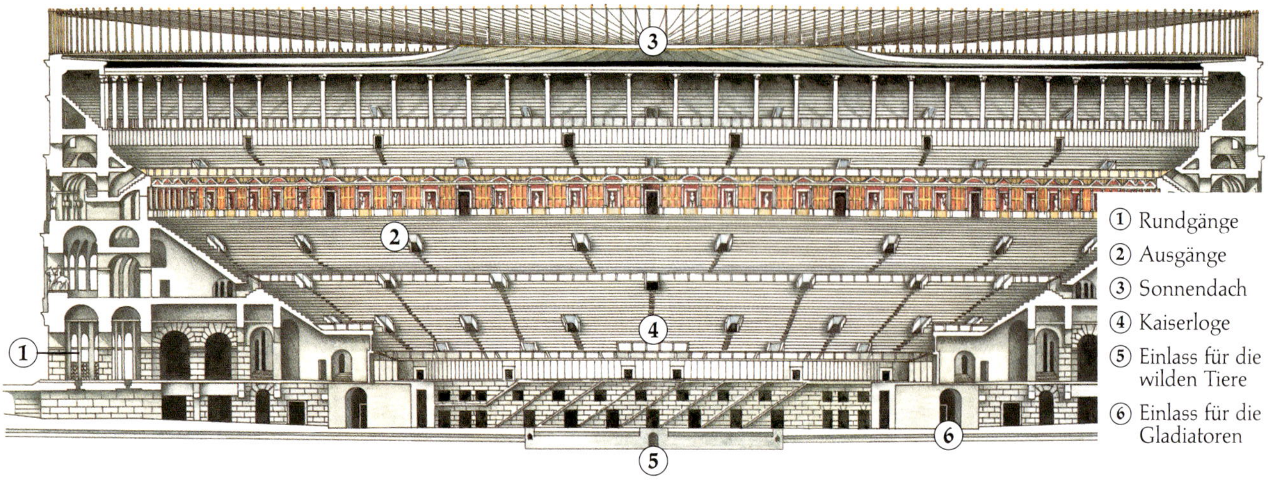

① Rundgänge
② Ausgänge
③ Sonnendach
④ Kaiserloge
⑤ Einlass für die wilden Tiere
⑥ Einlass für die Gladiatoren

1 Das Kolosseum in Rom.
Rekonstruktionszeichnung.
In der Antike trug das **Amphitheater** *(griech. amphi: ringsum) die Bezeichnung nach dem Familiennamen des Erbauers: Amphitheatrum Flavium. Der Name „Kolosseum" stammt von einem in der Nähe des Theaters stehenden fast 40 m hohen Standbild (Koloss) eines Kaisers. Der vierstöckige Bau ist 50,75 m hoch, hat einen elliptischen Grundriss und einen Umfang von 524 m; er fasste bis zu 50 000 Zuschauer. Hier wurden Gladiatorenkämpfe und Tierhetzen veranstaltet, für welche die Kaiser riesige Geldsummen aufbrachten. Bei den Tierhetzen wurden aus den Kellergeschossen Löwen, Panter, Bären, Stiere, Elefanten und Nashörner in die Arena gebracht. Allein während der 100-tägigen Einweihungsspiele im Jahre 80 n. Chr. sollen 5 000 – andere Angaben sprechen von 9 000 – wilde und zahme Tiere getötet worden sein. Die Arena des Kolosseums konnte auch geflutet werden und bot dann Raum für kleine „Seeschlachten".*

„Brot und Spiele"

Feiertage: Geschenke der Götter und Kaiser
Die Bürger des Römischen Reiches hatten viel Freizeit. Ihr Kalender sah zahlreiche staatliche und religiöse Feste zu Ehren verschiedener Götter und Göttinnen vor. Während der Kaiserzeit wetteiferten die Herrscher darin, immer neue Feiertage einzuführen, um damit ihr Ansehen in der Bevölkerung zu vergrößern. Hatte es am Ende der Republik jährlich erst 65 Feiertage gegeben, so waren es in der Mitte des 4. Jh. fast 180.
In der Regel fanden an den Festtagen öffentliche Spiele, Umzüge und Theateraufführungen statt. Alle größeren Städte des Reiches besaßen Theater und Kampfstätten.
Die Masse der Bevölkerung bevorzugte die öffentlichen Spiele, deren Eintritt kostenlos war: Im Circus Maximus in Rom fanden die spektakulärsten Wagenrennen statt. Blutige Gladiatorenkämpfe oder Tierhetzen wurden in allen Amphitheatern des Reiches abgehalten.

Was haben Spiele mit Politik zu tun?
Die öffentlichen Spiele waren mehr als Vergnügungen. Sie waren religiösen Ursprungs, dienten der Unterhaltung und hatten auch eine politische Bedeutung. Nicht ohne Grund übernahmen Augustus und seine Nachfolger die Kontrolle über die Veranstaltungen. Sie behielten sich das Recht vor, außerordentliche Spiele zu veranstalten. Während der Kaiserzeit waren die Spiele ein Ersatz für Volksversammlungen. In Gegenwart der Herrscher und der Senatoren stellten die Zuschauer oft in Sprechchören Forderungen nach Steuererleichterungen oder einer besseren Getreideversorgung. Zeitgenossen behaupteten, dass das Volk sich nur für zwei Dinge interessiere: „Brot und Spiele" (lat. *panem et circenses*).

2 Das Kolosseum in Rom heute.
Foto, um 1985.

M 1 Kämpfe zwischen Gladiatoren und Tieren.

Relief aus dem 1. Jh. n. Chr.
Gladiatoren waren Menschen, die in Amphitheatern Kämpfe auf Leben und Tod austrugen. Unter ihnen waren Kriegsgefangene, verurteilte Verbrecher, Sklaven, aber auch Freiwillige, die sich durch hohe Prämien dazu anwerben ließen.
In der Regel gehörten die Gladiatoren einem „Manager", der sie auf seine Kosten trainierte, ausrüstete und dann an Veranstalter „vermietete".
Ein erfolgreicher Gladiator konnte mit Zustimmung des Volkes ein hölzernes Schwert erringen, das ihn von seinem Los befreite. Verwundete Gladiatoren pflegten mit dem Heben des Zeigefingers die Gnade der Zuschauer zu erbitten. Hoben die Zuschauer ihre Fäuste mit dem Daumen nach oben, bedeutete das ihr Wohlwollen, der zur Brust gewendete Daumen sprach das Todesurteil.

M 2 Kritisches über Circusspiele

Der in diesem Buch schon häufiger zitierte Seneca schrieb einem Freund:

Durch Zufall bin ich in das Mittagsprogramm des Circus geraten, Scherze erwartend und Witze und etwas Entspannung, damit sich die Augen der Menschen vom Anblick des Menschenblutes ein wenig erholen können. Das Gegenteil ist der Fall: Der lustige Teil fällt weg, und es findet eine bloße Menschenschlächterei statt. Die Kämpfer haben nichts, womit sie sich schützen können. Dem Hieb des Gegners mit ganzem Körper ausgesetzt, schlagen sie auch selbst niemals vergeblich zu. Das ziehen die meisten Zuschauer den üblichen Kampfpaaren, die mit Helm und Schild kämpfen, vor. Wozu eine Rüstung, wozu Fechtkünste? Für sie ist dies alles nur eine Verzögerung des Todes. Morgens wirft man die Menschen den Löwen und Bären zum Fraß vor, mittags ihrem eigenen Publikum! Dies möchte Mörder gegen Mörder kämpfen sehen und hebt den Sieger für einen weiteren Mord auf. Am Schluss steht der Tod aller Kämpfer.

Seneca, ad Lucilium 7,2 - 6, übers. von Klaus Gast

M 3 Verzierter Helm eines Gladiators, 1. Jh. n. Chr.

1. *Berichte über einen Besuch im Kolosseum (M 1 und M 2).*
2. *Nenne die wichtigsten Kritikpunkte Senecas (M 2).*
3. *Überlege, welche Absichten die Kaiser mit „Brot und Spiele" verfolgten.*
4. *Stelle den „Spielen" bei den Römern heutige Formen der Freizeitgestaltung gegenüber. Gibt es heute noch vergleichbare „Sensationen"?*

Rom wird christlich

1 **Römisches Kultbild, um 200 n. Chr.** *(Ausschnitt).*
Im Museum für Vor- und Frühgeschichte in Frankfurt am Main befindet sich die Kopie eines Mithras-Heiligtums, das in Wiesbaden gefunden wurde. Die Restauratoren haben die alte Farbigkeit des Götterbildes wiederhergestellt. Unter einem Bogen mit den Tierkreiszeichen ist zu sehen, wie der Gott Mithras einen Stier tötet. Das Blut galt als Quelle des Lebens.

Religionen im Kaiserreich
Die Römer glaubten an viele Götter und Göttinnen. Ihre religiösen Vorstellungen veränderten sich durch den Kontakt mit anderen Kulturen. Schon während der Republik vereinten sie die Götter der Griechen mit den eigenen. In der Kaiserzeit kam aus Ägypten die Verehrung der Göttin *Isis* hinzu. Deren Priester verhießen den Gläubigen ein ewiges Leben nach dem Tode. Aus dem Orient kam der Kult des *Mithras*, eines Gottes des Lichtes und der Wahrheit. Diese sowie andere geheime, nur Eingeweihten zugängliche Götter- und Mysterienkulte (**Mysterien**: geheime religiöse Feiern) fanden im Laufe der Zeit im Römischen Reich Verbreitung. Neben den Mysterienkulten lernten die Römer auch den Glauben der *Juden* kennen.

Jesus, der Erlöser
In Palästina wurde *Jesus* etwa 6 Jahre vor der Zeitenwende geboren und im jüdischen Glauben erzogen. Mit etwa 30 Jahren begann er, durch das Land zu ziehen. Er verkündete die Ankunft eines Gottesreiches, forderte Nächstenliebe, brüderliche Gemeinschaft mit allen Menschen und vollbrachte – wie seine Jünger bezeugten – zahlreiche Wunder. Um das Jahr 30 wurde er von der römischen Besatzungsmacht verurteilt und hingerichtet, weil sie fürchtete, seine Botschaft führe zu Aufruhr und Unruhe in der Provinz.

Nach seinem Kreuzestod verbreiteten seine Jünger, die **Apostel**, die Botschaft von der Liebe des einen Gottes, der seinen Sohn geopfert hat, um die Menschen von ihren Sünden zu erlösen und ihnen nach dem Tod ein Leben im Paradies zu gewähren. Diese Botschaft von Jesus, als dem von Gott gesandten Erlöser (*Messias*), steht im zweiten Hauptteil der Bibel, dem *Neuen Testament*. Das frühe Christentum unterschied sich damit vom Judentum, für das Jesus nicht der Erlöser war.

Die ersten Christen
Die ersten Christengemeinden entstanden in Städten. Unter ihren Mitgliedern waren viele Frauen, Angehörige der Unterschichten und Sklaven. Die Christen achteten die Gesetze und zahlten Steuern. Ihre Weigerung, Militärdienst zu leisten, gaben sie bald auf.
Für sie war der Sonntag heilig, der Tag, an dem ihrem Glauben nach Christus von den Toten auferstanden war. Sonntags trafen sie sich, um von Leben, Tod und Auferstehung ihres Herrn Jesus zu hören und in feierlichen Wechselgesängen Gott zu loben. An diesem Tag nahmen sie durch Taufen neue Mitglieder in ihre Gemeinde auf und feierten das Abendmahl in Erinnerung an das letzte Mahl, das Jesus mit seinen Jüngern vor seiner Kreuzigung eingenommen hatte.
Die Christen lehnten die römischen Götter und den Kaiserkult ab. Sie hielten sich von Festen und Volksbelustigungen fern und feierten ihre Gottesdienste in Privathäusern. Die Frauen verzichteten auf Schmuck. Ihre Andersartigkeit machte die Christen zu Außenseitern der römischen Gesellschaft.

„Die Christen vor die Löwen!"
Als im Hochsommer des Jahres 64 in Rom ein Feuer ausbrach, das sechs Tage lang wütete und drei Viertel der Hauptstadt erfasste, soll *Petrus*, der erste Jünger Jesu, gerade die Christengemeinde besucht haben. Bei seiner Abreise erschien ihm – so die Legende – Jesus und bewog ihn zur Umkehr, damit er seinen „Brüdern und Schwestern" helfe.
In der Tat hatten diese seine Hilfe nötig. Denn Kaiser *Nero*, von dem das Gerücht umging, er habe den Brand legen lassen, schob die Schuld auf die Christen. Zahlreiche von ihnen wurden ergriffen und verurteilt: Einige hüllte man in Tierhäute und hetzte Hunde auf sie. Andere schlug man in mit Pech getränkten Gewändern ans Kreuz und zündete sie an. Andere mussten in der Arena mit wilden Tieren kämpfen.
Bei dieser ersten großen Christenverfolgung kam auch Petrus um. Im Circus des Nero, eben dort, wo sich heute in Rom der Petersdom erhebt, soll er kopfunter gekreuzigt worden sein. Zuvor soll bereits der Apostel *Paulus*, der auf vielen Missionsreisen die christliche Lehre verbreitet hatte, als **Märtyrer**, d.h. als *Zeuge des Glaubens*, den Tod auf sich genommen haben.
In der Zeit nach Nero hören wir zunächst nichts mehr von systematischen Verfolgungen. Christen wurden nur dann bestraft, wenn sie von Mitbürgern angeklagt wurden, sich vor Gericht offen zu ihrem Glauben bekannten und sich weigerten, vor dem Bild des Kaisers zu opfern. Seit dem Jahre 250 jedoch begann eine neue Welle der Verfolgung: Damals wurden die Grenzprovinzen von umherziehenden Völkerscharen verwüstet, und im ganzen Reich litten die Menschen unter Teuerung und Not. Wieder suchte man Schuldige und fand sie in der christlichen Minderheit. Ihre Gottesdienste wurden unter Androhung der Todesstrafe verboten, kirchliche Bauten und Kultgegenstände zerstört und christliche Schriften verbrannt. Christ sein war lebensgefährlich geworden.

2 Blick in eine Katakombe.
Foto, um 1970.
Die Christen richteten in Rom und anderen Städten unterirdische Begräbnisstätten ein: die **Katakomben**. *Die in Tücher gehüllten Toten legten sie in Wandnischen, die mit Steinplatten verschlossen waren. Insgesamt sollen in den Katakomben Roms etwa sechs Millionen Leichen bestattet worden sein. In den Katakomben befinden sich Wand- und Deckenmalereien; sie sind die ältesten Beispiele christlicher Kunst.*
Oft wird behauptet, dass die Christen die Katakomben anlegten, um sich vor ihren Verfolgern zu verbergen. Dies war nicht der Fall. Es galt ein allgemeines Bestattungsverbot innerhalb der städtischen Mauern.

„In diesem Zeichen wirst du siegen!"
Unter Kaiser Diokletian erlitten die Christen ihre schlimmste, aber auch letzte Verfolgung. Sein Nachfolger verkündete schließlich im Jahre 311 ein **Toleranzedikt**.* Zwei Jahre später bestätigte Kaiser *Konstantin I.* die Glaubensfreiheit für alle Religionen und begann, den Christen sogar Vorrechte einzuräumen (z.B. wurde kirchlicher Grundbesitz von der Steuer befreit; der Sonntag wurde allgemeiner Feiertag). Der christlichen Überlieferung nach war dies Konstantins Dank für einen Sieg. Dem Kaiser sei vor einer entscheidenden Schlacht ein Christuszeichen und die Inschrift „IN HOC SIGNO VINCES", zu Deutsch *„In diesem Zeichen wirst du siegen!"*, erschienen. Daraufhin habe er das Zeichen der Christen angenommen und die Schlacht gewonnen. Ob Konstantin schon damals Christ wurde, wissen wir nicht. Taufen ließ er sich erst auf dem Sterbebett.

* **Toleranz:** *Duldung, Entgegenkommen;* **Edikt:** *Erlass des Herrschers*

3 Konstantin I. („der Große").
Nachzeichnung eines Silbermedaillons (Durchmesser 2,5 cm), um 315. Gezeigt wird der siegreiche Feldherr Konstantin mit Helm und Panzer, Schild und Zepter; seine Rechte hält die Zügel eines Pferdes; am Helmbusch vorne ist eine kleine Scheibe mit dem Christuszeichen. Die griechischen Buchstaben XP stehen für die Abkürzung Chr.: Christus.

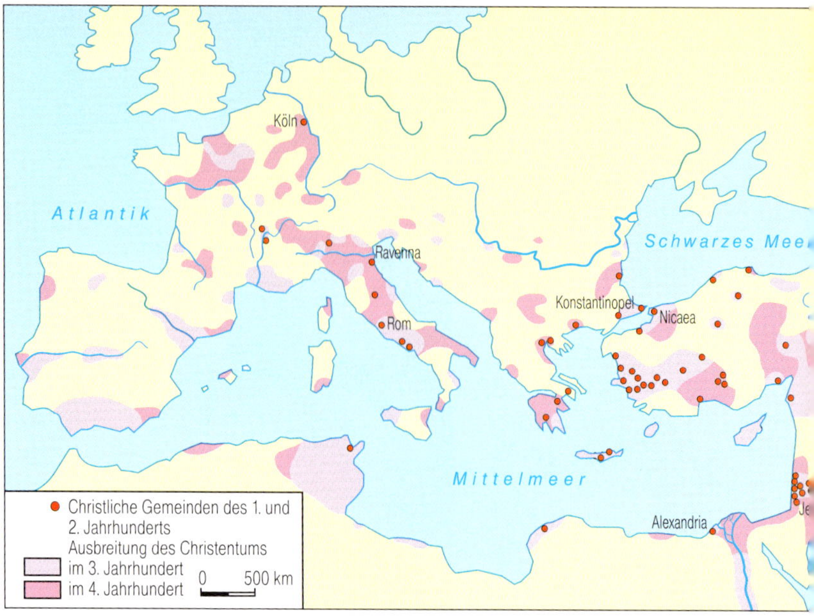

4 Ausbreitung des Christentums bis ins 4. Jahrhundert.

Das Christentum wird Staatsreligion

Konstantin betrachtete sich als Gebieter der Kirche. Mit ihm begann die Bindung der Kirche an den Staat. Als Glaubensstreitigkeiten ausbrachen, berief er im Jahre 325 ein Konzil nach Nicaea (Kleinasien) ein. Diese Versammlung aller **Gemeindevorsteher** des Reiches entschied sich unter seinem Vorsitz gegen die Lehre des *Arius von Alexandria*. Dieser Kirchenlehrer hatte die Vorstellung verbreitet, Christus sei geschaffen – also nicht ewig – und vom Vater verschieden. Seine Gegner vertraten dagegen die Auffassung, Christus sei Gott wesensgleich. Zwar wurde in Nicaea die Lehre des Arius, der **Arianismus**, verdammt, doch das Konzil konnte die kirchliche Einheit auf Dauer nicht herstellen.

Nach Konstantin hat noch einmal ein Kaiser vergeblich versucht, den alten Göttern ihren Vorrang zurückzugeben. Aber im Jahre 380 legte der Kaiser *Theodosius* endgültig fest, dass seine Untertanen Christen sein sollten. Wer sich daran nicht hielt, konnte bestraft werden. Elf Jahre später ließ Theodosius alle heidnischen Kulte verbieten. Die Tempel verfielen oder wurden zu Kirchen umgebaut. Die Olympischen Spiele galten nun als heidnisch und durften nicht mehr stattfinden. Das Christentum war Staatsreligion geworden.

Neues entsteht aus Altem

Die christliche Lehre und die Gestaltung des Gottesdienstes (*Liturgie*) wurden vom Judentum und den übrigen religiösen Kulten beeinflusst. So gab es – trotz aller Unterschiede in der Glaubenslehre – in der christlichen Liturgie viele Bestandteile, die auch Nichtchristen kannten: Taufe, Friedenskuss, Fußwaschung, das gemeinsame Opfermahl, Totengedenken, Gelübde, Wallfahrten und Verehrung von Überresten der als heilig verehrten Frauen und Männer.

Organisation macht stark

Der Siegeszug der Christen hängt zusammen mit dem raschen Aufbau einer straffen Kirchenorganisation. Bereits Ende des 1. Jh. übernahm die Leitung der zerstreutliegenden Gemeinden und des Gottesdienstes ein auf Lebenszeit bestellter Vorsteher. Frauen wurden – gemäß den Vorstellungen des Apostels Paulus – von allen kirchlichen Ämtern ausgeschlossen. Im 2. Jh. erhielt der Gemeindevorsteher die Bezeichnung **Bischof** (griech. *episcopos*: Aufseher). Er überwachte die Einhaltung der Glaubenslehre und galt als der alleinige Mittler zwischen Gott und den Menschen. Die Geistlichen der Gemeinde waren ihm unterstellt. Seine Rolle in der Gemeinde erinnerte an die eines Kaisers.

Die räumliche Organisation der christlichen Kirche lehnte sich an weltliche Vorbilder an: In jeder größeren Stadt gab es einen Bischof. In fast jeder Provinzhauptstadt amtierte ein Erzbischof als Vorgesetzter der Bischöfe dieser Provinz. Die Inhaber der fünf – noch von den Aposteln gegründeten – Bischofssitze von *Alexandria*, *Antiochia*, *Jerusalem*, *Konstantinopel* und *Rom* trugen den Ehrentitel **Patriarch** (dt. *Stammvater*).

Vom römischen Bischof zum Papst

Rom hatte zwar im 3. Jh. seine Aufgabe als Hauptstadt des Römischen Reiches verloren, doch es galt immer noch als die „ewige Stadt". Sie hatte unter den Christen weiteres Ansehen gewonnen, weil hier die ersten Märtyrer hingerichtet worden waren und die Gräber der Apostel Petrus und Paulus lagen.

Als die Reichsverwaltung in Italien zusammenbrach*, wurde der Bischof von Rom zur einzigen Autorität des westlichen Reiches. Mit dem Zuwachs an Einfluss strebten die römischen Bischöfe auch die politische Führung über alle Christen an. Ihren Machtanspruch begründeten sie religiös: Der römische Bischof sei Erbe des Apostels Petrus, und über ihn sei das Christuswort überliefert: *Du bist Petrus, und auf diesem Felsen werde ich meine Kirche errichten.* Aus diesen Worten leitete der römische Bischof und spätere Papst *Leo I.* (gest. 461) den Führungsanspruch über die Kirche und die Bischöfe ab. Er erklärte Rom zum alleinigen Zentrum des Christentums und behauptete, er stehe in der direkten Nachfolge des Jüngers Petrus. Dagegen protestierten vor allem die Patriarchen und Bischöfe des Oströmischen Reiches.** Sie waren nur bereit, dem römischen Bischof den Ehrentitel **Papst** (lat. *Papa*: Vater) zuzugestehen. Sie wollten sich ihm aber nicht unterordnen.

* *Darüber erfährst du mehr auf Seite 68 ff.*
** *Zum Oströmischen Reich lies S. 70 ff.*

M 1 Das Geheimzeichen der Christen.
Grabinschrift aus einer Katakombe.
Der Fisch war das Zeichen für die Zugehörigkeit zur christlichen Glaubensgemeinschaft. Das griechische Wort für Fisch heißt ICHTHYS. Hinter diesem Wort verbergen sich die Anfangsbuchstaben der Formel:
I*esous* **Ch***ristos* **Th***eou (Gottes)* **Y***ios (Sohn)* **S***oter (Retter).*

M 2 Wie steht der Christ zu Kaiser und Staat?
Aus dem Brief des Apostels Paulus an die Christengemeinde in Rom aus dem Jahre 56:

Jedermann unterwerfe sich den Obrigkeiten, denn es gibt keine Obrigkeit außer von Gott […]. Darum ist es notwendig, sich unterzuordnen, nicht um der Strafe, sondern auch um des Gewissens willen. Aus diesem Grund müsst ihr auch Steuern zahlen […].

Paulus, Römerbrief 13

M 3 Christen werden geprüft
Der Statthalter Plinius berichtet im Jahre 110 dem Kaiser Trajan, wie er verfuhr, wenn Einwohner seiner Provinz verklagt wurden, Christen zu sein:

Ich habe sie selbst gefragt, ob sie Christen seien. Wenn sie es zugaben, fragte ich ein zweites und ein drittes Mal, wobei ich mit der Todesstrafe drohte. Blieben sie bei ihrer Aussage, ließ ich sie zur Hinrichtung abführen […].
Die aber leugneten, Christen zu sein oder es gewesen zu sein, denen sprach ich vor, wie sie die Götter anrufen sollten, und zeigte ihnen, wie sie vor deinem Standbild, das ich mit den Götterbildern hatte herbeischaffen lassen, mit Weihrauch und Wein zu opfern hatten, außerdem, wie sie Christus verfluchen sollten. Zu keiner dieser Handlungen lassen sich – so sagt man – die wahren Christen zwingen. Wer dies aber tat, den glaubte ich freilassen zu müssen.

Plinius, Epistularum 10,96, ausgew. u. übers. v. Klaus Gast

M 4 „Christen vor die Löwen"
Der christliche Schriftsteller Tertullian schreibt um das Jahr 200:

Wenn der Tiber bis vor die Stadtmauern dringt, wenn der Nil die Felder nicht überschwemmt, wenn die Himmelstore verschlossen bleiben, sodass es nicht regnet, wenn die Erde bebt, wenn Seuchen und Hungersnöte über die Menschen kommen, so heißt es gleich: „Die Christen vor die Löwen!"

Gottfried Guggenbühl (Hrsg.), Quellen zur Geschichte des Altertums, Zürich ³1964, S. 284

M 5 Religionsfreiheit
Der Bischof Eusebios (gest. 339) hat das sogenannte Mailänder Edikt Konstantins I. und seines Mitkaisers Licinius aus dem Jahre 313 überliefert; darin heißt es:

In gesunder und durchaus richtiger Erwägung haben wir also diesen Beschluss gefasst, dass keinem Menschen die Freiheit versagt werden solle, Brauch und Kult der Christen zu befolgen und zu erwählen, dass vielmehr jedem die Freiheit gegeben werde, sein Herz jener Religion zuzuwenden, die er selbst für die ihm entsprechende hält, damit uns die Gottheit in Allem die gewohnte Fürsorge und Güte schenken möge.

Hans-Georg Beck (Hrsg.), Leben in Byzanz. Ein Lesebuch, München 1991, S. 216 (vereinfacht)

M 6 Das christliche Bekenntnis wird Gesetz
Theodosius (379-392 Kaiser im Osten, 388-395 im Gesamtreich) regelte im Jahr 380 gemeinsam mit dem weströmischen Kaiser das christliche Bekenntnis durch folgendes Gesetz:

Alle unter unserer milden Herrschaft stehenden Völker sollen nach unserem Willen demjenigen Glauben angehören, den der heilige Apostel Petrus […] den Römern mitgeteilt hat […]. Wir glauben nämlich nach der Vorschrift der Apostel […] an die Göttlichkeit des Vaters, des Sohnes und des Heiligen Geistes in gleicher Erhabenheit und in göttlicher Dreieinigkeit. Diejenigen, die diesem Gesetze folgen, sollen den Namen katholische* Christen führen, die übrigen aber, die wir als töricht und wahnwitzig erklären, sollen als Abtrünnige vom Glauben mit Ehrlosigkeit bestraft und mit dem Zorne Gottes und dann nach unserer Entscheidung […] mit einer Strafe belegt werden.

Gottfried Härtel u. Frank-Michael Kaufmann (Hrsg.), Codex Justinianus, Leipzig 1991, S. 29 (vereinfacht)

* **katholisch** *(griech. katholikos): allgemein; für alle*

1. *Versetzt euch in die Situation der von Plinius verhörten Christen und diskutiert, wie ihr euch verhalten hättet (M 2 bis M 4).*
2. *Erkläre die Beobachtung, die Tertullian beschreibt (M 4).*
3. *Wie wird im Mailänder Edikt die Gleichberechtigung des Christentums begründet (M 5)? Könnte es noch andere Gründe für das Edikt gegeben haben?*
4. *„Niemand darf wegen seines Glaubens benachteiligt werden", so steht es in unserem Grundgesetz. Überprüfe, ob dieser Grundsatz nach dem Erlass des Theodosius (M 6) zutraf.*

Jüdische Aufstände gegen Rom

Nach der Babylonischen Gefangenschaft

Fünfzig Jahre nach der Vertreibung der Juden durch die Babylonier und der Zerstörung Jerusalems übernahmen die Perser 538 v. Chr. die Herrschaft im Nahen Osten. Die Juden durften in ihre Heimat zurückkehren und den Tempel und die Stadtmauer Jerusalems wiederaufbauen. Den Persern folgten die Griechen: 333 v. Chr. nahm *Alexander der Große* das Land ein. Nach dem Zerfall seines Reiches regierten Ptolemäer aus Ägypten und Seleukiden aus Syrien über das Land, in dem verschiedene Volksgruppen lebten. Ein Aufstand gegen die Seleukiden führte nach 165 v. Chr. zur Gründung eines jüdischen Königreiches. Dessen Unabhängigkeit endete mit der Eroberung durch den römischen Feldherrn *Pompeius* im Jahre 63 v. Chr. Aus dem jüdischen Königreich wurde die römische Provinz *Judäa*.

Unter römischer Herrschaft

Die Römer ließen den Juden zunächst ihren Glauben und ihre Könige. Sie waren von Rom abhängig und fanden im Volk kaum Anerkennung, weil sie mit den Besatzern gemeinsame Sache machten, Steuern einzogen und mit römischen Soldaten für Ruhe und Ordnung sorgten.

Die eigentliche Macht in der Provinz übernahmen römische Statthalter. Sie waren bestechlich und besaßen kein Vertrauen in der Bevölkerung. Manche – wie *Pontius Pilatus*, unter dem Jesus hingerichtet worden war – verspotteten den jüdischen Glauben und waren grausam. So stachelten sie beispielsweise das Volk zu Aufständen an, die sie dann blutig niederschlugen. Gegen diese Herrschaft entstand die jüdische Untergrundbewegung der *Zeloten* (dt. „Eiferer"), die im Namen Gottes zum bewaffneten Aufstand gegen Rom aufrief.

Der erste jüdische Aufstand

Als ein römischer Statthalter Teile des Jerusalemer Tempelschatzes forderte, kam es im Jahr 66 n. Chr. unter Führung der Zeloten zum Aufstand. Er weitete sich zu einem Krieg aus. Kaiser *Nero* schickte seinen Feldherrn *Vespasian* mit etwa 60 000 Soldaten in den Kampf. Dieser Übermacht waren die Juden nicht gewachsen. Im Jahre 70 eroberte *Titus*, der Sohn Vespasians, mit seinen Soldaten Jerusalem. Der Tempel wurde zerstört, und die überlebenden Bewohner der Stadt in die Sklaverei verkauft*. Der Widerstand dauerte trotzdem an. Erst im Jahr 73 gelang es den Römern, die letzte jüdische Bergfestung Masada einzunehmen.

Der zweite jüdische Aufstand

Die Region kam aber nicht zur Ruhe. Immer wieder regte sich Widerstand gegen die Besatzer. Im Jahr 130 begann unter Führung *Simon bar Kochba*, einem religiösen Eiferer, der sich als Erlöser (*Messias*) ausgab, ein neuer Aufstand. Der Bau eines Jupiter-Heiligtums auf den Ruinen des zerstörten jüdischen Tempels in Jerusalem soll den Krieg ausgelöst haben Er weitete sich bis nach Ägypten aus. Kaiser *Hadrian* schlug ihn mit seinen Truppen 135 nieder.
Dieser Krieg zählt zu den schrecklichsten, die Rom je führte. Mehr als eine halbe Millionen Juden fanden den Tod. Er wird daher heute als Vernichtungskrieg gegen die Juden bezeichnet.

Nach den Aufständen

Viele Juden flohen während der Kriege aus ihrer Heimat, wurden vertrieben oder verschleppt. Sie lebten seitdem in der Verbannung: der *Diaspora*.*
135 wurde die Provinz Judäa mit der Provinz Syria vereinigt und erhielt die Bezeichnung *Syria Palaestina*. Der neue Name sollte die Erinnerung an das lange Leben der Juden in diesem Land auslöschen. Die wenigen noch in der Provinz lebenden Juden durften nach dem Tode Hadrians (138) ihre Religion wieder ausüben. Jerusalem blieb ihnen aber versperrt. Auch das geistliche Oberhaupt der Juden konnte in Palästina bleiben, bis die zum Christentum übergegangenen Römer das Amt des jüdischen Patriarchen 425 n. Chr. abschafften.

* Lies dazu auch M 1, Seite 87.

* Siehe dazu die Karte auf Seite 143.

1 Triumphzug nach der Eroberung Jerusalems.
Relief am Titusbogen auf dem Forum Romanum, nach 81 n. Chr.
Die Darstellung zeigt ein besonderes Beutestück aus dem Jerusalemer Tempel. Nenne es und informiere dich über seine Bedeutung.

2 Iudaea capta.
Münze, nach 71.
Unter Kaiser Vespasian und seinen Nachfolgern wurden Münzen für die Provinz Judaea mit der Aufschrift „Iudaea capta" (dt. „unterworfenes Judäa") geprägt.
Unter der Palme (Symbol für Judäa) steht links der Kaiser mit Lanze und Kurzschwert, rechts hockt eine Frau. Das Kürzel „SC" steht für „senatus consultum": auf Beschluss des Senats.
Für wen bzw. was steht die hockende Figur?

M 1 Eine römische Herausforderung

Der jüdische Feldherr und Geschichtsschreiber Flavius Josephus berichtet in seiner zwischen 75 und 79 verfassten „Geschichte des jüdischen Krieges“:

Kaiser Gaius* forderte das Schicksal in ungeheuerlicher Weise heraus: er wollte als Gott gelten und so angeredet werden; er beraubte die Spitze des Staates ihrer besten Männer und ließ schließlich seine Gottlosigkeit auch auf Judäa übergreifen. Er sandte Petronius** mit einem Heer nach Jerusalem und gab den Befehl, im Tempel Standbilder von ihm aufzustellen; falls die Juden das nicht zulassen wollten, solle er alle, die Widerstand leisten, töten und das ganze übrige Volk in die Sklaverei verkaufen.

[…] Petronius marschierte bereits mit drei Legionen und vielen syrischen Hilfstruppen von Antiochia*** gegen Judäa heran. Bei den Juden schenkte der eine Teil den Kriegsgerüchten keinen Glauben, die aber doch daran glaubten, waren völlig ratlos, wie man sich verteidigen solle. Bald aber packte die Furcht das ganze Volk, als nämlich das Heer in Ptolemais**** angelangte.

Julius H. Schoeps / Hiltrud Wallenborg (Hrsg.), Juden in Europa. Ihre Geschichte in Quellen, Bd. 1: Von den Anfängen bis zum späten Mittelalter, Darmstadt 2001, S. 64

* *Gaius Caesar Germanicus, genannt Caligula, röm. Kaiser 37–41 n. Chr.*

** *Publius Petronius, Statthalter von Syrien*

*** *Stadt in Syrien*

**** *Akko, nordpaläs. Hafenstadt*

M 2 Jerusalem wird erobert

Cassius Dio, ein römischer Beamter und Geschichtsschreiber, der von 155 bis nach 229 lebte, schreibt in seiner „Römischen Geschichte“:

Titus* wurde mit der Führung des Krieges gegen die Juden beauftragt. Nachdem er anfangs versucht hatte, sie durch Gesandtschaften und Versprechungen zur Unterwerfung zu bewegen, dabei jedoch nicht ausgerichtet hatte, beschloss er, förmlich gegen sie Krieg zu führen. Die ersten Schlachten verliefen unentschieden; dann aber schlug er die Juden und belagerte Jerusalem. Die Stadt hatte drei Mauern, die um den Tempel mitgerechnet. […]

Bei diesen Kämpfen blieb es natürlich nicht aus, dass auf beiden Seiten viele verwundet, viele auch getötet wurden. Titus selbst wurde von einem Stein an der linken Schulter getroffen und behielt davon eine Schwäche in der Hand. […]

Die Juden ihrerseits erachteten es als ein großes Glück, um und für ihren Tempel kämpfend das Leben zu lassen. Das Volk hatte sich unten im Vorhof, der Hohe Rat auf den Treppen, die Priester aber im Tempel aufgestellt. Und so gering auch ihre Zahl gegen die Übermacht war, so wurden sie doch nicht eher überwunden, als bis ein Teil des Tempels in Brand geriet. Jetzt stürzten sie sich freiwillig in die Schwerter der Feinde, töteten einander selbst oder sprangen ins Feuer. Allen erschien es kein Tod, sondern ein Sieg, Heil und Seligkeit, unter den Trümmern ihres Tempels begraben zu werden.

Gleichwohl machte man Gefangene, darunter auch ihren Anführer Bar Giora**, der allein beim Triumph mit dem Leben büßen musste. So wurde also Jerusalem gerade am Saturnustag***, der auch den heutigen Juden noch heilig ist, erobert. Seit dieser Zeit musste jeder, der den Gebräuchen seiner Väter treu blieb, jährlich dem Jupiter Capitolinus zwei Denare**** entrichten.

Julius H. Schoeps / Hiltrud Wallenborg (Hrsg.), Juden in Europa. Ihre Geschichte in Quellen, Bd. 1: Von den Anfängen bis zum späten Mittelalter, Darmstadt 2001, S. 64

* *Flavius Vespasianus Titus, röm. Feldherr und Kaiser 79–81 n. Chr.*

** *Simeon bar Giora, Anführer der Juden*

*** *D.h. am Sabbat*

**** *Denar: röm. Silbermünze; im 1. Jh. verdiente eine Arbeiter ca. 1 Denar am Tag.*

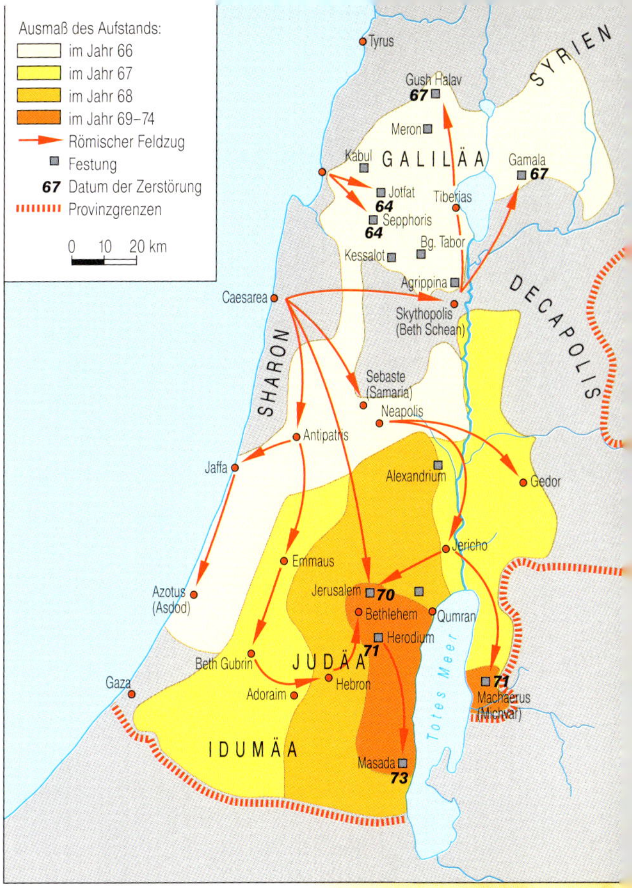

M 3 Aufstand in Palästina (66-73).

1. *Arbeite aus M 1 die Ursachen für den jüdischen Aufstand heraus.*
2. *Stell dir vor, du hast während des Aufstands gelebt. Verfasse als römischer oder jüdischer Zeitzeuge einen Artikel darüber (M 2 und M 3).*

Was war wichtig?

Daten

753 v. Chr.	*Rom wird der Sage nach gegründet.*
um Christi Geburt	*Das Zeitalter des Augustus.*
391	*Das Christentum wird alleinige Staatsreligion.*

1 Kaiser Augustus mit Bürgerkrone. *Die in der Glyptothek in München ausgestellte Marmorbüste ist 57 cm hoch und stammt aus dem 2. Viertel des 1. Jh. n. Chr. Augustus hatte 27 v. Chr. die Bürgerkrone (lat. corona civica) für seine Sorge um das Wohlergehen der römischen Bürger vom Senat erhalten.*

Begriffe

Christentum: die Anhänger der auf *Jesus Christus* zurückgehenden monotheistische Religion. Im römischen Weltreich wurde das Christentum nach 391 n. Chr. zur alleinigen → *Staatsreligion.*

Diktatur (lat. *dictator*: der, der zu sagen hat): Um Notlagen zu überwinden, konnten die Römer die republikanische Ordnung (→ *Republik*) zeitweise aufheben und einen der beiden → *Konsuln* für sechs Monate zum Diktator (lat. *dictator*: der, der zu sagen hat) ernennen; ihm mussten sich alle fügen.

Imperium Romanum (lat. *imperare*: befehlen): das Weltreich der Römer; Gebiete unter römischer Herrschaft.

Kaiserzeit: die von *Augustus* begründete Zeit, in der das Römische Reich „vom ersten Mann im Staat" (lat. *princeps*) regiert wurde (→ *Prinzipat*). Im Westen endete die Kaiserzeit mit dem Zerfall des Weströmischen Reiches im Jahre 476, im Osten mit dem Untergang des Byzantinischen Reiches im Jahre 1453.

Konsul (lat. *consul*): einer von zwei Inhabern des höchsten Staatsamtes in der Römischen Republik (→ *Republik*). Sie wurden für ein Jahr gewählt und besaßen im Krieg den Oberbefehl über die Armee.

Patrizier (lat. *patres*: „Väter"): im alten Rom die Nachkommen der ältesten Familien, die zu Beginn der Römischen Republik (→ *Republik*) allein regierten. Sie übernahmen die wichtigsten Staatsaufgaben und stellten die Priester. Gegen ihre Macht kämpften seit dem 6. Jh. v. Chr. die → *Plebejer*, das waren die römischen Bürger, die keine Patrizier waren. Sie wurden erst nach den „Ständekämpfen" Ende des 3. Jh. v. Chr. mit den Patriziern rechtlich gleichgestellt.

Plebejer: Bezeichnung für alle römischen Bürger, die keine → *Patrizier* waren. Sie wurden nach den „Ständekämpfen" Ende des 3. Jh. v. Chr. mit den → *Patriziern* rechtlich gleichgestellt.

Prinzipat: Bezeichnung für die von *Augustus* begründete Herrschaftsform, in der der Kaiser den Titel „princeps" (dt. „der erste Mann im Staat") trug.

Republik (lat. *res publica*: öffentliche Angelegenheit): nach der Vertreibung der etruskischen Könige in Rom um 500 v. Chr. entstandene Staatsform mit jährlich wechselnder Regierung. Mit → *Augustus* verloren Magistrat, → *Senat* und Volksversammlungen an Einfluss, die → *Kaiserzeit* begann.

Senat (lat. *senatus*: Rat erfahrener Politiker): seine Mitglieder bestimmten die öffentlichen Angelegenheiten im alten Rom. Senatoren stammten vor allem aus vornehmen Familien (→ *Patrizier*) und waren vorher Regierungsbeamte.

Sklaven: unfreie und rechtlose Menschen. Im Altertum wurden vor allem Kriegsgefangene versklavt. Auch freie Bürger konnten zu Sklaven gemacht werden, wenn sie ihre Verpflichtungen nicht einhielten (*Schuldknechtschaft*). Über Sklaven durfte wie über Gegenstände verfügt werden. Unter bestimmten Bedingungen konnten sie von ihren Eigentümern freigelassen werden.

Staatsreligion: eine von den Herrschern für ihre Untertanen festgelegte Form des Glaubens. Ende des 4. Jh. wurde das → *Christentum* im römischen Weltreich zur Staatsreligion erklärt.

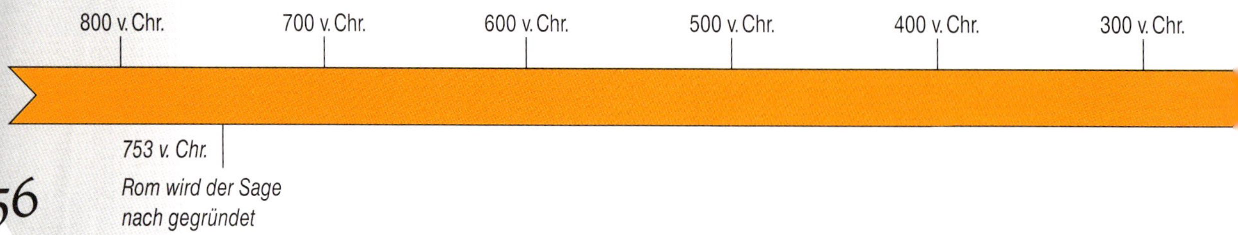

Zusammenfassung

Unter der Herrschaft etruskischer Könige entwickelte sich Rom zu einem bedeutenden Stadtstaat. Nach dem Sturz der Könige wurde Rom um 500 v. Chr. *Republik*. Anfangs regierten die *Patrizier* allein. Im Verlauf der „Ständekämpfe" trotzten die *Plebejer* ihnen schrittweise Rechte ab.
In der römischen Gesellschaft war der „pater familias" das unumschränkte Oberhaupt der Familie. Frauen waren meist auf das eigene Haus beschränkt, doch traten sie häufiger als in Athen in der Öffentlichkeit auf. *Sklaven* waren für das Arbeits- und Wirtschaftsleben wichtig. Die meisten waren durch Kriege in die Sklaverei geraten.
Bis zum 3. Jh. v. Chr. erkämpften sich die Römer die Herrschaft über Italien. Sie gründeten Kolonien und sicherten ihre Macht mithilfe von Bundesgenossen. Sie unterwarfen ihre Nachbarn, die Griechen und im 2. Jh. v. Chr. fast alle Länder am Mittelmeer. Sie machten diese Gebiete zu römischen Provinzen.
Mit einer Landreform versuchten die Brüder Gracchus, dem Staat wieder genügend wehrfähige Bürger zu verschaffen. Sie scheiterten jedoch am Widerstand der Großgrundbesitzer.
Nach Niederlagen gegen germanische Völker führte *Marius* ab 104 v. Chr. eine Heeresreform durch: Aus dem Bürgerheer wurde eine Armee von Berufssoldaten. Damit erhielten Heerführer die Möglichkeit, die von ihnen abhängigen Truppen für ihre politischen Machtkämpfe einzusetzen. Das Zeitalter der Bürgerkriege begann.
Caesar eroberte Gallien und andere Gebiete. Er wurde zum Diktator auf Lebenszeit ernannt und leitete zahlreiche Reformen ein. Anhänger der alten Republik ermordeten ihn im Jahre 44 v. Chr.
Die Bürgerkriege um Caesars Nachfolge beendete *Augustus*. Er regierte das Weltreich wie ein König, ließ aber die republikanischen Einrichtungen (Senat, Magistrate und Volksversammlungen) bestehen. Augustus gab dem römischen Weltreich seinen Frieden (*Pax Augusta*). Da er seine Herrschaft vererben konnte, wurde er zum Begründer der Kaiserzeit.
Die Römer verfolgten und unterdrückten Juden und Christen. Beide lehnten den Polytheismus und den römischen Herrscherkult ab. Die Juden widersetzten sich der politischen und religiösen Fremdherrschaft in zwei großen Aufständen (65 bis 73 und 132 bis 135). Sie wurden von den Römern niedergeschlagen und trugen dazu bei, dass die meisten Juden in der Verbannung (*Diaspora*) leben mussten. Die Christen erreichten dagegen, dass Kaiser *Theodosius* ihren Glauben 391 zur alleinigen Staatsreligion machte.

Grundfertigkeiten

Du hast in diesem Kapitel einen Lerntipp
- zur Beurteilung von Comics und Jugendromanen zur Geschichte erhalten sowie einen
- zur Auswertung einer Statue als historische Quelle.

Darüber hinaus haben wir dir weitere Anregungen zur Arbeit mit Textquellen, Grafiken und Bildern gegeben.

Lesetipps → *Buchempfehlungen zur römischen Geschichte findest du auf Seite 251.*

Exkursionstipps → *Für Hessen sind folgende Museen mit Funden aus römischer Zeit interessant:*
- *Pompejanum, Aschaffenburg*
- *Hessisches Landesmuseum, Darmstadt*
- *Liebieghaus – Museum alter Plastik, Frankfurt*
- *Archäologisches Museum, Frankfurt*
- *Museum Schloss Wilhelmshöhe, Kassel*
- *Römisch-Germanisches Zentralmuseum, Mainz*
- *Museum, Wiesbaden*

2 Schreiben auf selbstgemachten Wachstäfelchen.
Foto von 2000.
Im alten Rom schrieben Schüler mit spitzen Griffeln aus Bronze oder Knochen auf Wachstäfelchen. Wollten sie das Geschriebene wieder löschen, wurde das Wachs mit der spatelförmig verbreiteten Oberseite des Griffels wieder geglättet.
Die Griffel kannst du aus Zimmermannsnägeln herstellen. Die Spitze musst du mit einem Hammer vierkantig schlagen und den Nagelkopf (den „Radiergummi") flachhauen. Die Schreibtafeln kannst du aus vier gleich großen Sperrholzplatten (10 bis 20 cm breit, 6 bis 15 cm hoch), zwei Lederschnüren und Kerzenwachs herstellen.
Mit der Laubsäge sägst du zwei Rahmen aus zwei Platten aus. Ein Rahmen und eine ganze Platte bilden dann verleimt ein Täfelchen, das du mit Wachs ausgießen musst. Beide Täfelchen sind dann nur noch mit Lederschnüren zusammenzubinden.

Übertrage die Zeitleiste auf zwei Blätter (100 Jahre = 2,5 cm) und füge ein: wann Caesar als Diktator regierte, die Römer Karthago zerstörten und über ganz Italien herrschten, wann die Varusschlacht stattfand und die Christen erstmals anerkannt wurden.

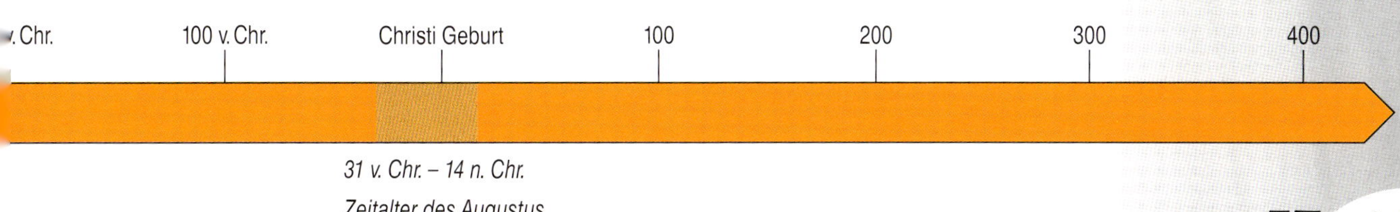

Von der Antike zum frühen Mittelalter

„Da sind wir ja endlich!", maulte die junge Frau und stöhnte dabei, als das schwere Ochsengespann zwischen den Bäumen auf die Lichtung rumpelte und sich langsam auf das Haupttor des Lagers zu bewegte.

„Hör doch auf! Wer liegt mir denn ständig in den Ohren, dass wir uns endlich wieder einmal auf den Weg zum Römerlager machen sollten?" Es war nicht zu überhören, dass ihr Vater verärgert war. Doch seine Tochter jammerte weiter: „Wundert dich das? Schließlich können wir nur hier all die schönen Dinge eintauschen, die es bei uns im Dorf nicht gibt."

„Ich habe nichts gegen ihr Geschirr und ihre Werkzeuge, aber ich will nicht leben wie sie, ich mag ihre Götter nicht und will schon gar nicht von ihnen beherrscht werden. Ich traue den Römern nicht über den Weg. Sie nehmen uns nicht ernst, sondern schauen auf uns herab - so wie die Wachposten da vorn auf ihren Türmen."

Bevor seine Tochter etwas entgegnen konnte, fuhr der alte Mann fort: „Unsere Freunde - nur wenige Tagesreisen von hier - können ein Lied davon singen. Zuerst wollten die Römer dort ‚nur' Hilfstruppen anwerben, die, wer weiß wie weit von ihrer Heimat entfernt, Dienst tun sollten. Sogar ihre Ältesten haben sie bestochen! Als alles nichts nützte, haben sie ihre Dörfer überfallen. Die Römer fackeln nicht lange. Wenn sie etwas unbedingt haben wollen, dann ist ihnen jedes Mittel Recht. Ich habe gehört, dass sie sogar ganze Stämme gezwungen haben, sich neue Wohngebiete zu suchen …"

Dagegen konnte die junge Frau nichts einwenden, denn sie wusste, dass ihr Vater die Wahrheit sagte. Und sie wusste auch, dass sie mit ihm am besten nicht stritt, wenn er sich so in Wut geredet hatte. So schwieg sie. In Gedanken war sie aber immer noch bei all den Sachen, die sie in wenigen Stunden eintauschen würde. Sie schaute erst wieder auf, als ihr Vater ihr einen leichten Stoß in die Seite versetzte und versöhnlich knurrte:

„Jetzt komm schon, sie öffnen das Tor. Wir haben diese Römer zwar nicht gerufen, aber wenn sie nun mal da sind, können wir ja wenigstens Handel mit ihnen treiben und unseren Nutzen daraus ziehen so wie sie auch. Das ist in Ordnung, doch mehr will ich mit ihnen nicht zu tun haben! Und wer weiß: Vielleicht kommen ja noch Zeiten, in denen wir ihnen überlegen sind."

Dieter Brückner

Die rekonstruierte Saalburg aus der Vogelschau.
Ansichtskarte nach einem Aquarell von Carl Nebel, um 1900.

1 Das römische Trier im 4. Jh.
Rekonstruktionszeichnung.
Unter römischer Herrschaft entwickelte sich eine Siedlung der Treverer seit etwa 15 v. Chr. zum Mittelpunkt des Moselgebietes.
Im Jahre 293 wurde Augusta Treverorum (Trier) eine der vier Hauptstädte des Reiches.

Die Römer bei uns und anderswo

Römische Lebensart breitet sich aus

„An die Stelle berüchtigter Einöden sind lachende Kulturen getreten, Kornfelder haben die Wälder, Herden die wilden Tiere verdrängt. Sandwüsten werden bepflanzt, Felsen durchbrochen, Sümpfe getrocknet. Schon gibt es so viele Städte, wie einst nicht einmal Hütten […]. Überall Anbau, Bevölkerung, staatliche Ordnung, Leben."

So beschrieb der Schriftsteller *Tertullian* Anfang des 3. Jh. die Leistungen der Römer, die für mehrere Jahrhunderte nicht nur über den gesamten Mittelmeerraum, sondern auch über weite Teile Europas herrschten.

Um ihre Macht in den eroberten Gebieten zu sichern, vertrieben die Römer die bisherigen Bewohner oder unterwarfen sie. Zur Unterstützung der eigenen Soldaten warben sie Hilfstruppen aus den besiegten Völkern an. Die Angehörigen dieser Einheiten konnten nach 25 Dienstjahren das römische Bürgerrecht und ein Grundstück erhalten. Bis dahin hatten sie viele römische Gewohnheiten übernommen.

Auf dieser Grundlage begann die Romanisierung. So nennen wir die Ausbreitung römischer Lebensart. Von Anfang an beteiligten die Römer einflussreiche einheimische Familien an ihrer Herrschaft. Diese übernahmen die fremde Lebensweise, um die Unterschiede zu den neuen Herren rasch auszugleichen.

Die Verleihung der römischen Bürgerrechte an alle freien Bewohner des Reichs im Jahre 212 verstärkte die Romanisierung.* Alle Provinzbewohner konnten nun z.B. Berufung gegen ein römisches Gerichtsurteil einlegen und öffentliche Ämter bekleiden. Einzelne Bewohner aus den unterworfenen Gebieten hatten vorher Karriere in Rom gemacht: Einige von ihnen wurden Mitglieder des Senats. Es gab schließlich sogar Kaiser, die nicht aus Rom und Italien kamen.

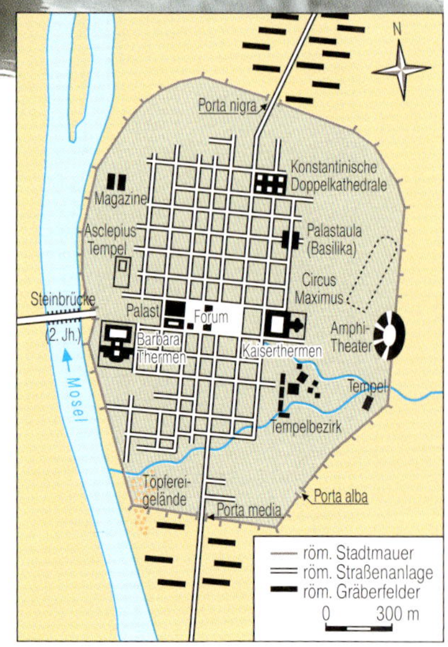

2 Stadtplan von Trier im 4. Jh.
Abb. 1 und 2 enthalten Informationen über die Bedeutung der Stadt für Handel und Kultur. Erkläre.
Vergleiche den Stadtplan mit dem Grundriss des römischen Lagers (M 2, Seite 21).

* *Lies dazu nochmals M 1, Seite 41.*

3 Das Römische Reich zur Zeit seiner größten Ausdehnung, um 117 n. Chr.
Welche heutigen Staaten liegen ganz oder teilweise auf ehemals römischem Gebiet?

Städte: Mittelpunkte der Provinzen
Während die Römer an den Küsten des Mittelmeers bereits befestigte Städte aus der Zeit der griechischen Kolonisation oder des Hellenismus vorfanden, waren vergleichbare Ansiedlungen in Mitteleuropa selten. Zur Romanisierung gehörte die **Urbanisierung**: Es entstanden immer mehr Städte (lat. *urbs:* Stadt). Die Zahl der Stadtbewohner übertraf aber nie mehr als fünf bis zehn Prozent der gesamten Bevölkerung des Reiches.
Ihre große Bedeutung erlangten die Städte als Mittelpunkte von Verwaltung, Handel und Kultur. In ihnen bauten die Römer Tempel, Theater und Thermen für ihre Soldaten. Hier lernte die einheimische Bevölkerung die römische **Zivilisation*** kennen. Im 5. Jh. sollen in allen Provinzen über 1 500 Städte römische Kultur verbreitet haben. Eine ganze Reihe davon hatte mehr als 10 000 Einwohner.

__Zivilisation__: Lebensart; das Wort bezieht sich ursprünglich auf die verfeinerte Lebensweise der römischen Stadtbürger (lat. civilis: bürgerlich).

4 „Porta Nigra" (dt. „schwarzes Tor") in Trier.
Foto von 2001.
Das nördliche Stadttor von Trier (siehe Abb. 2, Seite 60) wurde Ende des 2. Jh. n. Chr. erbaut. Es gilt als eines der besterhaltenen römischen Bauwerke in Deutschland.

5 Tempel in Vienne.
Foto, um 1980.
Dieser Tempel wurde 25 v. Chr. in Vienne, einer Stadt an der Rhône, errichtet.

6 Das Theater von Orange.
Foto, um 1980.
Dieses Theater wurde im 1. Jh. n. Chr. in der Provinz Gallia Narbonensis gebaut und gilt als eines der am besten erhaltenen der römischen Welt.

Der Limes auf germanischem Gebiet

Die Römer schützten die Grenze ihres Reiches zum Teil durch ein System von Wällen und Wachtürmen, hinter denen sich in bestimmten Abständen militärische Befestigungsanlagen (Kastelle) befanden. Mit der Errichtung des Limes auf germanischem Gebiet wurde Ende des 1. Jh. begonnen. Er erfüllte seinen Zweck bis ins 3. Jh. und war insgesamt rund 550 km lang. Etwa 1000 Wachtürme und 100 Kastelle sicherten ihn. Der nördliche (*obergermanische*) Teil verlief etwa von Andernach bis Seligenstadt. Von Miltenberg bis Eining erstreckte sich dann der rätische Limes.

Wozu war der Limes gut?

Der Limes trennte das gut verwaltete und wirtschaftlich erschlossene Römische Reich von dem weniger erschlossenen Siedlungsraum kleinerer Völker. Militärisch war der Limes kein uneinnehmbares Bollwerk, eher eine überwachte Grenzlinie. Über den Limes hinweg gab es einen lebhaften Handel. Die angrenzenden Völker lieferten Rohstoffe und erwarben römische Fertigwaren wie Keramik, Bronzegefäße, Schmuck und Waffen.

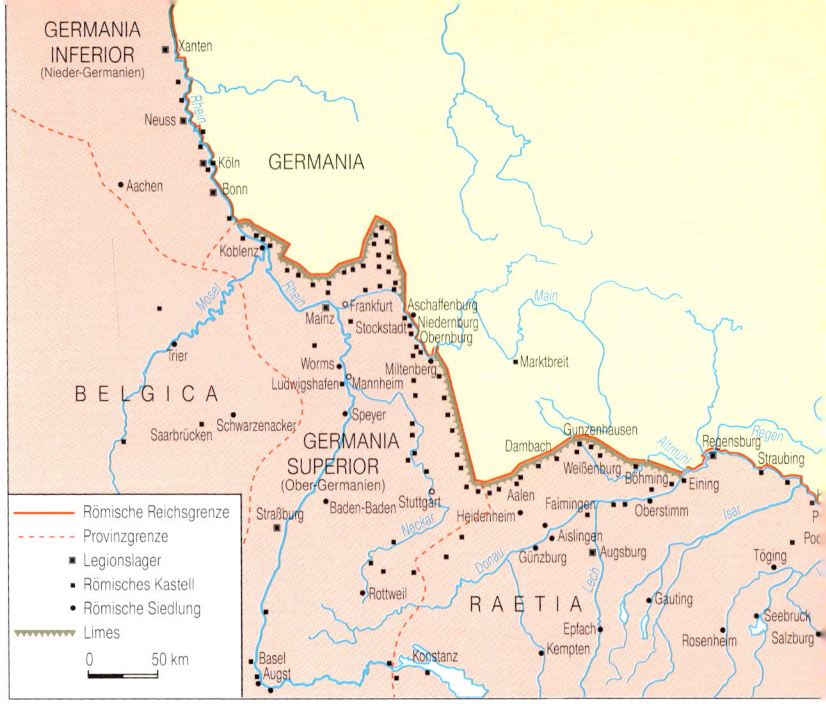

8 **Der Limes um 200 n. Chr.**

Internettipps → *Der Limes gilt als das größte Bodendenkmal Europas. 2005 wurde es zum Weltkulturerbe erklärt, siehe dazu www.limes-in-deutschland.de und www.limesstrasse.de/index.htm.*

CD-ROM-Tipp → *Römerkastell Saalburg, Archäologischer Park, Bad Homburg (www.saalburgmuseum.de/home.htm)*

10 **Wachturm mit Wall und Palisade beim Kastell Zugmantel im Taunus.**
Rekonstruktion. Foto, um 1980.
Die Eingänge befanden sich immer im Obergeschoss. Warum?

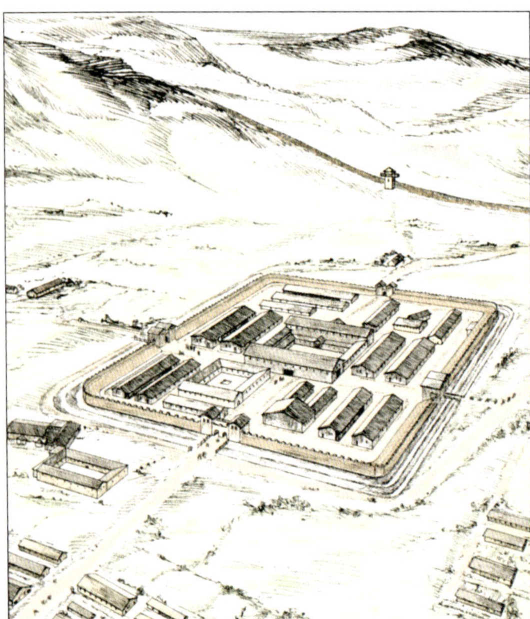

7 **Kastell Saalburg.**
Vergleiche die Anlage mit M 2, Seite 21.

9 **Haupteingang zum Kastell Saalburg (Bad Homburg).**
Rekonstruktion. Foto, um 1990.
Der ursprüngliche Bau stammt aus dem 2. Jh. und gilt als das einzige vollrekonstruierte Kastell in Deutschland.

M 1 Die Hadriansmauer.
Foto, um 1970. Die Anfang des 2. Jh. gebaute und 112 km lange Mauer liegt im Norden Englands (siehe Abb. 3, Seite 61).

M 2 Britannien wird römisch
Der römische Geschichtsschreiber Tacitus (siehe M 3, Seite 37) berichtet in einem seiner Bücher, wie die Römer bei der Übernahme der Herrschaft vorgingen. Prasutagus, der König der Icener, war im Jahre 59 gestorben und hatte seinen Besitz testamentarisch zwischen dem römischen Kaiser und seinen beiden Töchtern aufgeteilt. So wollte er sein Land und seine Familie gegen weitere Übergriffe der Römer schützen, aber es kam anders:

Sein Land und sein Haus wurden wie ein erobertes Gebiet verwüstet. Zuerst wurde seine Frau misshandelt, dann seine Töchter vergewaltigt. Die vornehmen Icener wurden, als ob die Römer sämtliche Ländereien zum Geschenk erhalten hätten, von ihrem ererbten Besitz vertrieben und die Verwandten des Königs wie Sklaven behandelt. Diese schmachvolle Behandlung und die Furcht vor noch Schlimmerem veranlassten sie, zu den Waffen zu greifen.

Tacitus berichtet in der Lebensbeschreibung seines Schwiegervaters Agricola, der 77 Statthalter der Provinz Britannien geworden war, wie dieser die Romanisierung förderte:

Denn um die verstreut und primitiv lebenden Menschen, die infolgedessen leicht zum Krieg geneigt waren, durch Annehmlichkeiten an Ruhe und friedliches Verhalten zu gewöhnen, ermunterte Agricola sie persönlich und unterstützte sie mit staatlichen Mitteln, Tempel, öffentliche Plätze und Häuser in der Stadt zu bauen. Er lobte die Eifrigen und tadelte die Säumigen. So trat Anerkennung und wetteiferndes Bemühen an die Stelle des Zwanges. Ferner ließ er die Söhne der Vornehmen ausbilden, wobei er der natürlichen Begabung der Britannier gegenüber dem Lerneifer der Gallier den Vorrang gab. So kam es, dass die Menschen, die eben noch die römische Sprache ablehnten, nun die römische Redekunst zu erlernen begehrten. Von da an fand auch unser Äußeres Beifall, und die Toga wurde häufig getragen; und allmählich gab man sich dem verweichlichenden Einfluss des Lasters hin: Säulenhallen, Bädern und erlesenen Gelagen. Und so etwas hieß bei den Ahnungslosen Lebenskultur, während es doch nur ein Bestandteil der Knechtschaft war.

Tacitus, Annalen XIV. 31, übers. von Walther Sontheimer, Stuttgart 1967 (erster Text) und Tacitus, Das Leben des Iulius Agricola 21, übers. von Rudolf Till, Berlin [2]1976

M 3 Die Vorzüge der römischen Kultur.
Sportbild aus der englischen Zeitschrift PUNCH von 1912.*

** Zum Thema „Sportbild" siehe Seite 210.*

1. *Beschreibe das Verhalten der Römer gegenüber den einheimischen Bewohnern (M 2).*
2. *Erörtert die Vor- und Nachteile der römischen Herrschaft in den eroberten Gebieten.*
3. *Verfasse zu M 3 eine Geschichte.*

Was uns die Römer sonst noch brachten

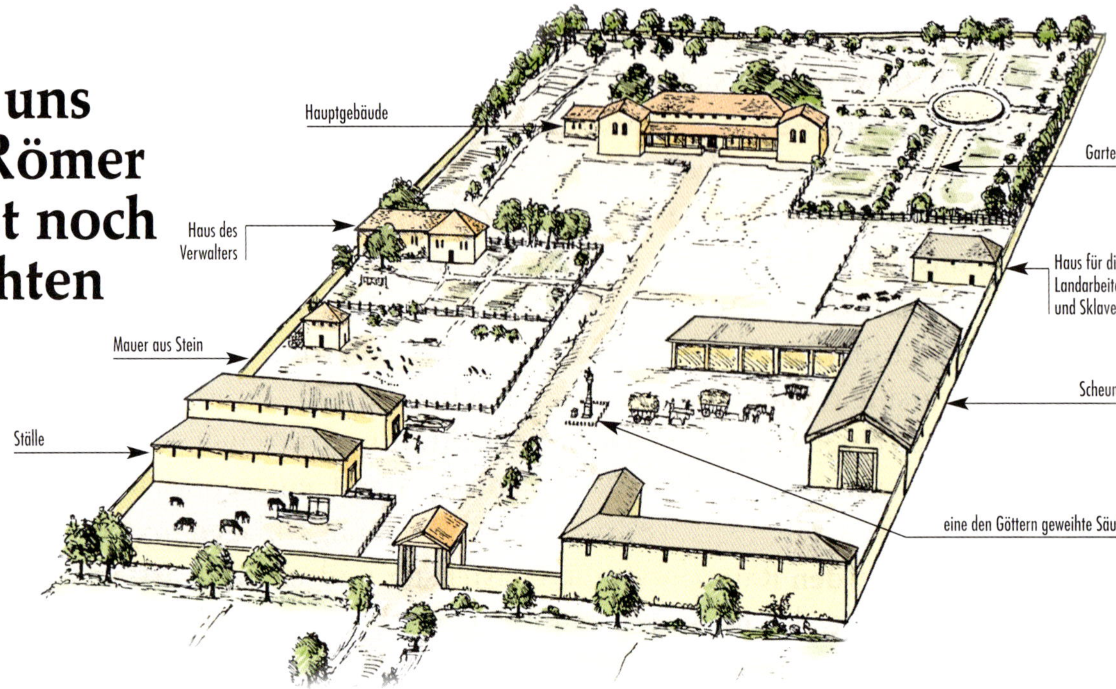

Land- und Viehwirtschaft ändern sich
Um den Handel auszuweiten und die Soldaten zu versorgen, bauten die Römer die Landwirtschaft in den Provinzen aus. Dabei nahmen sie den Einheimischen fruchtbares Land weg und ließen Wälder roden.
Die Ernteerträge steigerten die Römer durch eine Düngung des Bodens und den Einsatz des eisernen Wendepfluges. Sie legten Gärten an und führten verbesserte Apfel- und Birnensorten, Edelkirschen und Pfirsiche, dazu eine Vielzahl von Gemüse-, Salat- und Gewürzpflanzen wie Fenchel, Gurke und Petersilie aus dem Mittelmeerraum ein. Auch der Weinanbau nördlich der Alpen geht auf die Römer zurück.
Die einheimischen Rinder und Pferde wurden durch größere und kräftigere Tiere aus Italien abgelöst. Hauskatzen und kleine Hunderassen wurden nun als Haustiere gehalten.

2 Hauptgebäude eines römischen Gutshofes.
Das Modell aus dem Limesmuseum Aalen zeigt das Hauptgebäude einer **Villa rustica** *(dt. Gutshof) aus dem 3. Jh. Das stattliche Wohngebäude war teilweise unterkellert und mit einer Fußboden- und Wandheizung ausgestattet. Die Säule im Hof war den Göttern geweiht. Von ihnen erflehte man Schutz, eine gute Ernte und gesundes Vieh.*

1 Römischer Gutshof.
Rekonstruktionszeichnung.
Die Römer legten ihre Höfe meist nach diesem Schema an.

CD-ROM-Tipps → *Das Geheimnis des Zenturio. Auf der Spur der Römer und Germanen, Berlin: Cornelsen;*
Das Römische Reich. Die Villa rustica von Hechingen-Stein, Stuttgart: Theiss

Exkursionstipp → *Freilichtmuseum Römische Villa „Haselburg", Höchst i. Odw.-Hummetroth*

Internettipp → *www.haselburg.de*

Das Straßennetz
Während die Menschen nördlich der Alpen noch meist für den Eigenbedarf arbeiteten, trieben die Römer längst einen ausgedehnten Handel.
In der Kaiserzeit bestanden rege Handelsverbindungen nicht nur mit den Provinzen, sondern auch über die Reichsgrenzen hinaus.
Neben den Schifffahrtswegen nutzten die Römer Fernstraßen. Überall hatten sie gepflasterte Straßen anlegen lassen. Im 2. Jh. umfasste ihr Straßennetz rund 80000 km.

M 2 Römischer Straßenbau.
Rekonstruktionszeichnungen.
Erkläre den Zweck
a) der mehrfachen Schichtung der Straße,
b) der Wölbung der Straßendecke und der Straßengräben.

M 3 Gedeckter Wagen.
Rekonstruktion aus dem Römisch-Germanischen Museum in Köln.
Auf den Römerstraßen legte ein Warentransport bis zu 60 km pro Tag zurück.

M 1 Was haben Straßen mit Kultur zu tun?

Der Schriftsteller Tertullian (3. Jh.) schreibt:

Dieses planmäßig ausgeführte Netz geregelter Straßenanlagen beförderte die allgemeine Sicherheit, erleichterte den Ackerbau, garantierte den Reisenden ein sicheres und bequemes Fortkommen, gewährte dem Handelsverkehr die unberechenbarsten Vorteile, schützte den Frieden des Reichs, ermöglichte den geordneten Gang der großen Verwaltungsmaschine, rief Ansiedlungen hervor und begünstigte auf das wirksamste die Entwicklung der Kultur.

Zit. nach: Ludwig Friedlaender, Sittengeschichte Roms, Wien 1934, S. 277

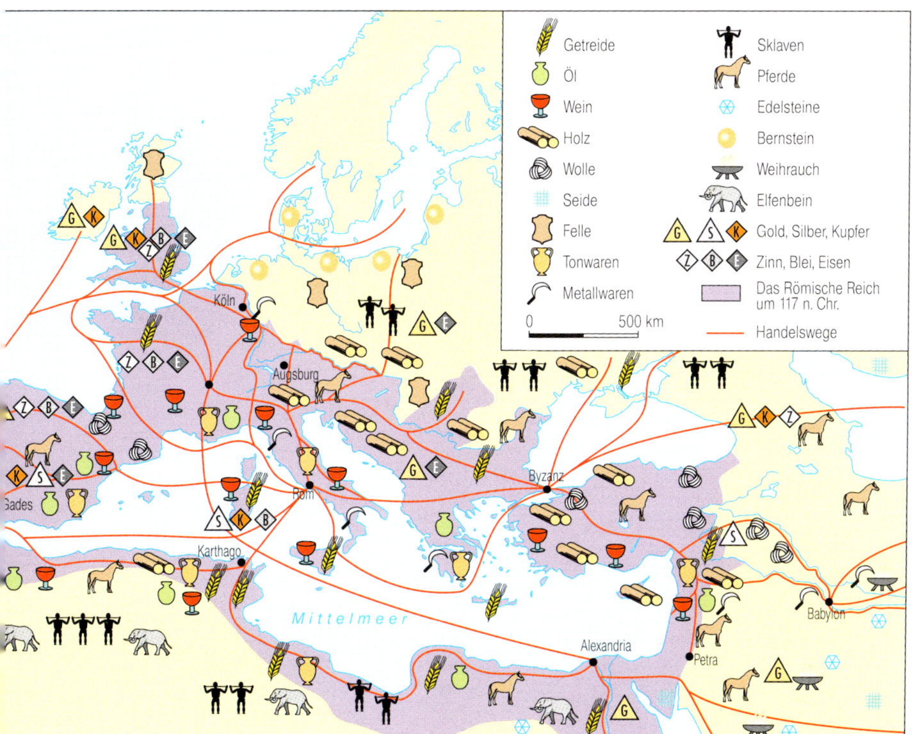

M 4 Fernhandel im Römischen Weltreich (1.-3. Jh.).

1. *Nenne Gründe für den Straßenbau (M 1).*
2. *Erkläre die Spezialkarte, und erläutere die Handelswege (M 4).*
3. *Gliedere die in M 4 angeführten Waren nach landwirtschaftlichen Produkten, Fertigprodukten und Rohstoffen. Stelle in einer Tabelle zusammen, woher sie kamen.*

PROJEKT

Römische Kinderspiele

M 1 Spiele für Kinder
Aus einem Lexikonartikel:

Viele heutige Spiele waren schon damals beliebt: Spiel mit Puppen und Tierfiguren, Steckenpferd reiten, auf Stelzen laufen, Reifen treiben, Schaukeln und Wippen, Drachen steigen lassen, Kreisel, Fangen spielen, Blindekuh, Steine auf Wasserflächen hüpfen lassen, Nachspielen von Berufen (Soldat, Richter, Amtsdiener), Huckepack- oder Pferdchenspiel (z. T. mit Kampf), Tauziehen, Ballspiel und – natürlich! – Erwachsenen Streiche spielen wie z.B. ein Geldstück auf dem Boden festkleben und Passanten beim vergeblichen Versuch beobachten, es aufzuheben.
Besonders typisch waren allerlei Kinderspiele mit Nüssen wie das Deltaspiel (Zielwurf möglichst in die Spitze eines aufgemalten Dreiecks) oder das Orcaspiel (Zielwurf in ein Gefäß mit engem Hals), Ratespiele wie gerade oder ungerade Zahl von Nüssen in der Hand oder Erraten der genauen Zahl. Bei einem Geschicklichkeitsspiel ließ man Nüsse von einer schiefen Ebene so herunterrollen, dass untenliegende getroffen wurden. Reines Glücksspiel war das Würfeln mit „Knöcheln", deren vier Seiten Zahlenwerte trugen.

Karl Wilhelm Weeber, Alltag im Alten Rom, Zürich 1995, S. 202 (gestrafft und vereinfacht)

M 2 Deltaspiel.
Besorgt euch je Spieler mindestens 15 Haselnüsse (Eicheln oder Kastanien) und einen großen Topf. Zeichnet mit Kreide ein gleichseitiges Dreieck mit einer etwa 1,5 Meter langen Grundlinie auf den Boden. Teilt es in 10 Streifen und beschriftet diese mit Ziffern. Jeder von euch bekommt 5 Nüsse. Reihum werft ihr aus 1,5 Meter Entfernung je eine Nuss pro Runde. Nach jedem Durchgang erhält jeder Spieler aus dem Topf Nüsse entsprechend der Zahl auf dem Streifen, auf dem seine Nuss gelandet ist. Nüsse, die außerhalb des Dreiecks liegen bleiben, zählen nicht und werden in den Topf zurückgelegt. Gewonnen hat, wer nach einer vorher bestimmten Zahl von Spielrunden die meisten Nüsse hat.

M 3 „Fünfsteinspiel".
Tonfiguren, um 300 v. Chr.
Gespielt wurde mit „Knöcheln", das waren Spielsteine aus Knochen. Es kam darauf an, fünf Spielsteine in einer bestimmten Folge mit Handfläche und Handrücken zu werfen und zu fangen.
Überlegt, was ihr als „Knöchel" verwenden könntet.

M 4 Würfel und Spielsteine *(rechts).*
Die Teile sind aus Glas und Horn und stammen aus der Römerstadt Cambodunum (Kempten).

M 5 Ballspiel.
Wandmalerei, 2. Jh. n. Chr.

Lektüretipps → *Marco Fitta, Spiele und Spielzeug in der Antike, Stuttgart: Theiss 1998; Anita Rieche, So spielten die Alten Römer, Köln: Rheinlandverlag 1991*

Probiert die in M 2 und M 3 genannten Spiele aus. Welche gefallen euch am besten? Warum?

Warum zerfällt das Römische Reich?

„Die Barbaren kommen!"
Dieser Schreckensruf ertönte in der Kaiserzeit immer häufiger am Limes. Ständig zogen mehr Menschen aus ihrer nord- und ostmitteleuropäischen Heimat nach Süden und Westen auf die Grenzen des Römischen Reiches zu: die *Germanen*. So nennen wir zusammenfassend jene Völker (*Stämme*), die bis um Christi Geburt im Ost- und Nordseeraum lebten.
Eine wachsende Bevölkerung, vielleicht auch Klimaverschlechterungen, Abenteuerlust, in jedem Fall der Wunsch nach besseren Lebensverhältnissen führten seit dem 2. Jh. zu Wanderungen von bislang unbekanntem Ausmaß. Einige Völkerschaften wie die *Franken*, *Friesen* und *Alamannen* drangen dabei schrittweise in benachbarte Landschaften ein und ließen sich dort nieder. Andere durchquerten ganz Europa und den Norden Afrikas, so die *Goten*, *Vandalen* und *Burgunder*. In der Regel zogen immer nur Teile eines Volkes in die ungewisse Zukunft. Dabei vermischten sich fremde mit einheimischen Völkern. Ende des 4. Jh. spitzte sich die Lage dramatisch zu: Die *Hunnen* aus Zentralasien zerstörten um 375 die Herrschaft der Goten am Schwarzen Meer. Damit erreichte die Völkerwanderung ihren Höhepunkt.

1 **Adlerspange aus der Völkerwanderungszeit, um 500 n. Chr.**
Die 12 cm lange Fibel wurde in Oberitalien gefunden. Sie ist aus Gold, hat Einlagen aus Elfenbein und Almandin (Edelstein) und zählt zu den schönsten Kleinfunden aus der Zeit des Ostgotenreiches.

2 Vergoldeter germanischer Spangenhelm aus Krefeld-Gellep, um 500.

Eindringlinge und Verbündete

Von den Hunnen getrieben, baten die Goten um Aufnahme in das Römische Reich. Als Gegenleistung boten sie militärische Hilfe an. Kaiser *Valens* ging darauf ein. Doch die Eingliederung der Goten scheiterte. Unruhen brachen aus, und in der **Schlacht bei Adrianopel** (378) schlugen die Goten die Römer. Wenige Jahre später wurden die Goten dann doch noch Verbündete Roms. Dafür erhielten sie das Recht, auf dem Boden des Römischen Reiches einen eigenen Staat zu errichten. Danach bekamen Angehörige fremder Völker immer häufiger für Kriegsdienste Land zugewiesen.

Das Reich zerfällt

Das Römische Reich führte den Kampf gegen die einwandernden Völker mit geringem Aufwand. Seit der Gliederung in vier Verwaltungseinheiten Ende des 3. Jh. hatten sich der westliche und der östliche Teil auseinanderentwickelt. Die Neuorganisation des Reiches von 395 in einen östlichen und einen westlichen Herrschaftsbereich erwies sich später als das Ende der Reichseinheit. **Ostrom** blieb nach dem Abzug der Goten von den Wirren und Verwüstungen der Völkerwanderung weitgehend verschont. Seine Herrscher sahen keinen Anlass, **Westrom** im Kampf gegen die Eindringlinge zu helfen.

Um 450 herrschten die weströmischen Kaiser nur noch über Italien, Mittelgallien, die Provence und Dalmatien. Den Großteil ihres Imperiums hatten germanische Völker in Besitz genommen. Wie die Kräfte verteilt waren, zeigt der Kampf gegen die Hunnen. Im Jahre 451 gelang es den Römern nur mithilfe romanisierter Kelten (Gallier) sowie verbündeter Westgoten, Burgunder und Franken, die Reiterheere *Attilas* nach der **Schlacht auf den Katalaunischen Feldern** zum Rückzug zu bewegen. Das bedeutete das Ende für das Hunnenreich, das sich von Südrussland bis zum Rhein erstreckt hatte.

Auch das Weströmische Reich ließ sich immer schwerer regieren. 476 zerbrach es. *Odoaker*, Sohn eines fremden Fürsten und römischer Offizier, setzte Kaiser *Romulus Augustulus* (*Augustulus*: dt. „Kaiserchen" – wegen seines jugendlichen Alters) ab. Seine Soldaten riefen ihn zum König aus. Odoaker verzichtete auf den Kaisertitel, erkannte die Oberhoheit des oströmischen Kaisers an und beschränkte seine Herrschaft auf Italien. Seine Macht war nicht von Dauer. In Ostrom ließ sich der Heerführer der Ostgoten, *Theoderich*, mit dem Krieg gegen Odoaker beauftragen, fügte ihm Niederlagen zu und sorgte schließlich für seine Ermordung. Daraufhin wurde Theoderich zum König der Goten und kaiserlichen Regenten in Italien ausgerufen.

3 Grabmal des Theoderich in Ravenna, Anfang des 6. Jh.
Foto von 1990.
Auf einem zehneckigen Unterbau erhebt sich ein etwas eingezogenes, gleichfalls zehneckiges Obergeschoss. Darüber wölbt sich die gewaltige Kuppel, ein über 300 t schwerer Stein.

M 1 Völkerwanderung und Reichsgründungen (3. bis 6. Jh.).
Wir sprechen zwar von „den" **Germanen**, *doch darunter sind westgermanische (z. B. Angeln, Westgoten, Sachsen, Franken, Sueben, Friesen, Langobarden, Alamannen u. a.), ostgermanische (Burgunder, Ostgoten, Vandalen u. a.) und nordgermanische Völkerschaften zu verstehen; letztere verließen damals ihre Heimat (Norwegen, Schweden) noch nicht.*

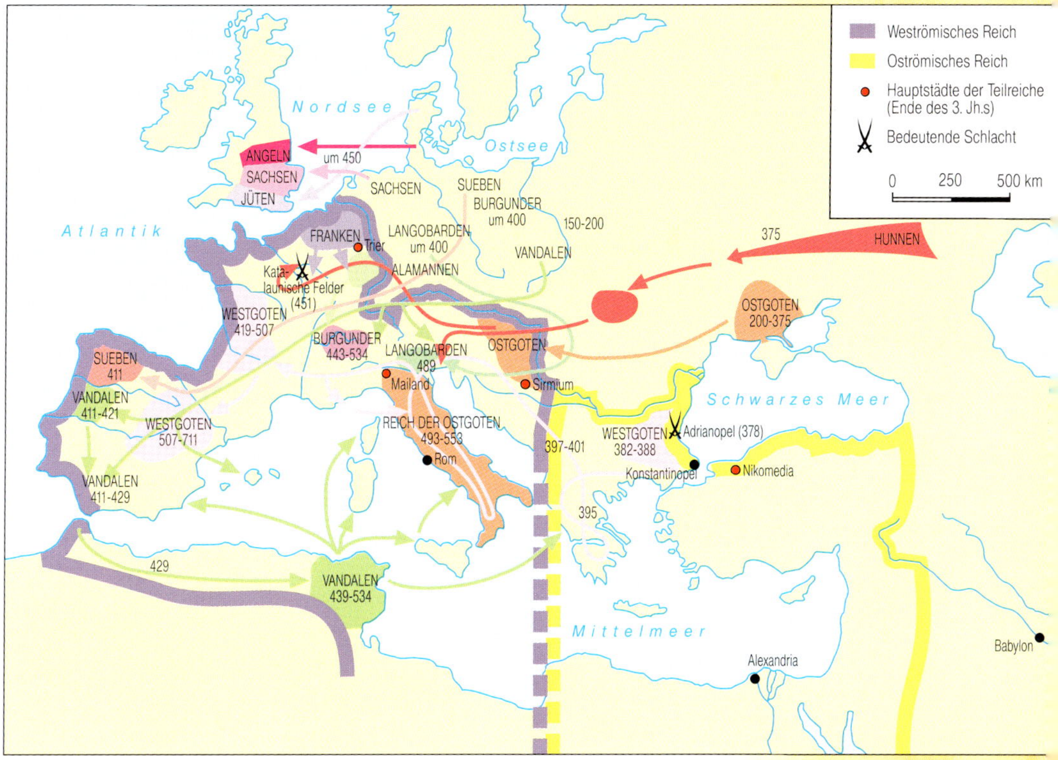

M 2 Ein Römer schreibt über die Germanen
Der römische Schriftsteller und Geschichtsschreiber Tacitus berichtet im 1. Jh. über die Germanen jenseits der damaligen Reichsgrenze:

Das Land zeigt zwar im Einzelnen einige Unterschiede; doch im Ganzen macht es mit seinen Wäldern einen schaurigen, mit seinen Sümpfen einen widerwärtigen Eindruck. Getreide gedeiht, Obst hingegen nicht; Vieh gibt es reichlich, doch zumeist ist es unansehnlich. Selbst die Rinder sind nicht so stattlich wie gewöhnlich.
Silber und Gold haben ihnen die Götter versagt. Auch an Eisen ist kein Überfluss, wie die Art der Bewaffnung zeigt.
Dass die Völkerschaften der Germanen keine Städte bewohnen, ist hinreichend bekannt; auch, dass sie nicht einmal zusammenhängende Siedlungen dulden. Sie hausen einzeln und gesondert, gerade wie eine Quelle, eine Fläche, ein Gehölz ihnen zusagt. Ihre Dörfer legen sie nicht in unserer Weise an, dass die Gebäude verbunden sind und aneinanderstoßen: Jeder umgibt sein Haus mit freiem Raum, sei es zum Schutz gegen Feuergefahr, sei es aus Unkenntnis im Bauen. Nicht einmal Bruchsteine oder Ziegel sind bei ihnen in Gebrauch; zu allem verwenden sie unbehauenes Holz, ohne auf ein gefälliges oder freundliches Aussehen zu achten.
Allgemeine Tracht ist ein Umhang, mit einer Spange oder notfalls einer Nadel zusammengehalten. Im Übrigen sind sie unbekleidet; ganze Tage verbringen sie so am Herdfeuer. Nur die Reichsten haben noch Untergewänder, nicht wallende, sondern enganliegende, die Arme und Beine erkennen lassen. Man trägt auch Tierfelle.
Als Getränk dient ein Saft aus Gerste oder Weizen, der durch die Gärung eine gewisse Ähnlichkeit mit Wein erhält; die Anwohner von Rhein und Donau kaufen auch Wein. Die Kost ist einfach: wildes Obst, frisches Wildbret oder geronnene Milch. Ohne feine Zubereitung, ohne Gewürze vertreiben sie den Hunger.

Tacitus, Germania, übersetzt, erläutert und mit einem Nachwort versehen von Manfred Fuhrmann. Stuttgart 1972, S. 5 ff. (stark gekürzt und leicht vereinfacht)

1. *Erläutere, warum die Germanen ihre Heimat verlegten (M 2).*
2. *Nenne die heutigen Länder, in denen sie sich niederließen (M 1).*
3. *Wisst ihr von einer „Völkerwanderung" im 20. Jh., an der vielleicht eure Großeltern teilnehmen mussten? Informiert euch und berichtet.*
4. *Welche Fremden kommen heute in unser Land? Welche Gründe haben sie dafür? Wie werden sie aufgenommen? Wie verhalten sie sich?*

1 Das Innere der Hagia Sophia.
Rekonstruktionszeichnung von Léon Henri Prost.
Konstantin I. ließ die „Hagia Sophia" (dt. „Kirche der göttlichen Weisheit") in Konstantinopel bauen. Das Gotteshaus wurde 532 in Brand gesteckt, aber noch im selben Jahr ordnete Kaiser Justinian den Wiederaufbau an. Angeblich brauchten 10 000 Arbeiter dafür fünf Jahre. Das Besondere der Basilika ist die Hauptkuppel, die eine Spannweite von etwa 30 m hat und deren Schlussstein 55 m über dem Erdboden liegt. Sie übertraf damit alle bisherigen Kuppelbauten.
Der Kirchenraum sollte ein Abbild des Himmels sein, das Licht, das die Kirche durchflutet, die alles durchdringende Weisheit Gottes darstellen.

Von Rom nach Byzanz

Das Oströmische Reich
Zur endgültigen Teilung des Römischen Reiches trug bereits Kaiser Konstantin I. bei. Er hatte die alte griechische Stadt Byzantion zur Hauptstadt gemacht. Der Name der griechischen Stadt wurde später zur Bezeichnung des Oströmischen Reiches: Byzanz. Byzantion war eine ideale Brücke zu den reichen Ostprovinzen Kleinasien, Syrien und Ägypten und darüber hinaus Schnittpunkt wichtiger Handelsstraßen zwischen Mittelmeer, Schwarzem Meer, Europa, Afrika, Indien und China. Die Stadt erhielt den Namen des Herrschers: *Konstantinopel* (heute *Istanbul*). 330 wurde sie eingeweiht. Konstantinopel erhielt zahlreiche Paläste, Kirchen und eine gewaltige Arena für Wagenrennen. Dazu wurde die Stadt zur bedeutendsten Festung der damaligen Zeit ausgebaut.

Der letzte Versuch
Im Jahre 527 wurde *Justinian* oströmischer Kaiser. Sein Regierungsprogramm lautete: „Wir glauben, dass Gott uns die Wiedergewinnung aller der Länder gewähren wird, die einst die Römer von einem Ozean bis zum anderen besessen haben."
In langen Kriegen gegen die Vandalen in Afrika, die Ostgoten in Italien und die Westgoten an der Südküste Spaniens konnten seine Truppen die römische Herrschaft dort neu errichten. Das Ziel, die Grenzen des gesamten Reiches wiederherzustellen, erreichte Justinian jedoch nicht.

2 **Der Kaiser vor Christus.**
Mosaik aus der Hagia Sophia (Ausschnitt).

Der oströmische Kaiser als Statthalter Christi

Justinian war es nicht nur um die Rückgewinnung der verlorengegangenen Gebiete und die Wiederherstellung (lat. *renovatio*) der Reichseinheit gegangen. Er wollte einen einheitlichen christlichen Staat schaffen.
In seinem Reich sorgten er und seine Nachfolger dafür, dass Politik und Religion, Staat und Kirche eine Einheit bildeten. Die oströmischen Kaiser fühlten sich an keine weltlichen Gesetze gebunden. Sie betrachteten sich als Statthalter Christi auf Erden und glaubten, für die Reinheit der christlichen Lehre, die **Orthodoxie** (*orthodox: rechtgläubig*), verantwortlich zu sein. Ihren Kirchenführern erteilten sie Weisungen wie ihren Beamten.

Wie sie herrschen

Militär, Verwaltung und Kirche dienten Justinian und seinen Nachfolgern zur Durchsetzung ihrer Herrschaft. Sie regierten **autokratisch**: allein und unumschränkt. Nur Gott stand über dem Kaiser.
Bei der Thronbesteigung wurde der Kaiser nach dem Vorbild der biblischen Könige *Saul* und *David* mit Öl gesalbt.
Ein Untertan sah seinen Herrscher kaum: Wurde er überhaupt empfangen, musste er zunächst durch lange Gänge und zahlreiche prächtige Gemächer zum Thronsaal schreiten. In diesem Raum saß der Kaiser hinter einem purpurroten Vorhang auf einem erhöhten Thron. Erst wenn sich der Besucher zu Boden geworfen hatte, wurde der Stoff beiseite geschoben. Nun durfte er an den Herrscher herantreten, um ihm die Füße zu küssen. Aber auch dann sprachen Untertan und Kaiser nicht direkt miteinander, sondern man verständigte sich indirekt über die anwesenden hohen Hofbeamten.

Das „zweite Rom"

Die meisten Eroberungen Justinians im westlichen Mittelmeer gingen schon unter seinen ersten Nachfolgern wieder an die germanischen Völker verloren. Das Oströmische Reich wurde wieder auf den östlichen Teil des Mittelmeers zurückgedrängt. Hier waren seine Grenzen an mehreren Fronten bedroht: im Norden und Westen durch die *Slawen*, im Osten durch die *Sassaniden* und seit dem 7. Jh. durch islamische Reiche. Bis zu seinem Ende im Jahr 1453 war das Oströmische Reich ständig in Abwehrkämpfe verwickelt.
Trotzdem war es seinen europäischen Nachbarn bis weit in das Mittelalter kulturell überlegen. Es war der direkte Erbe der römisch-hellenistischen Zivilisation. Aufgrund seiner geografischen Lage und des Niedergangs des weströmischen Reiches überlagerten bald griechisch-orientalische Einflüsse den römisch-lateinischen Anteil an diesem Erbe. Es wurde als „neues" oder „zweites" Rom bezeichnet. Die byzantinischen Herrscher verstanden sich als einzige wirkliche Kaiser und missbilligten Versuche, im Westen ein eigenständiges Kaisertum zu errichten. Ebenso lehnte der Patriarch von Byzanz es ab, den Papst als Oberhaupt der Christenheit anzuerkennen. Die Christen gingen getrennte Wege: Im Osten entstand die griechisch-orthodoxe Kirche, die sich von der römisch-katholischen im Westen in der Lehre und in der Form der Gottesdienste unterschied.
Von Byzanz aus wurden mehrere slawische Völker zum orthodoxen Christentum bekehrt: *Kyrillos* und *Methodios* begannen damit im Jahr 863, etwa hundert Jahre später gelang die Missionierung Russlands.

Das „Corpus iuris civilis"

Byzanz prägte Europa auch in anderer Weise. 528 gab Kaiser Justinian eine Zusammenfassung aller gültigen Rechtsvorschriften in Auftrag. Das Werk wurde 535 fertiggestellt. Das aus mehreren Teilen bestehende Werk geriet zunächst in Vergessenheit. Seit Mitte des 11. Jahrhunderts diente es der Ausbildung von Juristen. Ende des 16. Jahrhunderts wurde es dann erstmals vollständig unter dem Titel *Corpus iuris civilis* (dt. Sammlung bürgerlichen Rechts) gedruckt.
Viele heutige Rechtsvorstellungen in Europa sowie in den von hier aus beeinflussten außereuropäischen Gebieten wie Südamerika, Ägypten und Japan gehen darauf zurück. In keinem anderen Bereich hat das römische Denken so nachhaltig fortgewirkt wie im Recht.

M 1 Kaiser Justinian mit Gefolge.
Mosaik aus der im Jahre 547 geweihten Kirche San Vitale in Ravenna (Format: 2,70 x 4,10 m). Die oberitalienische Stadt war von der Mitte des 6. Jh. bis ins 9. Jh. byzantinischer Vorposten in Italien.

M 2 Aus Gottes Vollmacht regieren wir

Auszüge aus der 533 fertiggestellten Gesetzessammlung Justinians:

Aus Gottes Vollmacht regieren wir das Reich, das uns von der himmlischen Majestät übertragen wurde, führen wir Kriege mit Erfolg, sichern Frieden und halten den Bau des Staates aufrecht. Was ist größer, was geheiligter als die kaiserliche Majestät? Wer ist so hochmütig, das Urteil des Fürsten zu verachten, wenn die Gesetzgeber festgelegt haben, dass kaiserliche Entscheidungen die volle Kraft des Gesetzes besitzen? [...] Nicht als Nebensache behandeln wir die Schlaflosigkeit, sondern wenn wir die Tage daransetzen und die Nacht zum Tage machen, wenden wir sie dazu an, damit unsere Untertanen sich wohlbefinden, frei von jeder Sorge, da wir die Sorge für alle auf uns nehmen.

Franz G. Maier (Hrsg.), Byzanz, Frankfurt a. M. 1973, S. 54 f. und Walter Arend (Bearb.), Altertum. Geschichte in Quellen, München ³1978, S. 831 (vereinfacht)

M 3 Zweck der kaiserlichen Mühen

Der byzantinische Geschichtsschreiber Prokopios, ein Zeitgenosse Justinians, schreibt:

Er hatte sozusagen kein Schlafbedürfnis und sättigte sich auch nie an Speise und Trank. Nur mit den Fingerspitzen und ganz nebenbei nahm er die Speisen und hatte dann schon genug. [...] Vielfach blieb er zwei Tage und zwei Nächte ohne Nahrung, [...]. Er schlief gelegentlich eine Stunde, den Rest der Nacht verbrachte er mit dauerndem Umhergehen [...]. Das dauernde Wachen, Mühen und Sichquälen nahm er einzig und allein zu dem Zwecke auf sich, täglich grässlichere Übel für die Untertanen auszuhecken. Er war, wie gesagt, außerordentlich scharfsinnig im Ersinnen und schnell im Ausführen ruchloser Taten, sodass bei ihm sogar die Vorzüge der Natur zum Schaden der Untertanen ausschlugen.

Walter Arend (Bearb.), Altertum. a.a.O., S. 831 (leicht vereinfacht)

1. *Wodurch wird der Kaiser hervorgehoben (M 1)? Welche Männer gehören zu seinem Gefolge? Versuche, die Gegenstände, die der Kaiser und die – vom Betrachter aus – rechts neben ihm stehenden Personen in ihren Händen halten, zu bestimmen. Welchem Zweck dienten sie wahrscheinlich? Was kennzeichnet den Soldaten auf der linken Bildseite als christlichen Krieger?*
2. *Vergleiche die Haltung des Kaisers auf M 1 mit der auf Abb. 2, Seite 71. Beachte dabei den Abschnitt „Wie sie herrschen“.*
3. *Stelle fest, ob Justinians Auffassung vom Herrscheramt (M 2) mit M 3 und dem Dominat (siehe dazu Seite 40) übereinstimmen.*

Das Reich der Franken wird wichtig

1 Der Frankenkönig Childerich.
Rekonstruktionszeichnung der Kleidung und Waffen nach Patrick Périn, um 1998. Childerich gehörte zu den angesehensten Persönlichkeiten im römischen Gallien. Er starb 482. Seine Ausrüstung stammte aus römischen Beständen. Die goldene Gewandfibel erhielt Childerich als hoher römischer Beamter. Der goldene Siegelring weist ihn als anerkannten König verbündeter Truppen aus. Übrigens: Bei den germanischen Völkern durften nur die Vornehmen lange Haare tragen. Sie galten als Ausdruck von Lebenskraft und Macht.

Fränkische Könige im römischen Gallien
Die Franken waren ursprünglich ein „Schwarm" mehrerer Völker. Sie hatten sich seit dem 3./4. Jh. vom Mittel- und Niederrhein nach Südwesten ausgebreitet. An ihrer Spitze standen Könige. Sie wollten selbstständig sein und verbanden sich mit ihren Gefolgschaften nur zu gemeinsamen Verteidigungs- oder Angriffsunternehmungen.
Das Wort *„franci"* bedeutete wohl ursprünglich „die Wilden" und „die Kühnen". Später bekam es die Bedeutung „die Freien". In Wirklichkeit lebten die frühen Franken im 4./5. Jh. entweder als unterworfene, von Rom abhängige Völker oder dienten den Römern als Verbündete im Kampf gegen andere Völker.
481/82 folgte *Chlodwig* im Alter von 16 Jahren seinem Vater *Childerich* auf den Thron. Beide stammten aus dem Königsgeschlecht der *Merowinger*. Chlodwig besiegte den letzten römischen Statthalter in Gallien (486) und unterwarf die Alamannen. Aus dem fränkischen Kleinkönigtum war ein großes Reich geworden.

Bündnis mit dem Papst
Chlodwig ließ sich und sein Gefolge Weihnachten 496, 498 oder auch erst 506 in Reims taufen. Weder das Datum noch die Umstände der Taufe sind verlässlich überliefert.
Mit seinem Bekenntnis zum Christentum beseitigte Chlodwig den Glaubensgegensatz zwischen den Franken und der unterworfenen christlichen Bevölkerung der ehemaligen römischen Provinz. Zugleich fand Chlodwig dadurch auch die volle Unterstützung des alten Adels, der christlichen Führungsschicht, bei der Verwaltung des eroberten Landes. So konnte er das römische Erbe in Gallien rasch antreten.
Da 476 das Weströmische Reich erloschen war, fand die christliche Kirche nun in dem fränkischen König und seinen Nachfolgern ihre neuen Schutzherren. Der Papst erklärte die Franken zu „Gottes eigenem Volk". Mit ihren weiteren Kriegszügen dehnten die Franken nicht nur ihre Macht aus, sondern verbreiteten auch den christlichen Glauben.

2 Fibel aus Xanten, Anfang des 7. Jh.
Die Fibel ist aus vergoldetem Silber und 3,4 cm lang. Der Reiter trägt eine Tunika und hat auf dem Kopf einen eisernen Helm mit Nasenschutz. Nebenbei: Fibeln wurden wie Sicherheitsnadeln zum Zusammenhalten der Kleidung benutzt.

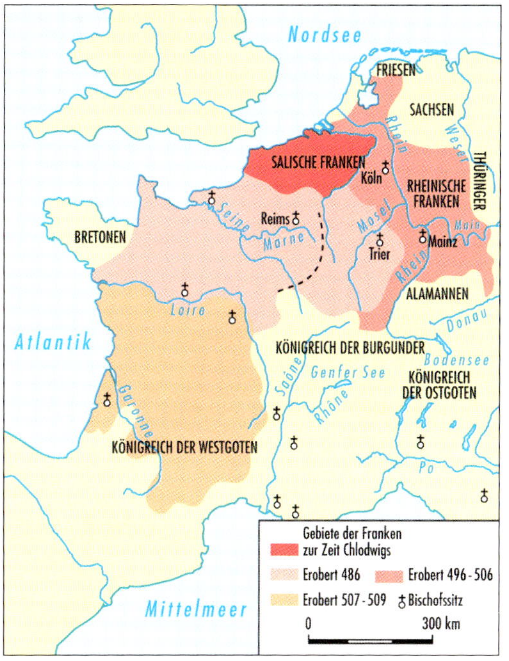

3 Die Eroberungen Chlodwigs I.

4 Thron des Merowingerkönigs Dagobert.
Der aus Bronze gegossene Klappstuhl stammt aus dem 6. Jh. Armlehnen und Rückenlehne wurden später ergänzt. Wahrscheinlich handelt es sich um den Amtssessel eines hohen römischen Beamten. Gefunden wurde er in der Abtei Saint Denis. Dort war er seit dem 12. Jh. als Thron des Merowingerkönigs Dagobert (629-639) aufbewahrt worden.

Wer soll König sein?
Gemäß dem fränkischen Erbrecht erhielten nach dem Tod des Königs alle seine Söhne einen Teil der Herrschaft. Chlodwig setzte sich mit Gewalt gegen seine Brüder über diesen Brauch hinweg. Nach seinem Tod zerfiel sein Reich wieder.
Die Schwäche der Merowinger nutzte ein anderes Geschlecht: die *Karolinger*. Seit dem Ende des 7. Jh. waren sie als **Hausmeier** (*Verwalter der Königsgüter*) die „ungekrönten Könige" der Franken. Um selbst zu Königen erhoben zu werden, fehlte den Karolingern das königliche Blut, an dessen heilbringende Kraft die Franken glaubten. Diesen Mangel machten sie wett, indem sie die Zustimmung des Papstes einholten, die Merowinger abzusetzen.
Im Jahre 751 ließ sich der Karolinger Pippin von den Mächtigen des Reiches „nach der Sitte der Franken" zum König wählen. Anschließend salbten die fränkischen Bischöfe ihn mit heiligem Öl. Das fehlende „Königsheil" war durch das „göttliche Heil" ersetzt worden.*
Als Gegenleistung für die päpstliche Unterstützung erklärte sich Pippin zum „Schutzherrn" der christlichen Kirche. Er besiegte die *Langobarden*, die dem Papst in Italien schwer zusetzten. 756 schenkte er dem „heiligen Petrus" Rom und das Gebiet um Ravenna. Diese **Pippin'sche Schenkung** wurde die Grundlage des späteren Kirchenstaates.

* *Bis ins 11. Jh. beanspruchten vor allem die Söhne eines Herrschers, bei der Thronfolge berücksichtigt zu werden. Sie beriefen sich dabei auf eine göttliche Kraft („Heil"), die ihnen von den Vorfahren vererbt worden ist.*

Eroberer und Missionar
Pippins Nachfolger wurde im Jahr 768 sein 20-jähriger Sohn *Karl*. Schon seine Zeitgenossen nannten ihn „den Großen". Karl setzte sich über die Erbansprüche seines Bruders und dessen Nachfahren hinweg und errichtete eine Alleinherrschaft in einem ungeteilten Reich. Mit seinem Heer zerstörte er das Königreich der Langobarden endgültig: 774 wurde Karl auch König der Langobarden. Vier Jahre später rückten seine Soldaten über die Pyrenäen nach Spanien ein, wo die *Araber* herrschten. Weitere Kriege folgten.**
Über 30 Jahre kämpften fränkische Heere gegen die *Sachsen*, um sie zu unterwerfen und zum christlichen Glauben zu bekehren. Dabei schreckten die Franken nicht vor Umsiedlungen und Zwangstaufen zurück. Karl der Große verkündete harte Gesetze: Männern und Frauen drohte die Todesstrafe, wenn sie während der Fastenzeit Fleisch aßen oder einen Toten nach den überlieferten Sitten verbrannten.
Aus der Überlieferung ragt aber ein Ereignis besonders heraus: Karl der Große – so wird berichtet – habe auf die Zerstörung neugegründeter Kirchen und die Ermordung einiger fränkischer Gefolgsleute im Herbst 782 mit einem blutigen Strafgericht reagiert. In Verden an der Aller sollen auf seinen Befehl hin 4 500 Soldaten hingerichtet worden sein.
Auch als der Sachsenherzog *Widukind* sich 785 geschlagen gab und taufen ließ, war der Krieg noch nicht vorbei. Bis 804 wehrten sich die Nordsachsen gegen die Eingliederung in das Frankenreich.

** *Zur Ausdehnumg seines Reiches siehe die Karte M 2, Seite 81.*

M 1 „Heil dem neuen Konstantin!"

Bischof Gregor von Tours (um 538-594) berichtet uns über Chlodwigs Regierungszeit und über dessen Taufe. Die folgende Nacherzählung geht auf sein Geschichtswerk zurück:

Das festlich geschmückte Gotteshaus war erfüllt vom gleichmäßigen Murmeln der Priester, die Bittpsalmen beteten, und dem Flüstern der Gefolgschaft des Königs. Weihrauchwolken und duftende Kerzen verbreiteten ihren Wohlgeruch.

Bischof Remigius richtete mit lauter Stimme das Wort an alle Anwesenden: „Wir preisen den Namen des allmächtigen Gottes! Wir loben ihn, da es ihm gefallen hat, unseren König Chlodwig zu erleuchten und aus der Dunkelheit des Unglaubens in das Licht des wahren Glaubens zu führen. O Herr, Du hast ihm Deine Allmacht geoffenbart. Im Augenblick der höchsten Bedrängnis hast Du ihn und sein Heer vor dem sicheren Untergang gerettet, als er zu Dir flehte und Dich um Hilfe bat ..."

Es war ganz still geworden, als die Taufhandlung begann. Und als dann der König in das Taufbecken trat, sagte Remigius leise aber bestimmt: „Beuge still deinen Nacken und verehre nun, was du bisher verachtet hast, und ächte jetzt, was du bisher verehrt hast!"

Königin Chrotechilde sah zu ihrem Gemahl hinüber. Mit unbewegter Miene ließ er die Worte des Bischofs, die Salbung mit Öl und das dreimalige Untertauchen im Taufbecken über sich ergehen. Ob Chlodwig sich die Worte Remigius' zu Herzen nehmen würde? Sie kannte ihn gut genug, um zu wissen, dass er nicht der Mann war, der ohne Vorteil etwas unternahm. Die Königin erinnerte sich nur allzu genau an ihre vielen vergeblichen Versuche, ihren Mann zum katholischen Glauben zu bekehren, und an seine oft schroffen Ablehnungen. Sie wusste auch, dass er sich erst zum Katholizismus hatte bekennen wollen, als sicher war, dass sein Gefolge diesen Schritt auch tun würde. Doch ihr Drängen hatte ja nun mit Gottes Hilfe endlich zum Erfolg geführt.

Die plötzlich lauter werdende Stimme des Bischofs riss die Königin aus ihren Gedanken. Er hatte seine Ansprache offensichtlich gerade beendet und schloss mit dem Ausruf „Heil dem neuen Konstantin!", in den die Priester und das Gefolge des Königs einstimmten.

Erzählt von Dieter Brückner nach: Wolfgang Lautemann (Bearb.), Mittelalter. Reich und Kirche, München [2]1978, S. 26-28

M 2 Die Taufe König Chlodwigs.

Buchdeckel aus Elfenbein, 10. Jh. In der Spätantike und im Mittelalter fanden Taufen oft in besonderen Kirchen mit großen Taufbecken statt. Die Taufe wurde in der Regel durch dreimaliges Untertauchen des Täuflings vollzogen. Erst seit dem 13. Jh. ging die Kirche in Westeuropa zur heutigen Form der Taufe über.

1. *Gregor von Tours lässt Remigius den König der Franken mit dem römischen Kaiser Konstantin I. vergleichen. Welche Absicht mag er dabei gehabt haben (M 1)?*
2. *Überlegt, warum das Geschichtswerk Gregors keine genaue Quelle für die Taufe Chlodwigs ist.*
3. *Führt ein Rollenspiel auf, in dem Chlodwig seinem Gefolge erklärt, weshalb es sinnvoll sei, sich taufen zu lassen.* LERNTIPP

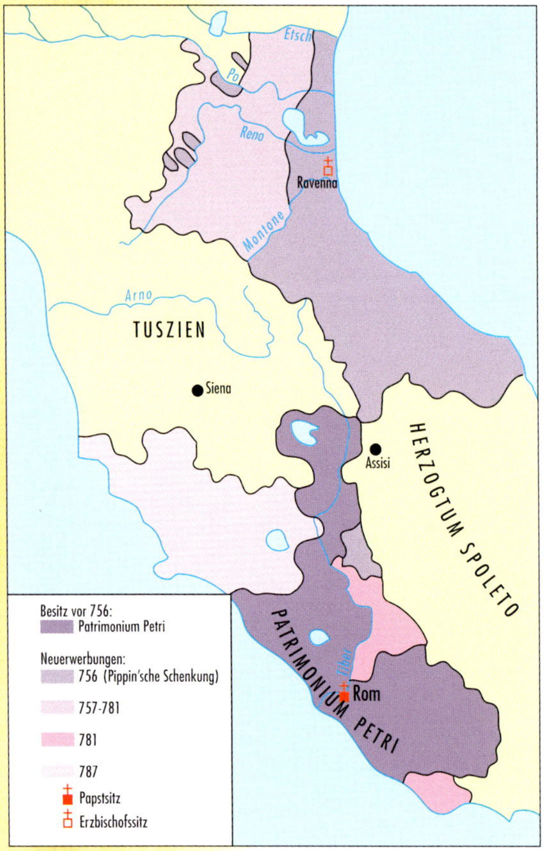

M 3 Der Kirchenstaat entsteht.

M 4 Pippin wird fränkischer König

In den sogenannten Fränkischen Reichsannalen, das sind Jahrbücher, die nach 788 am Königshof entstanden, steht für das Jahr 749:

Bischof Burkhard von Würzburg und der Kaplan* Folrad wurden zu Papst Zacharias gesandt, um wegen der Könige in Franken zu fragen, die damals keine Macht als Könige hatten, ob das gut sei oder nicht.
Und Papst Zacharias gab Pippin den Bescheid, es sei besser, den als König zu bezeichnen, der die Macht habe, als den, der ohne königliche Macht blieb. Um die Ordnung nicht zu stören, ließ er kraft seiner apostolischen Autorität** den Pippin zum König machen.

Für das Jahr 750 heißt es in der Quelle:

Pippin wurde nach der Sitte der Franken zum König gewählt und gesalbt und von der Hand des Erzbischofs und von den Franken zum König erhoben.

Wilfried Hartmann (Hrsg.), Deutsche Geschichte in Quellen und Darstellung, Bd. 1: Frühes und hohes Mittelalter 750 - 1250, Stuttgart 1995, S. 31 f. (vereinfacht)

* **Kaplan**: *katholischer Geistlicher; der Begriff leitet sich übrigens von „cappa" (dt. Kapuzenmantel) ab.*

** **apostolische Autorität**: *päpstliche Macht; der Papst verstand sich als Nachfolger des Apostel Petrus, einem der zwölf Jünger Jesu.*

M 5 Papst und König treffen sich

Eine zeitgenössische Quelle, die am Hof Karls entstand, schildert die Vereinbarung zwischen Papst Stephan und König Pippin vom Januar 754 so:

In demselben Jahre ertrug Papst Stephan den Druck der Langobarden und den Übermut des Königs Aistulf nicht mehr und kam, um persönlich die Hilfe des Königs Pippin anzurufen.
Als Pippin davon hörte, befahl er erfreut seinem erstgeborenen Sohn Karl, ihm entgegenzureisen und ihn ehrenvoll zu sich in die Pfalz von Ponthion* zu führen. Dort wurde der Papst vom König Pippin ehrenvoll empfangen. Viele Geschenke spendete er dem König und auch seinen Großen.
Am folgenden Tage warf er sich zusammen mit seinem Gefolge in Sack und Asche auf die Erde und beschwor den König Pippin bei der Gnade des allmächtigen Gottes und der Macht der seligen Apostel Petrus und Paulus, dass er ihn selbst und das römische Volk aus der Hand der Langobarden und der Knechtschaft des anmaßenden Königs Aistulf befreie. Und nicht eher wollte er sich von der Erde erheben, als bis ihm König Pippin mit seinen Söhnen und den Großen der Franken die Hand reichte und ihn selbst zum Zeichen des künftigen Bündnisses und der Befreiung von der Erde aufhob.

Wilfried Hartmann (Hrsg.), a. a. O., S. 35 (vereinfacht)

* **Ponthion** *liegt im Marnetal in Frankreich;* **Pfalz**: *Königssitz, siehe Abb. 3, Seite 80*

M 6 Dasselbe Ereignis – ein anderer Bericht

Ein im Auftrag der Kirche verfasstes zeitgenössisches Werk berichtet vom Januar 754:

Wie aber Pippin die Ankunft des heiligen Vaters vernahm, zog er ihm eilig entgegen mit seiner Gemahlin, seinen Kindern und den Großen des Reiches. [...]
Am 6. Januar, dem Tage des Erscheinungsfestes, betraten sie den Palast von Ponthion. Da bat nun Papst Stephan alsbald flehentlich den allerchristlichsten König, dass er sich den Schutz des Friedens und die Sache des heiligen Petrus angelegen sein lasse, und der König versprach dem heiligen Vater eidlich, allen seinen Befehlen und Wünschen mit ganzer Kraft nachzukommen und die Rückgabe des Verwaltungsgebietes von Ravenna und des übrigen Rom zugehörigen Gebietes zu erwirken.

Wilfried Hartmann (Hrsg.), a. a. O., S. 34 (vereinfacht)

1. *Historiker nannten die Abmachungen zwischen Pippin und der Kirche ein „Zweckbündnis". Erläutere welche „Zwecke" beide Seiten verfolgten (M 4 bis M 6).*
2. *Wodurch unterscheiden sich die beiden Berichte über dasselbe Ereignis (M 5 und M 6)?*
3. *Überlegt, warum Karl der Große die Ereignisse der Jahre 749/50 und 754 in „Geschichtsbücher" aufnehmen wollte.*

Mission und Macht

Neue Christen, neues Land

Gehet hin und verkündet allen Völkern das Wort Gottes – nach diesem Motto aus dem Neuen Testament zogen im 7. und 8. Jh. Mönche aus Irland und England als **Missionare** in das Reich der Franken. Denn die meisten Menschen jenseits der früheren Grenzen des Römischen Reiches verehrten noch immer heidnische Götter.
Die Mission fand im Auftrag des Papstes mit dem Einverständnis der Herrscher statt. Die Missionare tauften vor allem die Bewohner der von den Franken eroberten Gebiete, richteten Bistümer ein und gründeten Klöster. Damit halfen sie den fränkischen Königen, ihre Herrschaft in dem wachsenden Reich durchzusetzen und zu sichern.

Über den „Apostel der Deutschen"

Unter den zahlreichen Missionaren war auch der aus England stammende Mönch *Bonifatius* (um 672/675-754).
Noch unter dem Namen *Winfrid*, dessen beide Silben Freude und Friede bedeuten, begann der aus einer vornehmen Familie kommende Benediktiner, die germanischen Völker zu missionieren.
Den Namen Bonifatius (dt. *Wohltäter*) erhielt er wohl vom Papst, der ihn zum Erzbischof von Mainz ernannte.
Bonifatius missionierte, gründete zahlreiche Klöster und richtete viele Bistümer ein.
Im Jahre 754, damals war Bonifatius etwa 80 Jahre alt, zog er nochmals nach Friesland. Dort sollen Räuber ihn erschlagen haben. Sein Leichnam wurde in Fulda bestattet. Ab dem 12. Jh. nannte man ihn den „Apostel der Deutschen".

1 Aus dem Leben des Heiligen Bonifatius.
Buchmalerei aus einem Sakramentar, einem kostbaren Buch für Kirchenfeiern, das um 975 in Fulda entstand.
Beschreibe und erkläre die dargestellten Szenen.

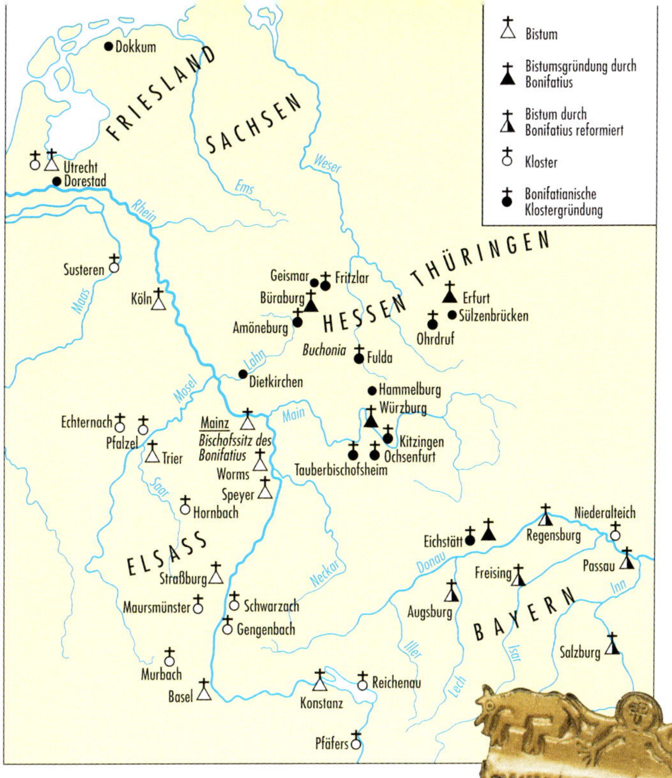

2 Wo Bonifatius wirkte.

3 Bursenreliquiar, um 650.
Diese Tasche für eine Reliquie ist 8,9 cm hoch, 8,6 cm breit und 5,6 cm tief. Sie besteht aus Lindenholz und ist mit vergoldetem Kupferblech verziert. Der kleine Ring auf der linken Seite zeigt an, dass die Burse ursprünglich einmal von Missionaren an einer Kette um den Hals getragen wurde. Sie gehörte zum Altar der Kirche von Ennabeuren und befindet sich heute im Diözesanmusem in Rottenburg am Neckar.*

***Reliquien** *sind Überreste von Christus oder den Heiligen, meist Knochen, Haare oder Kleidungsstücke. Sie galten als wundertätig und dienten der Abwehr schädlicher oder teuflischer Einwirkungen. Außerdem waren sie ein Zeichen für die Verbindung mit der Gemeinschaft der Heiligen. Sie wurden in Kirchen und Altären aufbewahrt, als Amulette getragen oder in „Bursen" auf Missionsreisen mitgenommen, um bei der Bekehrung der Ungläubigen zu helfen.*

M 1 Missionsauftrag

Am 15. Mai 719 erteilt Papst Gregor II. Bonifatius diesen Auftrag:

Es erfordert deinen Eifer und die uns vorliegende, aufrichtige und erprobte Kenntnis deines Glaubens, dass wir dich zum Mitdiener an der Verbreitung des Wortes Gottes erheben, um den gottlosen Völkern den Glauben zu bringen. Wir befehlen, dass du zu allen Völkern, die im Irrtum des Unglaubens befangen sind, dich schleunigst aufmachst und den Namen Christi überzeugend verbreitest.

Wolfgang Lautemann und Manfred Schlenke (Bearb.), Geschichte in Quellen, Bd. 2: Mittelalter, München [2]1978, S. 42 f. (gestrafft und vereinfacht)

M 2 Empfehlung des Papstes

Im Dezember 722 schreibt Papst Gregor II. an den fränkischen Herrscher Karl Martell:

Da wir erfahren haben, dass du bei vielen Gelegenheiten frommen Sinn bewiesen hast, so teilen wir mit, dass wir diesen unseren Bruder Bonifatius entsandt haben, um den Völkern von germanischem Stamme und in verschiedenen Gegenden östlich des Rheins zu predigen, die in heidnische Irrlehren verfallen sind oder bisher noch in der Finsternis der Unkenntnis stecken. Zu diesem Zwecke empfehlen wir ihn deinem höchst gnädigem Wohlwollen, auf dass du ihn immer unterstützen mögest, wenn es nötig ist, und ihn gegen alle Feinde schützest, denen du im Herrn ja überlegen bist. Und was du auch immer in heiligem Eifer hierfür aufwändest, das wirst du mit Gottes Hilfe zurückerhalten. Denn Gott hat seine heiligen Apostel zur Erleuchtung der Völker bestimmt, und er hat gesagt, dass ihn selber aufnehme, wer jene beherberge.

Nach: Wolfgang Lautemann und Manfred Schlenke (Bearb.), Geschichte in Quellen, Bd. 2: Mittelalter, a.a.O., S. 44 (gestrafft und vereinfacht)

M 4 Straßenschild aus Fulda.
Foto von 2002.

M 3 Über Bonifatius

In einer Lebensbeschreibung des Bonifatius aus dem späten 8. Jh. heißt es:

Viele Hessen, die dem katholischen Glauben ergeben waren, empfingen nun durch Bonifatius eine Stärkung ihres Glaubens. Andere aber, deren Geist noch nicht erstarkt war, wiesen den Glauben zurück. Einige opferten heimlich, andere offen an Bäumen und Quellen. Andere betrieben teils offen, teils geheim Seherei, Weissagungen, Zauberei und Beschwörungen. Wieder andere beobachteten Zeichen und Vogelflug und hatten mancherlei Opferbräuche. Andere schließlich, die vernünftiger waren, taten nichts dergleichen.
Auf deren Rat hin unternahm er es, im Beisein der Gottesknechte, bei Geismar eine Eiche von seltener Größe, die mit ihrem alten heidnischen Namen die Donar-Eiche* hieß, zu fällen. Als er nun entschlossen einige Axthiebe gegen den Baum geführt hatte, es stand aber eine große Heidenmenge dabei, die den Feind ihrer Götter heftig verfluchte –, da zerbarst die Eiche in vier Teile, und vier gewaltig große, gleich lange Stücke waren zu sehen, ohne dass die dabeistehenden Brüder mitgeholfen hatten.
Bei diesem Anblick priesen die Heiden, die zuvor geflucht hatten, den Herrn, ließen von ihrem früheren bösen Willen ab und glaubten.
Nun baute der hochheilige Bischof nach Beratung mit seinen Brüdern aus dem festen Holze dieses Baumes ein Bethaus und weihte es zu Ehren des heiligen Apostels Petrus.

Johannes Bühler, Das Frankenreich. Nach zeitgenössischen Quellen, Leipzig 1923, S. 416 f. (gestrafft und vereinfacht)

* **Donar**: *einer der wichtigsten altgermanischen Götter; ihm war die Eiche geweiht*

M 5 Bonifatius fällt die Donar-Eiche.
Glasfenster von Agnes Mann in der St.-Bonifatius-Kirche zu Hünfeld bei Fulda, um 1970.

Internettipps → *Über Leben und Werk, Wallfahrten und Bonifatiusfest findest du Informationen unter www.heiliger-bonifatius.de und www.bonifatius-route.de*

1. *Wie begründet der Papst den Missionsauftrag? Warum ist es ihm wichtig, dass Bonifatius unter dem besonderen Schutz Karl Martells steht (M 1 und M 2)?*
2. *Was erfährst du über den Glauben der Hessen, bevor sie zum Christentum bekehrt wurden (M 3)?*
3. *Aus dem Holz der Donar-Eiche ließ Bonifatius ein „Bethaus" errichten. Warum?*
4. *Zeichne die in M 3 beschriebene Szene – das Fällen der Donar-Eiche – im Stil von Abb. 1, Seite 77. Füge zu den Personen Sprechblasen ein, in die du ihre möglichen Gedanken und Worte einträgst.*

Wie regieren die Karolinger?

1 Reiterstatuette eines Herrschers.
*Die Bronzefigur ist 24 cm hoch, stammt aus dem 9. Jh. und soll an Karl den Großen erinnern, der von 747 bis 814 lebte und im Jahre 800 Kaiser wurde.**
Von Karl dem Großen wissen wir, dass er sich fünfmal auf den beschwerlichen Weg über die Alpen machte. Seine Familie feierte in 14 Jahren an zehn verschiedenen Orten Weihnachten.

*Über Karl den Großen erfährst du auf Seite 82 ff. mehr.

Was macht ein König?

Die wichtigsten Aufgaben des Herrschers waren, das Reich zu vergrößern, die Grenzen zu sichern und im Innern für Recht und Frieden zu sorgen.
Der König war Heerführer und Richter. Er übertrug Männern seines Vertrauens die Verwaltung seiner Güter und behielt sich das Recht vor, Pfalzen*, Burgen, Märkte und Zollstellen zu errichten und Münzen prägen zu lassen. Zusätzlich schützte der König im Auftrag des Papstes die Kirche und unterstützte die Verbreitung des christlichen Glaubens.

Immer im Sattel

Eine Hauptstadt oder einen ständigen Regierungssitz gab es im Deutschen Reich während des ganzen Mittelalters nicht. Es fehlte auch eine Verwaltung wie im Römischen Reich. Dazu kam, dass die Menschen damals fest daran glaubten, dass die Könige heilbringende Kräfte hätten, die nur durch ihre Anwesenheit wirksam werden konnten. Auch die unzureichende Übermittlung von Nachrichten machte es unmöglich, von einem Ort aus ein großes Reich zu regieren. Die Könige und Kaiser mussten von Ort zu Ort ziehen, um ihre Aufgaben zu erfüllen. Sie regierten „vom Sattel aus".

Mit Gefolge unterwegs

Der König und die Königin reisten nie allein, sondern mit einem Gefolge, das oft über 100 Personen zählte. Mehr als 25 bis 30 km waren am Tag kaum zu schaffen.
Meldete der Herrscher sich bei einem seiner Königssitze an, wurden aus den umliegenden Gütern des Königs Nahrungsmittel herangeschafft. In Gegenden, in denen er keinen Grundbesitz hatte, machte er bei Bischöfen oder in Klöstern Station.

Hoftage und Reichsversammlungen

Wenn Entscheidungen getroffen werden mussten, die das Reich betrafen, berief der König **Hoftage** oder **Reichsversammlungen** ein. Dann versammelten sich die wichtigsten Männer von nah und fern am Aufenthaltsort des Königs, um ihn zu beraten.
Hoftage nutzte der Herrscher nicht nur, um mit den Vornehmen des Reiches Maßnahmen zu erörtern und Recht zu sprechen, sondern auch, um mit ihnen hohe kirchliche Festtage zu feiern oder zu jagen.

2 Das Namenszeichen Karls des Großen.
Das Monogramm ist aus den Buchstaben des Namens zusammengefügt. Kannst du die Buchstaben KAROLUS erkennen? Welche Buchstaben stehen außen, welche innen? Übrigens: Im Mittelalter wurden die Königsurkunden nicht unterschrieben, sondern nur durch das eigenhändige „Vollziehungshäkchen" im Namenszeichen in Kraft gesetzt und durch möglichst viele Zeugen beglaubigt.

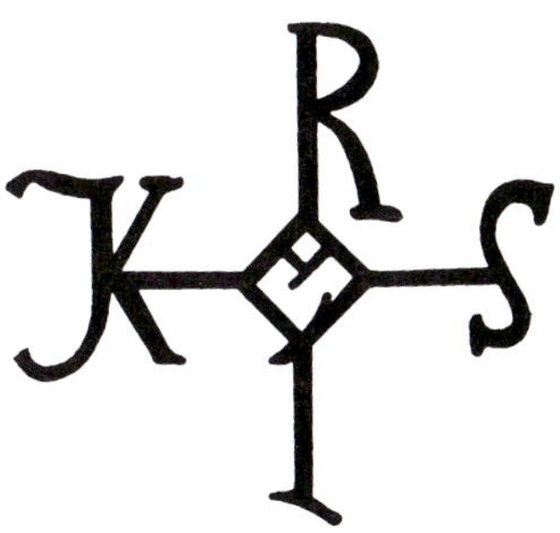

*** Pfalz**: *Königssitz; lies dazu die Erklärung in der Bildlegende von Abb. 3 auf Seite 80.*

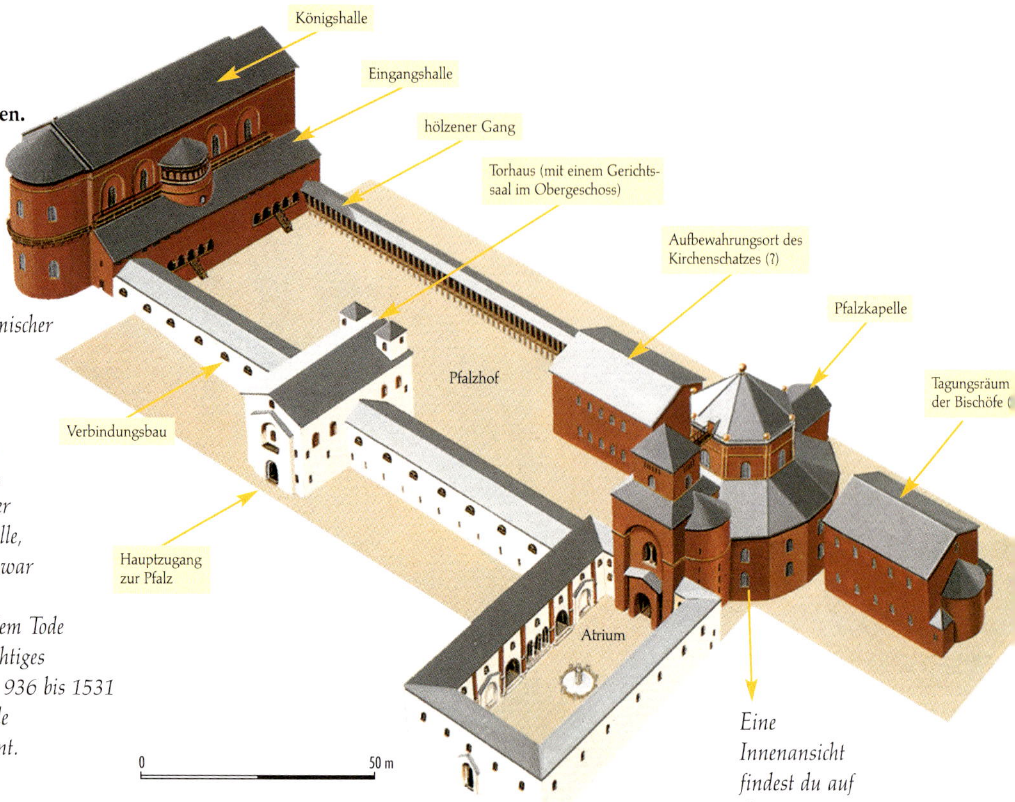

3 Die Hauptgebäude der Königspfalz in Aachen. *Modell.*
Karl der Große beschloss 794, sich in Aachen niederzulassen, das für seine Heilquellen bekannt war. Er baute eine bestehende Anlage aus römischer Zeit zur bedeutendsten Pfalz seines Reichs um. Der Begriff **Pfalz** *wurde vom Palastbezirk auf dem Palatin in Rom abgeleitet. Das geistliche Zentrum der Anlage war die Pfalzkapelle, der weltliche Mittelpunkt war die Königshalle. Aachen blieb auch nach dem Tode Karls des Großen ein wichtiges Zentrum des Reichs. Von 936 bis 1531 wurden in der Pfalzkapelle 30 deutsche Könige gekrönt.*

Eine Innenansicht findest du auf Seite 83.

CD-ROM-Tipp → *Eine Reise durch Räume, Zeit und Geschichte. Karl der Große. Der Aachener Dom/Domschatz, München: Deutscher Kunstverlag*

Kein König regiert allein
Im Gefolge des Königs gab es einige Männer, die seine Reisen organisierten und sich um die Verwaltung des königlichen Grundbesitzes kümmerten. Die wichtigsten vier **Hofämter** waren: der *Marschall* (für die Ausrüstung des Heeres), der *Kämmerer* (für die Kasse), der *Mundschenk* (für die Getränke) und der *Truchsess* (für die königliche Tafel).
Besonders wichtig für die geistliche Betreuung des Herrschers und die Verwaltung des Reiches war die **Hofkapelle**. Die Mitglieder waren schriftkundige Geistliche. Sie hatten unter Aufsicht eines *Kanzlers* Urkunden auszustellen. Zugleich waren sie wichtige Berater des Herrschers.
Der König durfte jeden Rechtsfall entscheiden, konnte aber nicht überall persönlich für Recht und Ordnung sorgen. Deshalb ließ er sich durch den *Pfalzgrafen* oder andere *Grafen* vertreten. Diese Ämter vertraute er mächtigen Adligen an. Zur Zeit Karls des Großen gab es etwa 300 Grafen. Sie sprachen Recht, verfolgten Straftäter, zogen Abgaben für den König ein und führten die beschlossenen Maßnahmen durch. Die Kontrolle über die Grafen übten lange Zeit *Königsboten* aus.
Für die Grenzgebiete wurden *Markgrafen* ernannt. Sie waren für die Sicherheit des Reiches verantwortlich.

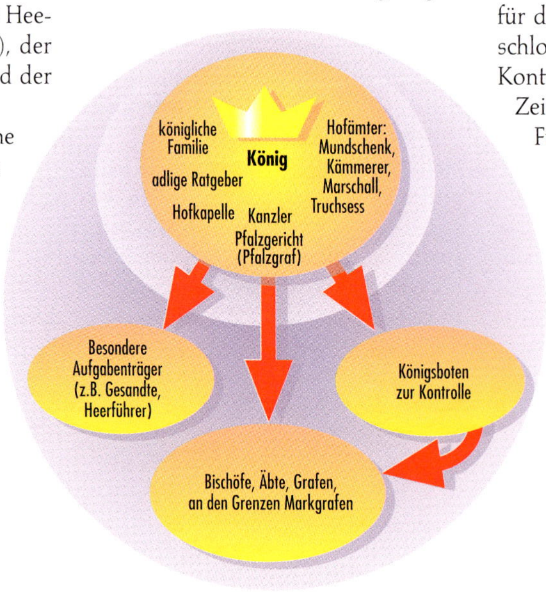

4 Wie der König sein Reich verwaltete.
Erkläre anhand des Schaubildes, wie der König sein Reich regierte.

M 1 Wo war Karl der Große?

Schriftliche Quellen nennen uns allein für 775 und 776 folgende Aufenthaltsorte:

775

Januar: Reichstag in Quierzy
26. März: Karl feiert das Osterfest in Quierzy
nach dem 20. April: Aufbruch nach Diedenhofen; spätestens ab 3. Mai in Diedenhofen
24. Mai bis 26. Juni: Aufenthalt in Quierzy
28. Juli bis 3. August: Aufenthalt in Düren
nach dem 3. August: Sachsenfeldzug
Stationen: Hohensyburg – Eresburg – Brunsberg (Niederlage der Sachsen, die Karl am Überschreiten der Weser hindern wollten) – Aufenthalt im Raum Minden/Lübbecke (Sieg über die Westfalen)
spätestens ab 25. Oktober: Aufenhalt in Düren
November: Aufenthalt in Diedenhofen
spätestens ab Anfang Dezember: Aufenthalt in Schlettstadt, wo Karl das Weihnachtsfest feiert und von einem Aufstand in Italien erfährt; er beschließt, nach Italien zu ziehen

776

April: Aufenthalt in Treviso
spätestens ab 9. Juni: Aufenthalt in Vicenza
ab 17. Juni: Aufenthalt in Ivrea
Juli: Reichsversammlung in Worms (von dort aus Sachsenfeldzug, da die Sachsen die Eresburg zerstört haben; Niederwerfung der Sachsen und Wiederaufbau der Eresburg)
Weihnachten: Aufenthalt in Herstal

Nach: Elmar Wagener, Ein Reisender in Sachen Politik, in: Praxis Geschichte 2/88, S. 33

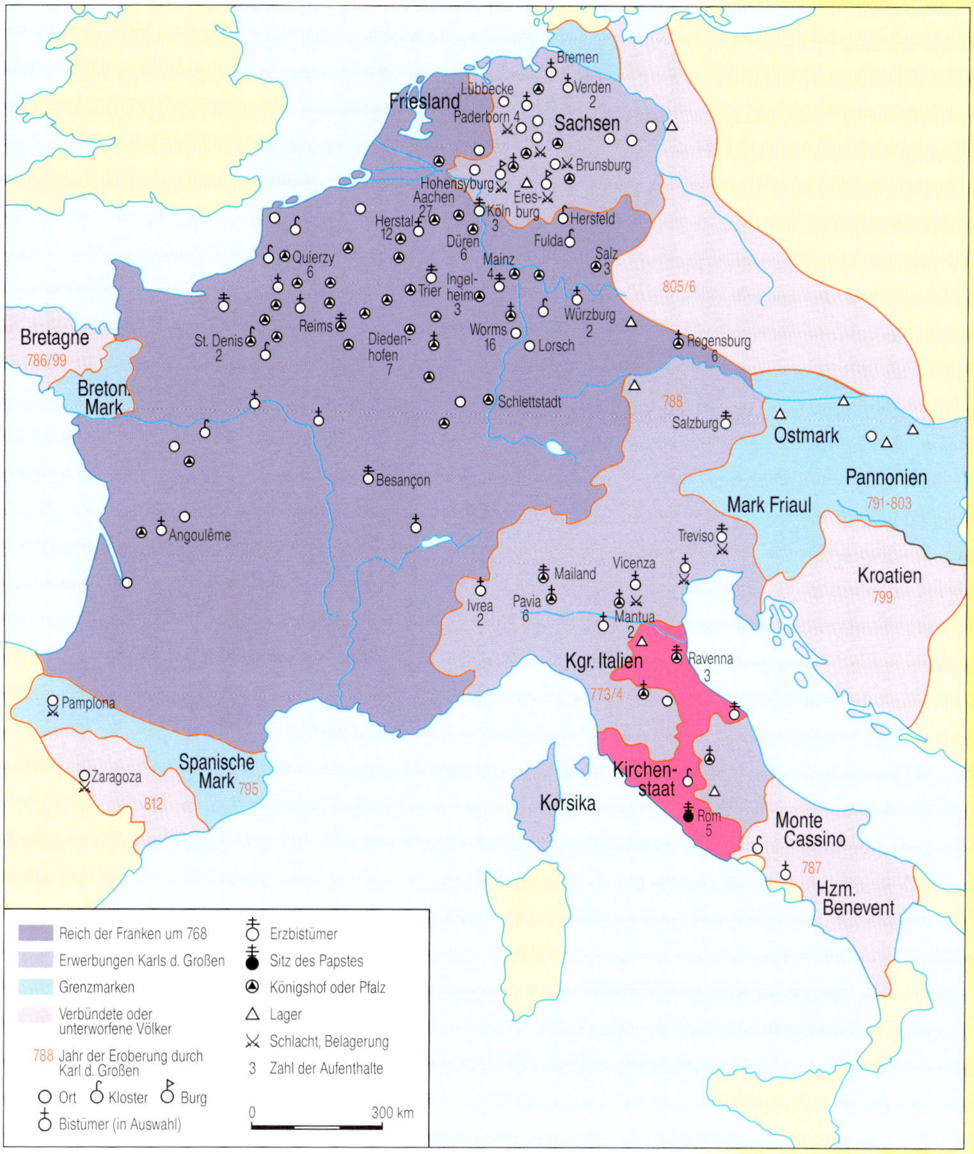

M 2 Karls Reich und seine wichtigsten Aufenthaltsorte.

M 3 Was verbrauchte der königliche Hof täglich?

Die Mengen wurden geschätzt.

	*Fleisch**	*Getreide*	*Wein/Bier*
je Person und Tag	2 kg	2 kg	3 l

**vor allem Schweine und Schafe; man geht davon aus, dass diese Tiere damals nur 10 kg verzehrbares Fleisch hergaben*

Nach: Gustav A. Süß, Versorgung und Wirtschaften auf der Pfalz, in: Praxis Geschichte 2/1988, S. 20

1. *Kopiere die Karte (M 2) und zeichne die in M 1 angegebenen Reisewege als Luftlinien ein. Berechne, wie viele Kilometer Karl der Große in den beiden Jahren ungefähr reiste.*
2. *Bestimme mithilfe der Karte M 2 die geografischen Schwerpunkte von Karls Herrschaft.*
3. *Errechne, wie viele Nahrungsmittel (Fleisch, Getreide und Wein/Bier) der königliche Hof bei 100 Personen in zehn Tagen verbrauchte (M 3).*

Karl der Große: König, Kaiser und Erbe Roms

1 „Königshalle" der karolingischen Reichsabtei Lorsch.
Foto, um 1980.
Das Bauwerk entstand um 800. Die drei Torbögen greifen auf antike Vorbilder zurück (vergleiche mit Abb. 4, Seite 61). Historiker nehmen daher an, dass sie den Gedanken der Erneuerung des Römischen Reiches (lat. renovatio imperii) ausdrücken. Wahrscheinlich diente das sorgfältig ausgemalte Obergeschoss als Königshalle, in der der Herrscher Besuch empfangen, Urkunden ausgestellt und Urteile verkündet hat.

Das weströmische Kaisertum kehrt zurück

Das Herrschaftsgebiet der Franken war durch die Eroberungen Karls des Großen zum größten Reich Westeuropas geworden. Im Osten war der byzantinische Kaiser nach wie vor der mächtigste Herrscher. Karl der Große wollte nicht hinter ihm zurückstehen. Zugleich suchte der Papst einen Verbündeten, der ihn vor dem einflussreichen Adel der Stadt Rom schützen konnte. Weihnachten 800 krönte der Papst Karl den Großen zum Kaiser. Der römische Stadtadel bestätigte die Krönung und damit die Erneuerung des weströmischen Kaisertums. Karl führte danach einen komplizierten Titel: *Karl, der allergnädigste, erhabene, von Gott gekrönte, große und friedebringende Kaiser, der das Römische Reich regiert und der auch durch das Erbarmen Gottes König der Franken und Langobarden ist.* Der byzantinische Kaiser erkannte Karl den Großen erst nach langen Verhandlungen im Jahre 812 als (zweiten) Kaiser an. Sein Amt sollte nur für den Westen gelten, das sogenannte **Abendland** (lat. *occidens*: die Länder im Westen).

Die antike Kultur lebt wieder auf

Karl der Große holte an seinen Hof Gelehrte aus allen Teilen seines Reiches. Zu ihnen gehörten auch Iren, Angelsachsen, Langobarden und Westgoten. Erst allmählich kamen Franken dazu, allen voran Einhard (gest. 840). Diese Männer machten das antike Wissen zum Maßstab ihrer Werke und der Bildung. Sie beeinflussten die Gründung von Kloster- und Domschulen, an denen die lateinische Sprache gepflegt wurde. Mit ihrer Hilfe konnte die bestehende Sprachenvielfalt im Reich überwunden werden. So ließen sich der christliche Glauben und eine einheitliche Rechtsprechung verbreiten.
Unter Karl dem Großen richteten sich die Baumeister bei der Errichtung von Kirchen und Herrschersitzen nach römischen Vorbildern, ohne sich davon aber vollständig beeinflussen zu lassen. Für seine Kapelle in Aachen ließ Karl Säulen, Mosaike und Bildwerke aus Italien herbeischaffen.
Diese erste Wiederbelebung (lat.-franz.: *renaissance*) der Antike wurde später **Karolingische Renaissance** genannt.

Erhalten und sammeln

Karl bemühte sich auch um die Erhaltung der germanischen Dichtung. Er ließ die Heldenlieder und Sagen der Völkerwanderungszeit sammeln und regte eine germanische Grammatik an.

2 Klosterkirche in Corvey an der Weser.
Foto von 2002.
Karl der Große gab die Anregung, in Sachsen ein großes Kloster zu gründen. Es sollte die Christianisierung des Landes vollenden. Sein Sohn Ludwig der Fromme gründete dann 822 das Männerkloster Corvey. Das hier abgebildete Westwerk wurde 885 eingeweiht und gibt uns einen Eindruck karolingischer Baukunst. Dieser Teil der Kirche diente sowohl als Hofkapelle, Königssitz und Gerichtsstätte.

M 1 Die Krönung

In einem zeitgenössischen Jahrbuch, den Lorscher Annalen, wird berichtet:

Und weil schon damals das Kaisertum bei den Griechen nicht mehr bestand und sie eine weibliche Herrschaft hatten*, erschien es dem Apostelnachfolger Leo** selbst und allen heiligen Vätern [...] und dem übrigen christlichen Volk, dass sie Karl, den König der Franken, zum Kaiser erheben müssten. Denn er hielt Rom in Besitz, wo immer Kaiser zu herrschen pflegten, und er hatte auch die übrigen Städte in Italien, Gallien und Germanien inne, weil der allmächtige Gott ihm alle diese Sitze in seine Macht gegeben hatte. Daher erschien es ihnen gerecht, dass er mit Gottes Hilfe und auf Bitten des gesamten Christenvolkes diesen Titel erhielt. Ihre Bitte konnte König Karl nicht abschlagen, sondern er unterwarf sich mit aller Demut Gott und nahm auf Bitten der Bischöfe und des gesamten Christenvolkes am Fest der Geburt unseres Herrn Jesu Christi den Kaisertitel mit der Segnung durch den Herrn Papst Leo an.

Wilfried Hartmann (Hrsg.), Deutsche Geschichte in Quellen und Darstellung, Bd. 1, Stuttgart 1995, S. 56

* *In Byzanz regierte bis 802 die Kaiserin Eirene (um 752-803).*

** **Leo III.**: *Papst von 795 bis 816*

M 2 Karl der Große wird zum Kaiser erhoben.

Gothaer Weltchronik, um 1270.

M 3 Wie Karl Kaiser wurde

Einhard, der Sohn einer vornehmen ostfränkischen Familie aus der Maingegend, kam 790 als Lehrer an den Hof Karls des Großen.
Er wurde zum Vertrauten des Kaisers. In seiner Lebensbeschreibung des Herrschers schreibt er:

Karls letzte Reise nach Rom hatte mehrere Gründe. Die Römer hatten Papst Leo schwer misshandelt, ihm die Augen ausgestochen und die Zunge ausgerissen, sodass er sich gezwungen sah, den König um Schutz zu bitten. Daher begab sich Karl nach Rom, um die verworrenen Zustände der Kirche zu ordnen. Das dauerte den ganzen Winter. Bei dieser Gelegenheit erhielt er den Kaiser- und Augustus-Titel, der ihm anfangs so zuwider war, dass er erklärte, er würde die Kirche selbst an jenem hohen Feiertag nicht freiwillig betreten haben, wenn er die Absicht des Papstes geahnt hätte. Die Eifersucht der oströmischen Kaiser, die ihm die Annahme der Titel schwer verübelten, ertrug er dann allerdings mit erstaunlicher Gelassenheit. Er überwand ihren Widerstand durch seinen Großmut – denn in dieser Beziehung stand er weit über ihnen – und indem er ihnen zahlreiche Botschaften sandte und sie in den Briefen immer als Brüder anredete.

Einhard, Das Leben Karls des Großen, übers. v. Evelyn Firchow, Stuttgart 1968, S. 59 (vereinfacht)

M 4 Innenansicht der Aachener Pfalzkapelle.

Foto, von 1999.
Der achteckige Bau wurde 798 vollendet. Auf der Empore des Umgangs ist, zwischen antiken Marmorsäulen und hinter einem Bronzegitter, der Thron Karl des Großen zu erkennen. Er steht direkt gegenüber dem Hauptaltar.
Vorbild für die Kapelle, in der Karl der Große auch begraben wurde, war die Kirche San Vitale in Ravenna (Italien).

1. *Vergleiche die Vorgeschichte der Krönung Karls des Großen (M 1 und M 3) mit der Pippins (M 4 und M 5, Seite 76).*
2. *Einhard schreibt, dass Karl die Verleihung des Kaisertitels „zuwider" gewesen sei (M 2). Was hat er damit andeuten wollen?*
3. *Der Bericht (M 3) gibt das Ereignis nicht ohne Wertung wieder. Erläutere diese Behauptung.*

Der Islam – eine neue Macht und Religion

1 Geburt des Propheten Mohammed.
Persische Miniatur, 15. Jh.
Da der Islam die Darstellung heiliger Personen verbietet, ist das Gesicht des Propheten „leer".
Die gekrönten Häupter auf dem Bild erinnern an ein christliches Fest. Kennst du es?

Mohammed – der Prophet

Um 570 wurde *Mohammed* in Mekka, einem bedeutenden arabischen Handelsplatz, geboren. Er stammte aus einer angesehenen Familie und verlor früh seine Eltern. Auf Karawanenreisen lernte er den jüdischen und christlichen Glauben kennen.

Mit etwa 40 Jahren hatte er – so die Überlieferung – eine göttliche Vision (*Eingebung*): *Allah* befahl ihm, als sein Prophet den Arabern die Lehre vom einzigen Gott mitzuteilen. Die Menschen sollten die Vielgötterei aufgeben und – ähnlich wie die Juden und Christen – nur noch an einen Gott glauben. Mohammed verkündete diese Botschaft. Er wurde damit zum Begründer der Religion des Islam. Das Wort meint die völlige Hingabe an den Willen Gottes. Nur derjenige, der diese Hingabe zeigt, sollte in Zukunft als **Muslim** gelten.

Mohammeds erstes Auftreten als Prediger war nicht erfolgreich. Er erntete bei den Kaufleuten in Mekka nur Spott. Deshalb verließ Mohammed im September 622 heimlich die Stadt und zog mit einer kleinen Schar seiner Anhänger nach Medina. Mit dieser Auswanderung (arab. *Hedschra*) beginnt die islamische Zeitrechnung. In Medina vergrößerte sich die Zahl der Anhänger Mohammeds. Mit Überzeugung und Waffengewalt gewann er die sich bekämpfenden Stämme und schließlich auch Mekka für seine Lehre.

Mohammed – der Staatsmann

Als Herrscher von Medina und Eroberer von Mekka war der Prophet auch Staatsmann. Mohammeds politisches Ziel war es, die arabischen Völker zu vereinen. Der gemeinsame Glaube sollte dazu beitragen. Mohammed erließ auf der Grundlage göttlicher Offenbarungen nach und nach verbindliche Regeln, die Religion, Recht und alle anderen Bereiche des Zusammenlebens gleichermaßen bestimmten. Sie sind im Koran (dt. *Wiedergabe*) überliefert.

Die Religion des Islam

Im Islam ist Allah der einzige Gott und der Schöpfer der Welt und der Menschen. Er begleitet das Leben der Menschen und lenkt es. Er ist aber auch ihr Richter und verlangt nach ihrem Tod Rechenschaft über ihre Taten. Die Frommen kommen in die herrlichen Gärten des Paradieses, die Sünder werden in die Hölle verdammt. Der Mensch steht unmittelbar vor Gott. Priester – wie in der christlichen Kirche – gibt es nicht, aber Prediger und Schriftgelehrte. Seinen Gehorsam gegenüber Allah beweist der Muslim durch die Erfüllung der Gebote, die ihm der Koran auferlegt.

Von Arabien bis Europa

Als Mohammed 632 starb, stand Arabien unter seiner Herrschaft und bekannte sich zum Islam. Die unmittelbaren Nachfolger Mohammeds, die sogenannten **Kalifen**, setzten das Werk des Religionsstifters fort und vergrößerten das Reich. Sie stützten sich dabei auf einige Verse des Korans. Diese machen es jedem Muslim – nicht dem Staat – zur Pflicht, sich für die Sache Gottes einzusetzen (arab. *Dschihad*). Aber nicht der religiöse Eifer war ausschlaggebend für die Eroberungszüge, sondern die Aussicht auf reiche Beute und der Wunsch, den arabischen Einfluss auszudehnen.

2 **Betsaal der Moschee von Cordoba.** *Foto, um 1990.*
756 wurde das **Emirat** *(Fürstentum) von Cordoba gegründet. 785 wurde an der Stelle einer christlichen Basilika eine Moschee* gebaut. Sie wurde nach und nach vergrößert, dabei ergab sich im Laufe der Jahrhunderte ein „Wald mit Säulen".*

* **Moschee:** *siehe M 3, Seite 86.*

3 **Die Mittelmeerwelt um 750.**

Im Osten erreichten die muslimischen Heere Nordindien und Zentralasien. Im Westen setzte nach der Eroberung Nordafrikas der Feldherr *Tarik* über Gibraltar nach Spanien über und vernichtete das Westgotenreich. Arabische Heere drangen danach bis ins Reich der Franken vor. Bei **Tours und Poitiers** wurden sie im Jahre 732 von fränkischen Truppen besiegt. Daraufhin zogen sich die Araber nach Spanien zurück. In Cordoba errichteten sie in den folgenden Jahrhunderten das bedeutendste Kulturzentrum des westlichen Islam. Seine Bauwerke, sein Kunsthandwerk und seine Stätten der Wissenschaft und Gelehrsamkeit erlangten Weltruf.
Die Muslime versuchten, Byzanz einzunehmen. Zweimal belagerten sie Konstantinopel, aber jedes Mal mussten sie aufgeben, da das Oströmische Reich über die besseren Waffen verfügte.
Ziel der Kriege war nicht die Zwangsbekehrung der unterworfenen Bevölkerung zum Islam. In den eroberten Gebieten durften Juden und Christen ihren Glauben behalten. Für die gewährte Toleranz mussten sie aber besondere Abgaben entrichten.

Spaltung des Islam

Der Tod Mohammeds und die Ausweitung des Islam brachten Schwierigkeiten mit sich: Einerseits stritt man sich um die Nachfolge des Propheten, der keine verbindliche Regelung für seine Nachfolger hinterlassen hatte, und andererseits um die richtige Glaubenslehre. Die **Schiiten** (von arab. *Schia*: Partei) erkannten nur die Nachkommen des 661 ermordeten vierten Kalifen *Ali* (Vetter und Schwiegersohn Mohammeds) als rechtmäßigen Nachfolger des Propheten an. Sie verwarfen damit den Herrschaftsanspruch der *Sunniten*, die inzwischen die Mehrheit der Muslime darstellten. Die Sunniten machten neben dem Koran die **Sunna** (dt. *überlieferte Handlungsweise*), eine im 8. Jh. aufgezeichnete Sammlung aller von Mohammed überlieferten Aussprüche, Entscheidungen und Verhaltensweisen, zur Richtschnur des persönlichen, gesellschaftlichen und staatlichen Handelns. Nicht die direkte Nachfolge Mohammeds war für sie wichtig, sondern die richtige Lehre.
Die Auseinandersetzungen waren mit Machtkämpfen verbunden. Sie führten dazu, dass im 8. Jh. verschiedene muslimische Herrschaften entstanden.

Die Antike geht zu Ende

Die Ausbreitung des Islam in Nordafrika und Spanien, die besondere Entwicklung Byzanz' im ehemaligen Oströmischen Reich und die Gründung des Frankenreiches auf dem Gebiet des zerfallenen Weströmischen Reiches führten zu einer **Dreiteilung** der einmal allein von den Römern beherrschten **Mittelmeerwelt**. Damit vollzog sich auch der Übergang von der Antike zum Mittelalter.

1. *Um 750 spricht man von einer ‚Dreiteilung' der Mittelmeerwelt. Erkläre.*
2. *Bestimme die Besonderheiten der arabischen Herrschaft in Spanien.*

M 3 Hof der Großen Moschee in Mekka mit der Kaaba.
Foto, um 1980.
Für die Araber war die **Kaaba** *(dt. Würfel) schon vor dem Islam eine heilige Stätte verschiedener Götter gewesen. Mohammed „reinigte" die Kaaba und machte sie zum Hauptheiligtum der Muslime. Noch heute betet jeder Muslim in Richtung der Kaaba nach Mekka.*
Die **Moschee** *(dt. „Ort, an dem man sich niederwirft") ist Gebets- und Versammlungsort der islamischen Gläubigen. Dort finden Gemeindeversammlungen statt, und es wird dort Religionsunterricht erteilt. Darüber hinaus war – und ist zum Teil noch heute – die Moschee der wichtigste Ort der politischen Information und Meinungsbildung. Vom Turm der Moschee (arab. Minarett) ruft fünfmal am Tag der Muezzin (dt. Künder, Ausrufer) zum Gebet.*

M 1 „Lob sei Gott, dem Herren der Welten"
Der Koran enthält die göttlichen Offenbarungen an Mohammed, aufgeteilt in 114 Suren (Kapitel). Da der Koran nach dem Glauben der Muslime das ungeschaffene Wort Gottes darstellt, ist eine Übersetzung aus dem Arabischen eigentlich nicht möglich, denn jede Übertragung kann nur ein fehlerhafter (menschlicher) Versuch bleiben, die göttliche Sprache nachzuahmen. Ein gläubiger Muslim ist daher angehalten, den Koran nur in Arabisch zu lesen, ganz gleich, welche Muttersprache er spricht.
Die erste Sure des Korans gilt als die bedeutendste. Sie ist nicht nur eine Einleitung, sondern auch gleichzeitig das wichtigste Gebet der Muslime.

Lob sei Gott, dem Herren der Welten,
Dem Barmherzigen, dem Erbarmer,
Dem König des Gerichtstages.
Dich beten wir an, und zu Dir flehen wir um Hilfe,
Führe uns den geraden Weg,
Den Weg derer, denen Du gnädig bist,
Nicht derer, denen Du zürnst, und nicht der Irrenden.

Annemarie Schimmel, Der Islam. Eine Einführung, Stuttgart 1990, S. 29

M 2 Die fünf Säulen des Islam
Der Koran schreibt jedem Muslim folgende fünf Pflichten vor:

- Das Glaubensbekenntnis: „Ich bezeuge, dass es keine Gottheit außer Gott gibt und dass Mohammed der Gesandte Gottes ist."
- Die Pflichtgebete: Die täglichen Gebetszeiten sind die Stunde vor Sonnenaufgang, der Mittag, Nachmittag, nach Sonnenuntergang und bei Einbruch der Nacht.
- Das Almosengeben: eine genau geregelte Steuer, deren Erträge zu verwenden sind für Arme, Bedürftige, die steuereinziehenden Beamten und anderes mehr.
- Das Fasten: Während des ganzen Ramadan (der 9. Monat des islamischen Kalenders) darf von Morgengrauen bis Sonnenuntergang nicht gegessen, getrunken, geraucht, kein Wohlgeruch genossen und kein Geschlechtsverkehr gepflegt werden. Ausnahmen für Reisende, Schwangere, Kranke sind möglich.
- Eine Pilgerfahrt nach Mekka.

M 4 „O Belebender!"
Einer der 99 schönsten Namen Allahs.

1. *Vergleicht die erste Sure des Korans (M 1) mit dem christlichen Glaubensbekenntnis.*
2. *Welche Schwierigkeiten haben Muslime bei uns, ihre religiösen Pflichten zu erfüllen (M 2)?*

PROJEKT

Jerusalem: „Heilige Stadt" der Juden, Christen und Muslime

M 1 Der Tempelberg in Jeruslem.
Foto, um 2000.
Schon im 4. Jt. v. Chr. war das Gebiet um Jerusalem besiedelt. Um 1000 v. Chr. eroberte David die Stadt und erklärte sie zur Hauptstadt seines Reiches. Laut Bibel ließ König Salomon dort einen Jahwe-Tempel bauen. Nach seiner Zerstörung durch die Babylonier wurde im 6. Jh. v. Chr. der Tempel wieder aufgebaut. Beide Gebäude sind archäologisch bisher nicht nachgewiesen. König Herodes (37-4 v. Chr.) veranlasste den Bau des zweiten Jahwe-Tempels. Die auf dem Foto zu sehende Umfassungsmauer stammt teilweise aus dieser Zeit. Dieser Tempel wurde 70 n. Chr. von den Römern zerstört und durfte nicht wieder aufgebaut werden. Auf dem Trümmerfeld entstand im 2. Jh. eine römische Stadt. Juden durften sie nicht betreten.
Seit dem 4. Jh. pilgerten Christen zu den Stätten des Lebens und Sterbens Jesu in Jerusalem. Im 7. Jh. eroberten Muslime die Stadt und errichteten den Felsendom. Er ist der älteste erhaltene muslimische Sakralbau. Die Muslime erlaubten den Juden, sich wieder in der Stadt niederzulassen.*
Heute ist Jerusalem die Hauptstadt Israels und einer der wichtigsten Wallfahrtsorte der Erde.

***Sakralbau**: *ein religiösen Zwecken dienendes Bauwerk*

M 2 „Eine Stadt – drei Städte"
Heike Nelsen-Minkenberg schreibt über Jerusalem in einem Ausstellungsführer:

Eine Stadt – drei Städte, so präsentiert sich der allen drei monotheistischen Weltreligionen heilige Ort dem Betrachter. Einige Stätten, wie der Felsendom, sind allen drei Religionen heilig, birgt er doch den Stein, auf dem Abraham seinen Sohn Isaak nicht opfern musste. Dadurch, dass Mohammed von eben diesem Stein seine Himmelsreise angetreten haben soll, wird er den Muslimen ebenso heilig wie der benachbarte Ort des zerstörten Tempels den Juden. [...] An keinem anderen Ort begegnen Judentum, Christentum und Islam sich auf so gedrängtem Raum, kein anderer Ort ist konfliktträchtiger, aber auch geeigneter, zwischen allen Unterschieden eine gemeinsame Zukunft zu entwickeln.

Ex oriente. Isaak und der weiße Elefant. Bagdad – Jerusalem – Aachen. Eine Reise durch drei Kulturen um 800 und heute, hrsg. von Wolfgang Dreßen u.a., Mainz 2003, Seite 207 (leicht vereinfacht)

Internettipp → *Über das Jerusalem der Juden, Christen und Muslime: www.ex-oriente-lux.de/jerusalem6.htm*
Zu den drei Weltreligionen: www.kindernetz.de/thema/religionen/a-z/judentum.html

M 3 Die „Klagemauer" in Jerusalem.
Foto, um 1990.
Die „Klagemauer", die von den Juden „Westmauer" genannt wird, ist der einzige Überrest des 70 n. Chr. von den Römern zerstörten Tempels. Sie ist Ort der Klage und Stätte des Gebets.

1. *Lege eine Zeittafel zur Geschichte Jerusalems von den Anfängen bis zum 8. Jh. n. Chr. an.*
2. *Informiere dich über die Gründe, die heute das Zusammenleben der Juden, Muslime und Christen in Jerusalem belasten.*

Was war wichtig?

Daten

395	*Aufgliederung des Römischen Reiches in einen östlichen und einen westlichen Herrschaftsbereich.*
476	*Ende des Weströmischen Reiches.*
622	*Flucht des Propheten Mohammed von Mekka nach Medina.*
800	*Karl der Große wird vom Papst in Rom zum Kaiser gekrönt.*

1 Karl der Große.
Vorderseite einer Silbermünze, die wahrscheinlich nach 800 in Mainz geprägt wurde. Die Umschrift lautet KAROLUS IMP [erator] AVG[ustus]. Der Buchstabe M unter dem Kopf weist auf die Münzstätte hin: Moguntia [Mainz].

Begriffe

Byzanz: Bezeichnung für die östliche, griechisch-orientalisch geprägte Hälfte des Römischen Reiches (*Oströmisches Reich*).

Islam: von Mohammed Anfang des 7. Jh. gegründete monotheistische Religion. Das arabische Wort Islam bedeutet die völlige Hingabe der Gläubigen an ihren Gott Allah. Nur wer dies tut, gilt als Muslim.

Koran: das heilige Buch der Muslime, das Mohammeds Lehren enthält; es gilt den Muslimen als das Wort Gottes und als Grundlage des Rechts.

Limes: die durch Wälle und Wachtürme gesicherte Grenze des Römischen Reiches, hinter der militärische Befestigungsanlagen (Kastelle) lagen. Auf germanischem Gebiet wurde Ende des 1. Jh. mit dem Bau des insgesamt 550 km langen Limes begonnen. Der nördliche (*obergermanische*) Teil verlief etwa von Andernach (bei Koblenz) bis Seligenstadt, der südliche (*rätische*) von Miltenberg bis Eining (bei Kelheim).

Mission: Verbreitung einer Religion und die Gewinnung von Anhängern für sie. Im Reich der Franken setzte die römisch-katholische Mission mit der Taufe *Chlodwigs* ein. Sie wurde anfangs von irischen und angelsächsischen Mönchen betrieben und von den fränkischen Herrschern teilweise mit Gewalt vorangetrieben. Der → *Islam* breitete sich nach dem Tod des Propheten *Mohammed* durch die Eroberungszüge seiner Nachfolger aus.

Mittelalter: in der europäischen Geschichte die Zeitspanne zwischen Antike und Neuzeit: ca. 500 bis 1500.

Romanisierung: Ausbreitung der Sprache und der Lebensweise der Römer im *Imperium Romanum*; dabei wurden Sprache und Brauchtum der einheimischen Bevölkerung verdrängt.

Staatsreligion: eine von den Herrschern für ihre Untertanen festgelegte Form des Glaubens. Ende des 4. Jh. wurde das → *Christentum* im römischen Weltreich zur Staatsreligion erklärt.

Völkerwanderung: Seit etwa 300 n. Chr. drangen germanische Völkerschaften in römisches Reichsgebiet ein. Sie gründeten zum Teil Reiche von kurzer Dauer und trugen zum Zerfall des Römischen Reiches bei.

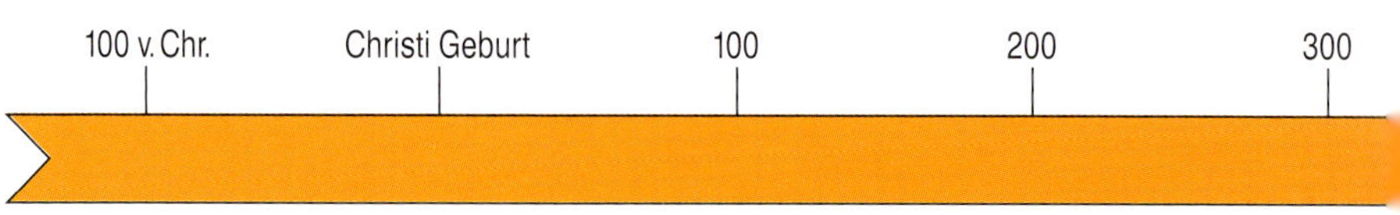

Zusammenfassung

In den westlichen Teilen des Römischen Weltreiches sicherte der *Limes* die Grenzen. Fernstraßen verbanden aber alle Reichsteile. Sie dienten dem Militär, dem Handel und der Verbreitung der römischen Lebensweise (*Romanisierung*). In den Führungsschichten verdrängte das Lateinische allmählich die angestammten Sprachen. Die römische Rechtspflege gab den Bürgern in den Provinzen Sicherheit, und die regierenden Kaiser ließen ihnen ein hohes Maß an Freiheit. Das änderte sich erst mit der *Völkerwanderung*. Wegen der ständigen Bedrohung der Grenzen stieg die Macht der Heerführer. Viele von ihnen wurden zu Kaisern erhoben. Als diese „Soldatenkaiser" die Staatseinnahmen für das Heer verbrauchten, ohne den Frieden sichern zu können, brach eine anhaltende Krise aus. Der Handel ruhte und die Steuereinnahmen sanken.
Kaiser *Diokletian*, der sich als „Herr und Gott" bezeichnete (*Dominat*), versuchte die Schwierigkeiten mit einer Neuordnung des Reiches und zahlreichen Gesetzen zu überwinden. Doch die Maßnahmen hatten keinen Bestand. Sie trugen ihm später nicht nur den Vorwurf ein, einen Zwangsstaat errichtet, sondern auch zum Zerfall des Reiches beigetragen zu haben.
Das römische Weltreich zerfiel nach 395 n. Chr. in ein Oströmisches und ein Weströmisches Reich. Im Osten wurde Konstantinopel zum „zweiten" Rom. Der Versuch des oströmischen Kaisers *Justinian* im 6. Jh., die alte Einheit des Reiches wiederherzustellen, scheiterte. Im Oströmischen Reich (*Byzanz*) unterstand die griechisch-orthodoxe Kirche dem Kaiser. Im Weströmischen Reich hatte der Bischof von Rom die Schwäche der Staatsgewalt genutzt und große Macht erworben. Als Papst beanspruchte er die Führung aller Christen.
In Gallien besiegte der fränkische König *Chlodwig* aus dem Geschlecht der *Merowinger* den letzten römischen Statthalter. Er ließ sich taufen und führte weitere Kriege, um das Reich der Franken zu vergrößern und den Glauben zu verbreiten.
Im 8. Jh. ging die fränkische Königswürde von den Merowingern auf die *Karolinger* über. Die römische Kirche unterstützte sie. Seine größte Ausdehnung und Macht erreichte das Reich der Franken unter *Karl dem Großen*. Er wurde 800 in Rom zum (weströmischen) Kaiser gekrönt. Nun gab es ein byzantinisches (östliches) und ein abendländisches (westliches) Kaisertum. Nach Karls Tod wurde das Reich der Franken im 9. Jh. geteilt. Schließlich entstand ein deutscher und ein französischer Herrschaftbereich.
In Vorderasien und Nordafrika nahmen die Nachfolger des Propheten *Mohammed* das Erbe Roms in Besitz. Anfang des 7. Jh. hatte Mohammed auf der arabischen Halbinsel eine neue Religion, den *Islam*, verkündet und das Land geeint. Seine Nachfolger (*Kalifen*) verbreiteten den Islam über Arabien hinaus und errichteten ein Weltreich, das sich schließlich von Spanien bis Indien erstreckte.
Damit war die ehemals von den Römern allein beherrschte Mittelmeerwelt in drei Teile zerfallen: Im Osten war das byzantinische Reich und im Westen das Reich der Franken entstanden, in Nordafrika und Spanien hatten die Muslime die Macht übernommen. In diese Zeit fällt auch der Übergang von der Antike zum *Mittelalter*.

Grundfertigkeiten

Du hast in diesem Kapitel weitere Anregungen zur Arbeit mit Textquellen, Karten, Plänen, Bildern und Lehrbuchtexten erhalten.

2 Michaelskirche in Fulda.
Foto von 1999.
Die Michaelskirche wurde 820-22 als Friedhofskapelle der Benediktinerabtei erbaut. Der abgebildete romanische Rundbau (Rotunde) stammt aus dem 10. Jh. Vorbild für diesen Mittelpunkt der klösterlichen Friedhofskapelle war die Grabeskirche in Jerusalem.
Zur Romanik lies Seite 121.

Exkursionstipps → *Für Hessen sind folgende Museen mit Funden aus der Spätantike und dem frühen Mittelalter interessant:*
- *Historisches Museum, Frankfurt am Main*
- *Ehemalige Benediktinerabtei Lorsch*
- *Römisch-Germanisches Zentralmuseum, Mainz*
- *Einhards-Basilika, Seligenstadt*

Lesetipps → *Buchempfehlungen zur Spätantike und zum frühen Mittelalter findest du auf Seite 252.*

Übertrage die Zeitleiste auf ein Blatt (100 Jahre = 2,5 cm) und füge ein: wann das römische Reich in einen östlichen und einen westlichen Herrschaftsbereich eingeteilt wurde, Chlodwig und Widukind sich taufen ließen und die islamische Zeitrechnung beginnt.

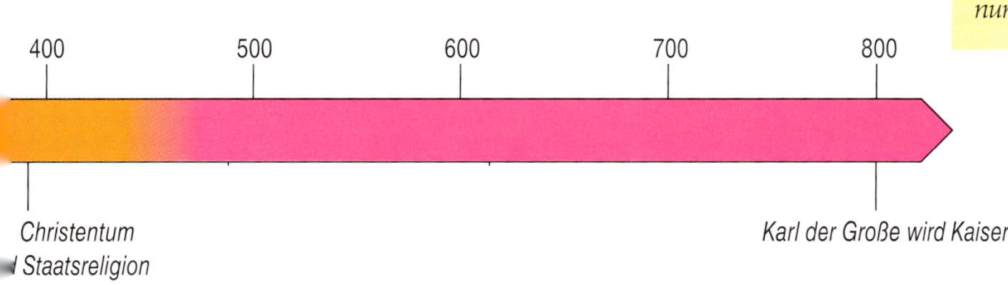

Leben im Mittelalter

Und damit Gott befohlen, blinder Ritter!", rief der alte Meier Helmbrecht ungehalten. „Verlasst auf der Stelle meinen Hof, sonst lasse ich Euch von meinem Großknecht hinausprügeln!" „Seid doch barmherzig mit mir!", flehte da der zerlumpte Blinde an der Hoftüre. „Ich bin doch Euer Sohn ..." „Ich habe keinen Sohn mehr", entgegnete der alte Mann bitter. „Mein Sohn wollte kein Bauer sein wie ich und meine Vorväter. Er wollte sich nicht die Hände bei ehrlicher Arbeit schmutzig machen. Sein Erbteil hat er verschleudert, um sich wie ein adliger Herr herauszuputzen. Und als alles verprasst war, hat er die armen Bauern in den Dörfern der Umgebung in Angst und Schrecken versetzt und ausgeplündert wie ein gemeiner Raubritter. Ich will mit ihm nichts mehr zu tun haben."
Der alte Helmbrecht spuckte aus und wollte schon die Tür hinter sich schließen. Doch als er den Sohn mit bittender und kleinlauter Stimme weitersprechen hörte, zögerte er. „Aber Vater, habe ich nicht schwer für meinen Leichtsinn gebüßt? Die Gerichte haben ihr Urteil gesprochen. Mir wurden die Augen ausgestochen, eine Hand und ein Fuß zur Strafe abgeschlagen. Nun irre ich an der Hand eines Kindes umher, heimatlos, verachtet und hungrig."
Dem alten Helmbrecht krampfte sich das Herz zusammen, als er seinen Sohn so flehen hörte. War das sein hochmütiger Junge? Es fiel ihm wieder ein, dass er vor wenigen Tagen schweißgebadet aufgewacht war. Er hatte geträumt, er sehe seinen Sohn an einem Baum hängen, die Füße zwei Meter über dem Boden, und über seinem Kopf einen Raben und eine Krähe. – Aber er konnte nicht anders: „Das hätte sich mein Herr Sohn früher überlegen sollen. Er hat es ja besser gewusst, als ich ihn gewarnt und auf Knien gebeten habe, doch das zu bleiben, wozu er geboren wurde, und sich nicht gegen seinen gottgewollten Stand aufzulehnen. Mein Helmbrecht war nicht nur leichtsinnig, er hat gegen Gott und die Welt gesündigt und dafür die gerechte Strafe erhalten: Hochmut kommt vor dem Fall. – Und jetzt verschwindet, sonst ..."

Dieter Brückner

Ein Dorf im 11. Jh. *Rekonstruktionsgemälde von Fanny Hartmann, um 1990.*
Das Bild zeigt, wie ein typisches Dorf im späten 11. Jh. ausgesehen haben kann. In dem Turm (im Hintergrund) wohnte in der Regel ein Dienstmann mit seiner Familie. Er verwaltete das Land seines Grundherrn.

Herrschaft über Land und Leute

„Finsteres Mittelalter?"
Wenn uns heute etwas veraltet vorkommt, sprechen wir oft von „Zuständen wie im Mittelalter". Und was uns besonders rückständig erscheint, bezeichnen wir sogar als „finsteres Mittelalter". Wenn wir aber das Mittelalter als geschichtliche Epoche betrachten, müssen wir zuerst feststellen, dass es *das* Mittelalter nicht gab. Denn in den tausend Jahren von etwa 500 bis 1500 veränderten sich die Lebensumstände der Menschen und ihr Zusammenleben tiefgreifend und stetig.

Nicht alle Menschen sind gleich
Vieles aus dem Mittelalter kommt uns heute fremd vor. So war es für die Menschen jener Zeit selbstverständlich, dass sie nicht alle von Natur aus als gleich galten und gleiche Rechte hatten. Männer hatten mehr Rechte als Frauen, Geistliche hatten Vorrechte gegenüber Nichtgeistlichen. Der Adel herrschte über Nichtadlige. Vornehme und Mächtige konnten nicht nur Abgaben und Dienste von ihren Bauern verlangen, sondern auch Gehorsam. Wer seinen Besitz verlor, büßte seine Freiheit ein. Er musste sich einem Herrn unterwerfen. Der schützte ihn zwar und sorgte für ihn. Dafür konnte er aber über ihn verfügen.

1 Christus teilt den drei Ständen ihre Aufgaben zu.
Holzschnitt (20 x 14,5 cm) von Hans Hesse, Heidelberg 1488.
Die Beschriftungen lauten übersetzt:
Du bete demütig! Du schütze! Und du arbeite!
Nenne die dargestellten Personengruppen und ihre Aufgaben. Was drückt die Haltung der Christusfigur aus?

Die Dreiständeordnung
Über allen Bewohnern eines Landes stand der König. Als von Gott eingesetzter Herrscher forderte er Gehorsam und Verehrung. Als im 10./11. Jh. ständige Streitigkeiten zwischen Adligen und Nichtadligen die königliche Macht und das Auskommen der Bauern schwächten, versuchte die Geistlichkeit zu schlichten: Sie verwies auf die von Gott geschaffene – und damit unantastbare – **Dreiständeordnung** und forderte, Geistlichkeit und Bauern sollten zusammenarbeiten. Dies hat Anfang des 11. Jh. der Bischof *Adalbero von Laon* in einem Brief an den französischen König so ausgedrückt:
Das Haus Gottes ist dreigeteilt: Die einen beten, die anderen kämpfen, die Dritten endlich arbeiten. Diese drei miteinander lebenden Stände können nicht getrennt werden. Die Dienste des einen sind die Bedingung für die Werke der beiden anderen. Jeder trachtet danach, das Ganze zu unterstützen.

2 Belehnung geistlicher und weltlicher Fürsten.
Bilder aus der Heidelberger Handschrift des Sachsenspiegels, die um 1330 in Sachsen entstanden. Zum Sachsenspiegel siehe auch M 1, Seite 100.
Linke Abbildung (7,7 x 11,5 cm): Der König verleiht Lehen an einen Bischof und an eine Leiterin eines Klosters (Äbtissin) sowie an weltliche Fürsten.
Rechte Abbildung (7,0 x 11,5 cm): Zwei Fürsten bieten einem Vasallen die Belehnung an. Der Vasall legt seine Hände zwischen die seines Lehnsherrn. Dabei wird er etwa folgenden Schwur geleistet haben: „Deine Feinde sind meine Feinde, deine Freunde sind meine Freunde. Ich will dir immer treu und gegenwärtig sein, wenn du mich brauchst."
Nebenbei: Der Vasall nimmt hier das Lehen von dem Lehnsherrn entgegen, der selber ein Lehen hat (die Fahne lässt darauf schließen).
Ihr könnt eine solche Szene mit verteilten Rollen spielen.

Land bringt Macht
Die wirtschaftliche Grundlage der Menschen im Mittelalter war der Landbesitz. Er war die wichtigste Bedingung für Macht. Die größten Landbesitzer waren zunächst die Könige. Sie bestimmten über den meist umfangreichen **Eigenbesitz** ihrer Familie und durften über **Kron-** oder **Reichsgut** verfügen, solange sie herrschten. Neben dem König besaßen die Herzöge, Grafen, der übrige Adel und die Kirche viel Land.

Herrscher brauchen Helfer
Wer herrschen wollte, brauchte Helfer. Diese wollten belohnt werden. Da die Geldeinnahmen der Könige und des Adels im frühen Mittelalter noch zu gering waren, blieb ihnen nur die Möglichkeit, ihren Helfern ein Stück Land zu leihen oder zu schenken, einschließlich der darauf lebenden Menschen und Tiere. Unter diesen Voraussetzungen entstand das Lehnswesen.

Land gegen Kriegsdienst
Den „verliehenen" Grundbesitz nannte man **Lehen**; der Empfänger hieß **Vasall**. Die Belehnung wurde in feierlicher Form abgeschlossen. Beide Seiten versprachen sich gegenseitig Treue und Schutz. Kam der Vasall seinen Diensten nicht nach, durfte der **Lehnsherr** das Lehen einziehen. Verletzte der Herr seine Pflichten, brauchte der Vasall ihm keine Gefolgschaft mehr zu leisten.
Im 8. Jh. setzte sich eine neue Kampfweise durch. Trainierte Reiter mit eisernen Panzerhemden waren den zu Fuß kämpfenden Bauernheeren überlegen.* Die Herrscher bemühten sich deshalb, ihr bäuerliches Aufgebot mit vielen bewaffneten Reitern zu ergänzen. Doch Reiterkrieger waren teuer: Pferd und Rüstung kosteten im 8. Jh. etwa so viel wie 45 Kühe. Da dies ein wehrpflichtiger Bauer nicht aufbringen konnte, verliehen die Herrscher Grundbesitz einschließlich der darauf lebenden Menschen und Vieh an ihre besonders wichtigen Gefolgsleute. Über die Erträge der Güter durften die Gefolgsleute frei bestimmen. Als Gegenleistung mussten sie sich verpflichten, Reiter auszurüsten oder selbst zum Kriegsdienst zu erscheinen. Deshalb erhielten Frauen anfangs keine Lehen.

Nur Bindungen zählen
Um ein schlagkräftiges Heer aufstellen zu können, waren die Mächtigen auf ein dichtes Netz von persönlichen Treueverpflichtungen angewiesen. Die Vergabe von Lehen an Adlige und unfreie Dienstmannen (**Ministeriale**) war dabei das wichtigste Mittel. Ein Lehen durfte noch an weitere Lehnsnehmer (*Untervasallen*) weitergegeben werden. Mit der Zeit durften auch Frauen Lehen erhalten und weitergeben.
Das Lehnsverhältnis erlosch bald nicht mehr nach dem Tod des Lehnsherrn oder Vasallen. Die Lehnsnehmer betrachteten das Lehen als ihr Eigentum und gaben es an ihre Erben weiter.

**Über die Ritter erfährst du auf Seite 101 ff. mehr.*

Stelle die ‚Dreiständeordnung' in einem Schaubild dar.

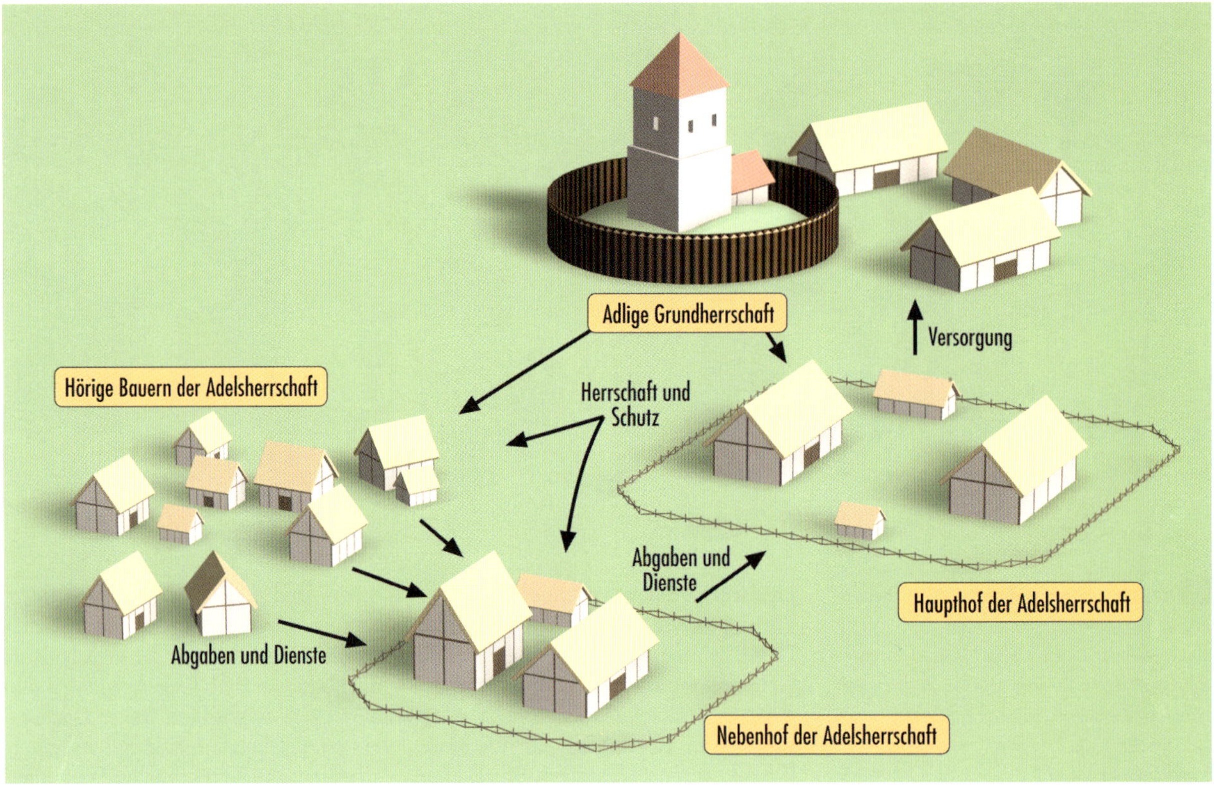

3 Die Grundherrschaft.
Die Grundherrschaft bestand normalerweise aus einem Haupthof und zahlreichen, oft verstreut liegenden Nebenhöfen. Der Haupthof diente der direkten Versorgung des Grundherrn. In der Regel war er Sitz eines Dienstmannes. Mit Unterstützung weiterer Verwalter (Meier) kümmerte sich der Dienstmann um die übrigen Hofstellen, die von hörigen (abhängigen) Bauern bewirtschaftet wurden. Im Auftrag des Grundherrn sorgten sich die Verwalter der Haupthöfe um die Abgaben und Dienste sowie den Schutz der abhängigen Bauern. Im Krieg stellten sie Reiterkrieger, Waffen und Proviant. Mächtige Grundherren konnten mehrere tausend Nebenhöfe ihr Eigen nennen.

Grundherrschaft
Immer mehr freie Bauern mussten sich seit dem 8. Jh. unter den Schutz eines Grundherrn begeben. Der Landbesitz reichte nicht aus, um die Familie zu ernähren und die hohen Kosten für die Rüstung aufzubringen. Aus freien Bauern wurden **Grundholde** (*Hörige*). Vom Grundherrn wurde ihnen Land gegen **Frondienste** überlassen, d. h. sie mussten einen Teil ihrer erwirtschafteten Güter abgeben und zu bestimmten Zeiten für ihn arbeiten.
Die hörigen Bauern durften das Land nur mit Einverständnis ihrer Grundherren verlassen. Sie benötigten sogar deren Einwilligung, wenn sie heiraten wollten. Wenn das Land verkauft oder vererbt wurde, gehörten sie mit ihren Familien dem neuen Besitzer. Schließlich waren die Grundherren oft noch Richter über ihre unfreien Bauern.
Als Gegenleistung gewährten sie ihren Leuten Schutz und Hilfe. Ein wichtiger Vorteil für die unfreien Bauern war, dass sie für ihre Grundherren nicht in den Krieg ziehen mussten.

Diese Verfügungsgewalt über Land und Leute nennen wir Grundherrschaft. Davon waren mehr als 90 Prozent der Bevölkerung betroffen.
Die Zeit, in der Lehnswesen und Grundherrschaft die Grundlagen für wirtschaftliche und politische Macht bildeten, wird als Epoche des **Feudalismus** (lat. *feudum*: Lehen) bezeichnet. Sie dauerte in den europäischen Staaten bis ins 19. Jh. hinein.

Über die Lebensbedingungen der bäuerlichen Bevölkerung siehe die Seiten 96 ff.

Erkläre das Schaubild (Abb. 3). Überprüfe mithilfe des Lehrbuchtextes, ob die Grundherrschaft mit dieser Grafik ausreichend abgebildet wird.

M 1 Befehl an die Vasallen

Im folgenden Brief, der nach 804 geschrieben wurde, fordert Karl der Große den Leiter des Klosters von Altaich (Bayern) auf, seinen Vasallenpflichten nachzukommen:

Im Namen des Vaters und des Sohnes und des Heiligen Geistes […]. Wir teilen dir mit, dass wir in diesem Jahre den großen Reichstag nach Ostsachsen zusammengerufen haben […]. Deshalb befehlen wir dir, am 17. Juni mit allen deinen wohlbewaffneten und -ausgerüsteten Leuten an dem genannten Platze dich einzustellen, also sieben Tage vor der Messe des heiligen Johannes des Täufers. Du wirst also wohlvorbereitet mit deinen Leuten an dem genannten Platze erscheinen, um von hier aus […] eine militärische Expedition durchzuführen; das heißt mit Waffen und Gerät und aller anderen kriegerischen Ausrüstung, mit Proviant und Bekleidung.
Jeder Berittene soll Schild, Lanze, Schwert und Hirschfänger haben, dazu Bogen, Köcher mit Pfeilen, und eure Packwagen sollen Vorräte aller Art mitführen, Spitzhacken und Äxte, Bohrer, Beile, Spaten, eiserne Grabscheite und alle anderen Werkzeuge, die man bei einem Feldzug braucht. Die Lebensmittel müssen vom Reichstag an gerechnet drei Monate reichen, Waffen und Bekleidung ein halbes Jahr […].
Die Geschenke, die du uns auf unserem Reichstag abzuliefern hast, übersende Mitte Mai dahin, wo wir uns dann aufhalten werden […]. Lasse dir dabei keinerlei Nachlässigkeit zuschulden kommen, wenn dir an unserer Gnade gelegen ist.

Wolfgang Lautemann (Bearb.), Mittelalter. Reich und Kirche. Geschichte in Quellen, München [2]1978, S. 76 f.

M 2 Ein Markgraf reitet aus.
Buchmalerei (9,5 x 16,9 cm), um 1320.

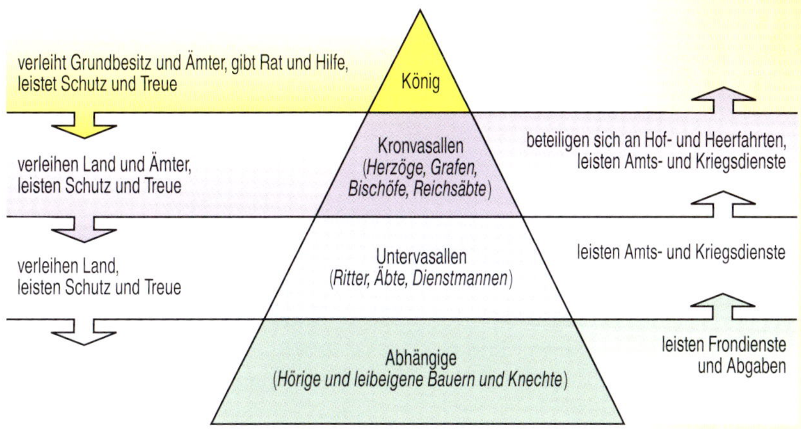

M 3 Lehnswesen und Aufbau der mittelalterlichen Gesellschaft.
Für den Gesellschaftsaufbau wurde das Bild von der Lehnspyramide benutzt. Es stellt die Verhältnisse vereinfacht dar. Lehen wurden nämlich nicht nur von oben nach unten vergeben, sondern beispielsweise auch von Kronvasallen zu Kronvasallen oder von Untervasallen an Kronvasallen.

1. *Lege eine Liste aller Gegenstände an, die König Karl von seinem Vasallen fordert, und erkläre, wozu sie verwendet werden (M 1).*
2. *Versetze dich in die Lage des Abts und beantworte den Brief (M 1).*
3. *Überlege, welche Probleme sich zwischen König und Kronvasallen durch die Weitervergabe von Lehen an Untervasallen entwickeln können (M 3).*

1 „De temporibus" (dt. Von den Zeiten).
Kopie einer Buchmalerei (18 x 26 cm) aus dem Kloster Montecassino (Italien), die 1023 für die Bebilderung des Werkes „De rerum naturis" (dt. „Über die Natur der Dinge") von Hrabanus Maurus entstand. Der Verfasser stammte aus Mainz, war Leiter der Fuldaer Klosterschule und Abt.
Das Bild zeigt vier Figuren. Sie stehen für die Jahreszeiten.

Herren und Knechte

Geringe Lebenserwartung

Mitteleuropa war im frühen Mittelalter eine dünnbesiedelte Region mit riesigen Laubwäldern, ausgedehnten Sümpfen und Mooren. In dieser Wildnis lagen einzelne Bauernhöfe, Gutshöfe, Klöster, Dörfer und wenige Städte. Holz, Lehm und Zweige dienten als Baumaterial für Hütten, Häuser und Brücken. Nur Kirchen, Klöster und Königshöfe waren zum Teil aus Stein.
Auf dem gestampften Boden der Bauernhütten lag Stroh als Unterlage zum Schlafen. Die Mehrheit der Bevölkerung starb durch Krankheit, Hunger und Krieg bereits nach durchschnittlich dreißig Jahren. Die Lebenserwartung der kleinen Oberschicht lag bei fünfzig Jahren.

Mehr Acker – mehr Menschen

Das Interesse der Grundherren an größeren Einnahmen förderte seit dem 10. Jh. den ständigen **Landesausbau**: Wälder wurden gerodet, Moore und Sümpfe trockengelegt, Deiche und Marschen an den Küsten angelegt sowie Dörfer planmäßig errichtet.
Um für diese Arbeit genügend Menschen zu finden, stellten die Grundherren ihren Hörigen dafür niedrigere Abgaben und weniger Frondienste in Aussicht, als sonst üblich. Zahlreiche abhängige Bauern erhielten mehr Freiheiten: Sie durften heiraten und mit ihren Familien in die noch unfruchtbaren Gebiete ziehen. Die Folgen des Landesausbaus: Es wurden mehr Familien gegründet und die Bevölkerung nahm zu.

2 Ein Bauer bestellt sein Feld.
Buchmalerei (4,5 x 12,5 cm) aus dem Stuttgarter Psalter, um 820/830. Hinter dem pflügenden Bauern steht die Saat in einem Korb bereit.*

***Psalter**: Ein Buch für den Gottesdienst, in dem die Psalmen des Alten Testaments stehen.*

Höhere Erträge durch neue Techniken
Nicht allein der Landesausbau förderte das Wachstum der Bevölkerung. Auch viele technische Neuerungen trugen dazu bei, dass die landwirtschaftlichen Erträge im 11./12. Jh. gesteigert und mehr Menschen ernährt werden konnten.

- Der hölzerne Hakenpflug wich dem Räderpflug mit eiserner Pflugschar und Streichbrett. Der Boden wurde nicht mehr nur aufgerissen, sondern gewendet.
- Die Zugkraft der Tiere wurde durch das *Kummet** auf das Drei- bis Vierfache erhöht. Es verteilte die Zuglast auf Brust und Schulter.

***Kummet**: Ein gepolsterter Leder- oder Stoffbügel, der um den Hals eines Zugtieres gelegt wird.*

- Anstelle von Kühen und Ochsen wurden immer häufiger Pferde vor Pflug und Wagen gespannt. Sie waren von Natur aus schnell und ausdauernd.
- Hufeisen schützten die Pferde vor Verletzungen und machten sie trittsicherer.
- Die **Dreifelderwirtschaft** aus römischer Zeit wurde weiterentwickelt: Auf einem Feld wurde in einem Jahr Wintergetreide (z.B. Roggen und Weizen), im nächsten Jahr Sommergetreide (z.B. Hafer) angebaut, anschließend lag das Feld ein Jahr zur Erholung brach. Zuvor hatten Anbau und Brache jährlich gewechselt.
- Durch das Unterpflügen der bei der Ernte stehen gebliebenen Getreidehalme, durch Mist- und Laubstreuung oder durch Mergel (ein kalkhaltiges Gestein) konnten die Bodenerträge verbessert werden.
- Dazu kam ab dem 12. Jh. der Einsatz von Eggen, Sensen und Dreschflegeln.
- Wo immer möglich, wurden Wassermühlen gebaut, wo nicht, errichtete man Windmühlen.

Durch diese Veränderungen konnten die Ernteerträge vom 8. bis zum 13. Jh. verdoppelt, später sogar verdreifacht werden.

In einer Grundherrschaft gibt es eine Wassermühle. Der Meier des Dorfes schlägt dem Grundherrn vor, eine der neuartigen Windmühlen zu errichten. Der Grundherr will die alte Mühle behalten. Formuliere einen Dialog zwischen dem Meier und dem Grundherrn über die beste Mühle für das Dorf.

3 Bockwindmühle.
Buchmalerei aus der Werkstatt des flämischen Künstlers Jean de Grise, 1338-1345. Erst im 12. Jh. begann man in Mitteleuropa, die Windkraft zu nutzen: Die Anlage von Mühlen geht auf ältere arabische und römische Vorbilder zurück. Der kastenförmige Aufbau saß auf einem dicken Eichenstamm (Bock) und konnte mit der abstehenden Stange in den Wind gedreht werden.

4 Bauernpaar auf dem Weg zum Markt. *Zeichnung (13 x 16 cm) aus dem Volkacher Salbuch*, um 1504.*
Welche Waren bringt das Bauernpaar in die Stadt? Woran wird deutlich, dass es gefährlich war, über Land zu ziehen?
Der Schriftzug über der Abbildung lautet: „Zollt nichts was man trägt." Erkläre!
In dem Bild oben links befindet sich der Eintrag „Hans Hemp" mit „Gretelars seine Hausfrau", rechts neben dem Stadtturm steht die Jahreszahl 1504. Unten rechts befindet sich eine Marktszene, darüber steht „Halpfotzs". Dieser Name bezieht sich wohl auf die Frau mit den Tonkrügen.
Vor ihr steht ein Kunde, hinter ihr ein Stadtknecht, der über das Geschehen auf dem Markt wacht.

***Salbuch**: *Verzeichnis über Eigentum, Einkünfte und Rechte einer Stadt.*

Wandel mit Folgen

Der Alltag der Bauern blieb mühsam und arbeitsreich, dennoch hatte sich ihr Leben grundsätzlich gewandelt:

- Bei günstiger Witterung konnten die Bauern mehr erwirtschaften, als sie selbst verbrauchten und an den Herrn abliefern mussten. Den Überschuss verkauften sie auf Märkten.
- Mit den Einnahmen gewöhnte sich die ländliche Bevölkerung an Münzgeld.
- Von den Erträgen kauften die Bauern auch Produkte der Handwerker: Geräte, Kleidung, Haushaltswaren. In den größeren Dorfgemeinschaften ließen sich neben den Müllern auch Schmiede und andere Handwerker nieder.
- Die Grundherren gestanden der Dorfgemeinschaft seit dem 12./13. Jh. eine Selbstverwaltung zu: Sie bestimmte den Zeitplan für die Bewirtschaftung der Felder, sorgte für die Wege und Brücken, achtete auf die Einhaltung des Dorffriedens, nahm Verbrecher fest und lieferte sie dem Gericht aus. Vor allem verwaltete die Dorfgemeinschaft die **Allmende** (mittelhochdeutsch: *das Allgemeine*). Das war gemeinsames Eigentum an Wald, Weide, Ackerland und Weiher. Dort durfte nach gemeinsam festgelegten Regeln das Vieh der Dorfbewohner weiden. Hier konnten sie Bau- und Brennholz schlagen, Eicheln und Bucheckern für die Schweinemast sammeln oder fischen.
- Die Grundherren begannen allmählich auch, Teile ihres Landes gegen eine jährliche Geldzahlung (*Rente*) an Bauern zu verpachten.

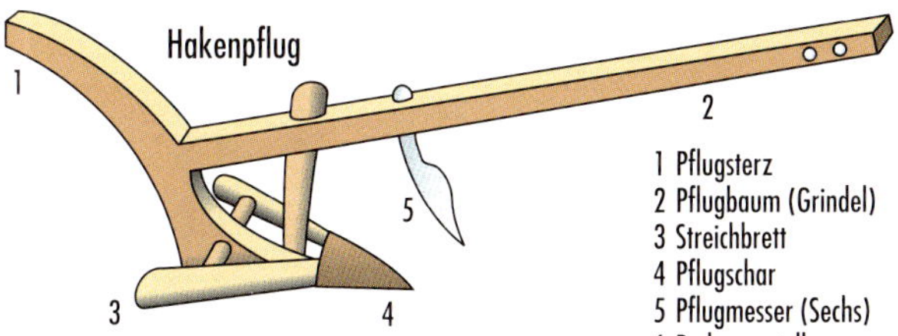

1 Pflugsterz
2 Pflugbaum (Grindel)
3 Streichbrett
4 Pflugschar
5 Pflugmesser (Sechs)
6 Radvorgestell

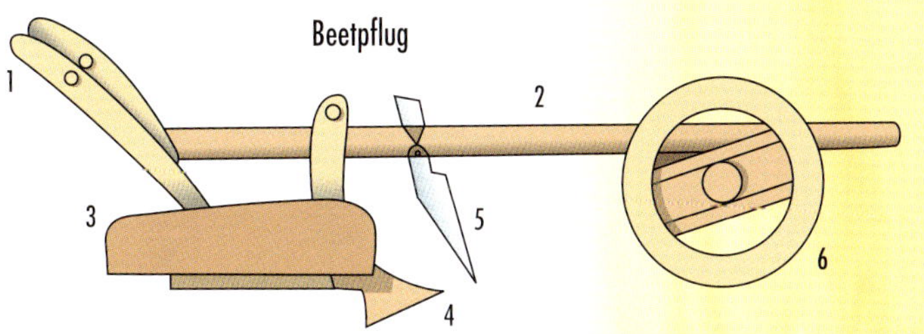

M 1 Fortschritte in der Pflugtechnik.
Anders als der frühmittelalterliche Hakenpflug mit Ochsengespann sorgt der schollenwendende Räderpflug (Beetpflug), der seit dem 11. Jahrhundert weiter verbreitet ist, für eine bessere Lockerung und Durchlüftung der schweren Böden.

M 2 Bevölkerungsentwicklung in Europa
Die Zahlen beruhen teilweise nur auf Vermutungen.

im Jahre 300:	16,8 Mio.
im Jahre 600:	11,9 Mio.
im Jahre 1000:	23,7 Mio.
im Jahre 1340:	53,9 Mio.

Josiah C. Russel, Artikel „Bevölkerung", in: Lexikon des Mittelalters, Bd. 2, München – Zürich 1983, Sp. 14

M 3 Die Gewannflur der Dreifelderwirtschaft.
In den Gewannen (mittelhochdeutsch: Grenzen) besaß jeder Bauer einen oder mehrere Streifen. Sie lagen im „Gemenge" und konnten nur in Zusammenarbeit mit den Nachbarn bebaut werden. Daraus ergab sich ein Flurzwang: Alle Bauern eines Gewannes mussten die gleiche Frucht anbauen.

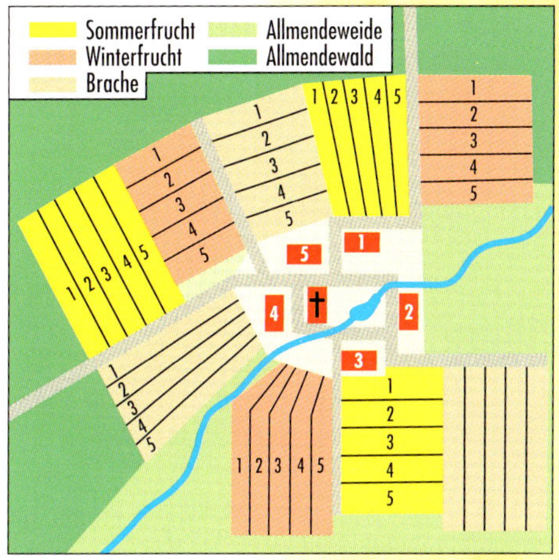

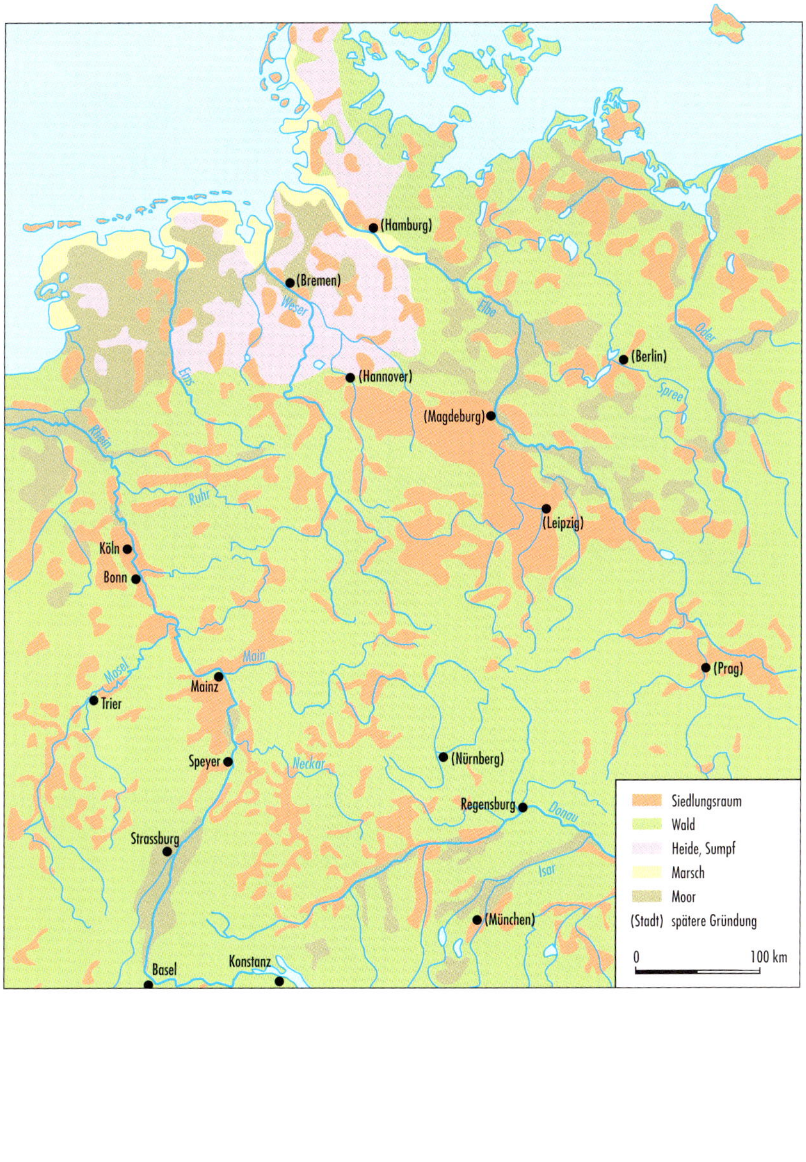

M 4 Frühmittelalterliche Siedlungsräume.

1. *Suche Gründe für das Bevölkerungswachstum (siehe Seite 96 f. und M 2).*
2. *Zeichne mit den Angaben aus M 2 ein Säulendiagramm.*
3. *Erkläre die Dreifelderwirtschaft (Seite 97 und M 3). Nenne Vor- und Nachteile.*
4. *Nenne eine Gemeinsamkeit aller in M 4 eingezeichneten Städte.*
5. *Der Landesausbau spiegelt sich in den Namen mancher Dörfer und Städte, die auf -berg und -beck oder -bek enden. Dazu kommen solche auf -au, -hagen, -feld, -wald und -holz. Ehemals feuchtes Land zeigt -moor an, auf Rodungen verweist -rode. Suche in deiner Heimat nach Ortsnamen, die auf mittelalterlichen Landesausbau hinweisen.*

LERNTIPP

Ein Bild gibt Auskunft

Die älteste und häufigste Form von Steuern war im Mittelalter der **Zehnt**. In der Regel handelte es sich um ein Zehntel des landwirtschaftlichen Ertrages. Die Kirche forderte seit dem 6. Jh. von ihren Gläubigen den Zehnt, aber auch weltliche Grundherren verlangten ihn.

M 1 Bäuerliche Abgaben.
Bilder aus der Heidelberger Handschrift des Sachsenspiegels, um 1330; das Format des Blattes misst 30 x 23 cm.
Der Sachsenspiegel wurde von Eike von Repgow um 1224/35 im Elbe-Saale-Raum verfasst und gehört zu den ältesten Rechtsbüchern in deutscher Sprache. Er beeinflusste die Rechtsprechung in Sachsen, Brandenburg, Thüringen und anderen deutschen Ländern zum Teil bis ins 19. Jh.
Zu den Bildern:
Die Darstellung beginnt mit dem Tag der Heiligen Walpurgis (1. Mai), an dem der Lämmerzehnt fällig ist; mit dem grünen Baum ist hier wohl ein Maibaum gemeint, der nach weitverbreiteter Sitte zu Walpurgis an Haus und Hof aufgepflanzt wurde.
Bis zu St. Urban (25. Mai) hatten die hörigen Bauern die Obst- und Weingärten ihrer Grundherren in Ordnung zu bringen; der rote Arbeitskittel symbolisiert das Ende dieser Arbeiten.
Es folgt der Termin für den Fleischzehnt, der am Johannistag (24. Juni) fällig ist und im Bild durch ein Rind, ein Kalb, eine Ziege und einen Hahn dargestellt wird.
Am St. Margaretentag (13. Juli) ist der Kornzehnt fällig; dazu zeigt das Bild, wie die Heilige Margarete den Teufel fesselt.
Die drei Gänse symbolisieren den Gänsezehnt, er ist am Himmelfahrtstag Mariens (15. August) zu leisten; am selben Tag ist zugleich Kräuterweihe, daher die Kräuter- und Wurzelbündel.
Am St. Bartholomäustag (24. August) waren verschiedene Geldabgaben und Dienste fällig; der Heilige Bartholomäus war durch Abziehen der Haut ums Leben gekommen; hier trägt er sie als Zeichen seines Martyriums an einem Stock über der Schulter.

1. *Entwirf einen Abgabenkalender für den dargestellten Zeitraum (M 1).*
2. *Die Abbildungen geben auch Auskunft über das Brauchtum der Zeit. Welche Bräuche erkennt ihr? Berichtet!*

Wie lebt der Adel?

Mit Pferd und Rüstung
Ritter bedeutete im 11. Jh. zunächst „bewaffneter Reiter". Zu diesem Kreis gehörten alle, die vom König oder dem hohen Adel zum Kriegsdienst mit Pferd und Rüstung herangezogen wurden. Das waren Adlige und die mit Lehen versehenen Dienstleute. Letztere konnten im Laufe der Zeit so hohes Ansehen erwerben, dass sie in den niederen Adel aufstiegen.

Ein Ideal anstreben
Im 12. Jh. erhielt „Ritter" eine zusätzliche Bedeutung, die in den Wörtern „ritterlich" und „höflich" und **Kavalier** (franz. *chevalier*: Ritter) bis heute fortlebt. Diese Entwicklung ging von den französischen Höfen aus. Ziel war es, sich wie ein „wahrer" Ritter bei Hofe zu verhalten. Darum sollte sich jeder Dienstmann und Adlige bemühen. Ritterlich war ein Mann, der ein christliches Leben führte, sich tadellos kleidete und gut benahm. Vernunft und Mäßigung sollten das Verhalten eines Ritters im Kampf, in der Liebe oder beim Essen und Trinken bestimmen.
Ein Ritter zu sein hieß also auch, ein Ideal anzustreben. Durch ihre höfischen Lebens- und Umgangsformen grenzten sich die Ritter von den Bauern und Geistlichen ab.

Vom Knappen zum Ritter
Mit zehn bis zwölf Jahren wurden die Söhne der Vasallen an den Hof des Herrn geschickt. Sie dienten als **Junker** (*Jungherr*), kümmerten sich um die Waffen und die Pferde ihres Herrn und halfen ihm beim Anlegen der Rüstung.
Mit 14 Jahren wurden sie einem Ritter als Knappen zugeteilt. Die jungen Männer lernten Reiten und Jagen, darüber hinaus Regeln, die bei Tisch und beim Tanz sowie bei anderen Gelegenheiten zu beachten waren. Sie trainierten mit Schwert, Lanze, Speer und Schild sowie mit Pfeil und Bogen; ihre „Lehrherren" brachten ihnen bei, wie eine Burg verteidigt oder belagert wurde. Nur an den Höfen der mächtigen Fürsten standen auch Lesen und Schreiben, Harfenspiel und Gesang auf dem Stundenplan.

1 Ein König zieht mit seinen Rittern in den Krieg.
Buchmalerei (etwa 9 x 19 cm) aus Bamberg, um 1170.
Das Bild zeigt die im 12. Jh. übliche Form der Ritterrüstung.

Der Ritterschlag
Mit etwa 20 Jahren folgte die feierliche Ritterweihe. Am Tag davor hatte der künftige Ritter zu fasten. Den Festtag begann der in weiße Gewänder gekleidete Knappe mit einem Gottesdienst. Ein Geistlicher segnete ihn und sein Schwert. Danach wurde ihm die Rüstung angelegt. Höhepunkt des Festes waren **Ritterschlag** und **Schwertleite**: Der Lehnsherr berührte mit der flachen Klinge die linke Schulter des neuen Ritters und legte ihm feierlich das Schwert um. Dann begann das festliche Treiben mit vielen Gästen, teuren Geschenken und Turnieren.

2 Zwei Musikanten.
Spanische Buchmalerei aus dem 13. Jh. Das Bild illustriert das Zusammenleben verschiedener Kulturen. Erläutere!

Mann gegen Mann

Seit dem 12. Jh. veranstalteten die Fürsten große Turniere. Das waren Einzel- und Gruppenwettkämpfe zu Pferde mit scharfen Waffen. Beim **Buhurt** versuchten nur mit Schilden bewaffnete Reitermannschaften, die Gegner aus dem Sattel zu werfen. **Tjoste** waren Zweikämpfe mit stumpfen Lanzen.
Die Aussicht auf den Sieg und die Belohnung (Rüstung und Pferd des besiegten Gegners plus Preisgeld) war – zumindest für die ärmeren Ritter – Anreiz genug, Gesundheit und Leben zu riskieren. Obwohl die Kirche gegen diese blutigen Veranstaltungen mit zahlreichen Verboten vorging, blieben sie beliebt. Neben den lebensbedrohlichen Kämpfen wurden aber auch unblutige Reiterparaden und Rittergesellschaften abgehalten.

Damen sind nicht dämlich

Für ein junges Mädchen aus dem niederen Adel kam der Dienst an einem fremden Hof kaum infrage. Sie lernte Hauswirtschaft und den Umgang mit dem Spinnrad zuhause. Aber an den großen Höfen lernten die Mädchen lesen und erhielten Einblicke in die lateinische oder französische Literatur. Einige Töchter aus vornehmen Häusern wurden im Reiten sowie in der Falkenzucht und -jagd unterrichtet. Manche dieser jungen Frauen waren gebildeter als ihre männlichen Altersgenossen und erreichten als Dichterinnen und einflussreiche Hofdamen hohes Ansehen wie die französische Schriftstellerin *Christine de Pisan*, die um 1431 starb.

„Wes Brot ich ess', des Lied ich sing'"

Künstler und Dichter zog es an die großen Höfe der Könige, Herzöge, Grafen und Bischöfe. Die **Troubadoure** in Frankreich verherrlichten in ihren Liedern das Heldentum und die ritterlichen Tugenden. Dabei musizierten sie und sangen in ihrer Volkssprache. Diese Dichter waren zuvor oft Geistliche gewesen. Meist kamen sie aus dem Adel. Viele zogen von Hof zu Hof in der Hoffnung, einen Förderer zu finden. Dabei erwiesen sich die Poeten für manchen Herrscher als nützlich: In ihren Werken priesen sie dessen Fähigkeiten und Taten und förderten damit sein Ansehen.
In **Minneliedern** (*Minne*: tugendhafter Liebes-Dienst eines Ritters) und den höfischen Romanen setzten die Minnesänger dem idealen Ritter und seinem Verhalten in der Liebe, im Kampf und im Dienst für Gott literarische Denkmäler. Aber sie schilderten auch, wie ihre „Helden" versagten, ihren Schwächen nachgaben, treulos oder unmenschlich handelten. Denn ihnen war bewusst, dass man das Ideal der Ritterlichkeit nur anstreben, aber kaum erreichen konnte.

Ritter werden überflüssig

Im späten Mittelalter, als die Städte Mittelpunkte des gesellschaftlichen und künstlerischen Lebens waren, verlor die höfische Kultur an Bedeutung. Der Ritter war als Kämpfer nicht mehr zeitgemäß. Gegen die Geschosse der Armbrüste und Handfeuerwaffen bot selbst die stärkste Rüstung keinen Schutz. Nicht einmal die Mauern der Burgen hielten den Kugeln der kanonenähnlichen Geschütze noch stand. Nach wirtschaftlichen Krisen im 14. und 15. Jh. verarmten viele Ritter. Manche machten ihre Umgebung als Raubritter unsicher.

3 Ritterdienst – Minnedienst.
Buchmalerei aus der Manessischen Handschrift, um 1314.
Das Bild gehört zu einer Sammlung von illustrierten Liederbüchern, die der reiche Züricher Bürger Rüdiger Manesse anlegen ließ. Sie wird in der Heidelberger Universitätsbibliothek aufbewahrt.

M 1 Segensgebet für ein Schwert

Text eines weitverbreiteten Segensgebetes für ein Schwert aus der 2. Hälfte des 10. Jh.:

Erhöre, so bitten wir dich, Herr, unsere Gebete und mache dieses Schwert deiner wert, womit dein Diener (es folgt der Name) sich zu umgürten wünscht, indem du es […] segnest, damit es zur Verteidigung und zum Schutz von Kirchen, Witwen, Waisen und allen, die Gott dienen, gegen die Wildheit der Heiden gereichen kann, und damit es anderen Feinden Angst, Schrecken und Entsetzen einflößt.

Otto Borst, Alltagsleben im Mittelalter, Frankfurt a. M. 1983, S. 103 f.

M 2 Ritterliche Pflichten

In dem um 1200 entstandenen Versroman „Tristan" von Gottfried von Straßburg wird der zum Ritter geschlagene Tristan von seinem königlichen Onkel über seine Pflichten belehrt.

„Sieh, Tristan, mein Neffe", sagte er, „jetzt, da dein Schwert gesegnet ist und du Ritter geworden bist, denke nach über ritterliche Werte und über dich und wer du bist. Deine Abkunft und Würde halte dir vor Augen. Sei bescheiden und aufrichtig, wahrhaftig und wohlerzogen. Sei gütig zu den Elenden und stolz zu den Mächtigen. Pflege und verbessere deine äußere Erscheinung. Ehre und liebe alle Frauen. Sei freigebig und verlässlich, und arbeite immer daran."

Gottfried von Straßburg, Tristan, nach dem Text von Friedrich Ranke neu herausgegeben und übersetzt von Rüdiger Krohn, Stuttgart ²1981, S. 307 f.

M 3 „Die Ritter kennen keine Treue mehr"

Von einem unbekannten Dichter stammen folgende Zeilen über die Lebensweise mancher Ritter; sie sind etwa um 1330/1340 in oder um Bamberg geschrieben worden.

Die Ritter kennen keine Treue mehr, darauf kann man sich verlassen. Was sie heute fest versprechen, das brechen sie morgen sogleich. Sie sind Richter über arme Bauern, die sie schützen und schirmen sollten.

Vor langer Zeit gab es wirklich gute Ritter. Die konnten im Kampf und Spiel so handeln, wie es gut und angemessen war. Große Tapferkeit ließen sie erkennen […].

Sie waren tugendhaft und freimütig; Gott schenkte ihnen Ehre und Besitz, weil sie ernsthaft nach ritterlicher Tugend strebten […].

Um ritterliche Tugend kümmern sie sich heute wenig. Sie sitzen mit ihren Weibern zusammen und verschleudern wertvollen Besitz. Sie sollten sich wirklich schämen, dass sie Wucherzinsen für ihr Geld nehmen, auf zehn Mark eine. Das alles ist unter ihnen so weit verbreitet, dass sie es niemals für Sünde halten. Die jungen und die alten gleichermaßen so. Wenn man von Raub und Wucher absieht, könnten sie vielleicht noch gute Ritter sein.

Wolfgang Bührer, Der Kleine Renner …, in: Historischer Verein Bamberg, 105. Bericht, Bamberg 1969, S. 171

M 4 Steigbügel aus Eisen, 9. Jh.

Im Kampf gegen die Araber hatten die Franken im 8. Jh. die Überlegenheit der Reiterheere kennen gelernt. Sie ahmten die Teile an deren Ausrüstung nach. Mit Steigbügeln und Sätteln mit Halteknöpfen konnten die Reiter in schwerer Rüstung schneller und sicherer gegen die Feinde anstürmen.

M 5 „Hundeschnauze".

Helm mit Visier, 14. Jh.

M 6 Ritterschwert, um 1300.

Die Schwerter des 13./14. Jh. hatten zum Teil Klingen von über einem Meter Länge. Nebenbei: Schwerter waren nicht nur Waffen, sondern auch Zeichen für die Personen, die herrschen und richten durften.

CD-ROM-Tipp →

Rittertum und Mittelalter. Streifzüge durch eine faszinierende Zeit, Stuttgart: Theiss

1. *Auf dieser Seite siehst du die Gegenstände, die Ritter benutzten: Schwert, Helm (Rüstung) und Steigbügel. Erkläre anhand dieser Dinge die Stellung eines Ritters gegenüber Bauern und Geistlichen.*
2. *Stelle aus M 1 und M 2 Pflichten und Tugenden der Ritter zusammen.*
3. *In M 3 erfährst du, dass sich nicht alle Ritter ritterlich verhielten. Überlege, welche Auswirkungen diese Missstände hatten.*

Auf der Burg

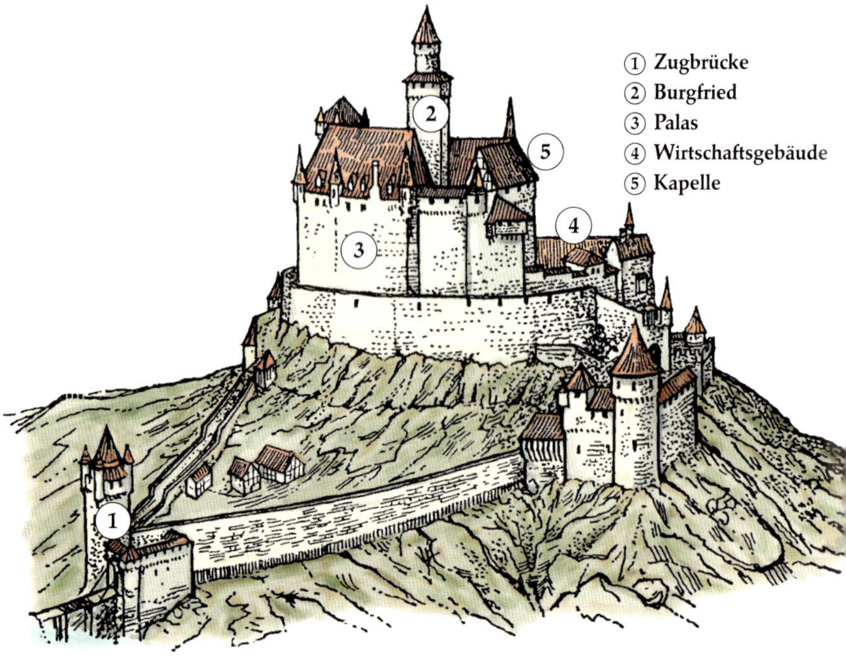

2 Die Marksburg über Braubach am Rhein.
Die Rekonstruktionszeichnung zeigt den Zustand im 15. Jh.
Der Kern der Höhenburg geht auf das 12. Jh. zurück. Die Wehranlagen wurden später erweitert.

Fernab vom Volk
Im frühen Mittelalter lebten die Ritter auf dem Land häufig in einfachen, aus Holz oder Stein errichteten Türmen. Als im 9. und 10. Jh. Normannen, Ungarn und Slawen plündernd in die Reichsgebiete einfielen, mussten Stützpunkte geschaffen werden, von denen aus das Land verteidigt werden konnte. Auf Hügeln oder Bergen, manchmal auch auf Inseln, in Flüssen oder Seen, die natürlichen Schutz boten, entstanden Burgen.
Zunächst durften nur der König selbst oder seine Amtsträger Wehranlagen errichten. Später baute sich der Adel eigene Burgen, die dann von Ministerialen verwaltet wurden. Seit dem 13. Jh. gehörte es zum guten Ton, dass jeder Ritter eine Burg besaß. So entstanden zwischen dem 12. und dem 15. Jh. allein im Deutschen Reich etwa 19 000 Burgen.

1 Burg Vischering in Westfalen.
Foto, um 1980.
Die Anlage der Wasserburg wurde im 13. Jh. begonnen; die noch vorhandenen Gebäude entstanden im 16. Jh.

Auf der Burg fanden Dienstleute und die Landbevölkerung Zuflucht. Von ihr aus wurde für Ruhe und Ordnung auf dem Lande gesorgt. In ihrem Innern herrschte der Burgfrieden, der keinen Streit innerhalb der Mauern erlaubte. Die Burg war auch Mittelpunkt der Wirtschaft und Verwaltung: Hierher mussten die Bauern kommen, um ihre Abgaben zu entrichten, hier wurden die Zolleinnahmen von Straßen und Brücken abgeliefert.

Ungemütlich, aber sicher
Eine Burganlage war sicher, wenn sie von wenigen Menschen zu verteidigen war. Tiefe Gräben und dicke Mauern mit Schießscharten und Pechrinnen schützten die Gebäude. Mehrere Funktionen hatte der **Burgfried** (*Bergfried*), dessen Eingang meist nur über eine einziehbare Leiter zu erreichen war. Er diente weniger als letzter Zufluchtsort für die Bewohner, sondern als Beobachtungsturm, Aufbewahrungsort für Wertgegenstände und gelegentlich auch als Gefängnis. Darüber hinaus stellte er vor allem ein weit sichtbares Zeichen adliger und herrschaftlicher Macht dar.

Die Burgen der einfachen Ritter waren dunkel und feucht. Im Winter zog die Kälte durch Ritzen und Fensteröffnungen; Kachelöfen gab es erst seit der Mitte des 13. Jh., verglaste Fenster waren selten.
Im Zentrum der Burg lag das Wohnhaus, der **Palas**. Hier befanden sich Küche und **Kemenaten** (nach lat. *caminus*: Feuerstelle, Kamin), die wenigen beheizbaren Räume, sowie gelegentlich ein Festsaal. Für Gottesdienste gab es eine **Kapelle**. Im Burghof befanden sich ein Brunnen und häufig auch eine Zisterne, ein Sammelbecken für Regenwasser. Die Wohnungen der Knechte, Scheunen und Stallungen lagen um den Burghof herum.

M 1 Alltag eines Burgherrn

Was der fränkische Reichsritter Ulrich von Hutten 1518 einem Freund in Nürnberg über sein Leben auf der Burg Steckelberg bei Fulda schreibt, dürfte – sieht man von Schwefel und Schießpulver ab – 300 Jahre früher nicht anders gewesen sein.

Man lebt auf dem Feld, im Wald und in den bekannten Burgen auf dem Berg. Die uns ernähren, sind bettelarme Bauern, denen wir unsere Äcker, Weinberge, Wiesen und Wälder verpachten. Der einkommende Ertrag ist, gemessen an der aufgewandten Mühe, geringfügig [...]. [...]
Sodann müssen wir uns in den Dienst eines Fürsten stellen, von dem wir Schutz erhoffen. Wenn ich das nicht tue, glaubt jeder, er könne sich alles gegen mich erlauben. Aber auch wenn ich es tue, ist diese Hoffnung täglich mit Gefahr und Furcht verbunden. Gehe ich nämlich von zuhause fort, so muss ich fürchten, auf Leute zu stoßen, mit denen der Fürst [...] Krieg führt und die mich seinetwegen anfallen und wegschleppen. Wenn es dann mein Unglück will, geht leicht mein halbes Vermögen als Lösegeld darauf [...]. Deswegen halten wir uns Pferde und Waffen und umgeben uns mit zahlreichem Gefolge, alles unter großen und spürbaren Kosten. [...]
Die Burg selbst, ob sie auf dem Berg oder in der Ebene liegt, ist nicht als angenehmer Aufenthalt, sondern als Festung gebaut. Sie ist von Mauern und Gräben umgeben, innen ist sie eng und durch Stallungen für Vieh und Pferde zusammengedrängt. Daneben liegen dunkle Kammern, vollgepfropft mit Geschützen, Pech, Schwefel und sonstigem Zubehör für Waffen und Kriegsgerät. Überall stinkt es nach Schießpulver; und dann die Hunde und ihr Dreck, auch das – ich muss es schon sagen – ein lieblicher Duft!
Reiter kommen und gehen, darunter Räuber, Diebe und Wegelagerer. Denn fast für alle stehen unsere Häuser offen, weil wir nicht wissen, was das für Leute sind, oder uns nicht groß danach erkundigen. Man hört das Blöken der Schafe, das Brüllen der Rinder, das Bellen der Hunde, das Rufen der auf dem Feld Arbeitenden, das Knarren und Rattern der Fuhrwerke und Karren; ja sogar das Heulen der Wölfe hört man in unserem Haus, weil es nahe am Wald liegt.

Arno Borst, Lebensformen im Mittelalter, Frankfurt a. M. 1979, S. 173 f.

CD-ROM-Tipps →
Das Geheimnis der Burg, Hamburg: Hamburger Medien Haus
Burgen. Spurensuche in Ruinen und alten Gemäuern, Stuttgart: Theiss

Internettipps → *Einzelheiten zur Burg Eltz findest du unter www.burg-eltz.de/d_index.html, weitere Hinweise über Burgen in Hessen siehe unter www.burgen-und-schloesser.net/deutschland/hessen.htm*

M 2 Burg Eltz an der Mosel.
Foto von 1994.
Auf drei Seiten von der Eltz umflossen, ragt diese Wehranlage auf einem bis zu 70 m hohen Felsen hervor. Die Burg besitzt acht verschiedene, meist turmartige Gebäude; der älteste Turm stammt aus dem 13. Jh.

1. *Liste auf, worüber sich Ulrich von Hutten beklagt (M 1).*
2. *Zeichne das Schaubild eines Ritterlebens. Zeige, wovon er lebt, wem er verpflichtet ist, welche Aufgaben er hat. Als Vorbild kann dir das Schaubild auf Seite 94 dienen.*

Im Kloster

Ein Leben für Gott
Im Mittelalter lebten zahlreiche Männer und Frauen in **Klöstern** (lat. *claustrum*: Verschluss, abgeschlossener Bereich). Diese Mönche und Nonnen hatten sich bestimmten Regeln eines **Ordens** unterworfen und dem Leiter oder der Leiterin ihres Klosters, dem **Abt** oder der **Äbtissin**, nach einer Probezeit versprochen, arm, ehelos und gehorsam zu leben sowie dem Kloster für immer treu zu bleiben.
Mönche und Nonnen waren sehr angesehen. Sie weihten ihr Leben dem Dienst an Gott, dem Gebet und der Verehrung der Heiligen. Sie taten das nicht nur für sich, sondern auch für ihre Mitmenschen. Allen Christen, ob König oder Bettler, galten die Mitglieder der Orden als wichtige Helfer zur Erreichung des „Ewigen Lebens".
Die Klöster der Orden standen untereinander in regem Kontakt. Alle Mönche und Nonnen verband das gleiche Ziel, ein gottgeweihtes Leben zu führen. So gab es schon vor Jahrhunderten eine „europäische Gemeinschaft": die Gemeinschaft der Klöster.

2 Schlafraum der Mönche im Kloster Eberbach (Rheingau).
Foto um 1990.
Das Kloster wurde im 12. Jh. gegründet. Zeitweise lebten in Eberbach bis zu 300 Mönche. Der abgebildete Saal wurde im 13. Jh. gebaut und ist 72 m lang.

1 Mönche beten.
Buchmalerei aus Frankreich, um 1460.
Du kannst auf dem Bild erkennen, was einen Mönch neben seiner Ordenstracht kennzeichnet.

Anfänge des Klosterlebens
In Ägypten, Palästina und Syrien zogen schon im 3. Jh. einzelne Christen in die Wüste. Sie wollten allein den Versuchungen des Teufels widerstehen, um so vollkommen wie Christus zu werden. Solche Einsiedler (*Eremiten*) schlossen sich später zusammen, um Gottesdienste zu feiern und zu arbeiten. Daraus entstanden klösterliche Gemeinschaften. Ihre Mitglieder gaben sich Regeln, die den Tagesablauf und die Tätigkeiten im Kloster festlegten. Diese Lebensweise griff Ende des 4. Jh. auf Spanien, Italien, Gallien und Irland über.

Zum Vater des abendländischen Mönchtums wurde *Benedikt von Nursia*, der um 529 auf dem Monte Cassino in Süditalien ein Kloster gründete. Die von ihm zusammengestellte Regel legte Leitsätze für jedes Mitglied der klösterlichen Gemeinschaft und die Ordnung des Zusammenlebens fest. Sie wurde Anfang des 9. Jh. für alle Klöster des Abendlandes verbindlich. Neben dem *Benediktiner-Orden* entstanden im Laufe des Mittelalters zahlreiche Ordensgemeinschaften, die meist einen weiblichen und einen männlichen Zweig besaßen. Ihre Mitglieder unterwarfen sich den Regeln, kleideten sich einheitlich und übernahmen Pflichten wie Mission und Seelsorge.

Weltliche Herren reden mit

Viele Klöster wurden von Königen, Herzögen und Grafen gegründet. Ihre wirtschaftliche Grundlage beruhte auf Schenkungen, meist Ländereien, einschließlich der darauf lebenden unfreien Bevölkerung. Als Grundherren übernahmen die Äbte oder Äbtissinnen der Klöster weltliche Verpflichtungen: Sie sprachen Recht über die hörigen Bauern und mussten im Kriegsfall Krieger und Ausrüstung stellen.
Die Klosterstifter erwarben sich durch die Schenkungen einen Anspruch auf Gebete der Mönche oder Nonnen. Sie sorgten damit für das eigene Seelenheil und das ihrer lebenden und verstorbenen Familienmitglieder. Ihre Klöster betrachteten die Stifter als Eigentum und nutzten sie, um ihre Macht und ihren Einfluss zu sichern. Sie redeten daher bei der Ernennung des Abtes oder der Äbtissin mit und beanspruchten Teile aus den Erträgen des klösterlichen Besitzes. Um eine Zersplitterung ihres Erbes zu verhindern, brachten die Stifter hier auch ihre nachgeborenen Söhne oder unverheiratet gebliebenen Töchter unter. Schließlich schufen sie sich mit einem Kloster einen Platz für ihren Lebensabend und das Familiengrab.

Bewahren und Erneuern

Mönche und Nonnen waren Teil der Gesellschaft und konnten nicht so weltabgewandt leben, wie es ihr Ideal vorsah. So kam es immer wieder vor, dass die Klosterregeln missachtet wurden. Häuften sich die Probleme, bemühten sich einzelne Klöster um Reformen. Die Reformer erinnerten an die Ideale der Armut, der Keuschheit und des Gehorsams und versuchten zugleich, das klösterliche Leben an die veränderten gesellschaftlichen Verhältnisse anzupassen.

3 Eine Ordensschwester gibt ihre Erfahrungen an eine Novizin* weiter.
Foto von 1998 aus der Benediktinerabtei St. Hildegard, Eibingen (siehe auch M 2, Seite 134).

*Novizin: *Nonne während der Probezeit*

Die Glocke gliedert den Tag

Die Regel Benedikts schrieb vor, dass gemeinsam gebetet, gegessen und geschlafen wurde. Bereits zwei Stunden nach Mitternacht – im Winter etwas später – und dann sieben Mal am Tag riefen die Klosterglocken die Gemeinschaft zu Gebet, Psalmengesang und Andacht.
Da Müßiggang als Feind der Seele betrachtet wurde, mussten sich die Mönche und Nonnen tagsüber zwischen den Gottesdiensten der Arbeit für das Kloster und der Lesung geistlicher Schriften widmen. Im Sommer versammelten sie sich täglich bis zu dreimal zum Essen. Im Winter und während der Fastenzeiten gab es oft nur eine Mahlzeit. Während des Essens wurde aus der Bibel vorgelesen, sonst herrschte Schweigen. Wollte man um etwas bitten oder etwas Wichtiges mitteilen, benutzte man eine Zeichensprache.

Fast eine Stadt für sich

Der Lebensraum der Mönche und Nonnen war die **Klausur** (von lat. *claudere*: ab-[ver-]schließen). Sie bestand aus der Kirche, dem Schlafsaal (*Dormitorium*), dem Speisesaal (*Refektorium*) und dem Versammlungsraum (*Kapitelsaal*) und war für Fremde nicht zugänglich.
Innerhalb der Klostermauern befanden sich in der Regel alle notwendigen Einrichtungen: eine Mühle, Gärten mit Heilkräutern, Gemüse und Obst, Werkstätten, Viehstallungen und vieles mehr. Oft gehörten eine Brauerei, eine Bäckerei und ein Badehaus zur Anlage. Fischteiche versorgten das Kloster in der Fastenzeit. Außerdem verfügten die meisten Klöster über eine Bibliothek.

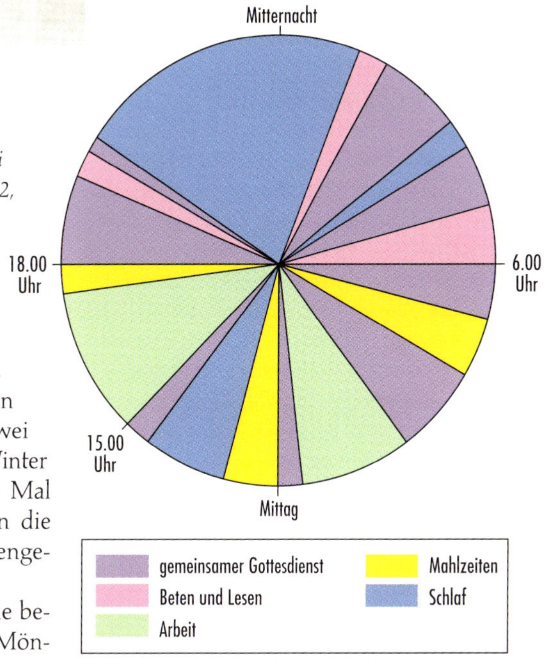

4 Tagesablauf im Kloster.
Der Tagesablauf richtete sich nach Sommer- und Winterzeit. Er sollte Demut, Gehorsam und Disziplin fördern. Erkläre!

Für das Kloster ackern

Bei den frühen Klostergründungen lag das geschenkte Land oft in unerschlossenen Gebieten und musste erst nutzbar gemacht werden. Neben den Mönchen und Nonnen arbeiteten auf den oft weitverstreut liegenden Ländereien der Klöster zahlreiche abhängige Bauern und Leibeigene. Sie bewirtschafteten den klösterlichen Grundbesitz gegen Abgaben und Dienste. Die Klöster waren von Abgaben befreit. Dies sicherte ihnen hohe Gewinne und stetig wachsenden Reichtum.
Mönche schufen wirtschaftliche Musterbetriebe, in denen neue Anbaumethoden und -techniken erprobt wurden.

Nonnen und Mönche helfen

Mönche und Nonnen halfen aus christlicher Nächstenliebe den Alten, Schwachen und Kranken. An bestimmten Tagen bekamen Arme Essen und Kleidung. Größere Klöster hatten Armen- und Siechenhäuser. Dazu nahm man anfangs regelmäßig Pilger und Reisende auf.

5 Die Klosterkirche Maulbronn wird gebaut.
Gemälde (65 x 69 cm) auf einem Flügelaltar, um 1450.
Das Kloster Maulbronn (Enzkreis) wurde in der Mitte des 12. Jh. gegründet.

Ohne Klöster keine Kultur

Fast alle Klöster besaßen *Schulen*. In den „inneren" Klosterschulen wurden die späteren Mönche bzw. Nonnen ausgebildet. In den „äußeren" Schulen lernten die Söhne und Töchter adliger Familien Lesen, Schreiben, Rechnen und die lateinische Sprache.
Mönche und Nonnen schufen zahlreiche religiöse, wissenschaftliche, literarische und historische Werke.
In den **Schreibstuben** (*Skriptorien*) fertigten sie einfache Schriftstücke und kostbare Handschriften an – für den eigenen Bedarf oder im Auftrag weltlicher Herren.
Durch die mühevolle Arbeit in den mittelalterlichen Skriptorien wurden uns zahlreiche Werke griechischer und römischer Schriftsteller überliefert.

6 Die Arbeiten der Schreiber und Maler.
Initialen (Anfangsbuchstaben) aus einer Bibel, die vermutlich um 1255 in Hamburg entstanden ist.
Im Mittelalter wurden Bücher durch Abschreiben vervielfältigt.
Die Miniaturen zeigen: Oben überprüft ein Mönch die Pergamente (enthaarte, geglättete und zum Beschreiben zubereitete Tierhaut). Darunter markiert ein Mönch die Seitenaufteilung mit Lineal und Messer; das Messer diente auch als „Radiergummi". In der Initiale „P" wird ein Schreiber mit hoher Stirn und Vollbart gezeigt, sein Gehilfe hat volles Haupthaar und ist bartlos; der Ältere überprüft das Schreibgerät, die Feder, der Jüngere bearbeitet das Pergament.*
Was geschieht auf der unteren Miniatur?

* **Miniaturen**: *Bilder, die z.B. den ersten Buchstaben eines neuen Abschnittes kennzeichnen. Weil für diese Illustrationen viel Mennige (lat. minium), eine rote Farbe, verwendet wurde, nennt man diese Bilder Miniaturen.*

M 1 Werkzeuge der guten Werke

Auszüge aus der von Benedikt von Nursia nach 529 verfassten Klosterregel:

Vor allem Gott den Herrn lieben aus ganzem Herzen, aus ganzer Seele und mit aller Kraft. Sodann den Nächsten wie sich selbst. Weiter: nicht töten, nicht ehebrechen, nicht stehlen, nicht sündhaften Begierden nachgeben, kein falsches Zeugnis geben, alle Menschen ehren. Auch keinem andern antun, was man nicht selbst erdulden möchte.

Sich selbst verleugnen, um Christus nachzufolgen. Den Leib züchtigen, der Sinneslust nicht nachgeben, das Fasten lieben.

Arme erquicken, Nackte bekleiden, Kranke besuchen, Tote begraben, in der Trübsal zu Hilfe eilen, Trauernde trösten. Mit dem Treiben der Welt brechen [...].

Böses nicht mit Bösem vergelten. Kein Unrecht tun, das zugefügte Unrecht aber mit Geduld ertragen. Die Feinde lieben [...].

Nicht stolz sein, nicht der Trunksucht ergeben sein, nicht ein Vielfresser sein, nicht schlafsüchtig sein, nicht träge sein [...]. Vor dem Tage des Gerichtes in Furcht sein. Vor der Hölle zittern. Nach dem ewigen Leben mit der ganzen Hingabe seines Herzens sich sehnen [...]. Seinen Mund vor böser und verderblicher Rede bewahren. Vieles Reden nicht lieben [...].

Den Eigenwillen hassen. Den Befehlen des Abtes in allem gehorchen [...]. Die Älteren ehren, die Jüngeren lieben [...]. Gehorsam ohne Zögern ist der vorzüglichste Grad der Demut.

Müßiggang ist ein Feind der Seele. Deshalb müssen sich die Brüder zu bestimmten Zeiten der Handarbeit und zu bestimmten Zeiten wiederum der Lesung göttlicher Dinge widmen. [...] Wenn immer möglich, soll das Kloster so angelegt sein, dass alles Notwendige, das heißt Wasser, Mühle, Garten und Werkstätten [...] innerhalb der Klostermauern sich befinden. So brauchen die Mönche nicht draußen umherzugehen, was für ihre Seelen durchaus nicht zuträglich ist.

Hans Urs von Balthasar, Die großen Ordensregeln, Einsiedeln [7]1994, S. 197 ff.

M 3 Kritik aus den eigenen Reihen

Der Mönch Lambert von Hersfeld schreibt im 11. Jh.:

Einige Mönche hatten keinen Eifer für göttliche Dinge und lebten nur für Geld und Erwerb. Um Abteien und Bistümer zu erhalten, lagen sie in unverschämtester Weise den Fürsten in den Ohren, und zu kirchlichen Ehrenstellen suchten sie nicht wie unsere Väter auf dem Wege der Tugenden, sondern auf dem abschüssigen Pfad der Schmeichelei [...] zu gelangen. Für ein armseliges Ämtlein versprachen sie täglich ganze Goldberge [...]. Die Welt wunderte sich über die Quellen solcher Geldströme und konnte es nicht fassen, wie sich die Schätze [...] bei einfachen Leuten anhäufen konnten, die [...] der Menschheit vorlogen, dass sie außer einer bescheidenen Verpflegung und Kleidung nichts besäßen.

Johannes Bühler, Klosterleben im Mittelalter, Frankfurt a. M. 1989, S. 179 f.

CD-ROM-Tipp → *Ora et labora, Klösterliches Leben im Mittelalter, Braunschweig: Westermann*

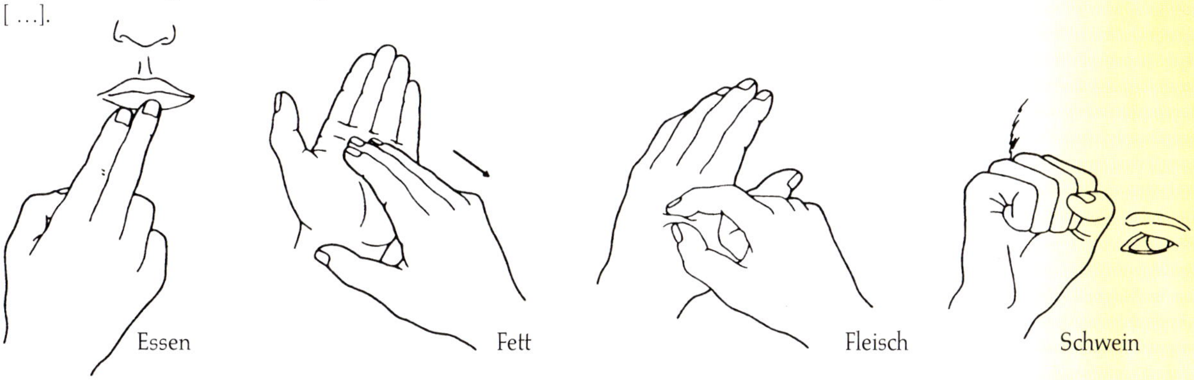

M 2 Aus der Zeichensprache der Mönche.

Die Benediktiner-Regel schrieb vor, dass in der Kirche, im Schlafraum und im Speisesaal geschwiegen wurde.
Wollte man sich dennoch verständigen, so geschah das mithilfe der Zeichensprache.
Bilde aus den Zeichen einen Satz. Er beginnt mit den Worten „Wir essen ...“

Internettipp →
Informationen zu Orden in Deutschland findest du unter www.orden.de

1. *Die Regel des Benedikt wurde mit dem Leitspruch „Ora et labora!“ (deutsch: Bete und arbeite!) zusammengefasst. Erkläre dies anhand M 1 und des Klosterplans (M 1, Seite 110).*
2. *Nenne Bereiche, in denen Nonnen und Mönche Beiträge zu unserer Kultur leisteten?*
3. *Überlege, welche Regeln Benedikts (M 1) nicht nur für Nonnen und Mönche gelten sollten. Begründe deine Auswahl.*
4. *Was kritisiert Lambert (M 3)? Führt über die Regeln (M 1) ein Streitgespräch zwischen ihm und einem Benediktinermönch.*

LERNTIPP

Ein rätselhafter Bauplan

Grundrisse sind einfache, maßstabsgerechte Strichzeichnungen mit knapper Beschriftung. Sie zeigen aus der Vogelperspektive, wie Räume eines Hauses oder verschiedene Gebäude angeordnet sind. Unser Beispiel ist ein besonderer Klosterplan. Aus ihm könnt ihr entnehmen, was alles zu einem Kloster gehören sollte, wo Nonnen und Mönche lebten und worum sie sich kümmern sollten.

M 1 Plan eines Benediktiner-Klosters.
Die Zeichnung ist eine stark vereinfachte und unvollständige Wiedergabe eines berühmten Klosterplans, der um 820 angefertigt wurde. Das Original ist ein aus fünf Stücken zusammengesetztes Pergament und misst 112 x 77 cm. Auf dem alten Plan sind rund 50 Gebäude mit roter Tusche eingezeichnet und etwa 350 Einträge in lateinischer Sprache verweisen auf die Funktion der einzelnen dargestellten Teile.

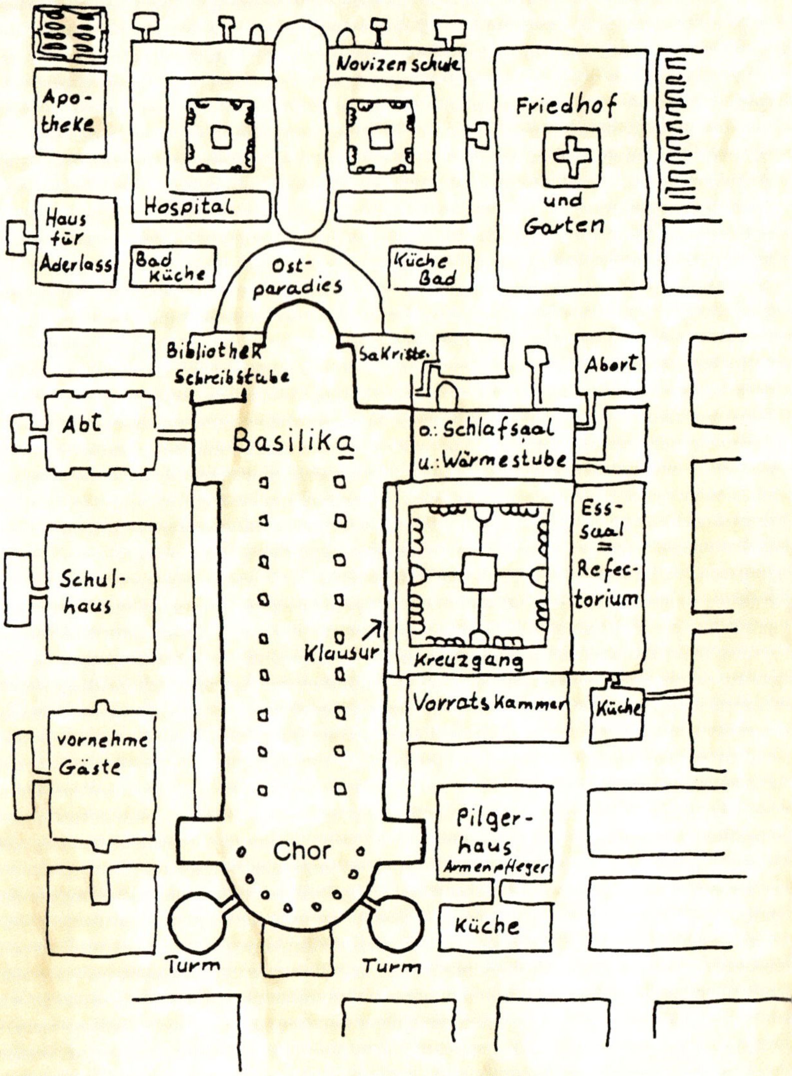

Sieh dir den Plan genau an und übertrage die gesuchten Wörter auf ein Blatt. Die Anfangsbuchstaben der ersten fünf und die Endbuchstaben der letzten sechs Wörter verraten dir den Ort, in dem das Original dieses Planes heute aufbewahrt wird.

1. Kein Wunder, dass sie in der Nähe der Bibliothek lag.
2. Diese Heilmethode wendet man im Haus neben der Apotheke an.
3. So nennt man Männer, die sich um Aufnahme ins Kloster bewerben. Ihre Kirche und Schule lagen zwischen Hospital und Friedhof.
4. Zu diesem Bereich, der den Kreuzgang umschloss, hatten nur Mönche Zutritt.
5. Rechts und links vom Chor stand je einer.
6. In diesem überwölbten Gang um einen Innenhof herum konnten die Mönche in aller Stille nachdenken. Für die werdenden Mönche gab es einen zweiten.
7. So nennt man auch die Klosterkirche.
8. Unten war die Wärmestube und oben?
9. Was ist ein Refektorium?
10. Wenn sich der Arme an den Armenpfleger wandte, fand er vielleicht für die Nacht nebenan in ihr einen Platz.
11. Dazu diente der Friedhof auch.

Aus: Freya Stephan-Kühn, Viel Spaß im Mittelalter! Spiel- und Lesebuch zur mittelalterlichen Geschichte, Würzburg: Arena [2]1986, S. 64

M 2 Begleitschreiben
Heito, der Abt des Benediktinerklosters Reichenau, schreibt um 820 einem anderen Klostervorsteher:

Ich habe dir, liebster Sohn Gozbert, diese Darstellung der Gebäudeanordnung gesandt, mit einigen Dingen, an denen du deine Sachkenntnis üben und meine Verehrung in jeder Weise erkennen mögest. Denn ich hoffe, nicht für lässig befunden zu werden, deinem guten Willen Genüge zu leisten. Denke aber auch nicht, ich hätte dies ausgearbeitet, weil wir dächten, ihr hättet von uns Belehrungen nötig, sondern glaube vielmehr, dass ich dies aus Liebe zu Gott allein dir zum Studium gezeichnet habe, in Achtung der freundschaftlichen Ordensbruderschaft. Lebe wohl in Christus und bleibe unser eingedenk. Amen.

Werner Vogler, Die Kultur der Abtei Sankt Gallen, St. Gallen 1998, S. 186

1. Überlege, welche Aufgabe der Plan erfüllen sollte (M 2).
2. Stellt fest, ob es an eurem Schul- oder Wohnort ein Kloster gibt. Plant eine Besichtigung, und informiert euch über das heutige Leben „hinter Klostermauern".

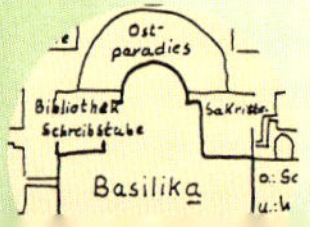

Die Stadt im Mittelalter

Die Stadt wird wieder entdeckt
Während die **Städte** in Oberitalien an die antike Tradition des städtischen Lebens anknüpfen konnten, sah es nördlich der Alpen nach der Völkerwanderungszeit anders aus. Hier waren die römischen Städte zum Teil verlassen und verfallen. Die wirtschaftliche und politische Bedeutung des Städtewesens musste neu- oder wiederentdeckt werden. Dies geschah unter anderem

- in Städten wie Augsburg, Passau, Regensburg, Köln, Mainz und Trier, die auf römische Gründungen zurückgingen und Bischofssitze geworden waren,
- in Marktorten wie Paris und St. Denis an den alten römischen Heer- und Handelsstraßen sowie an Messeplätzen, wo sich Fernhandelskaufleute seit dem 10. Jh. trafen, um Waren auszutauschen, und
- in Kaufmannssiedlungen an den Fernstraßen, Flüssen und Küsten wie Haithabu bei Schleswig.

Die meisten Städte, die seit dem 10. Jh. nördlich der Alpen entstanden, gingen aus befestigten Plätzen hervor: um Kirchen, Klöster, Burgen und Pfalzen.
Das Wachsen der Bevölkerung, die verbesserte Versorgung der Menschen mit landwirtschaftlichen und handwerklichen Gütern und der zunehmende Handel trugen zur mittelalterlichen Stadtentwicklung bei.

1 Stadt und Umland.
Wandbild (ca. 305 x 198 cm) für den Monat Dezember aus dem Adlerturm zu Trient, um 1400 (Ausschnitt).
Was sagt das Bild über die Bedeutung des Umlands für die Stadt aus?

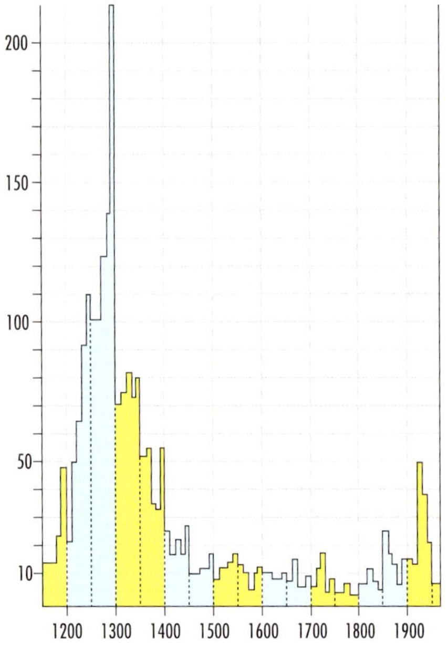

2 **Phasen der Neugründung von Städten in Mitteleuropa.**

Vom Markt zur Stadt

Im ostfränkischen Reich konnten nur die Könige einen Markt genehmigen. Als Marktherren schützten sie die Kaufleute bei der An- und Abreise sowie während des Marktes. Sie richteten Marktplätze ein, übten das Marktgericht aus und ließen Maße und Gewichte kontrollieren. Außerdem machten sie viele Marktorte zu Münzstätten. Für diese Leistungen erhoben sie Zölle, Marktabgaben und Standgelder. Später vergaben die Könige diese sogenannten **Regalien** als Lehen an Fürsten, Grafen, Bischöfe und Klöster. Und da diese die Vorteile der Handelsplätze erkannten, begannen sie auch, auf ihrem eigenen Grund Siedlungen auszubauen und Märkte zu gründen.

Um den Handel in ihren Städten zu fördern, gingen die Stadtgründer oft auf Wünsche der Kaufleute nach **Privilegien** (*Sonderrechten*) ein, oder sie lockten sie sogar damit. Die Stadtherren befreiten sie von bestimmten Diensten oder verzichteten – anders als auf dem Lande – auf einen Anteil am Erbe.

Aus diesen Sonderrechten und Freiheiten entstand das Stadtrecht. Es regelte das Verhältnis der Stadtbewohner zu ihren Stadtherren, das Zusammenleben der Bewohner untereinander sowie die Verwaltung der Stadt. Stadt und Land entwickelten sich zu zwei unterschiedlichen Rechtsbereichen auseinander. Trennungslinie waren die Stadtmauern.

3 **Marktkreuz in Trier.**
Foto, um 1990.
Zeichen für Marktrecht und Marktfrieden aus dem 10. Jh.

4 **Romanisches Haus in Gelnhausen.**
Foto, um 2000.
Das Gebäude wurde um 1180 errichtet und diente als Sitz des kaiserlichen Vogtes in der Stadt. Es gilt als das älteste Amtshaus Deutschlands.

Städtelandschaften entstehen

Die überall aufblühenden Städte verteilten sich nicht gleichmäßig über das Land, sondern es entwickelten sich „Städtelandschaften". Dazu zählten die Handels- und Gewerberegionen in Oberitalien und in Flandern im heutigen Belgien.

Im Deutschen Reich gab es zu Beginn des 12. Jh. vielleicht 50 Städte, Ende des 15. Jh. waren es etwa 3 000. Rund 90 Prozent dieser Städte zählten weniger als 2 000 Bewohner. Über 10 000 Einwohner hatten im 15. Jh. Lübeck, Hamburg, Bremen, Braunschweig, Soest, Münster, Frankfurt a. M., Regensburg, Würzburg, Augsburg und Ulm. Großstädte mit 25 000 oder gar 40 000 Einwohnern waren nur Köln und Nürnberg. Dagegen lebten in Mailand, Florenz oder London bereits im 14. Jh. über 100 000 Menschen. Insgesamt lag der Anteil der Stadtbewohner in Europa bei etwa zehn Prozent der Gesamtbevölkerung.

Das Stadtbild
Mit ihren Mauern und Toren war die mittelalterliche Stadt eine erweiterte Burg. Deshalb nannte man ihre Bewohner Bürger. Mittelpunkt der Stadt war der Marktplatz. Hier standen das Rathaus, die Kirche und die Häuser der reichen Bürger.
Da der Raum innerhalb der Stadtmauern begrenzt war, wuchsen die Häuser angesichts der ständig zunehmenden Bevölkerung in die Höhe. Sie waren zunächst Holz- oder Fachwerkbauten, deren Dächer mit Holzschindeln oder Stroh gedeckt waren. Die Brandgefahr war somit groß. Es gab kaum eine Stadt, die nicht mehrfach durch Feuer zerstört wurde. Erst seit dem 13. Jh. ersetzten immer mehr Steingebäude die alten Holzbauten.

Der Kampf um Bürgerrechte
Mit den anfangs gewährten Rechten gaben sich die Stadtbürger bald nicht mehr zufrieden. Nach italienischem Vorbild setzten sie im Laufe des 13. und 14. Jh. ihre eigene Gerichtsbarkeit und vollständige Selbstverwaltung durch. Diese Rechte und Freiheiten erhielten die Bürger von den Stadtherren nicht immer freiwillig und ohne Gegenleistungen. In der Regel kauften die in Gemeinschaften zusammengeschlossenen Kaufleute den Fürsten die erweiterten Privilegien ab. Manchmal erkämpften sie sich die größere Unabhängigkeit auch in blutigen Auseinandersetzungen.
Im 14. Jh. war es das Ziel vieler Orte, **Freie Reichsstadt** zu werden. Diese Städte unterstanden dem direkten Rechtsschutz des Kaisers. Dafür zahlten sie ihm eine Reichssteuer. In ihren Mauern waren die Freien Reichsstädte weitgehend unabhängig.

Wer regiert in der Stadt?
Sobald sie ihre Stadt selbst verwalten durften, gaben sich die Bürger eine **Ratsverfassung**. Nur die Angehörigen der alteingesessenen und reichen Kaufmannsfamilien, die Patrizier, galten zunächst als ratsfähig: Aus ihrer Mitte bestimmten sie einen Stadtrat mit einem oder zwei Bürgermeistern an der Spitze. Rat und Bürgermeister wurden für ihre Tätigkeit nicht bezahlt.

5 Laube des Rathauses von Michelstadt in Hessen.
Foto von 1999.
Das Rathaus wurde 1484 erbaut. Die offene Halle (Laube) diente dem Handel und war Gerichtsstätte.

6 Rathaus von Lübeck.
Foto, um 1980.
Mit dem Bau wurde um 1230 begonnen, die ältesten Teile sieht man nicht mehr.
Seit dem frühen 13. Jh. entstanden zahlreiche Rathäuser. Sie wurden zum Zeichen bürgerlichen Stolzes und waren neben den Kirchen oft die prächtigsten Bauten einer Stadt. Die Rathäuser dienten vielen Zwecken. Zunächst einmal trugen sie das Stadtwappen. Zwischen den Pfeilern oder Säulen des Erdgeschosses wurden oft Waren verkauft. Hier saßen der Steuereinnehmer und die Marktaufsicht (mit Waage, Eichmaßen und -gewichten).
Im Obergeschoss tagte der Rat, dort befanden sich meist Säle für Empfänge und Festessen. In den Gewölbekellern lagerten Wein und Bier, andere Räume dienten zur Aufbewahrung von Waffen. Rathäuser waren auch Gerichtsstätten, in ihnen gab es Gefängnisse, und davor standen zur öffentlichen Schaustellung von Straftätern oft Schandpfähle bzw. Pranger.

Städtische Selbstverwaltung
Die Stadträte übernahmen die ursprünglich allein dem Stadtherrn zustehenden Rechte: Sie setzten Steuern, Abgaben und Zölle fest, führten die Aufsicht über Maße, Gewichte und Preise, beaufsichtigten den Handel ebenso wie die Handwerksbetriebe, vereinbarten Zollfreiheiten mit anderen Städten, sorgten für Bau und Unterhalt der Stadtmauer, kümmerten sich um Schulen, Kirchen und Krankenhäuser und bestraften Verstöße gegen die Markt- und Stadtordnung.

M 1 Der König schützt die Kaufleute

König Ludwig der Fromme teilt seinen Bischöfen, Äbten, Herzögen, Grafen und allen sonstigen Amtsleuten im Jahre 828 mit:

Wir haben die Kaufleute unter unseren Schutz sehr gern aufgenommen und wünschen, so Gott will, dass sie hinfort in jedem Jahre oder nach erfülltem Ablauf zweier Jahre in der Mitte des Monats Mai zu unserer Pfalz kommen [...]. Ferner aber bestimmen und befehlen wir durch die vorliegende Anordnung, dass weder ihr noch eure Dienstleute oder Nachfolger noch unsere reisenden Boten unsere getreuen Kaufleute belästigen oder schikanieren, noch etwas von ihren Sachen gegen das Recht wegnehmen oder mindern sollen. Sondern es sei den Kaufleuten erlaubt, wie den Juden, den Interessen unseres Palastes getreulich zu dienen, und wenn sie Fahrzeuge, mit Christi Gunst, in unsere Reiche zu ihrem und unserem Nutzen handelshalber bringen wollen, so sollen sie die Erlaubnis dazu haben. Zoll aber soll – bis auf wenige Ausnahmen – nirgendwo von ihnen gefordert werden.

Ernst Pitz (Hrsg.), Leben im Mittelalter. Ein Lesebuch, München 1990, S. 101 f. (stark vereinfacht)

M 2 Konrad gründet einen Markt

Herzog Konrad von Zähringen gewährt ohne Absprache mit dem König im Jahre 1120 – die Zeitangabe ist umstritten – einer Gruppe von Kaufleuten folgende Rechte:

Aller Nachwelt und Mitwelt sei kundgemacht, dass ich, Konrad, an dem Platz, der mir als Eigengut gehört, nämlich Freiburg, einen Marktort gegründet habe, im Jahr des Herrn 1120. Nachdem angesehene Geschäftsleute von überall her zusammengerufen worden waren, habe ich angeordnet, diesen Marktort [...] auszubauen. Daher habe ich jedem Kaufmann für den Hausbau ein Grundstück zugeteilt und angeordnet, dass mir und meinen Nachkommen von jedem Grundstück ein Schilling* gängiger Währung als Zins jährlich am Fest des heiligen Martin zu zahlen ist. [...]

Ich verspreche also allen, die meinen Marktort aufsuchen, im Bereich meiner Macht und Herrschaft Frieden und sichere Reise. Wenn einer von ihnen in diesem Raum ausgeplündert wird und mir den Räuber namhaft macht, werde ich das Entwendete zurückgeben lassen oder den Schaden selbst bezahlen. [...] Alle, die Besitz am Marktort haben, sollen ohne Verbot Wiesen, Flüsse, Weiden und Wälder nutzen dürfen. – Allen Geschäftsleuten erlasse ich den Marktzoll. – Ich werde meinen Bürgern niemals ohne Wahl einen anderen Vertreter des Stadtherrn und einen anderen Priester vorsetzen, sondern wen immer sie dazu wählen, werden sie von mir bestätigt bekommen. [...] – Wenn der Mangel am Notwendigsten jemanden dazu zwingt, darf er seinen Besitz verkaufen, an wen er will. Der Käufer soll aber für die Hofstätte den festgesetzten Zins zahlen.
[...] Jede Frau soll dem Mann in der Erbfolge gleichgestellt sein und umgekehrt. – Auch darf jeder, der an diesen Ort kommt, hier frei wohnen, wenn er nicht jemandes Knecht ist und den Namen seines Herrn zugibt. Dann kann der Herr den Knecht in der Stadt belassen oder nach Wunsch wegführen. Wenn aber der Knecht den Herrn verleugnet, soll der Herr mit sieben Nächstverwandten vor dem Herzog beschwören, dass es sein Knecht ist; dann kann er ihn haben. Wenn einer aber über Jahr und Tag ohne solche Hemmung geblieben ist, soll er sich fortan sicherer Freiheit erfreuen.

Arno Borst, Lebensformen im Mittelalter, Frankfurt – Berlin 1973, S. 396 f. (vereinfacht)

***Schilling**: *Währung; ein Schilling war kein hoher Betrag, sondern mehr eine symbolische Zahlung*

M 3 Das älteste Siegel* von Freiburg im Breisgau, vor 1218.

* **Siegel**: *Abdruck eines Stempels in ein zunächst weiches, dann erhärtetes Material, wie Wachs. Siegel konnten als eine Art Ausweis (Erkennungszeichen) benutzt werden, mit ihnen wurden auch Urkunden beglaubigt oder wichtige Schriftstücke zum Schutz vor unerlaubter Einsichtnahme oder Verfälschung verschlossen.*

1. *Nenne die Gründe, weshalb der König die Kaufleute beschützen will (M 1).*
2. *Konrad von Zähringen wollte Kaufleute anlocken (M 2): Zeige, welche Vorteile die Kaufleute und welchen Gewinn der Herzog hatten.*
3. *Nenne den Kalendertag, an dem der jährliche Zins zu leisten war (M 2).*
4. *Erkläre anhand von M 2 den Ausspruch „Stadtluft macht frei".*
5. *Beschreibe die Abbildung auf dem Siegel (M 3) und erkläre sie.*

Leben und Arbeiten hinter Stadtmauern

Macht Stadtluft frei?
Wohlstand und Selbstverwaltung der Städte lockten die unfreie Landbevölkerung an. Immerhin konnte ein Grundherr seine Ansprüche an einen in die Stadt gezogenen Hörigen „binnen Jahr und Tag" verlieren. Die Bürgerrechte und -freiheiten erhielten aber nur die Männer, die einen eigenen Hausstand, einen Handwerksbetrieb oder ein Geschäft nachweisen konnten und in der Lage waren, ein Bürgeraufnahmegeld zu zahlen.
Das im 19. Jh. entstandene Sprichwort *Stadtluft macht frei* fasst all dies vereinfachend zusammen. Denn die Stadtluft löste nicht jeden neuen Stadtbewohner aus seinen Abhängigkeiten. Stadtbewohner mit besonderen Rechten blieben die Adligen. Ebenso fielen die Geistlichen und Ordensmitglieder nicht unter das Stadtrecht und unterstanden weiterhin ihrem Bischof oder Abt. Eine Sonderstellung nahmen auch die Juden ein.*

** Über die Juden im Mittelalter erfährst du mehr auf den Seiten 142 f.*

CD-ROM-Tipp → *Die Stadt im Mittelalter, Rosenheim: co.Tec*

1 Blick in eine Stadt des 13. Jh.
Rekonstruktionszeichnung von Jörg Müller. Das Bild zeigt verschiedene Aufgaben, die eine Stadt erfüllte. Benenne sie! Vergleiche das Leben in der Stadt mit dem auf dem Dorf. Sieh dir die Abbildung auf Seite 90 an. Bestimme die Materialien, die beim Bau der Stadtbefestigung und der Häuser verwendet wurden.

2 Händlerin.
Ausschnitt aus einem Gemälde, um 1475/85.

Von Schicht zu Schicht

Die alteingesessenen Kaufleute bildeten mit den Ministerialen, die als Dienstleute der Stadtherren in die Städte gekommen waren, die Oberschicht der Städte. In Anlehnung an den römischen Adel wurden ihre Mitglieder später Patrizier genannt. Sie allein bestimmten die Politik der Stadt. In Regensburg waren das Mitte des 13. Jh. Männer aus nur etwa 60 Familien.

Nicht mehr zum Patriziat, aber noch zur Oberschicht gehörten die übrigen reichen Stadtbewohner. Die städtische Mittelschicht stellten vor allem Handwerker und Gewerbetreibende, die ihre Waren meist selbst verkauften. An dem Wachstum und Aufschwung der Städte hatten sie in einigen Gegenden großen Anteil.

Dazu kamen die Ackerbürger. Sie lebten in der Stadt, bearbeiteten aber vor den Toren der Stadt ihr Land.

Besitz und Einkommen der Bürger, die nicht zum Patriziat zählten, waren unterschiedlich. Obwohl einige es zu großem Wohlstand brachten, blieb ihnen fast immer die Mitgliedschaft im Stadtrat verwehrt. Erst als im 14./15. Jh. die alte Ratsverfassung zunehmend auf den Widerspruch der reich gewordenen Kaufleute und Handwerker stieß, die von der Stadtregierung ausgeschlossen blieben, änderte sich das – oft allerdings erst nach Bürgerkriegen.

Ohne Bürgerrechte

Zwischen 40 und 60 Prozent der Stadtbewohner besaßen keine Bürgerrechte. Dazu gehörten die Angehörigen der Unterschichten: Kleinhändler und Krämer, Handwerksgesellen, Kaufmannsgehilfen und Lehrlinge, Tagelöhner sowie Knechte, Mägde und Dienstboten.

Alle Stadtbewohner, selbst die Angehörigen der Unterschicht, grenzten sich von den **Randgruppen** ab. Zu diesen gehörten die sogenannten „unehrlichen Leute", die „unehrenhaften" Tätigkeiten nachgingen: Bettler, Gaukler, Schausteller, Hausierer, Dirnen, Henker und Totengräber. Auch Frauen und Männer unehelicher Herkunft und Zigeuner wurden dazu gezählt. Sie alle besaßen einen eingeschränkten Rechtsschutz, erhielten kein christliches Begräbnis und konnten jederzeit aus der Stadt gewiesen werden.

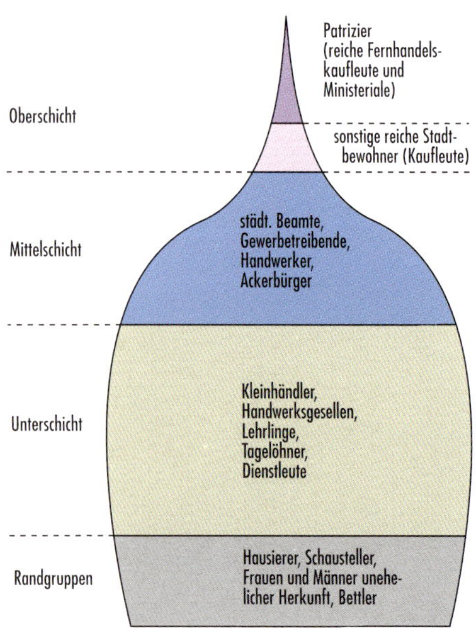

3 Zusammensetzung der städtischen Bevölkerung.
Was ein Schaubild leisten kann, zeigt dieses Beispiel. Es informiert auf einen Blick darüber, wer in der mittelalterlichen Stadt lebte und welche Anteile die jeweiligen Gruppen/Schichten an der Bevölkerung insgesamt hatten. Aber es ist ungenau. So blieben in dieser Grafik z. B. die Juden, die Geistlichen und Ordensmitglieder unberücksichtigt. In einigen Städten wie Bamberg, Hildesheim oder Worms war aber im 15. Jh. etwa jeder zehnte Bewohner Geistlicher. Zu den Lebensbedingungen der Juden siehe Seite 142 f.

Gemeinsam sind wir stark
Die Kaufleute einzelner Handelszweige schlossen sich zu **Gilden** zusammen. Diese gingen aus den Schwurgemeinschaften hervor, die die Fernkaufleute zu ihrem Schutz in der Fremde gegründet hatten. Gemeinsam vertraten die Angehörigen einer Gilde ihre Interessen gegenüber dem Rat ihrer Stadt und legten fest, wer wo was zu welchen Bedingungen verkaufen durfte. Darüber hinaus leisteten die Gildenmitglieder Wehrdienst an der Stadtmauer sowie Brandschutz, feierten Gottesdienste und Feste und halfen sich in Notfällen.

Im Handwerk ging es zünftig zu
Der Handel hatte das Handwerk in die Städte gezogen. In größeren Städten vereinigten sich die Handwerker seit dem 12. Jh. ähnlich wie die Kaufleute zu Berufsgruppen, den späteren Zünften. Bald durften in einer Stadt nur noch Zunftmitglieder ihr Handwerk ausüben. Der *Zunftzwang* begrenzte die Zahl der Betriebe und verhinderte ortsfremde Konkurrenz. Außerdem kontrollierten die Zünfte Qualität und Preise der Waren, bestimmten die Arbeitszeit und sorgten für die Ausbildung der Lehrlinge. Die Lehre begann oft im Kindesalter und dauerte zwischen vier und zwölf Jahren. Die Zünfte schrieben vor, wie lange man Geselle sein musste, bevor man Meister werden durfte.
Die Zünfte waren wie die Gilden nicht nur Berufsverbände. Sie sorgten auch für den Schutz der Stadt, errichteten in der Stadtkirche ihren eigenen Altar und nahmen an feierlichen kirchlichen Prozessionen (*Umzügen*) teil. Dazu unterstützten sie erkrankte und verarmte Mitglieder, Witwen und Waisen.

5 Ein Fachwerkhaus entsteht.
Holzstich von 1546.
Die ältesten erhaltengebliebenen Fachwerkhäuser in Deutschland stammen aus dem Spätmittelalter.
Schon in vorgeschichtlicher Zeit bauten die Menschen mit den in der Natur vorkommenden Baustoffen Holz, Stroh und Lehm.

4 Das „Bäckerfenster".
Buntglasfenster im Freiburger Münster, um 1320.
Das Geld für die teuren Buntglasfenster in den Kirchen stifteten nicht nur reiche Patrizierfamilien, sondern oft auch die Gilden und Zünfte.

Internettipps → *Informationen über Fachwerkbauten und die Deutsche Fachwerkstraße, die durch Niedersachsen, Sachsen-Anhalt, Thüringen, Hessen und Bayern führt, finden sich unter www.fachwerk.de (mit zahlreichen Links) und www.deutsche-fachwerkstrasse.de*

6 Teilansicht einer Stadt des 13. Jh.
Rekonstruktionszeichnung von Jörg Müller.

7 Ehgraben und darüber ein Abtritt.
Miniatur aus dem 14. Jh.
In den Städten dienten die Ehgräben als Kloake und Grundstücksgrenze.

Schmutz, Lärm und Gestank

In den engen Gassen der dichtbesiedelten Städte mussten die Menschen ihren Weg zwischen Unrat, Kot und Abwässern suchen. Nach Regenfällen blieben Wagen im Morast stecken. Auch vor den Häusern reicher Bürger lagen oft Mist- und Abfallhaufen. Dazu tummelten sich Schweine, Gänse, Enten und Hühner auf den Gassen, denn in fast allen Haushalten wurde Vieh gehalten. Für weiteren Schmutz, Gestank und Lärm sorgten zahlreiche Handwerksbetriebe. Handwerker nutzten die Straßen häufig als Arbeitsplatz und die Gewässer als Abfallgruben. Die Folgen: verschmutzte Straßen, häufige Ratten- und Mäuseplagen sowie verunreinigtes Wasser.

Die Bürger versuchten, die Verhältnisse zu ändern. In Goslar und Konstanz ließen sie erstmals im 12. Jh. zur Entsorgung der Abwässer einzelne offene oder verdeckte Abzugsrinnen und Sickergruben anlegen. Mithilfe von Röhren aus Holz, Blei oder Ton wurden seit dem 13. Jh. die Wasserläufe kanalisiert, erstmals in London 1236, in Lübeck ab 1294.

Vom Ende des 14. Jh. an begann man in den großen Städten, die ersten Straßen mit Steinen zu pflastern. Diese kostspieligen Baumaßnahmen konnten sich die Städte erst nach und nach leisten.

Die Stadtverwaltungen bemühten sich, die Missstände durch Verordnungen zu beseitigen. Den Kölner Metzgern wurde 1336 bei Strafe verboten, ihre Schlachtabfälle auf die Straße zu werfen. Gerber und Färber siedelte man flussabwärts und außerhalb der Stadtmauern an. Die offene Schweinehaltung wurde den Bürgern der angesehenen Messe- und Handelsstadt Frankfurt am Main erst 1481 verboten.

Gegen Ende des 15. Jh. machte man die Abfallentsorgung in den Großstädten zur städtischen Angelegenheit. Bis dahin war sie Sache der Anlieger. In den Mittel- und Kleinstädten änderten sich die Verhältnisse oft erst im 18. Jh.

1. *Ein Ratsmitglied will die Umweltbelastungen ändern. Schreibe einen Antrag für den Stadtrat.*
2. *Erzähle einem Bauern vom Leben in der Stadt.*

M 1 Aus der Nürnberger Handwerkermeister-Liste von 1363

Der Rat der Stadt Nürnberg ließ seit 1363 „Meisterbücher" führen. Das hier wiedergegebene Verzeichnis ist nicht ganz vollständig, es fehlen Berufsgruppen, die sicher auch in der rund 20 000 Einwohner zählenden Stadt ansässig waren, z.B.: Brauer, Seidennäher, Pergamenthersteller, Drechsler, Leinenweber, Maurer, Verputzer und Anstreicher.

Schneider	76
Mantelschneider	30
Plattner (Harnischmacher)	12
Eisenhandschuhmacher	21
Kettenhemdmacher	4
Nadelmacher und Drahtzieher	22
Messingschmiede, Zinngießer	33
Fassmacher (Büttner, Böttcher)	34
Wagenmacher	20
Schreiner	10
Spengler (Flaschner)	15
Helmschmiede	6
Schlosser	24
Zaumzeug- und Sporenmacher	19
Verfertiger eiserner Bänder	12
Nagelschmiede	6
Pfeil- und Bolzenschmiede	17
Zirkelschmiede, Werkzeugmacher, Schleifer	9
Hufschmiede	22
Pfannenschmiede	5

Kesselschmiede	8
Schuster	81
Flickschuster	37
Goldschmiede	16
Geldwechsler, Münzmeister	17
Messermacher	17
Klingenschmiede	8
Kannengießer	14
Taschenmacher	22
Handschuhmacher	12
Müller	12
Bäcker	75
Schwertfeger (Waffenbearbeiter)	7
Kürschner	57
Glaser	11
Maler	6
Tuchwalker	28
Hut- und Putzmacher	20
Tuchweber	10
Sattelmacher	17
Fischer	20

Seildreher	10
Steinmetzen	9
Zimmerleute	16
Hafner (Steingutmacher)	11
Spiegel- und Glasmacher und Rosenkranzhersteller	23
Weißgerber	35
Ledergerber	60
Metzger	71
Färber	57

Die Chroniken der fränkischen Städte. Nürnberg 2, Leipzig 1864, S. 507 (vereinfacht)

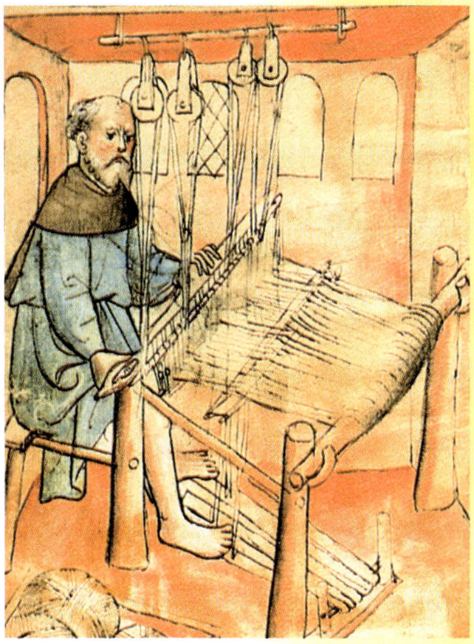

M 4 Weber am Trittwebstuhl.
Zeichnung (29 x 20 cm) aus dem Hausbuch der Mendel'schen Zwölfbrüderstiftung, Nürnberg, um 1425.

M 2 Lehrjahre sind keine Herrenjahre

Von 1494-1496 machte Johannes Butzbach aus Miltenberg am Main eine Schneiderlehre in Aschaffenburg; in seinem „Wanderbüchlein" berichtet er:

Was ich bei dem Meister während der zwei Jahre meiner Lehrzeit ausgestanden habe, will ich berichten. Ich musste von drei oder vier Uhr morgens bis abends neun oder zehn, bisweilen auch bis elf oder zwölf Uhr in einem fort arbeiten. Ich wurde geplagt mit Wassertragen, mit Hausauskehren, Heizen, mit Besorgungen in der Stadt und außerhalb, mit Schuldeneintreiben an Festtagen und, was mir am meisten verhasst war, mit dem Sammeln, oder besser gesagt, dem Stehlen des Wachses von den Leuchtern in den Kirchen zur weiteren Verwendung im Geschäft. Ferner erhielt ich von dem Meister und der Meisterin sowie von den Dienstboten herbe Worte und mitunter auch Schläge. Dazu hatte ich Kälte und Hitze, Hunger und Durst bis zum Äußersten zu ertragen.

Wanderbüchlein des Johannes Butzbach genannt Piemontanus, hrsg. von Leonhard Hoffmann, Graz 1985, S. 143 f. (stark gerafft und vereinfacht)

M 3 Hafnerin* an der Töpferscheibe.
Bild auf einer Spielkarte, um 1425.

***Hafner**: *siehe M 1, 3. Spalte*

1. *Nenne die Berufe, die für den örtlichen Bedarf und welche für den Fernhandel arbeiten (M 1).*
2. *Stelle die Rohstoffe, die die Handwerker verarbeiteten, zusammen und überlege, woher sie stammten (M 1).*
3. *Schreibe einen Bericht an den Zunftmeister über die Zustände in Johannes' Ausbildungsbetrieb (M 2). Mache Vorschläge für Regeln, die solche Verhältnisse verhindern könnten.*

PROJEKT

So bauten sie die Kathedralen

Bilder des Himmels
Großartige Zeugnisse der mittelalterlichen Baukunst sind die Kirchen. Mit ihren gewaltigen Steinmassen und großen Türmen ragten sie hoch über die Häuser und Hütten der Menschen hinaus. Sie sollten dem Volk die Größe Gottes vor Augen führen und das göttliche Reich – das *Himmlische Jerusalem* – schon auf Erden sichtbar machen. Insofern dienten die Kirchen vor allem

- zum Lob und Preis des Schöpfers,
- zur Darstellung der christlichen Botschaft sowie
- als Zeichen der Macht und des Stolzes derer, die sie errichten ließen.

Stile verschiedener Epochen
Die Bezeichnung **Romanik** stammt aus dem Anfang des 19. Jh. Sie wird heute für die gesamte europäische Kunst und Kultur etwa vom Jahre 1000 bis zum Beginn der Gotik (in Frankreich um 1140, im Deutschen Reich erst um 1230) benutzt und betont deren Nähe zur römischen Kunst.
Die Bezeichnung **Gotik** wurde im 16. Jh. in Italien geprägt. Sie ist ursprünglich abwertend von den „barbarischen" Goten hergeleitet, denen die Zerstörung des Römischen Reiches während der Völkerwanderungszeit vorgeworfen wurde.
Bis ins 14. Jh. verschmolzen bei ein- und demselben Bauwerk häufig gotische Stilelemente mit älteren romanischen Vorgaben. Beide Stile beeinflussten nicht nur Bauwerke, sondern die Kunst ihrer Epoche – vom Altargemälde bis zum Goldgeschmeide.

M1 Bauarbeiten im Mittelalter.
Nachzeichnung aus der Weltchronik des Rudolf von Ems, um 1340.

M2 Dom zu Speyer.
Foto, um 1990.
Ansicht von Osten.
Baubeginn um 1030. Das 1061 geweihte Gotteshaus ist 133 Meter lang und der größte romanische Kirchenbau in Deutschland.Der Dom diente den salischen Königen als Grablege.

M3 Kölner Dom.
Foto von 1998.
Baubeginn 1248. Das 144 Meter lange fünfschiffige Gotteshaus mit den 158 Meter hohen Türmen ist eines der schönsten gotischen Bauwerke Europas. Die Einweihung des Chores fand 1322 statt. 1561 wurden die Bauarbeiten wegen Geldmangels für rund 300 Jahre eingestellt. 1880 konnte der Bau fertiggestellt werden.

Informiere dich in einem Lexikon über die unterschiedlichen Stilmerkmale romanischer und gotischer Kirchenbauten.

M 4 Achtung, Baustelle!
Modell des Freiburger Münsters von Karl-Heinz Eckardt und Werner Heeb, 1985/87.
Rechts: Blick von Südwesten auf den ersten Bauabschnitt, um 1250.
Links: Details des Glockenstuhls mit Laufrad und Kran.

M 5 Bauhütte.
Nachzeichnung aus der Weltchronik Jansen Enikels, um 1380.
Alle an einem Kirchenbau beteiligten Bauleute, besonders die Steinmetze und Maurer, schlossen sich zu einer Bruderschaft, der sogenannten ***Bauhütte****, zusammen.*
Sie sollte die Einheitlichkeit der Architektur und der Kunstwerke sicherstellen.

M 6 Die Heinzelmännchen
Der Journalist Wolf Schneider beschrieb 1991 den Bau des Kölner Doms.

Und so schleppten sie und werkelten sie für ihren Dom: Hunderte von Steinmetzen, Maurern und Zimmerleuten; Dutzende von Knechten in Treträdern und an Seilwinden, um die tonnenschweren Werkstücke bis in die schwindelnde Höhe der Gewölbe zu befördern; dazu Schmiede und Glasbläser, Bleigießer und Dachdecker, Seiler, Maler und Vergolder.
Und dann im Steinbruch die Steinbrecher und wieder Steinmetzen, Zimmerleute und Schmiede; im Wald die Holzknechte, denn die Schalungen der Gewölbe, die gewaltigen Gerüste und das hölzerne Hebezeug verschlangen Baumstämme zu Tausenden; dazu Hunderte von Fuhrknechten oder Bauern und Bürgern, die Hand- und Spanndienste leisten mussten, um mit Ochsen, Pferd und Wagen den Stein heranzukarren, auch das Holz nebst Blei und Eisen […].

Wolf Schneider, Der Kölner Dom. Wie die Deutschen zu ihrem Weltwunder kamen, Hamburg 1991, S. 25

CD-ROM-Tipp → *Kölner Dom, München: Deutscher Kunstverlag*

Lesetipp → *David Macaulay, Sie bauten eine Kathedrale, München: dtv*

1. *Beschreibe, was die Arbeiter tun (M 4, M 5 und M 6).*
2. *Informiert euch über gotische und romanische Kirchen in eurer Gegend. Wählt eine Kirche aus, und stellt sie in einem kleinen Führer oder auf einem Poster vor.*

LERNTIPP

Eine mittelalterliche Stadt erkunden

Wenn wir in eine für uns unbekannte Stadt reisen, haben wir meist einen aktuellen Stadtplan in der Tasche, um uns zu orientieren. Mit ihm finden wir den Weg zum Bahnhof oder zur Jugendherberge.
Der hier abgedruckte Plan von Gelnhausen verfolgt einen anderen Zweck. Er soll Touristen auf den mittelalterlichen Ursprung und die Sehenswürdigkeiten aufmerksam machen. Uns gibt er auch Hinweise auf die Entwicklung der Stadt – wenn wir genau hinsehen.

1. *Zeigt, dass Gelnhausen als Handelsstadt geplant wurde (M 1).*
2. *Sucht in M 1 Hinweise auf das Wachstum der Stadt.*
3. *Findet heraus, in welchen Jahrhunderten die in M 1 genannten Gebäude gebaut wurden (Tabelle).*
4. *Informiert euch über die Gründung eures Wohn- oder Schulortes.*
5. *Falls es in eurem Wohn- oder Schulort Bauten aus der Zeit zwischen 1000 und 1500 gibt,*
   – markiert sie in einem kopierten Stadtplan,
   – macht eine Stadtführung unter fachkundiger Leitung, und bereitet mit Bildern und Fotos eine kleine Ausstellung mit dem Titel „Unsere Stadt im Mittelalter" vor.
6. *Lasst euch Prospekte von den Touristenbüros verschiedener Städte schicken, die wie Fritzlar, Lübeck, Michelstadt, Quedlinburg, Seligenstadt und Trier noch heute ein mittelalterliches Erscheinungsbild haben. Gestaltet aus dem Material eine Ausstellung.*

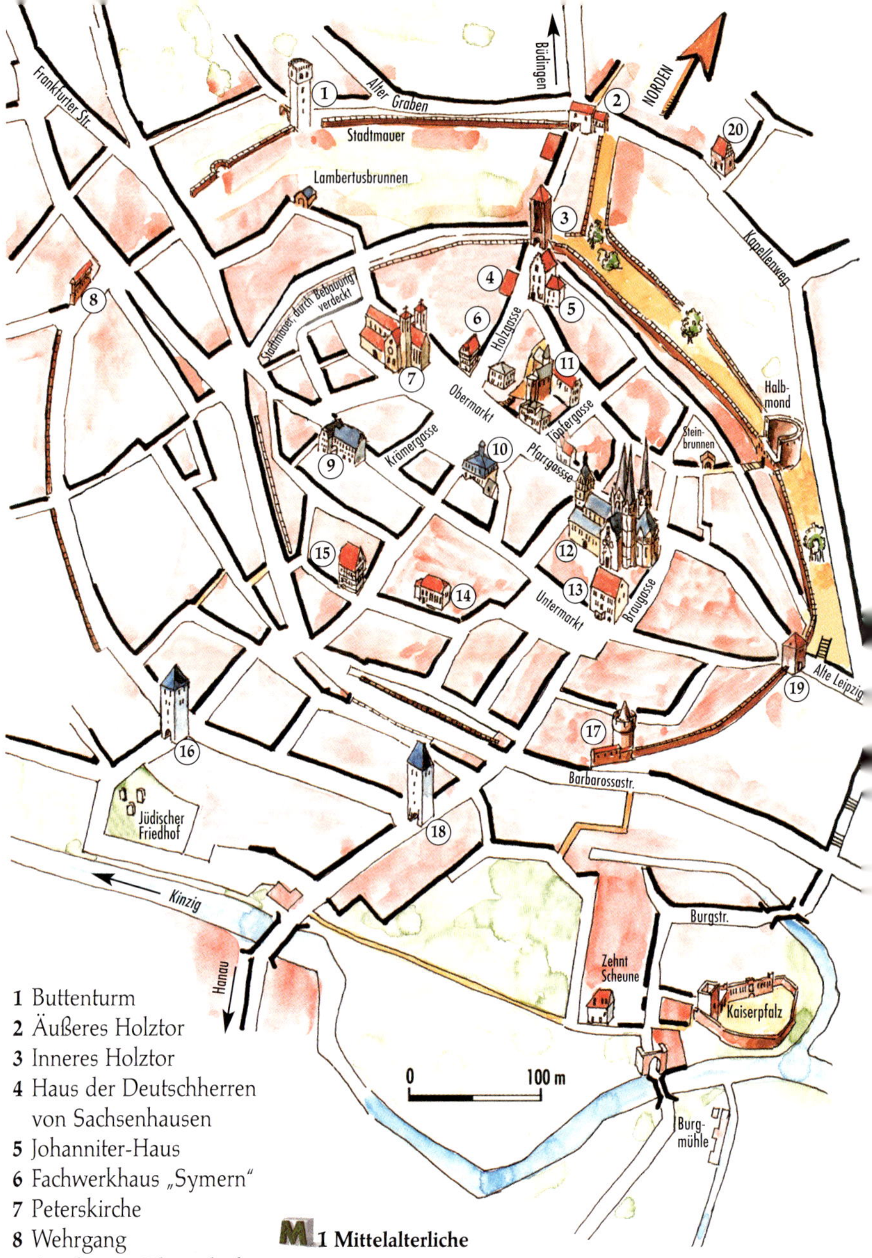

1 Buttenturm
2 Äußeres Holztor
3 Inneres Holztor
4 Haus der Deutschherren von Sachsenhausen
5 Johanniter-Haus
6 Fachwerkhaus „Symern"
7 Peterskirche
8 Wehrgang
9 Arnsburger Klosterhof
10 Rathaus
11 ehemaliges Franziskanerkloster
12 Marienkirche
13 Romanisches Haus *(siehe hier Seite 112)*
14 ehemalige Synagoge
15 Gotisches Haus
16 Schifftor
17 Hexenturm
18 Ziegelturm
19 Haitzer Tor
20 Godobertuskapelle

M 1 Mittelalterliche Sehenswürdigkeiten in Gelnhausen.
Stadtplan nach einer Zeichnung von Hans-Joachim Gogler.
*Kaiser Friedrich I. Barbarossa gründete Gelnhausen 1170. Die Einwohner sollten Fernhandel betreiben und den kaiserlichen Hof versorgen, wenn der sich in der benachbarten Pfalz aufhielt.**

** Zur Gelnhausener Pfalz siehe Seite 132.*

M 2 Schifftor.
Foto, um 2000.
Der Turm entstand in der ersten Hälfte des 14. Jahrhunderts.
Das Wappen weist auf die besondere Stellung Gelnhausens im Mittelalter hin. Erkläre!

Herrschaft im Namen Gottes

Das Reich Karls des Großen zerfällt

Karl der Große starb 814. Sein Reich blieb nicht lange bestehen. Die Araber bedrohten es von Süden, die Wikinger (Normannen) von Norden und die Ungarn von Osten. Karls Nachkommen teilten das Reich 843 in drei „Zuständigkeitsbereiche". 870 wurde es nochmals geteilt und 880 legte der Vertrag von Ribemont die Grenzen fest, in denen später Frankreich, das Deutsche Reich und Italien entstanden.

Wer behält die Macht?

Im ostfränkischen Reich musste sich der König die Macht mit den Herzögen, Grafen, Bischöfen und Äbten im Reich teilen. Vor allem die Herrscher der vier sogenannten **Stammesherzogtümer** bestimmten die Politik: die Herzöge von Sachsen, Franken, Schwaben und Bayern. Kein deutscher König konnte seine Macht behaupten, wenn er nicht aus einer Herzogsfamilie stammte und durch Lehen und Heirat andere mächtige Familien an sich band. Dies gelang zwischen 936 und 1254 nur den sächsischen *Liudolfingern (Ottonen)* und *Welfen*, den fränkischen *Saliern* und den schwäbischen *Staufern*.

Die deutsche Geschichte beginnt

Anfang des 10. Jh. ging die Königswürde von den Franken auf die Sachsen über. Der ehemalige Sachsenherzog *Heinrich I.* regierte von 919 bis 936 als König. Er gewann im Westen Lothringen und führte Feldzüge gegen die Ungarn und die Slawen im Osten.

Noch während seiner Regierungszeit erreichte er von den anderen mächtigen Männern des Reiches die Zustimmung, dass sein Sohn das Königsamt von ihm übernehmen könne. Damit sicherte Heinrich seiner Familie die Macht. Zugleich setzte er die Unteilbarkeit des Reiches durch.

Heinrichs I. Herrschaft steht am Übergang von der fränkischen zur deutschen Geschichte. Quellen sprechen aber erst seit dem 11. Jh. von einem *regnum teutonicorum*, einem *Reich der Deutschen*.

1 **Schwerpunkte der Regierung Ottos I.**
Karte nach Matthias Puhle (Hrsg.), Otto der Große, Magdeburg und Europa, Mainz 2001, Bd. 1, S. 194 (vereinfacht)

Das Reich wird gestärkt

Nach Heinrichs Tod wurde sein Sohn *Otto I.* im Jahre 936 König. Otto baute sein Herrschaftsgebiet aus.

An der Ostgrenze des Reiches richtete er weitere Marken (Verteidigungs- und Verwaltungsbezirke) ein und gründete neue **Reichsbistümer** (948: Havelberg bei Brandenburg, das 968 zusammen mit Merseburg, Meißen und Zeitz dem Erzbistum Magdeburg unterstellt wurde). Sie wurden Ausgangspunkte der Christianisierung zwischen Elbe und Oder und der Missionierung Polens und Ungarns. Unter Ottos Führung besiegten die deutschen Heere im Jahre 955 die Ungarn in der **Schlacht auf dem Lechfeld** bei Augsburg. Von nun an blieb das Reich von ungarischen Reitern weitgehend verschont.

1. *Nenne das für Otto I. wichtigste Herzogtum. Begründe!*
2. *Die mittelalterlichen Könige regierten „vom Sattel aus". Erkläre, was dies für den Herrscher und die Einzugsbereiche der Königshöfe bedeutete.*
3. *Ottos weiteste Reise lässt sich auf der Karte nicht verfolgen (lies dazu Seite 124). Wohin führte sie? Welchen Zweck hatte sie? Wie weit lag der Ort von Magdeburg entfernt? Wie lange wird die Reise bis dorthin gedauert haben (Tagespensum 25 bis 30 km)?*

In den Fußstapfen Karls des Großen

Schon durch die Wahl des Krönungsortes Aachen hatte Otto I. im Jahre 936 gezeigt, dass er sich als Nachfolger der fränkischen Herrscher betrachtete. Von ihnen übernahm er die Idee, die Kaiserherrschaft mit dem Papst zu erneuern. Als in Rom Kämpfe des Stadtadels die Macht des Papstes schwächten, nutzte Otto die Chance, in die Fußstapfen Karls des Großen zu treten. Er marschierte mit seinen Truppen nach Italien und stand dem Papst bei. 962 übertrug der ihm dafür die Kaiserwürde, die seit rund acht Jahrzehnten niemand mehr innegehabt hatte. Seit Otto war damit das römische Kaisertum mit dem deutschen Königtum verknüpft. Otto I. garantierte dem Papsttum den weltlichen Schutz und erhielt dafür eine wichtige Zusage: Alle künftigen Päpste würden vor ihrer Weihe dem Kaiser die Treue versprechen.

2 Ein Krönungsbild?

Buchmalerei (29,5 x 21,5 cm) aus einem Evangeliar, das um 990 auf der Insel Reichenau im Bodensee entstand.
Mittelalterliche Evangeliare sind meist prächtige Handschriften, die Könige und Fürsten ihren Kirchen stifteten. Sie enthalten den Text der vier **Evangelien** *(Heilsbotschaften) und manchmal auch Darstellungen der Auftraggeber. Während der Messe wurde aus den Evangeliaren vorgelesen.*
Zum Bild: Dargestellt ist wahrscheinlich Otto III. Er wurde 983 mit drei Jahren zum König gekrönt und übte das Amt bis 994 unter der Vormundschaft seiner Mutter Theophanu und seiner Großmutter Adelheid aus; 996 wurde er in Rom zum Kaiser gekrönt.
Diese Buchmalerei steckt voller Symbole (Sinnbilder). Erst wenn wir sie erkennen, können wir sie angemessen deuten. Bei der Interpretation solcher Bilder können uns auch Vergleiche helfen.
In der Mitte des Bildes sehen wir eine hockende Figur, die den Thron des Herrschers trägt. Es handelt sich um Gea, nach antiker Überlieferung die Erde.
Der König wurde wie Christus dargestellt – als Weltenherrscher und -richter.
Sein Bild ist umgeben von Symbolen der Evangelisten. Der Engel steht für Matthäus, der Löwe für Markus, der Stier für Lukas und der Adler für Johannes.
Etwas unterhalb von Otto sieht man links und rechts Herrscher mit Fahnen, vielleicht die Könige von Ungarn und Polen, mit denen Otto in Verbindung stand; darunter zwei adlige Krieger und zwei Erzbischöfe.

1. Der König wurde mit einer „Mandorla" versehen (Abb. 2). Kläre den Fachbegriff.
2. Erkläre mit eigenen Worten, welche Vorstellung von der Herkunft und Bedeutung der Herrscherwürde diese Buchmalerei ausdrückt.

3 Ein Herrscher als Kirchengründer.
Die Elfenbeinschnitzerei misst 12,9 x 11,3 cm und entstand um 970 in Mailand.
Zum Bild (von links nach rechts):
Ein Engel und der hl. Mauritius führen einen gekrönten Herrscher (wahrscheinlich Kaiser Otto I.) vor Christus. Der Kaiser reicht Christus ein Kirchenmodell (gemeint ist die Domkirche von Magdeburg). Von den rechtsstehenden Heiligen ist nur Petrus zu erkennen.

Die Kirche dient dem Reich
Schon die Merowinger und Karolinger richteten neben den Kaiserpfalzen zahlreiche Reichsbistümer und -klöster ein. Sie hatten die Aufgaben,

- den umherziehenden König samt Gefolge zu versorgen,
- bei der Verwaltung des Reiches zu helfen,
- als Zentren der Bildung zu dienen und
- „wohlbewaffnete und -ausgerüstete Leute" für das königliche Heer zu stellen.

Als Gegenleistung schenkten die Könige den Bistümern und Klöstern Land oder überließen ihnen die Einkünfte aus Zöllen, Münzprägungen und Marktrechten. Ihre Interessen sicherten sich die Herrscher dadurch, dass sie Einfluss auf die Besetzung der Bischofs- und Abtsposten, die **Investitur** (von lat. *investire*: bekleiden) der hohen Geistlichen, nahmen.
Otto I. und seine Nachfolger setzten diese Politik fort. Sie statteten die Bistümer des Reiches und bedeutende Klöster mit reichem Grundbesitz und Einkünften aus, befreiten sie von der Aufsicht durch die Grafen und gewährten ihnen eigene Gerichte. Damit bauten sie im Reich ein politisches Gegengewicht zu den mächtigen Herzögen auf, denn die überlassenen Güter, Rechte und Funktionen fielen beim Tode eines Bischofs, Abts oder einer Äbtissin an den Herrscher zurück.
Da die Könige seit Otto I. dafür sorgten, dass nur noch Personen ihres Vertrauens Bischöfe, Äbte oder Äbtissinnen wurden, sprechen Historiker für diese Zeit von der Reichskirche.
Darüber hinaus beeinflussten Otto I. und seine Nachfolger die Wahl der Päpste, die damals noch vom römischen Stadtadel gewählt wurden. Von zwölf Päpsten, die zwischen 963 und 1003 und von 1046 bis 1057 amtierten, wurden elf unter Mitwirkung der deutschen Könige und Kaiser ausgewählt und eingesetzt.

M 1 Die Reichskrone.

Die Krone (Ø ca. 25 cm) wurde bei Königskrönungen in Aachen und verschiedentlich auch bei Kaiserkrönungen in Rom verwendet. Angefertigt hat man sie wohl für die Kaiserkrönung Ottos I. im Jahre 962. Das Kreuz (9,9 cm) wurde zwischen 1002 und 1024, der Bügel um 1030 (?) hinzugefügt.

Die Krone besteht aus acht durch Scharniere verbundene Goldplatten. Ihre Inschriften zeigen Christus als König der Könige und alttestamentarische Könige wie Salomon.

Zur Zahlensymbolik so viel: Die Acht gilt als Zahl Christi und der Auferstehung, denn zum einen überlebten in der Arche acht Menschen die Sintflut und zum anderen dauerte die Leidenswoche Christi acht Tage.

Zu den **Reichsinsignien** *(von lat. insigne: Ehrenzeichen) gehören neben der Reichskrone u. a. noch Reichsschwert, -kreuz, -zepter und -apfel. Sie befinden sich heute in der Wiener Hofburg. 1424 waren sie nach Nürnberg gebracht worden, wo sie in der Kirche des Heilig-Geist-Spitals aufbewahrt wurden. 1796 wurden die Reichsinsignien von Nürnberg nach Wien überführt, um sie vor den anrückenden französischen Truppen in Sicherheit zu bringen.*

Die hier zu erkennende Inschrift PER ME REGES REGNANT lautet übersetzt „Durch mich regieren die Könige". Erläutere die Bedeutung des Satzes.

M 2 Hoch lebe der neue König!

Der Mönch Widukind schildert die Königserhebung Ottos I. von 936 in seiner „Sachsengeschichte" so:

Als Ort der allgemeinen Wahl nannte und bestimmte man die Pfalz Aachen [...]. Und als man dorthin gekommen war, versammelten sich die Herzöge und obersten Grafen mit der übrigen Schar vornehmster Ritter in dem Säulenhof, der mit der Basilika Karls des Großen verbunden ist, setzten den neuen Herrscher auf einen dort aufgestellten Thron, huldigten ihm, gelobten ihm Treue, versprachen ihm Unterstützung gegen alle seine Feinde und machten ihn nach ihrem Brauch zum König.

Währenddessen erwartete der Erzbischof von Mainz mit der gesamten Priesterschaft und den mitgereisten Gefolgsleuten im Innern der Basilika den Auftritt des neuen Königs. Als dieser erschien, ging ihm der Erzbischof entgegen [...]. Er wandte sich ans Volk und sagte: „Seht, ich bringe euch den von Gott erwählten und einst von dem mächtigen König Heinrich vorgesehenen, jetzt aber von allen Fürsten zum König gemachten Otto. Wenn euch diese Wahl gefällt, zeigt dies an, indem ihr die rechte Hand zum Himmel emporhebt." Da streckte das ganze Volk die Rechte in die Höhe und wünschte unter lautem Rufen dem neuen Herrscher viel Glück. Dann schritt der Erzbischof mit dem König hinter den Altar, auf dem die königlichen Herrschaftszeichen lagen [...]. Er nahm von dort das Schwert mit dem Wehrgehänge auf, wandte sich an den König und sprach: „Nimm dieses Schwert, auf dass du alle Feinde Christi verjagst, die Heiden und schlechten Christen, da durch Gottes Willen dir alle Macht im Frankenreich übertragen ist, zum unerschütterlichen Frieden für alle Christen."

Dann nahm er die Spangen, legte ihm den Mantel um und sagte: „Durch die bis auf den Boden herabreichenden Zipfel deines Gewandes seist du daran erinnert, mit welchem Eifer du im Glauben entbrennen und bis zum Tod für die Sicherung des Friedens eintreten sollst." Darauf nahm er Zepter und Stab und sprach: „Durch diese Abzeichen bist du aufgefordert, mit väterlicher Zucht deine Untertanen zu leiten und in erster Linie den Dienern Gottes, den Witwen und Waisen die Hand des Erbarmens zu reichen; und niemals möge dein Haupt ohne das Öl der Barmherzigkeit sein, auf dass du jetzt und in Zukunft mit ewigem Lohn gekrönt werdest." Auf der Stelle wurde er mit dem heiligen Öl gesalbt und mit dem goldenen Diadem gekrönt [...].

Nachdem man dann das Lob Gottes gesungen und das Messopfer feierlich begangen hatte, ging der König hinunter zur Pfalz, trat an die marmorne, mit königlicher Pracht geschmückte Tafel und nahm mit den Bischöfen und dem ganzen Adel Platz.

Widukind von Corvey, Res gestae Saxonicae/Die Sachsengeschichte, übers. und hrsg. von Ekkehart Rotter und Bernd Schneidmüller, Stuttgart 1981, S. 105 ff.

Internettipp → *Informationen über die Reichsinsignien findest du auf der Homepage des Kunsthistorischen Museums in Wien unter www.khm.at/system2.html?/static/page71.html*

1. *Aus dem Bericht (M 2) wird deutlich, wer im Reich Einfluss hatte. Nenne die Träger der Macht.*
2. *Der Erzbischof von Mainz überreicht Otto die Herrschaftszeichen (M 2). Nenne ihre Bedeutung.*
3. *Erarbeitet die Schritte der Königserhebung und stellt sie in einem Rollenspiel dar.*
4. *Widukind war zum Zeitpunkt der Krönung etwa 12 Jahre alt und wahrscheinlich in Aachen nicht dabei. Überlege, woher er sein Wissen haben könnte?*

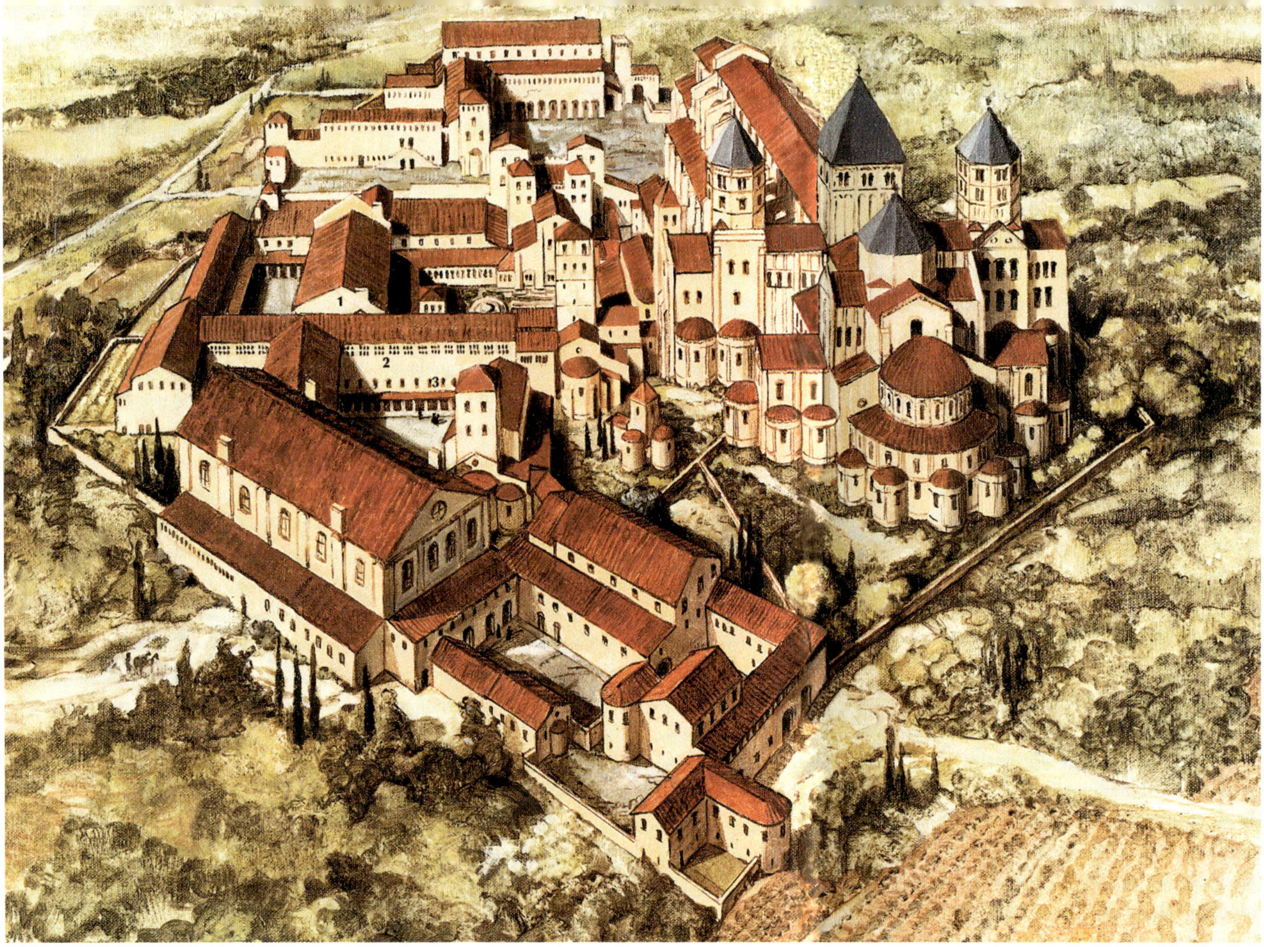

Geistliche gegen weltliche Macht

1 Die Abtei Cluny.
Zeichnung nach einer Rekonstruktion von Kenneth J. Conant. Das Bild zeigt den Zustand um 1160. Die zu dieser Zeit fertiggestellte Klosterkirche war die größte Kirche des Abendlandes; ihre Ausmaße wurden erst von dem im 16. Jh. errichteten Petersdom in Rom übertroffen.

„Freiheit für die Kirche!"
Manche Gläubige warfen Bischöfen, Äbten und Äbtissinnen, Mönchen und Nonnen sowie Priestern vor, mehr an weltlichen Vergnügungen als an den christlichen Geboten und Klosterregeln interessiert zu sein.
Die Kritik erreichte in den vierziger Jahren des 11. Jh. einen Höhepunkt. Eine Spaltung (griech. *Schisma*: Trennung) der Kirche drohte, als nach Streitigkeiten mit dem römischen Stadtadel zeitweise drei Päpste gleichzeitig amtierten. *Heinrich III.*, der von 1039 bis 1056 Kaiser war, setzte 1046 auf einer Kirchenversammlung alle drei Päpste ab und ließ einen neuen Papst ausrufen. Es gab erneut Streit. Die Kirche fürchtete, dass die Päpste von den weltlichen Herrschern abhängig würden, und forderte *Freiheit für die Kirche*. Zugleich stellten immer mehr Geistliche die Frage, ob weltliche Herrscher über geistlichen Würdenträgern stehen dürften.

Reformen aus Cluny
Schon 910 hatte ein französischer Herzog seinen Besitz in Cluny (*Burgund*) einem Abt geschenkt. Er sollte damit ein Benediktinerkloster gründen. Das Besondere daran war, dass der Herzog in der Schenkungsurkunde auf alle Rechte gegenüber dem Kloster verzichtete. Die Mönche hatten das Recht der freien Abtwahl. Um sie gegen weltliche und geistliche Eingriffe zu sichern, wurde das Kloster dem direkten Schutz der Päpste unterstellt.
Von Cluny ging eine einflussreiche Reformbewegung aus. Die Reformer forderten, das gesamte Klosterleben gottgefälliger einzurichten. Sie verlangten, dass der Kauf geistlicher Ämter (*Simonie*), die Priesterehe und die Einsetzung von Geistlichen durch weltliche Herren (*Laieninvestitur*) verboten werden sollten. Schrittweise wurden diese Forderungen dann auch im 11. Jh. von den Päpsten durchgesetzt. Damit sollten die Bischöfe stärker an den Papst gebunden und der Einfluss der weltlichen Herrscher auf die Kirche geschwächt werden.

Das hat die Welt noch nicht gesehen

Während das Papsttum aus dem Reformprozess gestärkt hervorging, durchlief das deutsche Königtum eine Zeit der Schwäche. Auf Heinrich III., der die Kirchenreform stark unterstützt hatte, folgte 1056 sein 6-jähriger Sohn *Heinrich IV.* Im Reich versuchten nun einige Fürsten, ihre Macht gegenüber dem Königtum zu stärken. Der Papst nutzte die Gelegenheit, die Kirche von den weltlichen Mächten unabhängiger zu machen.

Eine **Synode**, eine Versammlung hoher geistlicher und weltlicher Würdenträger, beschloss 1059, dass zukünftig beim Tode eines Papstes nicht mehr der römische Stadtadel, sondern die **Kardinäle**, die nach dem Papst höchsten kirchlichen Würdenträger, den Nachfolger wählen sollten. Weiter wurde vereinbart, dass kein Geistlicher durch einen Nichtgeistlichen in sein Amt eingesetzt werden dürfe. Für die deutschen Könige war das Investiturverbot gefährlich, da die von ihnen ernannten und durch die Übergabe von Ring und Stab eingesetzten Bischöfe wichtige Stützen ihrer Macht waren.

Zum Investiturstreit kam es unter Papst *Gregor VII.* Der ehemalige Benediktinermönch namens *Hildebrand* war 1073 ohne Beteiligung der Kardinäle Papst geworden. Als Heinrich IV. zwei Jahre später einen Mann seiner Wahl in das Amt des Erzbischofs von Mailand einsetzte, machte ihm Gregor VII. Vorwürfe. Der junge Kaiser reagierte machtbewusst: Unterstützt von zahlreichen deutschen Bischöfen forderte er den Papst im Januar 1076 auf, „vom päpstlichen Stuhl herabzusteigen". Gregor antwortete drei Wochen später mit dem Kirchenbann. Er schloss damit den gekrönten und von Gott gesalbten Herrscher aus der Gemeinschaft der Gläubigen aus, sprach ihm die Herrschaft über das Reich ab und verbot allen Christen, ihm zu dienen. Das hatte es zuvor noch nicht gegeben.

2 Canossa.
Buchmalerei (etwa 16,5 x 14 cm) um 1115.
Der lateinische Text auf dem Bild lautet übertragen: „Der König bittet den Abt, Mathilde auch fleht er an."
In der Nikolaus-Kapelle am Fuß der Burg Canossa trafen sich 1077 Mathilde, die einflussreiche Markgräfin von Tuscien, der gebannte Heinrich IV. und dessen Taufpate, Abt Hugo von Cluny.
Beschreibe, wie die Markgräfin, der Abt und Heinrich IV. dargestellt sind. Beachte dabei ihre Haltung und Größe.

Heinrich IV. unter Druck

Zunächst konnte sich der Papst durchsetzen. Die meisten Bischöfe, darunter die Erzbischöfe von Mainz und Magdeburg, stellten den Papst höher als Heinrich IV. und verweigerten ihm die Gefolgschaft. Gleichzeitig nutzten einige mächtige deutsche Fürsten wie die Herzöge von Sachsen, Schwaben und Bayern die Gelegenheit aus, um ihre eigene Macht im Reich zu stärken. Sie stellten Heinrich im Oktober 1076 eine kaum zu erfüllende Forderung: Wenn er sich nicht bis Februar 1077 vom Kirchenbann lösen könne, müssten sie einen anderen König wählen.

Der „Gang nach Canossa"

Heinrich gab nicht auf. Unter Zeitdruck zog er mit seiner Frau, seinem 2-jährigen Sohn und einer kleinen Gefolgschaft Ende Januar 1077 über die schneebedeckten Alpen nach Italien, um dort den Papst zu treffen. Dieser war bereits auf dem Weg nach Norden. Er hatte vor, sich mit Heinrichs Gegnern zu verbünden. Als der Papst Heinrich und sein Gefolge kommen sah, suchte er Schutz auf der Burg Canossa. Doch Heinrich wollte nicht kämpfen, sondern sich vom Bann lösen.

Das Ergebnis seiner Bemühungen ging als *Gang nach Canossa* in die Geschichte ein: Heinrich IV. erschien an drei aufeinanderfolgenden Tagen im damals üblichen Büßergewand vor der Burg. Barfüßig und mit einfacher Kleidung aus Wolle wartete er auf die Entscheidung des Papstes. Dem blieb nach dieser Buße keine andere Wahl: Er musste Heinrich vom Kirchenbann lösen.

Der Streit geht weiter

Mit dem „Gang nach Canossa" verhinderte Heinrich, dass sich seine deutschen Gegner mit dem Papst verbündeten. Jetzt konnte er wieder politisch handeln und seine Gegner besiegen. Doch der Streit zwischen ihm und dem Papst war noch nicht zu Ende. Im weiteren Verlauf wurde Heinrich IV. 1080 erneut gebannt. Er ließ daraufhin einen Gegenpapst ausrufen. Truppen Heinrichs bedrohten Rom. 1084 floh Gregor aus Rom.

Der Streit zwischen Königsherrschaft und Papsttum verschärfte sich, als ein späterer Papst 1095 nicht nur das Investiturverbot wiederholte, sondern allen Kirchenmitgliedern den Lehnseid gegenüber weltlichen Herrschern verbot. 1106 starb Heinrich IV., ohne dass der Streit beigelegt worden war.

Die Lösung in England und Frankreich

Schneller als im Reich konnte der Investiturstreit in England und Frankreich gelöst werden, weil dort nur wenige Bischöfe weltliche Macht besaßen. Die Spannungen zwischen dem englischen Königshaus und der Kirche endeten vorläufig 1107: Der König verzichtete auf die Investitur mit Stab und Ring. Dafür erhielt er das Recht, von dem noch ungeweihten, erwählten Bischof die Lehnsverpflichtung entgegenzunehmen. Außerdem durfte er die Besetzung der Bischofsstühle durch seine persönliche Anwesenheit bei der Wahl beeinflussen.

Da die französische Krone nur auf etwa ein Drittel der Bischofssitze Zugriff hatte, kam es nach zunächst heftigen Auseinandersetzungen zu einer stillschweigenden Einigung: Die Bischöfe wurden ohne Ring und Stab vom König in ihr Amt eingeführt und erhielten von ihm die weltlichen Rechte.

Der Kompromiss im Reich

Im Reich konnte erst 1122 unter Papst *Calixtus II.* und *Heinrich V.*, dem Sohn Heinrichs IV., das Investiturproblem mit einem **Konkordat**, einem Vertrag zwischen Kirche und Staat, geregelt werden. Im **Wormser Konkordat** verzichtete der Kaiser auf die Investitur der Bischöfe mit Ring und Stab und erlaubte ihre freie Wahl durch Geistliche. Der Kaiser durfte bei der Wahl von Bischöfen anwesend sein und im Streitfall einen Vorschlag machen. In den deutschen Gebieten des Reichs konnte er den gewählten Bischöfen vor der Weihe die weltliche Gewalt mit dem Zepter verleihen. Geistliche und weltliche Aufgaben der hohen Geistlichen waren nun auch hier getrennt.

Den Kampf zwischen Papsttum und Königtum um die Vorherrschaft entschied das Wormser Konkordat nicht. Er dauerte noch mehr als zwei Jahrhunderte an.

3 Wer krönt den König?

Buchmalerei (22 x 17 cm) aus dem Benediktinerkloster Allerheiligen in Schaffhausen, Mitte des 11. Jh.

Vergleiche diese Darstellung mit Abb. 2, Seite 124.

Prüfe, ob die Investitur von Bischöfen für die Päpste wichtiger war als für die Könige.

M 3 Die Investitur eines Bischofs.
Relief (ca. 31 x 46 cm) an der Bronzetür des Domes von Gnesen (Polen), um 1175. Auf einem Faltthron sitzt der Kaiser mit Krone und Zepter in der linken Hand, vor ihm steht der gewählte Bischof und umfasst einen Stab, der ihm vom Kaiser übergeben wird. Beschreibe die Haltung des Bischofs.

M 1 Was will der Papst?

In 27 päpstlichen Leitsätzen (lat.: Dictatus papae) legt Gregor VII. im Jahre 1075 die Stellung des Papstes fest; die wichtigsten lauten:

1. Dass die römische Kirche vom Herrn allein gegründet worden sei.
2. Dass allein der Papst zu Recht als universal, d. h. die gesamte christliche Welt umfassend, bezeichnet werde.
3. Dass ausschließlich der Papst Bischöfe absetzen oder in den Schoß der Kirche wieder aufnehmen könne [...].
9. Dass alle Fürsten allein des Papstes Füße küssen sollen.
10. Dass allein sein Name in der Kirche verlesen werde [...].
12. Dass es dem Papst erlaubt sei, Kaiser abzusetzen. [...]
18. Dass sein Urteil von niemandem widerrufen werden dürfe und er selbst die Urteile aller widerrufen könne.
19. Dass er selbst von niemandem gerichtet werden dürfe [...].
22. Dass die römische Kirche niemals geirrt hat und nach dem Zeugnis der Heiligen Schrift auch in Zukunft niemals irren wird [...].
26. Dass derjenige nicht für christlich gehalten werde, der nicht mit der römischen Kirche übereinstimmt.
27. Dass der Papst Untergebene vom Treueeid gegenüber Sündern lösen kann.

Johannes Laudage (Hrsg.), Der Investiturstreit. Quellen und Materialien, Köln 1990, S 57 ff. (vereinfacht)

M 2 Die deutsche Lösung

Das Wormser Konkordat vom 23. September 1122 hielt folgende Regelungen fest.

Aus der Urkunde des Kaisers für den Papst:

Ich, von Gottes Gnaden erhabener Kaiser der Römer, überlasse Gott, Gottes heiligen Aposteln Petrus und Paulus und der heiligen christlichen Kirche – aus Liebe zu Gott, zur heiligen römischen Kirche und zum Papst sowie zum Heil meiner Seele – jede Investitur mit Ring und Stab, und ich gestehe zu, dass in allen Kirchen, die in meinem König- oder Kaiserreich liegen, eine der christlichen Lehre entsprechende und freie Wahl stattfindet.

Aus der Urkunde des Papstes für den Kaiser:

Ich, Knecht der Knechte Gottes, gestehe dem von Gottes Gnaden erhabenen Kaiser der Römer zu, dass die Wahlen der Bischöfe und Äbte des deutschen Reiches in deiner Gegenwart stattfinden [...], und zwar ohne Ämterkauf und irgendwelche Gewalt, damit du, wenn unter den Parteien irgendwelche Zwietracht entstehen sollte, gemäß dem Rat und Urteil der Erzbischöfe und Bischöfe der Provinzen, dem würdigeren Teil Hilfe und Beistand gewährst. Der Gewählte aber soll von dir durch das Zepter die weltlichen Güter entgegennehmen, und er soll das leisten, was er dir wegen dieser weltlichen Güter rechtmäßig schuldet.

Johannes Laudage (Hrsg.), a. a. O., S 87 ff. (vereinfacht)

1. *Überlege, welche Leitsätze von Papst Gregor (M 1) der König zurückweisen musste. Schreibe eine mögliche Antwort.*
2. *Ein Kompromiss ist eine Übereinkunft zwischen zwei streitenden Parteien, beide geben einen Teil ihrer Forderungen auf. Beweise, dass das Wormser Konkordat (M 2) ein Kompromiss ist.*
3. *Überprüfe, ob die in dem Relief (M 3) dargestellte Investitur den Ergebnissen des Wormser Konkordats entspricht.*

König und Vasallen streiten um die Macht

Wenn zwei sich streiten ...
Der Investiturstreit änderte die politischen Verhältnisse im Reich. Denn die Herzöge, Bischöfe und Freien Reichsstädte wollten ihre Macht auf Kosten des Königs und Kaisers ausweiten oder ihre Freiheiten vergrößern. Als erster Herrscher musste dies Heinrich IV. erfahren. Während seines Streits mit dem Papst hatten die Großen des Reiches 1077 in Forchheim den Herzog von Schwaben, *Rudolf von Rheinfelden*, zum **Gegenkönig** gewählt. Dabei übergingen sie das sächsische Herrschergeschlecht der Welfen. Die Welfen drohten zu mächtig zu werden, da sie bereits in den Herzogtümern Sachsen und Bayern regierten. Als sich Heinrich IV. aus dem Kirchenbann gelöst hatte, hielten die Großen des Reiches an Rudolf fest. Die Folge war ein Streit, der 1080 durch den Tod Rudolfs in einer Schlacht entschieden wurde. Die meisten Fürsten traten wieder auf die Seite Heinrichs IV.
Nachdem die Nachfolger Heinrichs IV. ohne Söhne blieben, erhoben die Staufer und Welfen Anspruch auf den Königsthron. Die Großen des Reiches entschieden sich 1138 für den Staufer *Konrad III.* und gegen den mächtigsten Fürsten des Reichs: den Welfen *Heinrich den Stolzen*, der Bayern und Sachsen regierte. Ein Machtkampf folgte.

1 Kaiser Friedrich I. mit seinen Söhnen König Heinrich VI. (links) und Herzog Friedrich von Schwaben.
Miniatur (32,5 x 22 cm) aus der Welfenchronik, um 1185 (Ausschnitt). Die Welfenchronik wurde am Stammsitz der Welfen in Altdorf (heute Weingarten) verfasst.
Die Italiener nannten Friedrich I. wegen seines rötlichblonden Bartes „Barbarossa" (dt. Rotbart).

Heinrich der Löwe gewinnt
In dessen Verlauf verloren die Welfen zeitweise beide Herzogtümer. 1142 erhielt der junge Welfenherzog *Heinrich der Löwe* das Herzogtum Sachsen zurück. Die Staufer wollten den Streit beilegen. Heinrich der Löwe baute nun seine Macht aus. 1156 gewann er den größten Teil des Herzogtums Bayern zurück.
Zwei Jahre später wurde München gegründet: Bei Föhring ließ Heinrich der Löwe eine Brücke zerstören und verlegte damit die für den Salzhandel wichtige Straße in seinen Herrschaftsbereich. Seine weiteren Kriegszüge führten ihn dann wieder in den Norden.

Friedrich I. stellt Ansprüche
Die Machtentfaltung Heinrichs des Löwen war nur möglich, weil ihn Kaiser *Friedrich I.* unterstützte. Der hatte eine welfische Mutter und einen staufischen Vater und war 1152 zum König gewählt und drei Jahre später in Rom zum Kaiser gekrönt worden.
Friedrich I. sah sich als von Gott eingesetzter Nachfolger Karls des Großen und wollte das Heilige Römische Reich, einschließlich des Reichskirchensystems, wiederherstellen. Das führte zu Schwierigkeiten mit den Päpsten sowie den französischen und englischen Herrschern. Die Oberhäupter der Kirche wollten den Einfluss des Kaisers beschränken. Die anderen Könige stellten sich gegen den deutschen König, der als Kaiser ein umfassendes (*universales*) christliches Weltreich plante.

2 Kaiserpfalz in Gelnhausen.
Foto, um 1992.
Blick von der Hofseite auf den Torturm (links), Torbau mit Kapelle im Obergeschoss (Mitte) und Palas (rechts).
Kaiser Friedrich I. ließ diese Anlage etwa 50 km östlich von Frankfurt a. M. errichten. Sie wurde um 1179/80 fertiggestellt. Heute gilt sie als eine der besterhaltenen staufischen Pfalzen.

Barbarossa bekommt Probleme

Friedrich I. herrschte über deutsche, burgundische und italienische Gebiete.* 1158 brach er zum ersten seiner sechs Italienzüge auf, um seine Ansprüche auf Zölle und Münzrechte gegenüber einigen zum Reich gehörenden oberitalienischen Städten geltend zu machen. Jahrelang führte er Krieg gegen diese Städte, die sich 1167 unter Führung des mächtigen Mailand zum *Lombarden-Bund* zusammengeschlossen hatten und zeitweise vom Papst unterstützt wurden. Erst 1183 kam es zu einem Frieden.

* *Siehe die Karte auf Seite 159.*

Der Löwe stürzt

Auf einem der Italienfeldzüge verweigerte Heinrich der Löwe, der Herzog von Sachsen und Bayern, dem Kaiser militärische Hilfe.
Er war dazu als Vasall auch nicht verpflichtet, da sich seine Lehnspflicht nur auf die Gebiete nördlich der Alpen bezog. Doch der Kaiser hatte fest mit einer Unterstützung seines Vetters gerechnet, zumal er dessen gewalttätige Machtentfaltung im Reich bislang toleriert hatte. Nun war er bereit, Heinrich den Löwen zu entmachten. Dazu berief er ein Fürstengericht ein.
1179 begann gegen den Welfenherzog in der Reichsstadt Gelnhausen ein Verfahren, das mit der Reichsacht endete: der Ausstoßung aus der Rechtsgemeinschaft. Da Heinrich der Löwe zu keiner Sühne bereit war, verlor er 1180 seine beiden Herzogtümer. Sachsen wurde aufgeteilt: Das Gebiet westlich der Weser (Westfalen) fiel an den Erzbischof von Köln, der östliche Teil an ein Mitglied des brandenburgischen Fürstengeschlechts der *Askanier*. Das Herzogtum Bayern erhielt *Otto von Wittelsbach* als kaiserliches Lehen; die Steiermark wurde abgetrennt und zum selbstständigen Herzogtum erhoben.
Heinrich der Löwe versuchte, Widerstand zu leisten. Doch immer mehr Gefolgsleute wandten sich von ihm. So blieb ihm keine andere Wahl, als sich dem Kaiser zu unterwerfen. Danach zog er mit seiner Familie zu seinem Schwiegervater, dem König von England.

Beim Baden ertrunken

1187 fiel Jerusalem in die Hände der Muslime. Auf dem „Hoftag Jesu Christi" in Mainz beschloss der nun 65-jährige Kaiser mit vielen anderen Rittern, Jerusalem zu befreien.* Der Kampf gegen die Heiden sollte sein christliches Leben krönen. Von Regensburg führte er 1189 ein großes Heer bis an die Südküste Kleinasiens. Dort ertrank der Kaiser beim Baden. Ihm folgte sein Sohn *Heinrich VI.* als König.

* *Zu den Kreuzzügen siehe Seite 135 ff.*

3 Oberer Abschlussstein einer Säule (Kapitell) vom Torbau der Kaiserpfalz Gelnhausen, 12. Jh.
Foto von 1998.
Zur Erinnerung: Der Adler war das Zeichen des Heiligen Römischen Reiches.

M 1 Krönungsbild aus dem Evangeliar Heinrichs des Löwen.
Buchmalerei (34 x 25,5 cm) aus dem Kloster Helmarshausen (Hessen), zwischen 1185 und 1188. Heinrich der Löwe und seine Frau Mathilde ließen das Evangeliar für den Marienaltar der Braunschweiger Stiftskirche anfertigen. Zum Bild: In der oberen Zone sieht man Christus inmitten von Engeln und Heiligen. In der unteren Bildhälfte stehen links neben dem knienden Heinrich seine Eltern, Herzog Heinrich der Stolze und Herzogin Gertrud. Die Eltern von Gertrud, Kaiser Lothar III. und seine Gemahlin Richenza, schließen sich an. Rechts von Mathilde sind ihr Vater, König Heinrich II. von England und dessen Mutter, Königin Mathilde, sowie eine nicht zu bestimmende Frau zu sehen. Das wertvolle Evangeliar befindet sich heute in der Herzog-August-Bibliothek in Wolfenbüttel.

M 2 Gut oder böse?
Johannes Glanz schreibt in einem 1984 veröffentlichten Buch über Heinrich den Löwen:

Arroganz und Gewalttätigkeit, daneben eine gehörige Portion Skrupellosigkeit beim Umgang mit der Macht lassen den Welfen leicht zu einem negativen Gegenbild des idealisierten Barbarossa werden. Dazu kommt der Vorwurf, habgierig und selbstsüchtig den Kaiser in höchster Not im Stich gelassen und die Sache des Reiches verraten zu haben. Bei dieser Bewertung wird vergessen, dass Heinrich sich in der Tendenz nicht anders verhielt als die anderen Reichsfürsten; nur war er erfolgreicher. Außerdem hatte er zwanzig Jahre lang treu zu seinem Vetter gestanden und dessen Politik den nötigen Rückhalt gegeben.

Heinrich Pleticha (Hrsg.), Deutsche Geschichte, Bd. 3, Gütersloh 1984, S. 59

1. *Die Deutung des Bildes M 1 gibt uns ein Rätsel auf, da Herzöge nicht gekrönt wurden und nirgends überliefert ist, dass Heinrich eine Königswürde anstrebte. Die Lösung findest du, wenn du diese Fragen beantworten kannst:*
   - Was halten die gekrönten Häupter in den Händen?
   - Wer von ihnen könnte damals noch gelebt haben?
   - In welcher Lebenssituation befand sich das Herrscherpaar, als das Bild entstand?
2. *Diskutiert die Bewertung Heinrichs des Löwen (M 2).*

PROJEKT

Hildegard von Bingen – eine besondere Frau

M 1 Die Seherin Hildegard von Bingen. *Miniatur aus der Glaubenslehre „Scivias" (dt. „Wisse die Wege") von Hildegard von Bingen, um 1190 (Kopie von 1927/33). Zum Bild: Ein fünffacher Strahl erleuchtet Hildegard, während sie ihre Visionen* niederschreibt.*

* **Visionen**: *damit ist eine bildliche Vorstellung Gottes und der Welt gemeint. Hildegard von Bingen sah mit der Seele; damit verbunden war auch ein inneres Hören.*

M 2 Ein außergewöhnliches Leben

1098	Hildegard wird in Bermersheim bei Alzey in der Pfalz als 10. Kind von Hildebert und Mechtild von Bermersheim geboren.
1106	Sie wird der Pflege der nur sechs Jahre älteren Jutta von Sponheim übergeben. Hildegard wird nach der Benediktinischen Regel auf das klösterliche Leben vorbereitet.
um 1112	Hildegard wird Nonne.
1136	Nach dem Tod Juttas von Sponheim wird Hildegard Äbtissin.
1141	Sie beginnt, ihre Glaubenslehre, das Buch „Wisse die Wege", mit Hilfe von Mönch Volmar zu schreiben.
1150	Hildegard zieht in das von ihr neugegründete Kloster auf dem Rupertsberg bei Bingen.
1151-58	Sie verfasst heil- und naturkundliche Schriften.
1158-70	Hildegard unternimmt vier große Reisen; sie kommt u.a. nach Mainz, Bamberg, Trier und Köln und predigt dabei öffentlich.
1159-77	Kaiser Friedrich I. Barbarossa erkennt Papst Alexander III. nicht an und stellt dafür andere „Kaiserpäpste" auf; die Kirche ist gespalten.
1163	Hildegard vollendet das „Buch der Lebensverdienste". Friedrich I. Barbarossa stellt ihrem Kloster einen Schutzbrief aus.
1165	Sie gründet ein zweites Frauenkloster in Eibingen bei Rüdesheim.
1170-73	Hildegard ist krank.
1173	Sie schließt das „Buch von den göttlichen Werken" ab.
1179	Hildegard stirbt in ihrem Kloster auf dem Rupertsberg.

M 3 Eine Mahnung

Hildegard von Bingen führte einen umfangreichen Briefwechsel mit gelehrten Geistlichen, Bischöfen, Päpsten und Königen. Erhalten sind auch vier Briefe an Kaiser Friedrich I. Barbarossa. In einem heißt es:

O König, es ist dringend notwendig, dass du in deinen Handlungen vorsichtig bist. Ich sehe dich nämlich in der geheimnisvollen Schau wie ein Kind […]. Noch hast du Zeit, über irdische Dinge zu herrschen. Gib acht, dass der höchste König dich nicht zu Boden streckt wegen der Blindheit deiner Augen, die nicht richtig sehen, wie du das Zepter zum rechten Regieren in deiner Hand halten musst.

Hildegard von Bingen, Briefwechsel. Nach den ältesten Handschriften übersetzt und nach den Quellen erläutert von Adelgundis Führkötter, Salzburg 1965, S. 82 und 86 (vereinfacht)

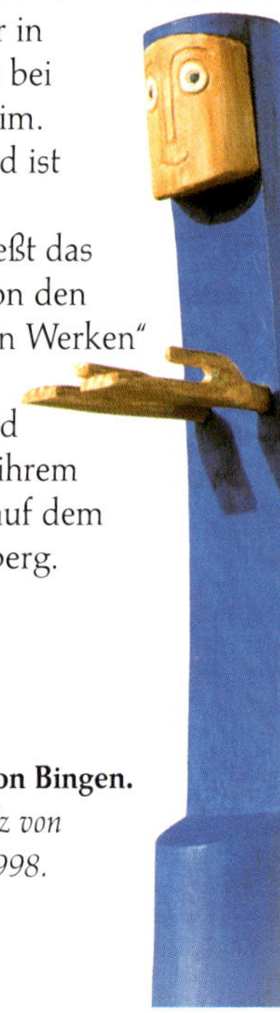

M 4 Hildegard von Bingen. *Figur aus Eichenholz von Franz Gutmann, 1998.*

Internettipp → *www.wolfgang-schuhmacher.de/hildegardvonbingenspiritualitaet/bistumhildegard/home.htm*

Lektüretipp → *Charlotte Kerner, Alle Schönheit des Himmels. Die Lebensgeschichte der Hildegard von Bingen, Weinheim 1993*

1. *Deute M 1. Beachte, dass die Strahlen auf die Sinne und den Verstand der Hildegard weisen.*
2. *Der Brief M 3 ist ohne Datum. Ordne ihn mit M 2 zeitlich ein.*
3. *Verfasse eine Antwort auf M 3.*
4. *Informiere dich über das Werk Hildegards von Bingen, und berichte über die wichtigsten Bereiche.*

1 Papst Urban II. ruft 1095 zum Kreuzzug auf. *Holzschnitt von 1482. Auf dem Spruchband in der Mitte des Bildes steht „Deus [lo] volt“ (dt. „Gott will es!“). An wen wendet sich der Papst? Beschreibe die Zuhörer.*

Kreuzzüge – Kriege um das Grab Christi?

„Gott will es!“

Schon in der Spätantike pilgerten Christen nach Jerusalem. Dies blieb auch so, als im 7. Jh. muslimische Araber Palästina eroberten. Gegen eine Gebühr durften die unbewaffneten Pilger weiterhin die Lebens- und Leidensstätten Christi besuchen. Die Zahl der Christen, die nach Jerusalem zogen, um für ihre Sünden zu büßen und ihr Seelenheil zu finden, stieg seit dem 10. Jh. ständig. Ebenso nahm die Zahl der Wallfahrten (mhd. *wallen*: pilgern) nach Rom oder Santiago de Compostela im äußersten Nordwesten Spaniens zu. Für die rund 5 000 km von Köln nach Jerusalem brauchte man bis zu sechs Monate. Die Kirche förderte die Pilgerfahrten.

Mitte des 11. Jh. eroberte das islamische Volk der *Seldschuken* Syrien, Palästina und Kleinasien und bedrohte Byzanz. Die Pilgerwege nach Jerusalem wurden unterbrochen, Wallfahrer überfallen und ausgeraubt. Zurückkehrende Pilger behaupteten, die heiligen Stätten seien von Muslimen und Juden geschändet worden. Einen Hilferuf des byzantinischen Kaisers nahm Papst *Urban II.* zum Anlass, die Befreiung des Heiligen Landes von der muslimischen Herrschaft zu fordern.

Am 27. November 1095, dem letzten Tag des **Konzils zu Clermont** (Frankreich), soll Papst Urban II. vor den Bischöfen, Äbten und Rittern aus ganz Frankreich mit den Worten *Gott will es!* zu einem Kreuzzug aufgerufen haben. Seine Aufforderung fand Gehör: Viele Konzilsteilnehmer ließen sich als Zeichen ihrer Teilnahme ein Kreuz aus Stoff auf ihre Schultern heften.

Wallfahrt in Waffen

Zahlreiche Wanderprediger verbreiteten den Kreuzzugsgedanken. Bald erfasste er Arme und Reiche im gesamten Abendland. Die neue Massenbewegung verknüpfte den Brauch der unbewaffneten Wallfahrt mit der Idee des „Heiligen Krieges“ zur Abwehr heidnischer Einfälle. Die Vorstellung eines „gerechten Krieges“ war im 9. Jh. aus der antiken römischen Literatur übernommen worden, als sich das christliche Abendland gegen die einfallenden heidnischen Normannen, Ungarn und Sarazenen wehren musste. Anfang des 11. Jh. waren dann französische und burgundische Ritter als *Streiter Christi* über die Pyrenäen gezogen, um die Muslime aus Spanien zu verdrängen, die hier im 7. und 8. Jh. eingedrungen waren.

2 Kreuzzugsteilnehmer. *Englische Miniatur, vermutlich Anfang des 14. Jh. Was sagt das Bild aus?*

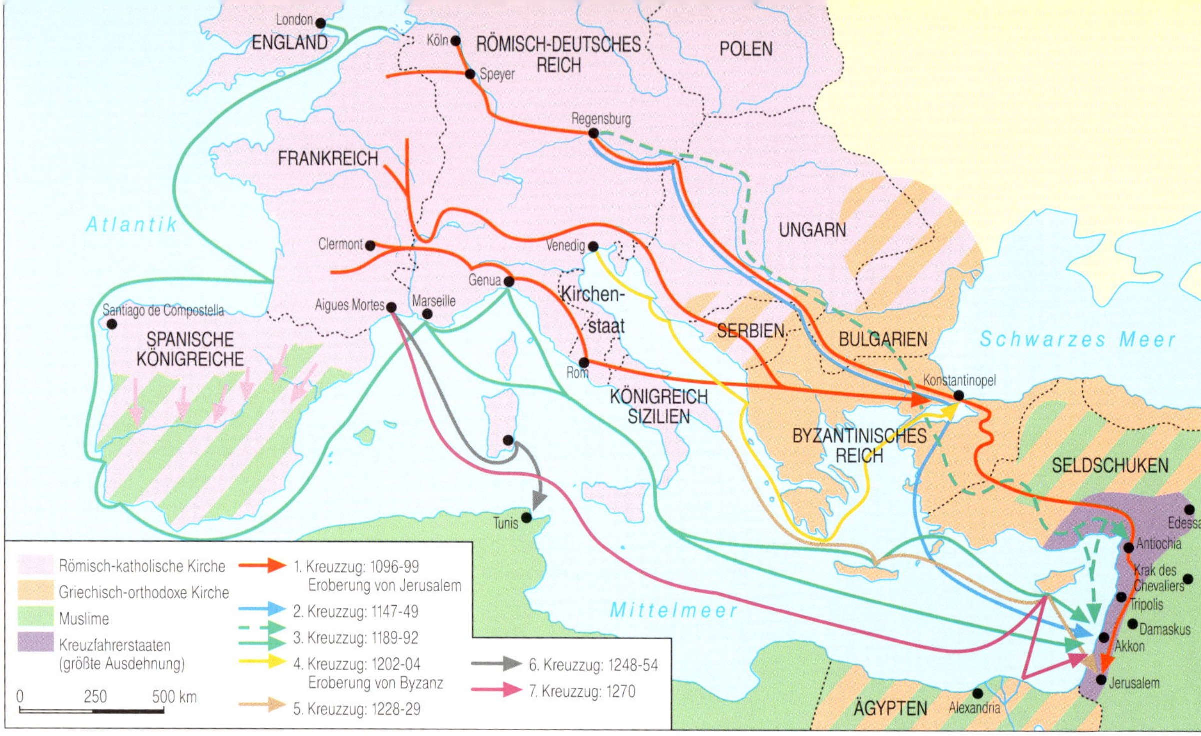

3 Die Kreuzzüge.
Wie heißen die Gebiete der Kreuzfahrerstaaten heute?

Die Eroberung Jerusalems

Religiöser Eifer und der von der Kirche versprochene Erlass aller Sündenstrafen veranlassten viele Gläubige, den Kreuzzugsaufrufen zu folgen. Auch Abenteuerlust und wirtschaftliche Gründe spielten eine Rolle: Verarmte Adlige und nachgeborene Söhne ohne Erbrecht hofften auf reiche Beute oder Land.

In mehreren Wellen zogen die Teilnehmer des ersten Kreuzzuges in den Südosten. Dabei kam es zu den ersten großen Ausschreitungen gegen die jüdische Bevölkerung.* Etwa 120 000 Männer und Frauen, unter ihnen etwa zehn Prozent Adlige und Ritter, nahmen am ersten Kreuzzug teil.

Sie mussten viele Strapazen ertragen und Gefechte bestehen. Etwa 20 000 Kreuzzugsteilnehmer erreichten Jerusalem. Sie belagerten die Stadt fünf Wochen, erstürmten sie im Juli 1099 und richteten ein Blutbad an. Aus dem Kreuzzug war ein Angriffskrieg gegen Muslime und Juden geworden.

*Lies dazu Seite 142.

In den eroberten Gebieten gründeten die Kreuzfahrer das Königreich Jerusalem, dem die neuerrichteten Fürstentümer und Grafschaften Edessa, Antiochia und Tripolis lehnspflichtig waren.

Rückzug nach 200 Jahren

Um die Kreuzfahrerstaaten in ihrer islamischen Umgebung zu sichern, folgten bis zum Ende des 13. Jh. sechs weitere große Kreuzzüge. Die Einigung der islamischen Herrschaften, das Ausscheren des Byzantinischen Reiches aus dem Bündnis mit den Kreuzfahrerstaaten (1185) sowie innere Konflikte im Königreich Jerusalem ermöglichten es den Muslimen, Jerusalem 1187 zurückzuerobern und die Herrschaft der Kreuzfahrer zurückzudrängen.

Nach den Misserfolgen ließ auch die religiöse Begeisterung nach – trotz zahlreicher Versprechen der Kirche. Es zeigte sich, dass die religiösen, politischen und wirtschaftlichen Interessen der beteiligten europäischen Herrscher zu unterschiedlich waren. Als 1291 das letzte christliche Bollwerk in Akkon fiel, mussten die Christen das Land als Besiegte verlassen.

Die Zahl der Todesopfer der sieben Kreuzzüge wird auf 10 bis über 22 Millionen auf beiden Seiten geschätzt.

4 Krak des Chevaliers in Syrien.
Foto von 2002.
Diese Kreuzritterburg kam 1142 in Besitz des Johanniter-Ordens. Er ließ sie nach 1170 ausbauen. 1271 eroberten muslimische Truppen diese bedeutende Festungsanlage.

M 1 Aufruf zur Befreiung Jerusalems

Am 27. November 1095 ruft Papst Urban II. in Clermont die Franken auf, Jerusalem von dem „gottfernen Volk" zu befreien. In der von Robert dem Mönch 1107 niedergeschriebenen Rede heißt es:*

Wem anders obliegt nun die Aufgabe, diese Schmach zu rächen, dieses Land zu befreien, als euch? Euch verlieh Gott mehr als den übrigen Völkern ausgezeichneten Waffenruhm, hohen Mut, körperliche Gewandtheit und die Kraft, den Scheitel eurer Widersacher zu beugen [...].
Kein Besitz, keine Haussorgen sollen euch fesseln [...]. Tretet den Weg zum Heiligen Grab an, nehmt das Land dort dem gottlosen Volk, macht es euch untertan! Gott gab dieses Land in den Besitz der Söhne Israels; die Bibel sagt, dass dort Milch und Honig fließen. Jerusalem ist der Mittelpunkt der Erde, das fruchtbarste aller Länder [...]. Diese Königsstadt also, in der Erdmitte gelegen, wird jetzt von ihren Feinden gefangengehalten und von denen, die Gott nicht kennen, dem Heidentum versklavt. Sie erbittet und ersehnt Befreiung, sie erfleht unablässig eure Hilfe [...]. Schlagt also diesen Weg ein zur Vergebung eurer Sünden; nie verwelkender Ruhm ist euch im Himmelreich gewiss.

Arno Borst, Lebensformen im Mittelalter, Frankfurt a. M. 1973, S. 318 ff. (vereinfacht)

**Unter Franken werden alle nördlich der Alpen lebenden Völker verstanden.*

M 2 Aus dem „Tatenbericht" eines christlichen Ritters

Ein aus Süditalien stammender Ritter, der an der Eroberung Jerusalems beteiligt war, berichtet um 1100:

Am Freitag, dem 15. Juli, mitten am Vormittag begannen wir den Angriff auf die Stadt von allen Seiten, zunächst aber ohne jeden Erfolg, und wir wurden alle von Bestürzung ergriffen und von großer Furcht. Aber als sich die Stunde näherte, wo der Herr Jesus Christ in seiner großen Güte für uns die Folter am Kreuz erlitt, und während unsere Ritter mit großem Eifer von dem rollenden Kastell aus kämpften [...], erkletterte einer unserer Ritter [...] die Mauer der Stadt. Kaum war er hinaufgeklettert, als alle Verteidiger der Stadt von den Mauern und durch die Stadt flohen; die Unsrigen eilten zu ihrer Verfolgung, jagten, töteten und mordeten, bis zum Tempel des Salomo, und dort gab es ein solches Blutbad, dass die Unsrigen bis zu den Knöcheln im Blut der Feinde wateten [...].
Die Heiden wurden überwältigt, und die Unsrigen ergriffen Männer und Frauen und töteten oder ließen sie am Leben, wie es ihnen gefiel. Bald liefen sie durch die ganze Stadt, rafften Gold, Silber, Pferde und Maultiere zusammen und plünderten die Häuser, die vor Reichtümern überquollen.

Guy Lobrichon, Die Eroberung Jerusalems im Jahre 1099, Sigmaringen 1998, S. 118 ff.

M 3 Aus einem arabischen Geschichtsbuch

Der arabische Geschichtsschreiber Ibn al-Athir, der 1233 starb, schreibt über den Fall Jerusalems:

Die Franken wandten sich also gegen Jerusalem [...] und hielten es [...] mehr als vierzig Tage lang eingeschlossen. Sie errichteten zwei Türme, einen davon auf der Seite Zions*. Aber die Muslime verbrannten ihn und töteten alle, die in ihm waren. Kaum hatten sie ihn verbrannt, als ein Bote mit einem Hilferuf kam: die Stadt sei von der anderen Seite her genommen. Die Franken nahmen sie tatsächlich von der Nordseite, morgens am Freitag, dem 22. Šaban (492/15. Juli 1099). Die Einwohner wurden ans Schwert geliefert, und die Franken blieben eine Woche in der Stadt, während der sie die Einwohner mordeten. [...]
Die Flüchtlinge erreichten Bagdad [...]. Am Freitag kamen sie in die Hauptmoschee und flehten um Hilfe; sie waren in Tränen und rührten zu Tränen bei der Erzählung, was die Muslime in dieser erhabenen heiligen Stadt erlitten hatten: die Männer getötet, Frauen und Kinder gefangen, alle Habe geplündert. Wegen des schweren Unglückes, das sie erduldet hatten, brachen sie sogar das Fasten.
Die verschiedenen muslimischen Fürsten lagen untereinander im Streit [...], so konnten die Franken ihr Land besetzen.

Francesco Gabrieli, Die Kreuzzüge aus arabischer Sicht, übers. von Barbara von Kaltenborn-Stachau, Zürich-München 1973, S. 49 f. (vereinfacht)

**Die „Burg Zion" lag im Südosten der Stadt.*

M 4 Kreuzfahrer erobern 1099 Jerusalem.
Französische Buchmalerei, um 1450 (Ausschnitt).

1. *Nimm Stellung zum Aufruf (M 1).*
2. *Wir stellen euch hier die Beschreibung und Bewertung eines Ereignisses aus zwei Perspektiven vor. Bestimmt die unterschiedlichen Blickwinkel. Untersucht die Quellen auf ihre Glaubwürdigkeit hin (M 2 und M 3). Stellt in einer Tabelle gegenüber, was die Berichte enthalten und vergleicht. Arbeitet heraus, wann und wie die Autoren das Ereignis bewerten.*

Zwischen Abendland und Morgenland

1 Kreuzfahrer und Kaufleute.
Buchillustration, um 1350.

Krieg und Handel

Palästina war nur ein kleiner Teil der islamischen Welt. Deshalb stellten die Kreuzzüge für die großen islamischen Reiche keine bedeutenden Ereignisse dar. Für die wirtschaftliche und kulturelle Entwicklung des Abendlandes sah das anders aus.
Die Westeuropäer hatten die hochentwickelte Kultur der Muslime in Spanien, Sizilien und Süditalien kennen gelernt. Ihr Interesse am Vorderen Orient galt nicht nur der Befreiung der heiligen Stätten, sondern auch dem Reichtum des Landes: den farbenprächtigen Teppichen und den feinen Stoffen (Damast, Musselin, Seide), den kostbaren Schmiedearbeiten (Damaszener Klingen) und Musikinstrumenten sowie dem Porzellan und Glas. Die Europäer lernten die fremde Küche schätzen. Sie würzten nun mit Nelken, Muskat, Pfeffer, Safran und Zimt und süßten Mehlspeisen mit Rohrzucker statt Honig. Auch Messer und Gabel übernahmen sie von den Orientalen. Erfahrungen aus den Kreuzzügen haben darüber hinaus die Baukunst beeinflusst.
Besonderen Gewinn zog vor allem der aufblühende europäische Fernhandel aus dem Kontakt mit der muslimischen Welt. Die italienischen Seestädte hatten den Muslimen die alleinige Herrschaft im Mittelmeer streitig machen können und dazu am Transport der Pilger und Kreuzfahrer ins Heilige Land viel verdient. Trotz der Kriege konnten sie den Handel mit Gewürzen und Luxusartikeln wie Perlen, Edelsteinen, Duftstoffen, Seide, Baumwolle und Färbemitteln (*Indigo, Ultramarin*) ausweiten. Die Waren mussten über die weiten Karawanenwege aus dem Innern Arabiens, Asiens und Afrikas herangeschafft werden und gelangten nun vermehrt über Italien in die westeuropäischen Länder. Das förderte dort das Gewerbe: Wollgewebe, Leinenerzeugnisse, Metalle und Metallwaren wurden als begehrte Exportartikel in den Orient geliefert.

Christen lernen von Muslimen

Das Interesse der Kreuzfahrer an der arabischen Kultur war gering. Trotzdem begannen die Europäer, sich seit dem 11. Jh. mit der islamischen Welt auseinanderzusetzen. Ausgangspunkte des kulturellen Einflusses waren nicht Palästina und Byzanz, sondern die seit Jahrhunderten von Muslimen bewohnten Gebiete in Spanien und Sizilien: Hier wurden die Werke islamischer Gelehrter – oft durch Vermittlung jüdischer Männer – ins Lateinische übersetzt. Das Wissen arabischer Astronomen, Ärzte, Alchimisten, Mathematiker und Philosophen wurde zum Gegenstand europäischer Lehre und Forschung.
Ein großer Teil der griechischen Naturwissenschaft und Philosophie wurde erst durch Rückübersetzungen aus dem Arabischen wieder entdeckt. Die Araber hatten zahlreiche alte griechische, persische und indische Texte in die eigene Sprache übertragen und kommentiert. So eröffneten beispielsweise die Werke des arabischen Philosophen *Averroes* aus dem 12. Jh. ein vertieftes Verständnis der Philosophie des Aristoteles.
Europäische Ärzte beschäftigten sich mit der arabischen Medizin, in der sich Wissen aus dem gesamten Orient und der Antike vereinte. Araber hatten den Kreislauf des Blutes im menschlichen Körper nachgewiesen und die Heilwirkung von Pflanzen gründlich untersucht. Bis ins 16. Jh. hinein waren die europäischen Ärzte von dem medizinischen Wissen der Araber abhängig.
Im 13. Jh. setzte sich in der Mathematik das noch heute gängige arabische Zahlensystem in Europa durch. Die Muslime hatten von den Indern das Zehnersystem mit dem Zeichen Null übernommen. Auch der Dezimalbruch und das Rechnen mit Buchstaben (*Algebra*) lernten sie von den Arabern. Die arabische Astronomie wurde grundlegend für unser Wissen über die Sterne und Planeten.

M 1 Heilmethoden

Usama ibn Muniqid, ein syrischer Literat und Höfling, der 1188 starb, schreibt über die westeuropäische Heilkunst:

Der Herr von Manaitira schrieb an meinen Onkel und bat ihn, einen Arzt zu senden, der seine kranken Gefährten heilen sollte. Mein Onkel schickte ihm einen christlichen Arzt mit Namen Tabit. Nach kaum zehn Tagen kam er wieder zurück, und wir sagten zu ihm: „Du hast die Kranken ja schnell geheilt", worauf er erzählte:
„Sie führten mir einen Ritter vor, der einen Abszess am Bein hatte, und eine Frau, die an Auszehrung litt. Dem Ritter machte ich ein erweichendes Pflaster, und der Abszess öffnete und besserte sich; der Frau verschrieb ich eine Diät und führte ihrer Säftemischung Feuchtigkeit zu. Da kam ein fränkischer Arzt daher und sagte: ‚Der weiß doch überhaupt nicht, wie sie zu behandeln sind!', wandte sich an den Ritter und fragte ihn: ‚Was willst du lieber: mit einem Bein leben oder mit beiden Beinen tot sein?' Der antwortete: ‚Lieber mit einem Bein leben!' Da sagte er: ‚Holt mir einen kräftigen Ritter und ein scharfes Beil!' Ritter und Beil kamen, ich stand dabei. Er legte das Bein auf einen Holzblock und sagte zu dem Ritter: ‚Gib dem Bein einen tüchtigen Hieb, der es abtrennt.' Er schlug, unter meinen Augen, einmal zu, und da das Bein nicht abgetrennt war, ein zweites Mal: Das Mark des Beines spritzte weg, und der Ritter starb sofort. Hierauf untersuchte er die Frau und sagte: ‚Die da hat einen Dämon im Kopf, der sich in sie verliebt hat. Schert ihr die Haare.' Sie schoren sie, und sie aß wieder von ihren gewohnten Speisen, Knoblauch und Senf, wodurch die Auszehrung sich verschlimmerte. ‚Der Teufel steckt in ihrem Kopf', urteilte er, nahm ein Rasiermesser und schnitt ihr kreuzförmig über den Kopf, entfernte die Haut in der Mitte, bis der Schädelknochen freilag, und rieb ihn mit Salz ein: Die Frau starb augenblicklich.
Da fragte ich: ‚Habt ihr mich noch nötig?' Sie verneinten, und ich ging weg, nachdem ich von ihrer Heilkunde gelernt hatte, was ich vorher nicht wusste."

Francesco Gabrieli, Die Kreuzzüge aus arabischer Sicht, a. a. O., S. 118 f.

M 2 Ein Apotheker bereitet Medikamente zu.
Buchmalerei aus einer arabischen Handschrift, 13. Jh.

M 3 Christ und Muslim spielen Schach.
Buchmalerei aus Spanien, 13. Jh.
Das Schachspiel stammt wohl aus Indien. Es war im arabischen und abendländischen Kulturraum verbreitet und galt als königliches bzw. ritterliches Strategiespiel.
Nach den ersten Kreuzzügen fanden sich in den Kreuzfahrerstaaten Muslime und Christen aller Stände zusammen, um Schach zu spielen.

M 4 Arabisches im deutschen Wortschatz

Viele Wörter in unserer Sprache stammen aus dem Arabischen oder – durch die Araber vermittelt – aus dem Persischen und Indischen; solche Worte sind z. B.:

Algebra, Alkali, Alkohol, Aprikose, Azur, Baldachin, Benzin, Chemie, Damast, Diwan, Droge, Drogerie, Gamasche, Gaze, Ingwer, Jacke, Kaffee, Kandis, Karaffe, Kattun, Konditorei, Kümmel, Lack, Laute, Limonade, Magazin, Marzipan, Matratze, Muskat, Musselin, Orange, Rose, Safran, Sandale, Satin, Schal, Sirup, Sofa, Spinat, Tabak, Taft, Zenit, Ziffer, Zimt, Zucker.

Nabil Osman, Kleines Lexikon deutscher Wörter arabischer Herkunft, München [7]2003

1. *Vergleiche das Vorgehen der Ärzte (M 1). Welche Krankheitsursachen werden genannt?*
2. *Ordne die Lehnwörter nach Sachgebieten (M 4). Schließe aus den Wörtern, welche Lebens- und Arbeitsbereiche von der Entwicklung betroffen waren.*

Aufbruch nach Osten

Nicht nur mit friedlichen Mitteln
Zur Zeit der Kreuzzüge begannen die weltlichen und geistlichen Fürsten an Elbe, Saale und Donau, bäuerliche Siedlungsstellen im Osten einzurichten. Der Grund: Der innere Landesausbau durch Rodung von Wäldern und Trockenlegung von Mooren schien abgeschlossen und für die wachsende Bevölkerung der Lebensraum zu eng. Gleichzeitig waren auch viele slawische Fürsten an einer Besiedlung ihrer Länder interessiert. Sie hatten erkannt, dass sie so ihre Einnahmen beträchtlich steigern konnten.
Die bäuerliche Ostsiedlung vollzog sich schrittweise in zahlreichen Einzelunternehmungen. Dazu kamen regelrechte Feldzüge wie der **Wendenkreuzzug** von 1147, bei dem unter Führung Heinrichs des Löwen sächsische Fürsten mit polnischer und dänischer Hilfe gegen die Slawenstämme an der Ostseeküste zogen.

Wer war zuständig?
Für alle mit der Kolonisation zusammenhängenden Aufgaben waren **Lokatoren** (*Siedlungsmeister*) zuständig. Sie arbeiteten im Auftrag der weltlichen und geistlichen Herren, warben die Siedler an, brachten sie zu den Siedlungsgebieten, verteilten die Grundstücke und halfen bei der Anlage von Höfen und Dörfern. Dazu übernahmen die Lokatoren in der Regel die Aufgabe des **Schulzen**, einer Art Dorfrichter und Bürgermeister.

Wer zog mit?
Vor allem ehrgeizige Bauernsöhne, die auf dem heimischen Hof kein Erbe erwarten konnten, zogen in die Fremde. Sie folgten den Angeboten der Fürsten, die den Siedlern Land, Befreiung von Abgaben und mehr Rechte versprachen. An dieser Kolonisation beteiligten sich nicht nur Bauern, sondern es zogen auch Handwerker, Bergleute, Kaufleute und Adlige nach Osten.

1 Neuland wird vergeben.
Bild aus der Heidelberger Handschrift des Sachsenspiegels, Anfang des 14. Jh.
Ein Grundherr überreicht dem Siedlungsmeister (Lokator) eine Urkunde. Das Dreieck unterhalb der Urkunde könnte ein Siegel oder ein Gegenstand zur Landvermessung sein.

Die ersten Siedler in Mecklenburg, Brandenburg und der Lausitz stammten aus Flandern, den Niederlanden und dem Rheinland. Andere zogen später weiter nach Pommern, Schlesien und Polen.

Neue Volksstämme
Die Siedler rodeten Wälder und gründeten Dörfer und Städte (z. B. Schwerin, Rostock, Wismar, Stettin und Breslau). Im Erzgebirge, in der Slowakei und in Siebenbürgen erschlossen eingewanderte Bergleute die Bodenschätze wie Gold, Silber und Kupfer.
Die Einwanderer prägten Recht, Wirtschaft, Religion und Sprache. Nur in abgelegenen Landesteilen konnten sich die ursprüngliche Sprache und Kultur erhalten, zum Beispiel bei den *Sorben-Wenden* in der Lausitz.
Langfristig vermischten sich die Siedler aus dem Westen mit der slawischen Bevölkerung, sodass neue „Volksstämme" wie *Brandenburger, Mecklenburger, Pommern* und *Schlesier* entstanden.

Der Deutsche Orden
Während der Kreuzzüge gründeten deutsche Ritter im 12. Jh. in Palästina den **Deutschen Orden**. Sie legten ein Mönchsgelübde ab, verpflichteten sich zum Kampf gegen die Heiden und zur Verteidigung des Glaubens und unterstellten sich direkt dem Papst.
Durch Schenkungen kam der Orden in ganz Europa zu Besitz. Die Möglichkeit, ein eigenes Territorium zu errichten, bot sich im Land der baltischen *Pruzzen*. 1225/26 bat der polnische Herzog *Konrad von Masowien* den Deutschen Orden, ihn bei der Unterwerfung und Missionierung des heidnischen Volkes zu unterstützen. Dafür schenkte er dem Orden das Kulmer Land. Der Hochmeister des Ordens gab sich damit nicht zufrieden. Er ließ sich zusätzlich Ansprüche auf die zu missionierenden Gebiete von Kaiser und Papst sichern. 1231 zogen die ersten Ordensritter gegen die heidnischen Pruzzen; um 1280 beendeten sie die Kriegszüge.

Aufstieg und Zerfall eines Staates
Dem Vordringen des Deutschen Ordens nach Osten folgte eine planmäßige Besiedelung des Landes durch Bauern und Handwerker aus Westfalen, Niedersachsen und Thüringen. Vom 12. bis 15. Jh. entstand östlich der Weichsel eine der wichtigsten Kornkammern Europas. In dieser Zeit wurden hier über 1400 Dörfer und 90 Städte angelegt, darunter Thorn, Kulm und Königsberg. Die Herrschaft des Deutschen Ordens erreichte um 1350 ihren Höhepunkt. Gleichzeitig verschlechterte sich aber das Verhältnis des Ordens zu Polen. Nach langen Auseinandersetzungen unterlagen 1410 die Truppen des Deutschen Ordens in der **Schlacht bei Tannenberg** dem polnisch-litauischen Heer. Mit der Niederlage setzte ein Zerfallsprozess ein: Hundert Jahre später wurde der Ordensstaat in das weltliche Herzogtum *Preußen* umgewandelt.

M 4 Die Marienburg am Ufer der Nogat.
Foto, um 1990.
Baubeginn 1280, vollendet 1400.
Die Ordensburg im heutigen Polen war von 1309 bis 1457 Sitz des Hochmeisters des Deutschen Ordens. Sie ist die größte Burganlage Europas. Benannt ist sie nach der Schutzheiligen des Ordens.

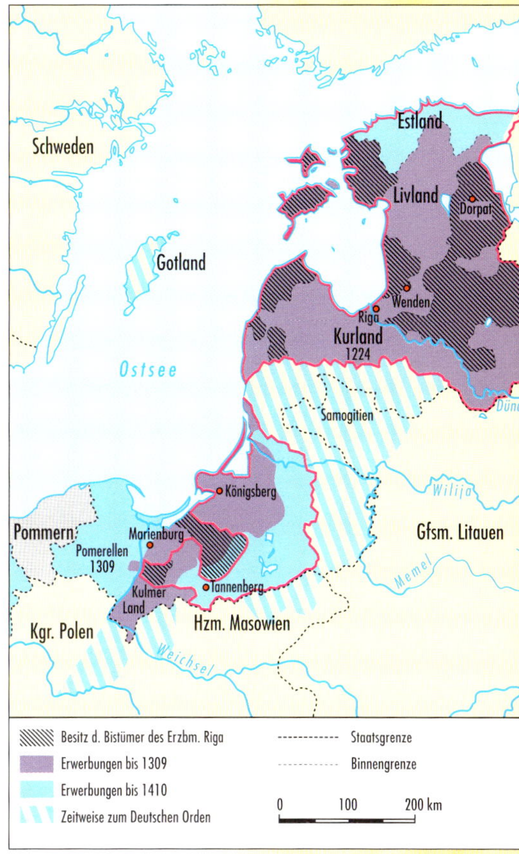

M 5 Der Staat des Deutschen Ordens.

M 1 Konrad ruft

Eine Urkunde aus dem 13. Jh. hält fest:

Ich, Konrad, von Gottes Gnaden Herzog von Masowien, will, dass bekannt sei, dass ich wegen der Verteidigung des Glaubens den Brüdern vom Deutschen Orden das ganze Kulmer Land mit allem Zubehör zu ewigem Besitz geschenkt habe, mit allem Nutzen und jeder nur möglichen Freiheit. Die Brüder selbst haben versprochen, dass sie, so viel mit Gottes Hilfe und ihrer Macht möglich ist, für Christus und gegen alle Heiden mit uns zusammen zu jeder Zeit kämpfen werden.

Hans-Ulrich Engel, Ritter, Priester, Europäer. 800 Jahre Deutscher Orden, Dachau 1990, S. 41 (vereinfacht)

M 2 Die Goldene Bulle von Rimini

In einer im März 1226 in Rimini ausgestellten Urkunde genehmigt und bestätigt Kaiser Friedrich II. dem Hochmeister des Deutschen Ordens und seinen Nachfolgern:

Dass sie das Land, das sie vom Herzog Konrad nach dessen Versprechen erhalten werden, ferner jedes Gebiet, das ihnen dieser vielleicht sonst überlässt, schließlich was sie mit Gottes Gnade im Land der Pruzzen erobern werden, in Freiheit ohne Dienstleistung und Steuerpflicht ohne irgendwelche üblichen Lasten innehaben und keinem für ihr Land Rechenschaft schuldig sind. Es soll ihnen ferner zum Vorteil ihres Hauses gestattet sein, Weg- und andere Zollstätten zu errichten, Messen und Märkte zu bestimmen, Geld zu schlagen, Steuern und andre Abgaben zu erheben […]. Außerdem verleihen wir ihnen das Recht, Richter und Verwaltungsbeamte einzusetzen, die das ihnen untertänige Volk, die zum Glauben Bekehrten, […] gerecht regieren und leiten.

Walther Hubatsch (Hrsg.), Quellen zur Geschichte des Deutschen Ordens, Göttingen 1954, S. 46 f. (vereinfacht)

M 3 „…wir wollen mit Wasser, nicht mit Blut getauft sein“

1398 erobert der Deutsche Orden das Gebiet der Samogiten. Ein Jahr später wenden sie sich mit folgenden Zeilen an ihre Nachbarn:

Unterdrückt und durch Qualen erschöpft, bitten wir euch, ihr geistlichen und weltlichen Fürsten, uns anzuhören. […]
Alle Früchte unseres Landes […] haben uns die Ritter genommen. Sie gestatten uns weder zu jagen noch zu fischen, noch mit den Nachbarn Handel zu treiben. Jedes Jahr führen sie unsere Kinder als Geiseln weg. Unsere Ältesten haben sie nach Preußen verschleppt, andere samt ihren Familien durch Feuer ausgerottet; unsere Schwestern und Töchter haben sie mit Gewalt weggeführt - und da tragen sie noch das heilige Kreuz auf ihrem Mantel!
Habt Erbarmen mit uns! […] Von ganzem Herzen wollen wir Christen werden, aber wir wollen mit Wasser, nicht mit Blut getauft sein.

Valentin Gitermann, Geschichte Rußlands, Bd. 1, Hamburg 1949, S. 396

1. *Stelle gegenüber, was Konrad von Masowien, Kaiser Friedrich II. und der Deutsche Orden versprechen (M 1 und M 2).*
2. *Benenne die jeweiligen Motive für diese Versprechungen.*
3. *Was werfen die Samogiten dem Deutschen Orden vor (M 3)? Was erwarten sie von ihren Nachbarn?*
4. *Erkläre den letzten Satz des Briefes (M 3).*

1 Gottesdienst in einer Synagoge.
Abbildung aus dem Machsor Lipsiae, einem jüdischen Gebetsbuch für Fest- und Feiertage, um 1320.
Der Vorbeter (hebr. Chasan) steht, in einen Gebetsschal eingehüllt, vor einem Lesepult mit der Thora. Hinter ihm zwei Männer, die einen Judenhut tragen.

Juden in Europa

Christliche Herrscher rufen

Unter den römischen Kaisern verbreiteten sich jüdische Gemeinden im West- und Oströmischen Reich. Mit dem zunehmenden politischen Einfluss des Christentums büßten die Juden ihre Glaubensfreiheit ein. Nur wenige jüdische Gemeinden überstanden die Zeit der Völkerwanderung. Im frühen Mittelalter riefen Könige und Bischöfe jüdische Kaufleute ins Land, da sie den beschwerlichen Fernhandel mit dem Orient aufrechterhielten. Es kamen nicht nur jüdische Händler, sondern auch Ärzte, Gelehrte und Handwerker mit ihren Familien.

Juden und Christen

Juden und Christen lebten bis ins 11. Jh. meist ohne Probleme nebeneinander. Sie mieden in der Regel aber enge Kontakte. Religiöse Vorschriften auf beiden Seiten – wie das Verbot der Mischehen – verhinderten ein vertrautes Zusammenleben. Grund dieser Abgrenzung waren die sich gegenseitig ausschließenden religiösen Vorstellungen. Die Juden glauben, ein Teil des vom lebendigen Gott auserwählten Volkes zu sein. Sie erwarten den Messias (*Erlöser*) noch. Für die Christen ist dagegen die Erlösung der Menschheit durch Christus bereits geschehen.
Unterschiedlicher Glaube und andere Lebensweise erzeugten vor allem in Notzeiten Vorurteile – auf beiden Seiten. Während die jüdische Minderheit aber nicht mit dem Anspruch auftrat, die Christen von ihrem „falschen" Glauben befreien zu müssen, wollten die Christen – gemäß dem Missionsauftrag – die „Irrgläubigen" immer wieder von dem „wahren" christlichen Glauben überzeugen.

Tod oder Taufe

Mit der wachsenden Volksfrömmigkeit änderte sich seit dem 11. Jh. die Situation der jüdischen Bevölkerung in Europa: Es kam zu Gewalttaten der Christen gegen Juden und zu Zwangstaufen, obwohl sich die weltlichen und geistlichen Herrscher dagegen aussprachen.
Auslöser für große Ausschreitungen gegen die jüdische Bevölkerung waren die Kreuzzüge.* Religiöse Fanatiker riefen nicht nur gegen die „Feinde Christi" im Heiligen Land, sondern auch gegen die „Irrgläubigen" im eigenen Land zum Kampf auf. In Metz, Worms, Speyer, Mainz, Köln und Xanten, später auch in Frankfurt a. M., Regensburg, Prag und anderen Orten wurden Häuser der Juden angezündet und die Bewohner aufgefordert, sich taufen zu lassen. Weigerten sie sich, wurden sie vertrieben oder umgebracht. Die Zahl der jüdischen Opfer in den deutschen Gebieten wird auf 3000 geschätzt.

Menschen im Abseits

Einzelne Bischöfe und christliche Herrscher missbilligten diese Massenmorde. Die Kaiser nahmen Juden wiederholt unter ihren Schutz. Doch an deren gesellschaftlicher Lage änderte sich wenig. Die Kirche betrieb unterdessen die gezielte Ausgrenzung religiöser Minderheiten. 1179 beschloss eine große Kirchenversammlung in Rom die räumliche Trennung von Christen und Juden. Sie wurde vorerst kaum befolgt. 1215 folgte aus Rom die Anordnung, dass Juden und Muslime schon an ihrer Kleidung erkennbar sein sollten. Es entstanden die ersten Judengassen und -viertel. Doch die Anweisung blieb vielfach unberücksichtigt. Erst im 15. Jh. entstanden dann Ghettos: abgesonderte Wohnviertel, in denen die jüdische Bevölkerung leben musste. Gilden, Zünfte, Stadtschulen und Universitäten nahmen Juden nicht auf, da sie sich als „christliche Gemeinschaften" verstanden. Landbesitz und Bürgerrechte blieben ihnen versagt.
Um überleben zu können, blieb den Juden fast nur noch der Geldverleih und das Pfandgeschäft. Auch aus diesem Bereich wurden sie zunehmend verdrängt. Nachdem die Kirche durch die Kreuzzüge selbst zum Kreditnehmer geworden war, lockerte sie das kirchliche Verbot, Geld gegen Zinsen zu verleihen. Christen stiegen in das Kreditgeschäft ein. Bald blieben den jüdischen Kreditgebern nur noch solche Kreditnehmer, denen kein anderer mehr Geld lieh. Da sie sich das Risiko, ihr Geld zu verlieren, mit hohen Zinsen bezahlen ließen, wurden sie als Wucherer beschimpft.

Bequeme Sündenböcke

Im 12. und 13. Jh. setzten fanatisierte Wanderprediger Gerüchte über angebliche Gräueltaten der jüdischen Minderheit in Umlauf. Sie lösten damit zahlreiche Verfolgungswellen aus. Ende des 13. Jh. wurden die Juden aus England vertrieben, im 14. Jh. aus Frankreich.
Einen blutigen Höhepunkt erreichte die Judenfeindschaft während der Pest um 1350.**

** Zu den Kreuzzügen lies Seite 135 ff.*
*** Zur Pest siehe auch Seite 168 f.*

M 1 Jüdische Gemeinden und Siedlungsgebiete vom 1. bis zum 11. Jh.

*Für das jüdische Volk begann das Leben in der Verbannung (***Diaspora***) mit der Zerstörung des Tempels in Jerusalem durch römische Truppen im Jahre 70 n. Chr. Der Anteil der Juden an der mitteleuropäischen Gesamtbevölkerung lag im 13. Jh. unter einem Prozent, nur in Spanien und Portugal lag er zwischen fünf und sechs Prozent. Grund: Die muslimischen Araber waren gegenüber den Juden toleranter als die Christen.*

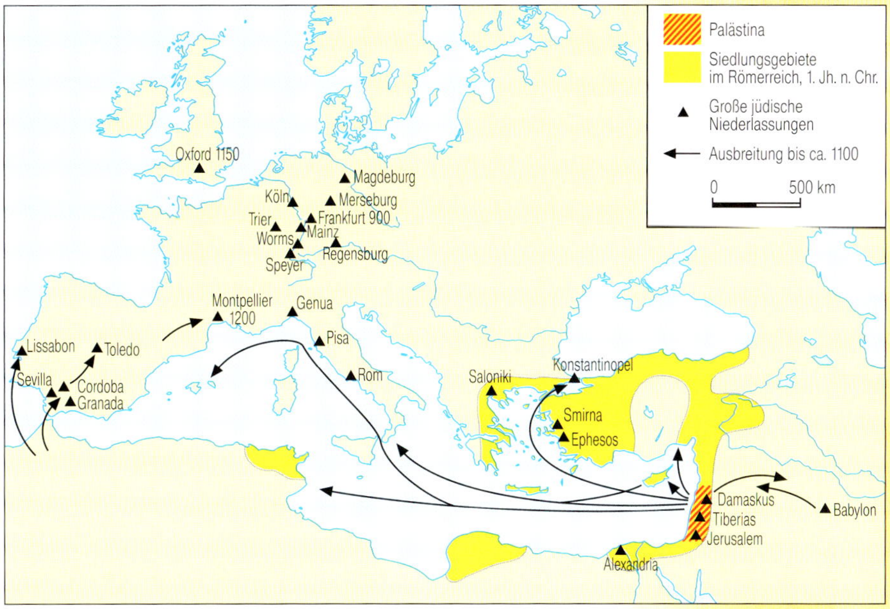

M 2 Gipfel des Wohlwollens?

Der Bischof von Speyer schreibt am 13. September 1084:

Im Namen der heiligen und unteilbaren Dreifaltigkeit. Als ich […] den Weiler Speyer zu einer Stadt gemacht habe, habe ich geglaubt, die Ehre unseres Ortes um ein Vielfaches zu vergrößern, wenn ich hier auch Juden ansammelte. Ich siedelte also die Versammelten außerhalb der Gemeinschaft und des Wohnbezirks der übrigen Bürger an, und damit sie nicht so leicht durch die Unverschämtheit des Pöbels beunruhigt würden, habe ich sie mit einer Mauer umgeben. […]
Wachen, Verteidigungen und Befestigungen müssen sie nur innerhalb ihres Wohnbezirks verrichten, die Verteidigungen jedoch gemeinsam mit den Bediensteten. Ammen und gemietete Knechte können sie von den Unsrigen haben. Geschlachtetes Fleisch, das sie nach ihrem Gesetz für sich als verboten betrachten, dürfen sie an Christen verkaufen, und diesen ist es erlaubt, es zu kaufen. Kurz, ich habe ihnen als Gipfel meines Wohlwollens ein Gesetz verliehen, das besser ist, als es das jüdische Volk in irgendeiner anderen Stadt des deutschen Reiches besitzt.

Julius H. Schoeps / Hiltrud Wallenborn (Hrsg.), Juden in Europa. Ihre Geschichte in Quellen, Bd. 1, Darmstadt 2001, S. 120

M 3 Auf die Kleidung kommt es an

Auf einer großen Versammlung von Bischöfen, Äbten sowie königlichen Gesandten wird im Jahre 1215 in Rom beschlossen:

Je mehr sich die christliche Religion in der Eintreibung der Wucherzinsen Einschränkungen auferlegt, desto übermütiger wird darin der Unglaube der Juden, sodass in kurzer Zeit das Vermögen der Christen erschöpft sein wird. Da wir in dieser Hinsicht Vorsorge treffen wollen, dass die Christen nicht unermesslich von den Juden beschwert werden, so bestimmen wir […], dass […] ihnen die Gemeinschaft mit den Christen entzogen werden soll, bis sie wegen dieser unangemessenen Beschwerung geziemend Genugtuung geleistet haben. […]
In einigen Provinzen unterscheidet die Kleidung Juden und Sarazenen* von den Christen. Aber in gewissen anderen ist eine solche Regellosigkeit entstanden, dass sie durch keine Unterscheidung kenntlich sind. Daher kommt es zuweilen vor, dass sich irrtümlicherweise Christen mit jüdischen oder sarazenischen und Juden oder Sarazenen sich mit christlichen Frauen vermischen. Damit also den Ausschweifungen einer so abscheulichen Vermischung in Zukunft die Ausflucht des Irrtums abgeschnitten werde, bestimmen wir, dass Juden und Sarazenen beiderlei Geschlechts in jeder christlichen Provinz und zu jeder Zeit sich durch die Art ihres Gewandes öffentlich von der übrigen Bevölkerung unterscheiden sollen, zumal man auch bei Mose liest, dass ihm eben dies auferlegt ist.

Julius H. Schoeps / Hiltrud Wallenborn (Hrsg.), Juden in Europa, a.a.O., S. 115 f.

***Sarazenen**: *Muslime*

1. *Beschreibe aus den Quellen wie sich das Verhältnis zwischen Juden und Christen gestaltete (M 1 bis M 3).*
2. *M 3 ist ein Beleg für das Zusammenleben zwischen Juden, Christen und Muslimen. Erkläre!*

LERNTIPP

Karte und Weltbild

M1 Die Ebstorfer Weltkarte.
Diese Karte entstand um 1300 in dem Kloster Ebstorf bei Lüneburg (Niedersachsen) und war wohl für Klosterschüler gedacht. Sie hat einen Durchmesser von 350 cm und gilt als die größte Weltkarte (lat. Mappa mundi) des Mittelalters. Zu sehen sind rund 1 500 lateinische Texteinträge, 500 Gebäudedarstellungen, 160 Gewässer, 60 Inseln oder Gebirge, 45 Menschen- oder Fabelwesen und ungefähr 60 Tiere. Das Original war auf Pergament gemalt. Es verbrannte 1943. Nachbildungen befinden sich heute im Kloster Ebstorf, im Museum in Lüneburg und auf der Plassenburg bei Kulmbach.

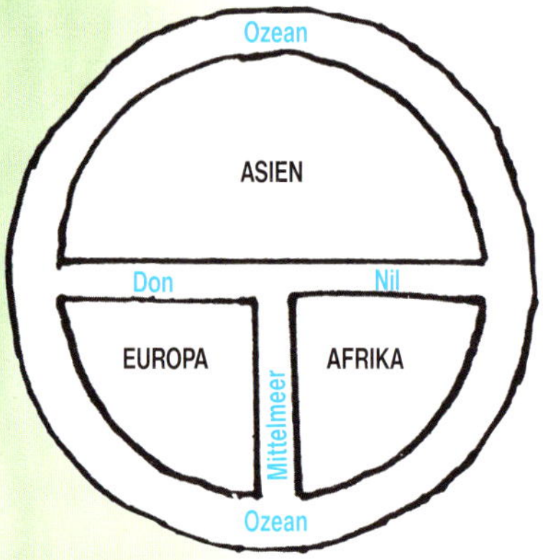

M2 Mittelalterliches Schema der Erdoberfläche.
Dieses Kartenschema tauchte erstmals um 600 in einer Schrift von Isidor von Sevilla auf. Die Eintragungen wurden hinzugefügt.

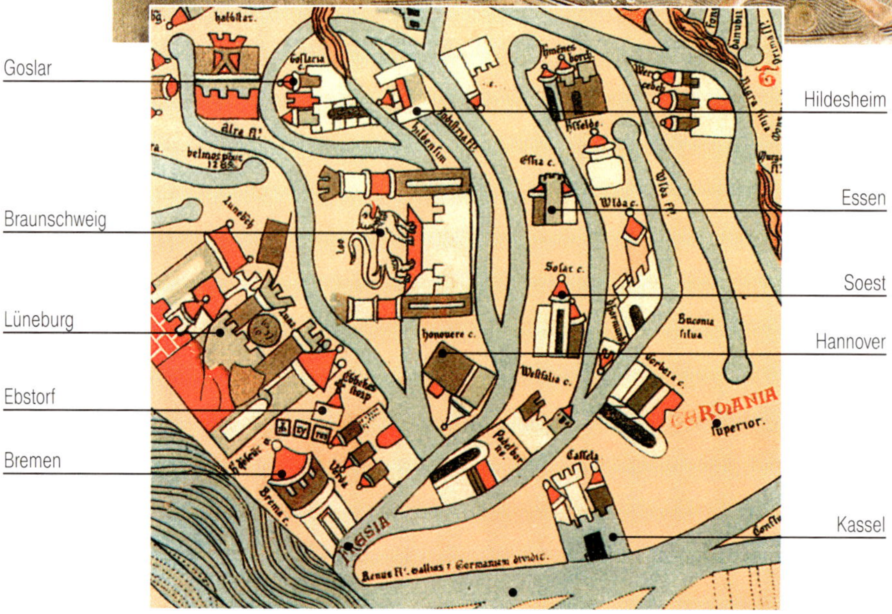

M3 Nord- und westdeutsche Gebiete auf der Ebstorfer Weltkarte.

LERNTIPP

M 4 Wozu diente diese mittelalterliche Karte?

Einer der unbekannt gebliebenen Zeichner schreibt über ihre Funktion:

Mappa heißt Abbild, daher Mappa mundi so viel wie Abbild der Welt. Dieses hat zuerst Julius Caesar erarbeitet mithilfe von Kundschaftern, die er über die ganze Erde aussandte. Regionen, Provinzen, Inseln, Städte, Küsten, Sümpfe, Meeresflächen, Gebirge, Flüsse: alles hat er zu einer Gesamtübersicht auf einem Blatt zusammengestellt. Den Betrachtern bringt das einen nicht geringen Nutzen, den Reisenden gibt es die Richtung und eine anschauliche Vorstellung von den Dingen am Wege.

Ute Schneider, Die Macht der Karten. Eine Geschichte der Kartographie vom Mittelalter bis heute, Darmstadt 2004, S. 26

Internettipp → *Eine Fassung der Ebstorfer Weltkarte mit Suchfunktionen befindet sich unter http://kulturinformatik.uni-lueneburg.de/projekte/homepage_ebskart/content/start.html*

M 5 Eine arabische Karte.

Kopie der Weltkarte des arabischen Gelehrten al-Idrisi von 1456; Durchmesser ca. 23 cm. Vorlage dieser Karte war eine 350 x 150 cm große, auf einer Silberplatte gravierte Weltkarte, die al-Idrisi im Jahre 1154 für den König von Sizilien in Palermo angefertigt hatte und die verloren ging. Die Karte ist gesüdet und durch Breitengrade in Zonen geteilt. Der heiße Süden und der kalte Norden sind entsprechend antiker Überlieferungen unbewohnt.

Eine Karte als Wissensspeicher

Die Ebstorfer Karte ist eine Art „Geschichtsgemälde". Sie enthält eine Fülle biblischer, geschichtlicher, literarischer (mythologischer) und naturkundlicher Eintragungen. Welche Informationen von dem Kartografen aufgenommen wurden und welche Orte er wo eintrug, hing nicht allein von der geografischen Lage ab, sondern von der Bedeutung, die eine Information oder ein Ort für das vergangene und gegenwärtige Weltgeschehen hatte.

Die religiöse Prägung dieses Gemäldes zeigt schon ihre Form: Der Leib Christi ist die kreisrunde Karte. Sie lässt an eine Oblate denken, die als Hostie für den Leib Christi steht.

Auf die Herkunft der Karte aus dem Herrschaftsgebiet der Welfen deuten die Hervorhebungen der Städte Lüneburg und Braunschweig sowie die Nennung des Klosters Ebstorf.

Die Ebstorfer Karte ist damit nicht nur ein bedeutendes Zeugnis des christlich-mittelalterlichen Weltwissens, sondern auch ein einzigartiger „Wissensspeicher".

1. *Suche in einem Atlas eine andere Weltkarte und stelle fest, worin sich die Ebstorfer Karte von ihr unterscheidet.*
2. *Das Format der Karte (M 1) sagt etwas über ihre Funktion aus. Wozu diente sie sicher nicht?*
3. *Vergleiche die Lage der Kontinente in M 1 und M 5.*
4. *Finde heraus, wie die Karte M 1 ausgerichtet ist, d. h. welche Himmelsrichtung oben ist. Siehe dazu M 2 und M 5. Tipp: Die Herkunft des Wortes „orientieren" hilft dir.*
5. *Der Zeichner spricht vom Nutzen der Karte (M 4). Nimm Stellung!*
6. *Im Mittelpunkt der Karte liegt Jerusalem. Im Inneren der quadratisch gezeichneten Stadt ist ein geöffnetes Grab mit zwei Grabwächtern zu sehen. Finde heraus, was das zu bedeuten hat. Berücksichtige M 1, Seite 137.*

Was war wichtig?

Daten

seit dem 8. Jh.	*Reiterheere sind den zu Fuß kämpfenden Bauernheeren überlegen; das Lehnswesen breitet sich aus.*
962	*Otto I. wird Kaiser und erneuert das abendländische Kaisertum.*
1077	*Heinrich IV. leistet dem Papst Buße vor der Burg Canossa; Höhepunkt des Investiturstreits.*
1099	*Die Kreuzfahrer erobern Jerusalem.*
seit dem 12. Jh.	*Die Zahl der Städtegründungen nimmt ständig zu.*
1122	*Mit dem Wormser Konkordat wird der Investiturstreit im Deutschen Reich beendet.*

Begriffe

Adel (althochdeutsch *adal* = Geschlecht): eine Gruppe von Familien, die aufgrund von Geburt, Besitz oder Leistung eine besondere Stellung einnahm. Von der Bevölkerungsmehrheit grenzte der Adel sich im → *Mittelalter* durch Vorrechte, Umgangsformen und Kleidung ab. Zum niederen Adel gehörten die → *Ritter* und (ursprünglich unfreien) Dienstmannen (*Ministerialien*) der Könige. Zum Hochadel zählten Herzöge und Grafen. Die Herrscher nahmen sich das Recht, verdiente Personen in den Adelsstand zu erheben.

Bürger: alle freien Einwohner einer Stadt, die das Bürgerrecht besaßen und damit am politischen und sozialen Leben der Stadt teilnehmen durften. Das Bürgerrecht war im → *Mittelalter* erblich. Es beruhte auf städtischem Grundbesitz. Kein Bürgerrecht hatten Gesellen, Gesinde, Arme und Juden (seit dem 12./13. Jh.).

Ghetto: Bezeichnung für ein von anderen Stadtteilen abgetrenntes Wohngebiet. Judenviertel gab es bereits in der Spätantike.

Grundherrschaft: Herrschaft über Land und Leute. Die Grundherren übergaben Teile ihres Landbesitzes an Bauern zur Bewirtschaftung. Diese mussten ihnen dafür einen Teil der Erträge abliefern und Dienste leisten. Die Grundherren gewährten den Bauern Schutz und Hilfe und durften über sie bei einfachen Straftaten richten. Die größten Grundherren waren bis ins 18./19. Jh. die Könige, der → *Adel* und die Kirche.

Investiturstreit: Investitur (von lat. *investire*: bekleiden): Kaiser und Päpste stritten sich im 11./12. Jh. darüber, wer die Bischöfe, Äbte und Äbtissinnen in ihre Besitzrechte und geistlichen Aufgaben einsetzen durfte (→ *Reichskirche*). Der Investiturstreit war ein Machtkampf um die Reichskirche. Er endete im Heiligen Römischen Reich mit dem „Wormser Konkordat" (1122). Darin verzichtete der Kaiser auf die Investitur der Bischöfe, Äbte und Äbtissinnen in ihr geistliches Amt. Er behielt sich aber vor, ihnen die weltlichen Vasallenpflichten zu übertragen.

Kirchenbann: Strafe der Kirche, die den Ausschluss des Gebannten aus der Gemeinschaft der Gläubigen zur Folge hat; der Bann konnte durch Buße aufgehoben werden.

Kreuzzug: bewaffnete Pilgerfahrt, die die Kirche im Mittelalter zur Ausbreitung des Glaubens und zur Befreiung der heiligen Stätten forderte. Der erste Kreuzzug begann im Jahre 1096, um die Muslime aus Jerusalem zu vertreiben, der siebte endete 1291. Der Name wird von dem Kreuz abgeleitet, mit dem sich die Teilnehmer kennzeichneten.

Lehnswesen: Als Gegenleistung für die Unterstützung von Kriegszügen (→ *Ritter*) oder für die Übernahme von Diensten verliehen Könige und andere Adlige (→ *Adel*) an Gefolgsleute Grundbesitz, einträgliche Ämter oder Vorrechte als Lehen. Wer sie vergab, hieß Lehnsherr, wer sie erhielt, Vasall (kelt. *Gwas*: Knecht; Lehnsmann). Die Lehnsherren mussten ihre Lehnsmänner beschützen, diese schuldeten ihnen dafür Dienste, Rat und Treue.

Ostsiedlung: die Vergrößerung und Missionierung des deutschen Siedlungsraumes zwischen dem 11. und 14. Jh. über Elbe und Saale hinaus nach Osten. Der „Deutsche Orden" schuf dort mithilfe von Siedlern einen gut funktionierenden Ordensstaat.

Patrizier: In Anlehnung an den alten römischen → *Adel* wurden die angesehenen und wohlhabenden Familien in den mittelalterlichen Städten Patrizier genannt. Sie stellten zunächst allein die Mitglieder des Rates und besaßen die politische Führung in den Städten (→ *Stadtrecht*).

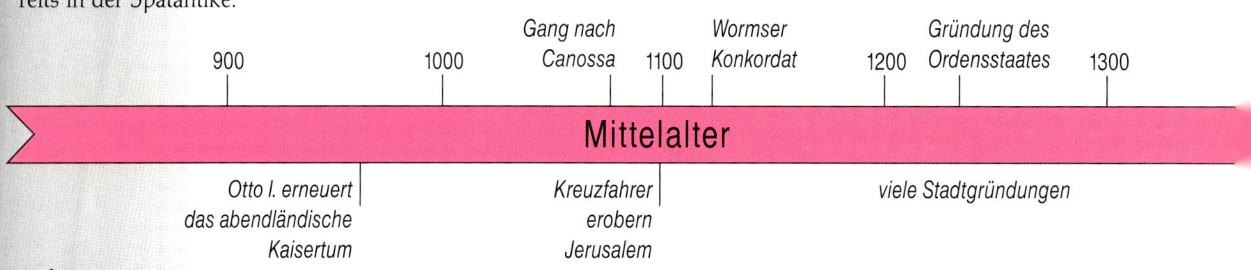

Reichsacht: eine nur vom Kaiser und seinen Gerichten zu verhängende Strafe, mit der ein Missetäter für gesetzlos und vogelfrei erklärt werden konnte; das heißt, jeder durfte die geächtete Person straflos töten.

Reichskirche: Die mittelalterlichen deutschen Könige bemühten sich, die Kirche in den Dienst des Reiches zu stellen. Sie setzten dazu Bischöfe, Äbte und Äbtissinnen in ihre Ämter ein (*Investitur*) und übertrugen ihnen Land aus dem Königsgut als Lehen. Die Bischöfe, Äbte und Äbtissinen hatten damit nicht nur geistliche Aufgaben zu erfüllen, sondern auch weltliche. Sie waren wie Vasallen zu Diensten und Heeresfolge im Reich verpflichtet. Im 11./12. Jh. trug der → *Investiturstreit* zum Zerfall dieser Verhältnisse bei.

Ritter: Sie gehörten zum niederen → *Adel* und leisteten den Waffendienst auf Pferden. Zu ihren Idealen gehörten eine christliche Lebensführung, Tapferkeit, Treue und Gerechtigkeit.

Stadtrecht: Weltliche und geistliche Herren gründeten im → *Mittelalter* Städte als Mittelpunkte für Handel und Landesausbau. In den Gründungsurkunden gewährten sie ihren → *Bürgern* besondere Rechte und Freiheiten (Privilegien), um Einwohner zu gewinnen. Diese zahlten im Gegenzug Steuern und Abgaben. Die Stadtrechte räumten den Bürgern dazu ein hohes Maß an Selbstverwaltung und Rechtsprechung ein (→ *Patrizier*, → *Zunft*).

Zunft (mittelhochdeutsch *zumft*: was sich ziemt): Seit dem 11. Jh. schlossen sich städtische Handwerker eines Berufes zusammen, um ihre Interessen gemeinsam wirksamer gegenüber den → *Patriziern* durchsetzen zu können. Die Zünfte regelten die Ausbildung, kontrollierten Menge, Qualität und Preis der Waren, bekämpften unlauteren Wettbewerb und sicherten ihre Mitglieder durch Krankenkassen ab. Im 14. und 15. Jh. setzten die Zünfte gegen die Patrizier die Mitwirkung der Handwerker in den Stadträten durch.

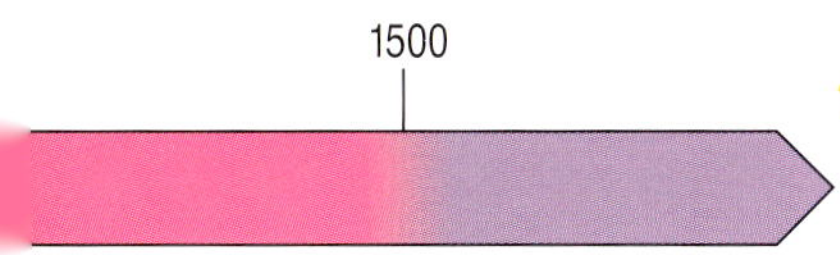

Zusammenfassung

Die mittelalterliche Gesellschaft gliederte sich in drei Stände: die Geistlichkeit, den *Adel* (*Ritter*) und die Bauern; später zählte man auch die Bürger der Städte zum dritten Stand. Diese Ordnung galt als gottgewollt. Grundbesitz war im Mittelalter die Voraussetzung für die Freiheit eines Menschen und die Grundlage der Macht aller Fürsten. Seit dem 8. Jh. verliehen Herrscher verstärkt Land und Leute an Vasallen, um Reiterheere aufstellen zu können.
Aus adligen und nichtadligen Kämpfern zu Pferd wurden Ritter. Ihren Besitz verwalteten sie von Burgen aus. Das Rittertum entwickelte eigenständige Lebensformen. Dichter verherrlichten ritterliche Ideale: Heldentum, christlichen Lebenswandel und das Werben um die Zuneigung einer Dame (*Minne*).
Hinter Klostermauern versuchten Mönche und Nonnen, ein gottgefälliges Leben zu führen. Sie gelobten Armut, Ehelosigkeit und Gehorsam. Ihr Leben widmeten sie dem Gebet und der Arbeit.
Im 12. Jh. leiteten *Könige*, Fürsten und Bischöfe eine Welle von Stadtgründungen ein. Als Stadtherren gewährten sie den Stadtbewohnern mehr Rechte als den Landbewohnern. In den Städten bestimmten Stadtherren und Patrizier die Politik. Letztere stellten Rat und Bürgermeister. Dies änderte sich im 14./15. Jh. Oft erst nach blutigen Aufständen erzwangen die Zünfte eine Beteiligung an der Stadtregierung.

Grundfertigkeiten

Du hast in diesem Kapitel
- etwas über die Besonderheiten mittelalterlicher Karten erfahren und
- Tipps zur Erkundung einer mittelalterlichen Stadt erhalten.

1 Eine besondere Stadtführung.
Foto aus Gelnhausen von 2001.
Einige Städte bieten besondere Stadtführungen oder veranstalten mittelalterliche Märkte. Informiere dich!

Otto I. sicherte sich mit dem Ausbau der Reichskirche eine straffere Herrschaft über das Reich. Er wurde vom Papst zum *Kaiser* gekrönt und erneuerte damit das abendländische Kaisertum.
Im *Investiturstreit* bestritten die Päpste den weltlichen Herrschern das Recht, Bischöfe und Äbte einzusetzen. Die Könige wehrten sich dagegen, um nicht den Einfluss auf ihre Stützpunkte zu verlieren. Im Wormser Konkordat musste der deutsche König auf die Einsetzung der Bischöfe und Äbte in ihr geistliches Amt verzichten, er behielt sich aber die Übergabe der weltlichen Rechte und Freiheiten vor.
Die Bedrohung der Heiligen Stätten in Palästina durch die Muslime veranlasste die Päpste, zu *Kreuzzügen* aufzurufen. Nach dem ersten Kreuzzug entstanden in Palästina Kreuzfahrerstaaten, die Ende des 13. Jh. wieder aufgegeben werden mussten.
Die abendländische Kunst und Kultur erhielt durch den Kontakt mit der arabischen Welt viele Anregungen.

Übertrage die Zeitleiste und füge ein: das Jahr, in dem Otto I. zum König gekrönt wurde, den Höhepunkt der Herrschaft des Deutschen Ordens und wann Jerusalem von den Muslimen zurückerobert wurde.

Europa auf dem Weg in die Neuzeit

Keine Träne werde ich ihm nachweinen!", rief Lord William beinahe übermütig in die Stille hinein, nachdem der Bote die Nachricht vom überraschenden Tod des Königs überbracht hatte und die anderen Barone sich wieder gefasst hatten. „Und ich kenne keinen Engländer, der das tun wird. König Johann war unser Unglück! Es kann jetzt nur besser werden." „Du hast Recht", fügte ein anderer hinzu, „Johann war der schlechteste König, den England je hatte. Manche Untertanen behaupten zwar, er sei auf seinen Besitzungen gar kein schlechter Richter gewesen. Andere werden sagen, dass er Schottland, Wales und Irland befriedet und die Flotte ausgebaut habe. Aber was ist dabei letztlich herausgekommen? Er hat gegen den französischen König eine Niederlage nach der anderen eingesteckt und fast seinen gesamten Besitz in Frankreich verloren." „Er war eben ein Streithahn, der seine Kräfte immer überschätzt hat. Das war das Problem", warf ein Baron ein, „Sogar mit dem Papst hat er sich angelegt." „Und am Ende musste er immer klein beigeben."

„Am meisten gehasst hat er uns Barone", schaltete sich Lord William wieder in das Gespräch ein. Dann entstand eine lange Pause, denn jeder wusste, was er meinte. Wie hätten sie vergessen können, dass König Johann hartnäckig versucht hatte, ihre angestammten Rechte über Land und Leute einzuschränken? Doch auch das war ihm misslungen. Als er nach der Niederlage gegen König Philipp August von Frankreich wie ein begossener Pudel nach England zurückkam, konnten sie ihn zwingen, ihre Rechte öffentlich zu besiegeln. An diesen Triumph über den König erinnerten sie sich, als wäre es gestern gewesen. Was dann aber geschah, war wieder typisch für König Johann. Bei der ersten Gelegenheit wollte er die Urkunde wieder für null und nichtig erklären. Dazu verbündete er sich sogar wieder mit dem Papst. Diesmal hatte er allerdings den Bogen endgültig überspannt.

Jetzt ließen es die Barone auf einen Bürgerkrieg ankommen. Sie fanden einen mächtigen Verbündeten im französischen König, dem sie für seinen Sohn die englische Krone anboten.

„Vorbei und vorüber!" Lord William wischte all diese Gedanken mit einer raschen Handbewegung weg. „Er hat bekommen, was er verdient. Er hat regiert wie ein treuloser Hund, und er ist einsam und ohnmächtig wie ein kläffender Köter gestorben: König Johann Ohneland! Es ist doch zum Lachen, wenn man sich vorstellt, dass auf der Flucht sein über alles geliebter Schatz, den er uns geraubt hat, in der Flut versunken ist. Und beinahe wäre er auch selbst abgesoffen!" Das laute Gelächter steigerte sich zum Gebrüll, als Williams Tischnachbar mit sich überschlagender Stimme hinzufügte: „Das hat dem geldgierigen Halunken wohl das Herz gebrochen. Oder hatte er mal wieder zu viele Birnen und süßes Bier vertilgt?"

Dieter Brückner

König Johann I. von England unterzeichnet die Magna Charta.
Anonymer Kupferstich, um 1800.

Der König von England verliert

1 Die Überfahrt der Normannen nach England.
Szene vom Wandteppich von Bayeux, Ende des 11. Jh.
Bilder und Texte dieses berühmten Teppichs, der etwa 70 m lang und 50 cm hoch ist, wurden mit farbiger Wolle auf Leinen aufgestickt. Sie zeigen die Eroberung Englands durch die Normannen im Jahre 1066. Es wird angenommen, dass das Kunstwerk in England angefertigt und dann auf dem Festland in der normannischen Kathedrale von Bayeux (Frankreich) ausgestellt wurde.

Ein Normanne wird König
In England hatte sich seit dem 10. Jh. eine starke Monarchie herausgebildet. Im Jahre 1066 strebten gleich mehrere Fürsten die Nachfolge des kinderlosen Königs an. Auch der normannische Herzog Wilhelm gehörte dazu. Mit einem Heer von etwa 7000 Mann und dem päpstlichen Segen setzte er von der Normandie auf die Insel über.
In der *Schlacht bei Hastings* (1066) besiegte Wilhelm seinen stärksten Konkurrenten. Anschließend ließ er sich zum König krönen. Nach der Niederschlagung von Aufständen sicherte Wilhelm I., der nun den Beinamen „der Eroberer" trug, seine Macht zweifach: Er vergrößerte den Kronbesitz und vergab Lehen an eine neue Führungsschicht. Der bisherige angelsächsische Adel wurde weitgehend durch den normannischen ersetzt.
Zwanzig Jahre nach der Eroberung ließ Wilhelm im *Domesday Book*, einer Art „Reichsgrundbuch", die neuen Besitzverhältnisse zusammenfassen, um sich einen Überblick über seine Einkünfte aus den Krongütern sowie über Umfang und Wert seiner Lehen zu verschaffen.

Herrscher beiderseits des Kanals
Wilhelm der Eroberer und seine Nachfolger herrschten nicht nur über England, sondern auch über die Normandie. Als das von Wilhelm begründete Herrscherhaus ausstarb, fiel die englische Krone 1154 an den Herzog der Normandie und Grafen von Anjou: *Heinrich Plantagenet*. Als *Heinrich II.* von England reichte sein Herrschaftsbereich von der schottischen bis zur spanischen Grenze.

2 Eine Seite aus dem „Domesday Book".
Im „Domesday Book" von 1086 ist der Lehnsbesitz des Königs aufgelistet. Der hier hervorgehobene Eintrag stammt von einer Aufstellung der Grundherrschaften, über die Gräfin Judith verfügte, eine entfernte Verwandte des Königs. Hier die Übertragung: „Die Gräfin besitzt selbst 6 Hufen (etwa 300 Hektar) Land in Fotheringhay, Land für 12 Gespanne. Davon selbstverwaltet 2 Hufen, dort 3 Gespanne; 3 Sklaven. 19 Dorfbewohner mit einem Geistlichen und 6 Kleinbauern haben 9 Gespanne. Eine Mühle zu 8 Schilling; Wiese: 40 Morgen; Waldland: 1 Meile lang und 9 Achtelmeilen breit; Wert bei Nutzung als Viehweide und wenn der König sein Jagdrecht nicht ausübt: 10 Schilling."

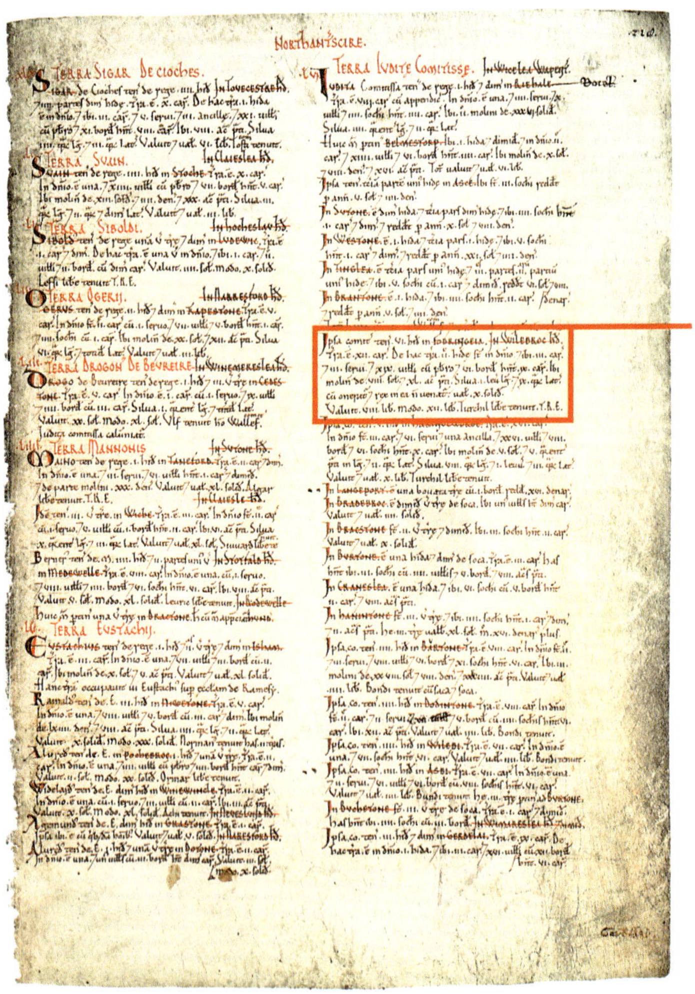

Alle gegen einen

König *Johann I. Ohneland,* der seit 1199 regierte, geriet mit drei Mächten gleichzeitig in Konflikt: mit dem französischen König, dem Papst und den Großen (Adel und Geistlichkeit) seines Königreiches.

Nach Kriegen mit dem französischen König verlor er nach 1202 zunächst einige Gebiete auf dem Kontinent. Mit Papst *Innozenz III.* geriet Johann in Streit, als er sich weigerte, den neuen Erzbischof von Canterbury anzuerkennen, der ohne ihn bestimmt worden war. Auf dem Höhepunkt des Konflikts belegte der Papst den englischen König mit dem Kirchenbann, erklärte ihn für abgesetzt und löste seine Untertanen von ihrem Treueversprechen. Dazu beauftragte der Papst den französischen König, die Absetzung zu vollstrecken. Johann gab nach: Er unterstellte England dem Papst und nahm sein Königreich als Lehen des Heiligen Petrus wieder entgegen (1213).

Der Friede mit dem Papst brachte Johann keine Ruhe. Vergeblich kämpften im Jahre 1214 seine mit den Welfen verbündeten Ritter in der *Schlacht bei Bouvines* gegen französische und staufische Heere. Das Ergebnis der Schlacht veränderte die Verhältnisse in Europa: Die englische Krone verlor fast ihren gesamten Besitz auf dem Kontinent, Frankreich wurde stärkste Macht, und die Staufer stellten im Deutschen Reich ihre Herrschaft wieder her.

3 König Johann I. von England.
Buchmalerei (Ausschnitt), Mitte des 13. Jh. Johann I. trug den Beinamen „Ohneland". Der Grund: Sein Vater, Heinrich II., soll ihm als Prinz keine Ländereien zum Lebensunterhalt übertragen haben.

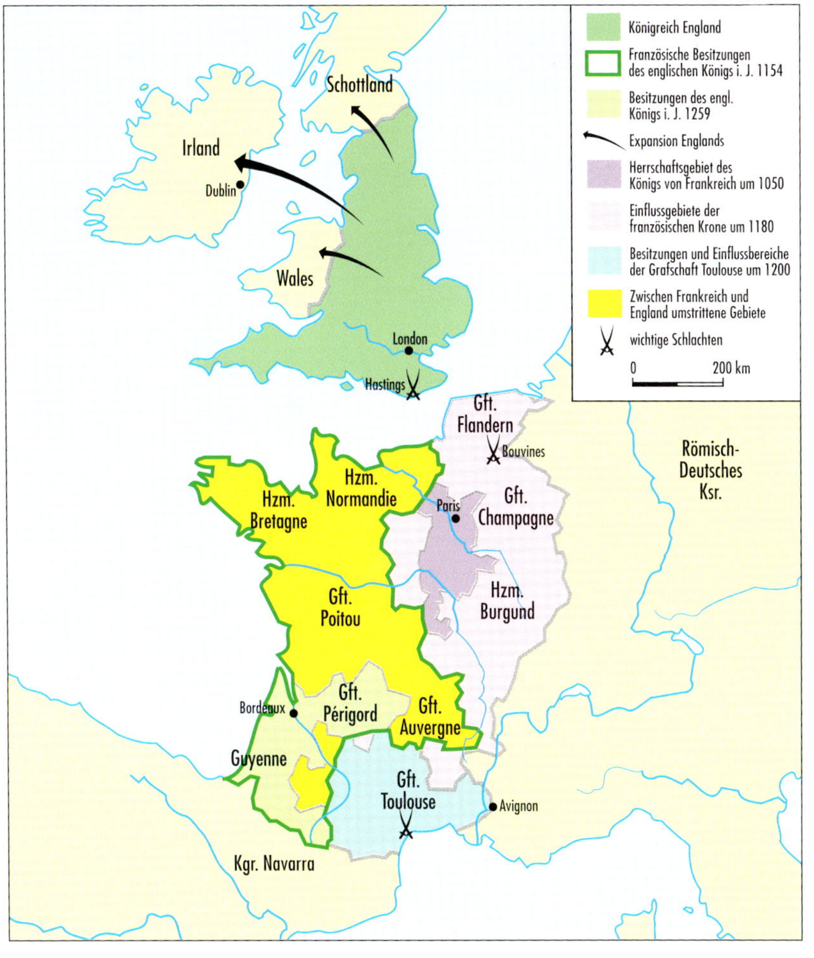

Die „Magna Charta"

Die vielen Kriege waren teuer. König Johann I. Ohneland erhöhte daher die Steuern ständig und ließ sie rücksichtslos eintreiben. Die „Großen des Landes" – die Adligen, die Vertreter der Städte sowie die Bischöfe und Äbte – wehrten sich aber gegen den erfolglosen König. 1215 musste er eine Urkunde unterschreiben, die „die Herrschaft des Rechts" über seine Macht stellte. Die *Magna Charta libertatum* (dt. *Große Urkunde der Freiheiten*) bestätigte den freien Bewohnern Englands alte Rechte und Freiheiten. Der König durfte ohne die „Großen des Reiches" keine neuen Gesetze und Steuern mehr einführen.

Johann I. Ohneland und der Papst erklärten die Urkunde später für ungültig. Dennoch behielten die Stände, also der Adel, die Vertreter der Städte und der Kirche, ihren Einfluss. Der König brauchte sie spätestens dann, wenn er Kriege führen wollte.

4 England und Frankreich vom 12. bis 14. Jh.

M 1 „Es ist unser Wille …“

König Johann I. von England unterschreibt im Juni 1215 die 63 Artikel der Magna Charta; sie enthält folgende Bestimmungen:

1. Es ist unser Wille und fester Vorsatz, dass die englische Kirche frei sein soll […]. Wir haben weiterhin allen freien Männern unseres Königreiches für uns und unsere Erben für ewig alle nachstehend aufgezeichneten Freiheiten zugestanden, die sie von uns und unseren Nachfolgern auf ewig haben und behalten sollen. […]

14. Steuern sollen vom Großen Rat des Königs beschlossen werden, zu dem wir die Erzbischöfe, Bischöfe, Äbte, Grafen und größeren Barone mit unseren gesiegelten Urkunden einladen lassen, außerdem werden wir insgesamt alle einladen lassen, die von uns Lehen haben […].

38. Kein Amtmann soll in Zukunft jemanden allein auf seine eigene Anklage hin und ohne die Beibringung glaubwürdiger Zeugen vor Gericht stellen.

39. Kein freier Mann soll verhaftet, gefangengenommen, enteignet, verbannt oder in irgendeiner Weise zugrunde gerichtet werden, noch wollen wir gegen ihn vorgehen oder ihm nachstellen lassen, es sei denn aufgrund eines gesetzlichen Urteils seiner Standesgenossen und gemäß dem Gesetz des Landes.

40. Wir wollen niemandem Recht oder Gerechtigkeit verkaufen, verweigern oder verzögern. […]

42. Es soll in Zukunft jedermann das Recht haben, unser Königreich zu Lande wie zu Wasser heil und sicher zu verlassen und es wieder zu betreten, außer während einer kurzen Zeitspanne in Kriegszeiten aus Gründen der öffentlichen Politik und in jedem Falle vorbehaltlich der uns schuldigen Treuepflicht.

60. […] Wenn wir gegen einen der Artikel verstoßen haben, so sollen die Barone es uns anzeigen und verlangen, dass wir den Verstoß unverzüglich gutmachen lassen. Und wenn wir den Verstoß nicht gutmachen binnen einer Frist von vierzig Tagen, dann sollen diese fünfundzwanzig Barone zusammen mit der Gesamtheit des ganzen Landes uns zwingen und auf alle ihnen mögliche Art schädigen, und zwar durch Wegnahme unserer Burgen, Länder, Besitzungen und andere ihnen mögliche Weise, bis er nach ihrer Ansicht gutgemacht ist, wobei jedoch unsere eigene Person und die der Königin und unsere Kinder ausgenommen sind. Und wenn es wieder gutgemacht ist, sollen sie sich uns gegenüber wie vorher verhalten.

Wolfgang Heidelmeyer (Hrsg.), Die Menschenrechte, Paderborn [4]1997 (Art. 1 u. 38-40), S. 48 ff. Ergänzungen nach: Joachim Leuschner u. Hartmut Boockmann, Europa im Hoch- und Spätmittelalter, Stuttgart 1982, S. 172 ff. (vereinfacht)

M 2 Der kleine Unterschied

Der Historiker Leopold von Ranke stellt in seinem 1859 begonnenen Werk über die „Englische Geschichte“ fest:

Auch in anderen Ländern haben sich Kaiser und Könige in dieser Epoche zu sehr umfassenden Bewilligungen an die verschiedenen Stände herbeigelassen: Das Unterscheidende in England ist, dass sie nicht jedem Stand für sich, sondern allen zugleich gemacht wurden. Während nun anderwärts jeder Stand für sich selbst sorgte, bildete sich hier ein gemeinschaftliches Interesse aller, welches sie auf immer zusammenband.

Leopold von Ranke, Englische Geschichte, hrsg. von Horst Michael, Hamburg o. J., Band 1.2, S. 62

M 3 Bestätigung der Magna Charta von 1225.
Die Urkunde wird im britischen Nationalarchiv in der British Library aufbewahrt.

1. *Du kannst aus der Magna Charta (M 1) erkennen, wie sich der König verhalten hat, bevor er sie unterschrieb. Finde heraus, worüber sich die Adligen und Bischöfe beklagten.*
2. *Benenne das Recht, das den Baronen in Artikel 60 zugestanden wird.*
3. *Erläutere die Interpretation Rankes (M 2).*

Der König von Frankreich setzt sich durch

König, aber nicht Herr im Land
Anders als den englischen und deutschen Königen gelang es den französischen, ihre Macht gegenüber den mächtigen Fürsten in einem mehrere Jahrhunderte dauernden Ringen auszubauen. Als im Jahr 987 die Karolinger im Westfränkischen Reich ausstarben und *Hugo Capet* König wurde, beherrschte er nur einen kleinen Teil Frankreichs um die Hauptstadt Paris und um Orléans. Den größten Teil des Landes hatten die Fürsten unter sich aufgeteilt, indem sie die königlichen Lehen als ihr Eigentum betrachteten. Die mächtigsten Rivalen um die Herrschaft im Land wurden seit 1154 die Könige von England, die riesige Besitztümer auf dem Kontinent besaßen und ihre Macht ausdehnen wollten.

Setzt sich der König durch?
987 war der König noch von den Großen des Landes gewählt worden. In der Folgezeit erhoben die Kapetinger ihre ältesten Söhne bereits während ihrer Regierungszeit zu Mitkönigen. Sie führten so die **Erbmonarchie** ein. Durch den Einzug von Lehen, durch Heirat, Kauf und Eroberung sowie durch den Aufbau einer funktionierenden Verwaltung konnten die Kapetinger den Hochadel im 12. Jh. in seine Schranken verweisen und den englischen Königen die Gebiete nördlich des Loire entreißen. In der Folge bauten die Könige die zentrale Reichsverwaltung mit bürgerlichen Beamten und einem zentralen Gerichtshof aus. Sie regierten mit einem Haushaltsplan, der alle ihre Einnahmen und Ausgaben erfasste, führten neue Steuern ein und verliehen den Städten Privilegien, um ein Gegengewicht zu den Fürsten zu schaffen. Mit diesem Rückhalt konnten sie Lehen notfalls mit Gewalt von den Fürsten zurückfordern und durchsetzen, dass Untervasallen, die von einem Fürsten ein Lehen empfangen hatten, nicht diesem, sondern dem König zu Treue und Hilfe verpflichtet waren. Kurz nach 1300 konnte es sich der König leisten, sich dem Papst zu widersetzen, der ihm verbieten wollte, die französischen Geistlichen zu besteuern. Er ließ den Papst verhaften und zwang seine Nachfolger, in der französischen Stadt Avignon zu residieren. Um die Position der Krone in der Auseinandersetzung mit dem Papst zu stärken, rief der König erstmals 1302 die **Generalstände** (franz. *États généraux*) zur Sicherung seiner Macht ein, eine Versammlung, in der Vertreter der Geistlichkeit (*Erster Stand*), des Adels (*Zweiter Stand*) und der königlichen Städte (*Dritter Stand*) vertreten waren.

Hundert Jahre Krieg
Diesem Höhepunkt der königlichen Macht folgte eine Krise. Als die Kapetinger 1328 ausstarben, beanspruchte der englische König den Thron. Die Folge war ein mit kurzen Unterbrechungen rund hundert Jahre dauernder Krieg (1337-1453).
Er brachte schwere militärische Niederlagen, deren Folgen durch bürgerkriegsähnliche Unruhen, Aufstände und die große Pest verstärkt wurden. Um 1425 hatte der König sogar seine Hauptstadt Paris verloren. Das Auftreten einer jungen Frau wendete das Blatt: *Jeanne d'Arc*, die „Jungfrau von Orléans", verkündete, von Gott gesandt zu sein, um dem rechtmäßigen König zum Thron zu verhelfen. Unter ihrer Führung gelang es den begeisterten französischen Soldaten, die englische Belagerung von Orléans aufzuheben. Der König konnte eine neue Armee aufbauen und die Engländer zwischen 1429 und 1453 aus dem Land vertreiben. Dies stärkte die königliche Macht dauerhaft.

1 Handauflegung.
Miniatur, um 1429.
Auch in Frankreich wurde das Königtum als gottgewollt und heilig (sakral) verstanden. Den Königen schrieb man besondere Fähigkeiten zu. Nach einem in Frankreich seit dem 11. Jh. und in England seit dem 12. Jh. nachweisbaren Glauben konnten sie z. B. nach der Krönung durch Handauflegung Skrofeln (eine Hautkrankheit) heilen. Diese Vorstellung hielt sich bis ins 19. Jh.

M1 Von wem droht die Gefahr?

Über das Jahr 1415 heißt es in der Chronik von Saint Denis:

Die Bewohner der Vorstädte und der ländlichen Gebiete zogen es vor, zusammen mit ihren Frauen, Kindern und ihrer ganzen Habe in geschlossene Städte oder wie wilde Tiere in die tiefen Wälder zu fliehen, als mit den Leuten des Königs (den Steuereintreibern) zusammenzutreffen, denen sie noch mehr misstrauten als dem Feind. Sie hatten nämlich bald und zu ihrem Schaden gemerkt, dass zwischen den Steuereintreibern und den Engländern keinerlei Unterschied war, ja dass die Steuereintreiber sie noch mehr ausräuberten und plünderten und noch unerträglichere Raubzüge unternahmen.
Mit Gewalt pressten sie ihnen Gold, Geld und andere Kostbarkeiten ab. Ihre Grausamkeit löste überall einen solchen Schrecken aus, dass die Geistlichen alle geweihten Kleinodien aus den Kirchen entfernten und sie an sicheren Orten versteckten, denn die Plünderer griffen nach allem, was sie außerhalb der befestigten Städte finden konnten, und nahmen es bedenkenlos an sich.

Das europäische Geschichtsbuch. Von den Anfängen bis heute. Eine europäische Initiative von Fréderic Delouche, Stuttgart 1998, S. 174

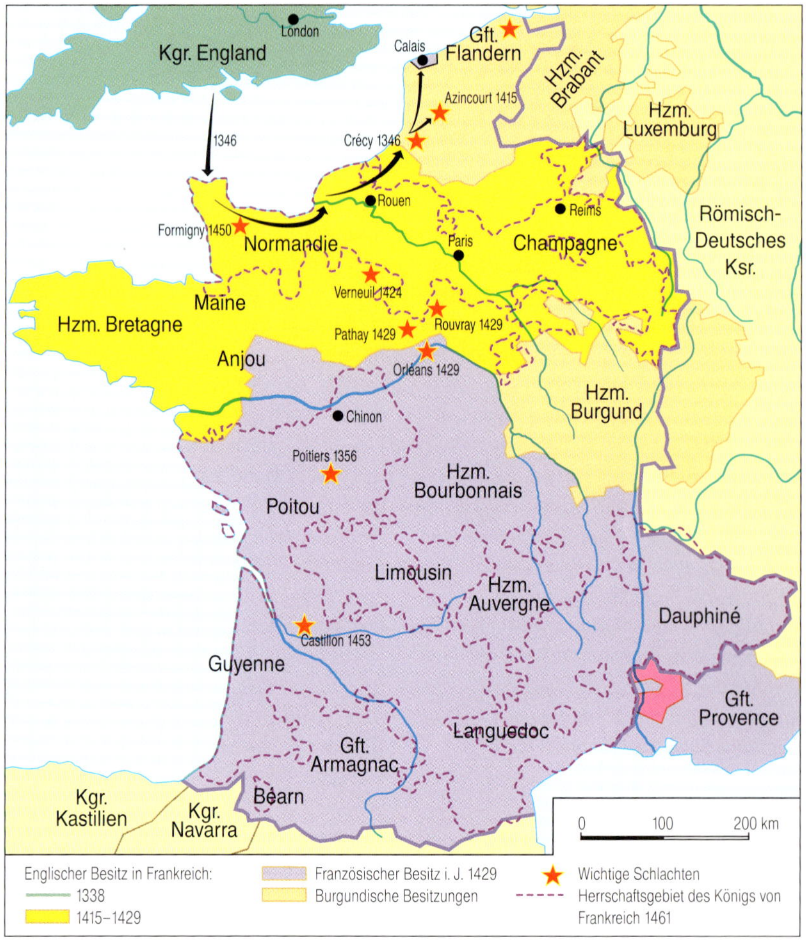

M2 Schauplätze des Hundertjährigen Krieges und das Herrschaftsgebiet des französischen Königs.

M3 „Johanna mit Schwert und Banner."

*Randzeichnung aus dem Register des Pariser Gerichtshofes vom 10. Mai 1429. Jeanne d'Arc wurde am 6. Januar 1412 als Tochter eines reichen Bauern in Domrémy (Lothringen) geboren. Mit 13 Jahren hörte sie „Stimmen", die ihr befahlen, die Engländer aus Frankreich zu vertreiben. Jeanne d'Arc überzeugte den Thronfolger von ihrer göttlichen Bestimmung. Die Befreiung Orléans am 8. Mai 1429 war für das Volk ein Zeichen ihrer „göttlichen Bestimmung". Nach seiner Krönung verzichtete Karl VII. auf die Unterstützung der Jeanne d'Arc. Sie setzte ihren Kampf gegen die Engländer fort. Am 23. Mai 1430 wurde sie von den englischen Verbündeten – den Burgundern – gefangen und an die Engländer übergeben. Sie klagten Jeanne d'Arc am 9. Januar 1431 wegen Ketzerei an. Der König half ihr nicht, da er nicht mit einer „Hexe" in Verbindung gebracht werden wollte. Von allen verlassen wurde sie schuldiggesprochen und am 30. Mai 1431 auf dem Marktplatz in Rouen lebendig verbrannt.**

Weitere Informationen über Jeanne d'Arc findest du auf Seite 155.

Erläutere, warum das französische Königtum im Machtkampf mit den Fürsten siegte.

PROJEKT

Jeanne d'Arc

„Die Frau des Jahrtausends"

Hunderttausende besuchen jährlich die Geburtsstadt der französischen Freiheitskämpferin *Jeanne d'Arc* (*Jungfrau von Orléans*), die sich heute Domrémy-la-Pucelle (franz. *la Pucelle*: die Jungfrau) nennt. In Rouen, wo sie mit 19 Jahren am 30. Mai 1431 auf dem Scheiterhaufen als Ketzerin hingerichtet wurde, erinnern heute ein Denkmal, ein Museum und eine Kirche an sie. Schon 1456 hob die Kirche das Urteil gegen sie auf. 1909 sprach sie Jeanne d'Arc selig. 1920 erklärte der Papst sie zur Heiligen und das französische Parlament führte zu ihren Ehren einen Nationalfeiertag (30. Mai) ein.

Über Jahrhunderte hinweg begeisterte Jeanne d'Arc Schriftsteller, Bildhauer, Grafiker, Maler, Komponisten und Filmemacher. 1999 wählten zehn deutsche Frauen aus Kultur, Gesellschaft, Wirtschaft, Wissenschaft und Politik sie zur „Frau des Jahrtausends".

M2 Titelkupfer und -bild der Erstausgabe von Friedrich Schillers Schauspiel „Die Jungfrau von Orléans" von 1801.

M1 Jeanne d'Arc bei der Krönung Karls VII. in der Kathedrale von Reims 1429.
Ölgemälde (240 x 178 cm) von Jean Auguste Dominique Ingres, 1854.

M3 Schallplattencover, um 1946.

M5 Umschlag der Taschenbuchausgabe von 2003.
Die 1. Auflage erschien 2001.

M4 Milla Jovovich als Jeanne d'Arc.
Szenenbild aus dem Film „Jeanne d'Arc" von Luc Besson, 1999.

Internettipp → *In englischer und französischer Sprache informiert die Homepage des Jeanne-d'Arc-Museums in Rouen über das Leben und Nachleben der Freiheitskämpferin: www.jeanne-darc.com*

1. *Informiere dich in einer Literaturgeschichte über Friedrich Schillers Schauspiel (M 2).*
2. *Stelle das Jugendbuch von Leo Linder (M 5) deinen Mitschülern vor.*
3. *Überlege, worauf das anhaltende Interesse am Leben der Jeanne d'Arc zurückzuführen ist.*

Friedrich II. – ein besonderer Herrscher

1 Kaiser Friedrich II.
Miniatur (33 x 23 cm) aus der Kölner Königschronik, nach 1238.

Das „Staunen der Welt"

Unter den mittelalterlichen Herrschergestalten trat *Friedrich II.* hervor. Er stammte aus dem schwäbischen Adelsgeschlecht der Staufer. 1194 wurde Friedrich in Jesi (Mark Ancona in Italien) geboren. Als er drei Jahre alt war, starb sein Vater, Kaiser *Heinrich VI.*, mit vier wurde er zum König Siziliens gekrönt. Im selben Jahr verschied seine Mutter, *Konstanze von Sizilien*. Sie hatte Papst *Innozenz III.* die Vormundschaft für ihren Sohn übertragen. Mit 14 Jahren wurde Friedrich mündig, mit 16 zum deutschen König gewählt und mit 20 Jahren in Aachen gekrönt. 1220 fand die Kaiserkrönung in Rom statt.
Die Kulturvielfalt seiner Heimat Sizilien, in der antike, muslimische und christliche Vorstellungen aufeinandertrafen, prägte ihn. Sie weckten in ihm das Verständnis für die Naturwissenschaften und die Künste. Von den Zeitgenossen als das „Staunen der Welt" (lat. *stupor mundi*) gefeiert, bezeichneten ihn Historiker später als den ersten modernen Herrscher.

Friedrich II. bleibt stur

Mittelpunkt von Friedrichs Herrschaft waren nicht die deutschen Reichsgebiete, sondern Sizilien und Unteritalien. Dort widerstand er den Ansprüchen der Päpste, die in den Kaisern lediglich Vasallen des Papsttums sahen, entmachtete den Adel, erließ zahlreiche Gesetze und regelte Verwaltung und Rechtsprechung mithilfe ihm treuer Dienstleute. Der machtbewusste Herrscher übte religiöse Toleranz: Christen, Juden und Muslime lebten nebeneinander.
Als Friedrich II. seine Herrschaftsweise auf Norditalien übertragen wollte, stieß er auf den Widerstand der lombardischen Städte und des Papstes. 1237 brach ein Krieg aus. Mit einer Streitmacht, die aus deutschen und sizilischen Rittern, sarazenischen Bogenschützen und Söldnern aus ganz Europa bestand, siegte er über die Truppen der norditalienischen Städte. Obwohl die Verlierer zu großen Zugeständnissen bereit waren, lehnte Friedrich Verhandlungen ab und verlangte die bedingungslose Unterwerfung.
Seine Unnachgiebigkeit trieb die Verlierer zu weiteren Kämpfen an und rief Papst *Gregor IX.* auf den Plan. Dieser befürchtete vor allem die Umklammerung des Kirchenstaates durch den Kaiser. Daher stärkte der Papst den Städten den Rücken und verhängte 1239 den Kirchenbann über Friedrich II. Er schloss ihn aus der kirchlichen Gemeinschaft aus, um ihn von seinen Vasallen zu trennen. Doch Friedrich II. ließ sich davon nicht erschüttern.

2 Augustalis Kaiser Friedrichs II.
Vorder- und Rückseite einer Goldmünze (Ø 2,1 cm). Solche Münzen, die „Augustalen" (die „Kaiserlichen"), wurden zwischen 1231 und 1266 in Messina und Brindisi geprägt. Die Vorderseite zeigt Friedrich II., er trägt den mit einer Fibel über der Schulter zusammengehaltenen Kaisermantel sowie den mit Schleife und Bändern geschmückten Lorbeerkranz. Die Umschrift lautet: IMP(erator) ROM(anorum) – CESAR AVG(ugustus).
Auf der Rückseite der Münze erscheint ein Adler als kaiserliches Herrschaftssymbol wie persönliches Siegeszeichen und Sinnbild der Staufer. Die Umschrift nennt den Namen des Münzherrn in der lateinischen Form FRIDERICUS.
Vergleiche die Vorderseite der Münze mit Abb. 1, Seite 88. In welche Tradition stellt sich Friedrich II.?

3 Castel del Monte in Apulien (Süditalien), um 1240.
Foto, um 1970.
Das Kastell war Lustschloss und Jagdquartier. Friedrich II. hat es wohl nur einmal genutzt. 1249 fand dort die Hochzeit seines Sohnes Manfred mit Beatrix von Savoyen statt.
Die einzigen Staufer, die das Kastell später bewohnten, waren drei seiner Enkel, die dort gefangengehalten wurden.

Mit Waffen und Worten
Der Kampf zwischen Papst und Kaiser wurde von beiden Seiten nicht nur mit scharfen Waffen geführt. Sie wechselten darüber hinaus hasserfüllte Briefe.
Als Friedrich das militärische Übergewicht gewann, flüchtete Gregors Nachfolger *Innozenz IV.* 1244 nach Lyon. Dort verkündete er, der Kaiser sei abgesetzt. Damit löste er dessen Vasallen von ihrem Treueschwur. Friedrich griff nun nicht mehr allein den Papst an, sondern auch den Zustand der gesamten Kirche. Diese habe unter den letzten Päpsten das Ideal der kirchlichen Armut aufgegeben.
Im Deutschen Reich gelang es den Anhängern des Papstes nur mühsam, Unterstützung zu finden. 1246 wählten die drei rheinischen Erzbischöfe und einige Bischöfe einen Gegenkönig, gegen den sich die Staufer erfolgreich zur Wehr setzten konnten. Der Kampf war noch nicht entschieden, da starb Friedrich II. 1250 unerwartet.

Das Ende der Staufer
Die Nachfolger Friedrichs II. konnten das Erbe nicht bewahren. Friedrichs Sohn *Konrad IV.*, der letzte deutsche König aus dem staufischen Haus, starb mit 26 Jahren in Italien.
Nach dem Untergang der staufischen Dynastie wählten die deutschen Fürsten bis 1273 keine Angehörigen des Reiches mehr zum König. Auch die Kaiserkrone wurde nicht vergeben. Es war die Zeit des **Interregnums** (*Zwischenherrschaft*), in der eine starke Reichsspitze fehlte und die Reichsgewalt schwach wurde.

Vom Fürsten zum Landesherrn
Dagegen gelang es den Herzögen, Grafen und Bischöfen des Reiches nach und nach, ihre Machtbereiche zu festigen. Sie behandelten ihre Lehen wie Privatbesitz und bemühten sich, durch Kauf, Tausch oder Heirat ihr Herrschaftsgebiet zu vergrößern. Zur Verwaltung ihrer Länder und Städte griffen sie nicht mehr auf Vasallen zurück, sondern setzten immer häufiger gutausgebildete Dienstleute ein. Darüber hinaus verkündeten die Herzöge für ihre **Territorien** (lat. *terra*: Land) allmählich eigene Rechtsordnungen.
Die Könige förderten die Ausbildung dieser Territorialstaaten gelegentlich aus politischen Gründen. Um 1220 die Wahl seines Sohnes zum deutschen König durchzusetzen, hatte bereits *Friedrich II.* gegenüber den geistlichen Fürsten auf die königlichen Regalien (Zoll- und Münzrechte sowie das Befestigungsrecht) verzichtet. 1232 bestätigte er allen deutschen **Landesherren** zahlreiche Vorrechte. Die folgenden Könige und Kaiser versuchten, diese zum Teil wieder an sich zu ziehen. Dies gelang ihnen jedoch nicht mehr.

4 Castel del Monte. *Grundriss.*
Aus welcher geometrischen Figur ist das Bauwerk entwickelt worden? Lies zur symbolischen Bedeutung dieser Figur M 1, Seite 126.

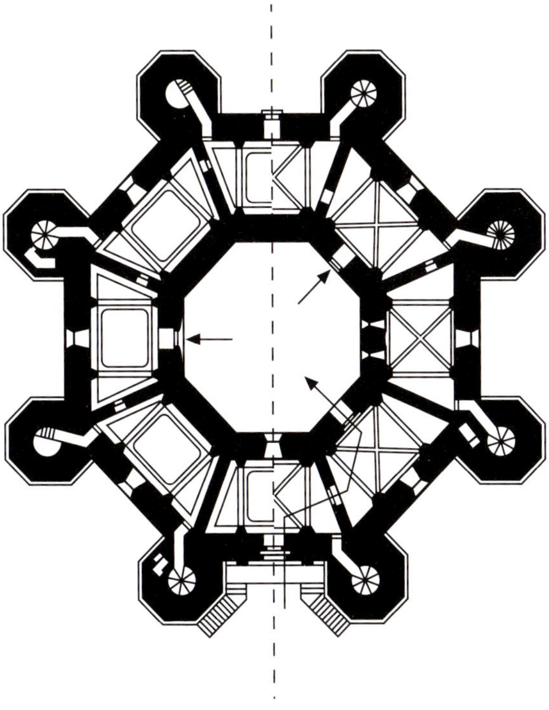

M 1 Kaiser Friedrich II.

Buchmalerei, 3. Viertel des 13. Jh. (Ausschnitt).
Friedrich II. war ein vielseitig interessierter und gebildeter Mann. Er schrieb u. a. ein Werk mit dem Titel „Über die Kunst mit Vögeln zu jagen". Das abgedruckte Bild stammt aus einer nach seinem Tode erstellten Handschrift dieses sogenannten Falkenbuches.

M 2 „Spitzet eure Ohren!"

Aus einem Rundschreiben des Kaisers an die Fürsten von 1239:

O ihr Menschensöhne, lasset eure Blicke ringsum schweifen und spitzet eure Ohren! Beweinet den Aufruhr der Welt, den Streit der Völker, den allgemeinen Untergang der Gerechtigkeit! Die Leiter der Völker, berufen, die Völker zu leiten, haben babylonische Verderbnis heraufbeschworen [...].

Wir erklären Gregor für unwürdig, weiterhin Stellvertreter Christi, Nachfolger des Petrus und Hüter der gläubigen Seelen zu sein, nicht weil wir die päpstliche Würde verachten, sondern wegen der Mangelhaftigkeit seiner Person [...].

Beweinet, geliebte Fürsten, nicht allein uns, sondern die Kirche [...], denn ihr Haupt schläft, deren Fürst in ihrer Mitte wie ein Löwe brüllt, deren Prophet rast, deren Mann ungetreu ist und deren Priester das Heilige beschmutzt und unrecht handelt gegen das Gesetz [...]. Fürchtet auch, dass euch ähnliche Gefahren drohen, denn leicht mag es sein, die anderen Fürsten und Könige alle zu erniedrigen, wenn die Macht des Kaisers [...] zerbrochen ist.

Wolfgang Lautemann (Bearb.), Mittelalter. Reich und Kirche, München [2]1978, S. 542 u. 545 f. (leicht verändert)

M 3 „Hammer der Erde"

Papst Gregor IX. schreibt 1239 an den Erzbischof von Reims über den Kaiser:

Es steigt aus dem Meere die Bestie voller Namen der Lästerung, die mit den Tatzen des Bären und mit dem Rachen des Löwen wütet und mit den übrigen Gliedern wie ein Leopard ihren Mund zur Lästerung des göttlichen Namens öffnet [...]. Mit eisernen Krallen und Zähnen will sie alles zermalmen und mit ihren Füßen die ganze Welt zerstampfen [...]. Blicket auf das Haupt, die Mitte und das Ende dieser Bestie: auf Friedrich, den sogenannten Kaiser! [...] Dieser Stab der Bösen, der Hammer der Erde, der die ganze Welt verwirren, die Königreiche zermalmen und den Erdkreis in eine Wüstenei verwandeln will, hat die Freiheit der Kirche im Königreich Sizilien in schmähliche, tiefste Knechtschaft verwandelt [...]. Er hat sich auch erfrecht, klipp und klar zu erklären, oder richtiger zu lügen, dass alle Narren sind, die da glauben, dass Gott aus einer Jungfrau geboren werden könne, Gott, der doch die ganze Natur und alles geschaffen hat. Diese Ketzerei stützt er mit dem Irrtum, dass niemand geboren werden kann, dessen Empfängnis nicht die Vereinigung von Mann und Frau vorausgegangen ist, und dass der Mensch nichts glauben darf, was nicht auf natürlichem Wege bewiesen werden kann.

Wolfgang Lautemann (Bearb.), Mittelalter, a. a. O., S. 546 f. (leicht verändert)

1. *In den beiden Briefen (M 2 und M 3) beschimpfen sich Papst und Kaiser. Schreibe alle Schimpfworte heraus und stelle sie gegenüber. Liste auch alle Vorwürfe auf.*
2. *Weshalb sich Kaiser und Papst derart schmähen, kannst du anhand des Textes auf Seite 156 f. begründen. Erkläre den Zweck der Briefe und beachte die Empfänger.*

M 4 Das Reich zur Zeit der Staufer.

M 5 Rechte für die Fürsten

Aus dem „Statutum in favorem principum" (dt. „Gesetz zugunsten der Fürsten") Kaiser Friedrichs II. von 1232:

1. Keine neue Burg oder Stadt soll auf kirchlichem Grund und Boden [...] durch uns oder durch irgendeinen anderen sonst unter irgendwelchem Vorwand errichtet werden.
2. Neue Märkte sollen keinesfalls die alten beeinträchtigen [...].
3. Es soll niemand gezwungen werden, gegen seinen Willen einen Markt zu besuchen.
4. Es sollen die alten Straßen nicht umgeleitet werden [...].
6. Es soll jeder Fürst seine Freiheiten, Gerichtsbarkeiten, Grafschaften und freien oder ihm verliehenen Zehntgerichte unangefochten nutzen nach dem anerkannten Brauch seiner Lande [...].
13. Es sollen den Fürsten, Edlen, Dienstmannen und Kirchen Eigengüter und Lehen, die von unseren Städten in Besitz genommen wurden, zurückerstattet und diese künftig nicht mehr in Besitz genommen werden. [...]
17. Ferner werden wir in dem Land eines Fürsten keine neue Münze schlagen lassen, wodurch die Münze dieses Fürsten geschädigt würde.
18. Es sollen unsere Städte ihre Gerichtsbarkeit nicht über den Stadtbereich ausdehnen.

Quellen zur deutschen Verfassungs-, Wirtschafts- und Sozialgeschichte bis 1250, ausgew. u. übers. von Lorenz Weinrich, Darmstadt ²1999, S. 435 ff.

1. *Errechne die Ausdehnung des Reiches von Norden nach Süden (M 4). Überlege, welche Probleme die Größe des Reiches den Kaisern bereiten konnte.*
2. *Nenne die Vorteile für die Fürsten (M 5).*
3. *Ein Reich – aber keine Einheit! Was ist gemeint mit dieser Aussage? Suche nach Argumenten im Lehrbuchtext sowie in M 3 und M 4.*

1 „Der thronende Kaiser und die sieben Kurfürsten."
Kolorierter Holzschnitt (14 x 29,6 cm), gedruckt bei Bartholomäus Käppeler in Augsburg, 2. Hälfte des 16. Jh.
Von links nach rechts: Die drei geistlichen Kurfürsten halten als Zeichen ihrer Ehrenämter Urkunden mit Siegeln in den Händen. Der Erzbischof von Trier als Erzkanzler für Burgund und Gallien, der Erzbischof von Köln als Erzkanzler für Italien und der Erzbischof von Mainz als Erzkanzler für das Reich. In der Mitte sitzt der Kaiser mit den Herrschaftszeichen. Rechts von ihm stehen die weltlichen Kurfürsten mit Symbolen der vier Hofämter: der König von Böhmen als Erzmundschenk mit einem Glas, der Pfalzgraf bei Rhein als oberster Erztruchsess mit Geschirr, der Herzog von Sachsen als Erzmarschall mit Schwert und der Markgraf von Brandenburg als Erzkämmerer mit Schlüssel. Zu Füßen der Fürsten befinden sich ihre Wappen. Das Wappenbild des Kaisers zeigt einen Adler mit zwei voneinander abgewandten Köpfen. Es handelt sich um ein frühes Beispiel für die Verwendung des Doppeladlers als Wappenbild des Kaisers. Der Doppeladler blieb das Symbol des Reiches bis zu dessen Auflösung 1806.
Wie wird auf dem Bild die Bedeutung des Kaisers hervorgehoben?

Neue Regeln für die Wahl der Könige

Erben oder wählen?
Die Nachfolge der Könige blieb lange Zeit nicht eindeutig geregelt. Klar war, dass nur jemand König werden konnte, der aus einem alten Adelsgeschlecht stammte. Meist folgte der älteste Sohn seinem Vater auf den Thron. Oft bestimmte der Vater den Sohn schon als Kind zum Nachfolger, sodass er noch zu Lebzeiten des Vaters gekrönt werden konnte. Dieser **Designation** konnten mächtige Herzöge, Grafen und Bischöfe widersprechen, denn sie beanspruchten das Recht, den König zu wählen. Das Reich war also ein **Wahlkönigtum**. Den Herrscherhäusern blieb mitunter nichts anderes übrig, als die Wahl zum König dadurch zu erreichen, dass sie den weltlichen und geistlichen Herren zusätzliche Einkünfte und Vorrechte gewährten.
Im Gegensatz zum Reich entstand in Frankreich und England ein **Erbkönigtum** (*Erbmonarchie*). Hier waren die Königshäuser mit der Zeit so stark, dass sie die Krone ohne Wahl weitervererben konnten.

*Die Vorsilbe **Erz-** ist eine Ableitung aus dem Griechischen „archi-", die wir mit „Erst-" oder „Ober-" übersetzen können.

Die „Goldene Bulle"
Pläne der Staufer, das Reich in eine Erbmonarchie zu verwandeln, scheiterten am Widerstand der mächtigen Landesherren. Dafür wurde im Laufe der Zeit der Kreis der wahlberechtigten Fürsten immer kleiner. Im 13. Jh. waren es noch sieben Kurfürsten (*kür*: prüfende Wahl), die den König und künftigen Kaiser des Heiligen Römischen Reiches „küren" (wählen) durften: die **Erzbischöfe*** von Köln, Mainz und Trier, der Pfalzgraf bei Rhein, der Markgraf von Brandenburg, der Herzog von Sachsen und der König von Böhmen. Seit 1257 trafen sich die Sieben zur Königswahl in Frankfurt am Main.
Unter *Karl IV.*, der 1355 in Rom zum Kaiser gekrönt worden war, wurden 1356 die Bedingungen der Wahl in der „Goldenen Bulle" geregelt. Dieses Reichsgesetz schuf kein neues Recht, sondern bekräftigte das seit dem Ende des 12. Jh. gewachsene **Wahlrecht**. Es bestimmte, dass die Königswahl „binnen Jahr und Tag" nach dem Tod eines Königs stattfinden musste, und legte fest, dass derjenige König sein sollte, der bei der Wahl die meisten Stimmen erhielt. Damit sollte die Wahl von Gegenkönigen unmöglich werden. Der gewählte König durfte auch ohne Krönung durch den Papst den Titel eines Kaisers führen. Der vornehmste und mächtigste unter den geistlichen Kurfürsten, der Erzbischof von Mainz, erhielt das Recht, die offene Abstimmung zu leiten und seine Stimme als Letzter abgeben zu dürfen.
Damit die Zahl der Kurfürsten gleich blieb, durften die Kurfürstentümer nicht geteilt werden. Die rheinischen Erzbischöfe gaben sie an ihre gewählten Nachfolger weiter. Die vier weltlichen Kurfürsten vererbten Besitz und Stimmrecht an ihre ältesten Söhne.
Das Königswahlrecht verlieh den Kurfürsten Macht und Ansehen. Sie galten als höchste Würdenträger nach dem König. Sie verstanden sich als die Vertreter des Reiches und seiner Rechte gegenüber dem König. Seine Wahl spiegelte die Rolle des Königs: Er war nicht der alleinige Gebieter über das Königreich, sondern dessen Verwalter. Stark war er nur, wenn er sich auf großen Familienbesitz, seine Hausmacht, stützen konnte oder die Mehrzahl der Fürsten auf seine Seite brachte.

M 1 Ein König kommt ins Amt

Die in der „Goldenen Bulle" von 1356 festgelegte Form der Wahl blieb bis 1806 in Kraft.

Nachdem die Kurfürsten in die Stadt Frankfurt eingezogen sind, sollen sie sogleich bei Anbruch des folgenden Tages in vollzähliger Anwesenheit die Messe „de Sancto Spiritu" (dt. „vom Heiligen Geist") singen lassen, damit der Heilige Geist ihre Herzen erleuchte und ihren Verstand mit dem Licht seiner Kraft erfülle, auf dass es ihnen gelinge, mit seinem Beistand einen gerechten, redlichen und tüchtigen Mann zum römischen König und künftigen Kaiser zu wählen zum Heil der Christenheit.

Wenn nun diese Messe zu Ende ist, sollen alle Kurfürsten an den Altar herantreten, um folgenden Eid in der Landessprache zu leisten: „Ich schwöre auf diese hier gegenwärtig vor mir liegenden heiligen Evangelien Gottes, dass ich gemäß der Treue, zu der ich gegen Gott und das Heilige Römische Reich verpflichtet bin, nach all meinem Verstand und meiner Einsicht mit Gottes Beistand der Christenheit ein weltliches Oberhaupt wählen will, das heißt einen römischen König und künftigen Kaiser, der dazu geeignet ist, und dass ich meine Wahlentscheidung ablegen werde ohne alle Verabredung, Belohnung, Entgelt oder Versprechen – so wahr mir Gott helfe und alle Heiligen."

Wenn nun die Kurfürsten oder ihre Gesandten diesen Eid geleistet haben, sollen sie zur Wahl schreiten und fortan die Stadt Frankfurt nicht verlassen, bevor die Mehrzahl von ihnen der Christenheit ein weltliches Oberhaupt gewählt hat [...]. Falls sie dies jedoch binnen dreißig Tagen noch nicht getan hätten, sollen sie von da an nur Brot und Wasser genießen und keinesfalls aus der Stadt weggehen, bevor sie oder die Mehrzahl von ihnen ein weltliches Oberhaupt der Gläubigen gewählt haben [...].

Nachdem aber sie gewählt haben, muss die Wahl so geachtet werden, als wenn sie von allen ohne Gegenstimme einhellig vollzogen wäre [...].

M 2 Die „Goldene Bulle" von 1356.

Im Spätmittelalter war es ein Vorrecht der Kaiser und Päpste, besonders wichtige Bekanntmachungen mit einer Siegelkapsel, genannt **Bulle**, *aus Gold zu versehen. Die Bezeichnung für die Siegelkapsel wurde auch für das gesamte Schriftstück verwendet. Zur Befestigung der Bullen dienten Seidenfäden. Durch Verknotung der Fäden außerhalb und innerhalb der Kapsel sollte ein Abstreifen und damit eine Übertragung der Bulle von einer echten auf eine gefälschte Urkunde verhindert werden.*
Um 1400 erhielt die Stadt Frankfurt am Main diese Ausfertigung der „Goldenen Bulle". Sie befindet sich heute an einem sicheren Platz im Institut für Stadtgeschichte.

Wer so zum römischen König gewählt worden ist, soll sogleich nach vollzogener Wahl, bevor er in irgendwelchen andern Angelegenheiten oder Geschäften aus Vollmacht des Heiligen Reiches seine Tätigkeit beginnt, den geistlichen und weltlichen Kurfürsten alle ihre Privilegien, Rechte, Freiheiten und Vergünstigungen, alten Gewohnheiten und auch Würden und alles, was sie vom Reich bis zum Tag seiner Wahl empfangen und besessen haben, ohne Verzug und Widerspruch durch seine Siegel bestätigen und bekräftigen.

Die Goldene Bulle, nach König Wenzels Prachthandschrift, mit der dt. Übersetzung von Konrad Müller und einem Nachwort von Ferdinand Seibt, Dortmund [3]1989, S. 108 ff. (vereinfacht)

1. *Zähle die Verpflichtungen auf, die der Eid der Kurfürsten enthält (M 1, Zeile 18-32). Erkläre ihre Bedeutung.*
2. *Nach der Wahl mussten alle Kurfürsten das Wahlergebnis anerkennen. Der gewählte König sollte die Vorrechte der Kurfürsten bestätigen. Erkläre den Zweck der Verpflichtungen.*

Kontore und Koggen: die Hanse

Einträglich, aber gefährlich

Pech und Pelze aus Russland, Getreide, Wachs und Honig aus Polen und dem Baltikum, Heringe aus der Ost- und Nordsee, Wolle, Tuche und Leinen aus Flandern, England oder Frankreich waren begehrte Güter. Fernhändler sorgten dafür, dass diese und noch viele andere Waren auf den Märkten angeboten wurden. Aber der Transport mit Pferd und Wagen auf den meist unbefestigten Handelsstraßen war aufwändig und gefährlich. Mehr als 40 km am Tag legten die Fuhrwerke mit höchstens zwei Tonnen Ladung in der Regel nicht zurück. Massengüter wie Getreide, Holz und Metallwaren wurden daher hauptsächlich mit Fluss- und Seeschiffen transportiert.

Überschwemmungen, Stürme sowie Wegelagerer oder Seeräuber machten den Fernkaufleuten so manchen Strich durch die Rechnung. Dazu verlangten Stadt- und Grundherren Zölle, Wege- und Brückengelder und ließen sich die Genehmigung bezahlen, Waren zu verkaufen.

Clevere Kaufleute

Um den Gefahren des Fernhandels begegnen zu können, schlossen sich Kaufleute in der Fremde zu *Hansen* zusammen. Das Wort Hanse bedeutet *Schar* oder *Gemeinschaft*. Gemeinsam bemühten sich die Kaufleute um Schutz, Rechtssicherheit sowie Befreiung von Zöllen und um andere Handelsvorteile. Aus einer Gemeinschaft, die zunächst im Ost- und dann auch im Nordseeraum tätig war, entstand Mitte des 13. Jh. die deutsche Hanse. Ihr Aufstieg hängt zusammen mit der Gründung Lübecks und der Ostsiedlung*.

Zur Ostsiedlung lies Seite 140 f.

Internettipp → *Informationen über die Hanse findest du unter www.hanse.org*

1 Hafenszene.
Miniatur (32,5 x 24 cm) aus dem Hamburger Stadtrecht von 1497; sie entstand zwischen 1503 und 1511.
Der Originaluntertitel lautet: „Van schiprechte" (dt. „Vom Schiffsrecht").
Am Kai liegen Boote und kleine Schiffe.
Sie bringen Fracht zu den weiter draußen vor Anker liegenden Seeschiffen.
Auf der rechten Bildseite stehen Reeder, Seeleute und Kaufleute. Die drei Personen, die in dem Haus hinter dem Tisch sitzen, bilden vermutlich ein Gericht, vor dem ein Streit verhandelt wird.
Worüber unterhalten sich die vier vornehm gekleideten Personen, die im Bildvordergrund rechts zu erkennen sind? Erfinde einen kleinen Dialog.

2 Die Tuchhallen in Ypern (Flandern; heute Belgien).
Foto, um 1990.
Die Anfang des 14. Jh. erbauten Hallen wurden nicht nur als Warenlager und Umschlagplatz benutzt, sondern sollten auch Macht und Reichtum der Kaufleute zeigen.

3 Wirtschaftsraum der Hanse. *Dargestellt sind die Handelswege, nicht die Fahrtrouten der Schiffe.*
Unten: Eichenholzfass aus dem 14. Jh. Die meisten Güter, sogar Bücher, wurden im Mittelalter in Fässern transportiert. In dem Fass befanden sich etwa 100 l Teer.

Handel „über See und Sand"

In Lübeck hatten sich seefahrende Händler aus Schleswig mit Kaufleuten aus Westfalen zusammengefunden. Gemeinsam fuhren sie mit ihren Schiffen, den **Koggen**, zu den Ostseehäfen. Dort kauften sie Rohstoffe und verkauften Fertigprodukte.

Die Kaufleute erhielten Unterstützung der Herrscher im Ost- und Nordseeraum. Sie vereinbarten Zollbefreiungen und gewährten der Hanse Handelsvorteile. Um bereits beim Einkauf der Rohstoffe den Absatz in den eigenen Städten einschätzen zu können, schlossen die Kaufleute mit den Abnehmern im Binnenland Handelsverträge. Dieser Handel „über See und Sand", wie Zeitgenossen ihn nannten, erwies sich als außerordentlich erfolgreich. In kurzer Zeit verdrängte die Hanse die Skandinavier aus dem Nord- und Ostseehandel und unterhielt bald Niederlassungen in allen bedeutenden Handelsstädten. Kontore, Speicher und Kaianlagen mit Kränen hatte sie in Bergen, London, Brügge und Nowgorod.

Nenne die Waren, die die Hanse aus Nord- und Osteuropa im Deutschen Reich anbot.

Kaufleute machen Politik

Da die Kaufleute meist Ratsmitglieder waren, setzten sie sich dafür ein, dass ihre Städte untereinander Vereinbarungen über Zoll- und Handelsfreiheiten schlossen. Seit 1356 trafen sich die durch Absprachen zusammengeschlossenen Städte auf **Hansetagen**, um über Probleme zu entscheiden. In der Regel führte Lübeck den Vorsitz. Um 1450 zählten etwa 70 Städte zum Kern der Hanse, etwa weitere 130 Orte beteiligten sich zeitweise an ihr.

Die Hanse förderte nicht nur den Ost-West-Handel. Angekurbelt vom wirtschaftlichen Aufschwung wurden aus kleinen Kaufmannssiedlungen an der Ostsee angesehene Städte, wie Rostock, Wismar und Stralsund. Gemeinsam bekämpfte man Seeräuber, wehrte Konkurrenten ab oder blockierte den Handel mit Ländern, die nicht bereit waren, Vorteile zu gewähren. Die Hanse wehrte sich gegen Fürsten, die ihre Unabhängigkeit schmälerten. Sie führte sogar Kriege, um eigene Handelsinteressen durchzusetzen. Gelegentlich griff sie in innerstädtische Unruhen ihrer Mitglieder ein. Notfalls beschloss der Hansetag den Ausschluss einer Stadt aus der Gemeinschaft.

Ende des 15. Jh. verlor die Hanse ihre beherrschende Stellung im nordeuropäischen Handel. Immer mehr Landesherren hoben die Sonderrechte der hansischen Kaufleute auf, um sie eigenen Landsleuten zu gewähren. Zugleich nahm die Konkurrenz aus England, Holland und Süddeutschland ständig zu. 1669 fand der letzte Hansetag statt.

M 1 Unruhige Zünfte

In einer zeitgenössischen Aufzeichnung aus Lübeck steht:

Im Jahre 1374 war in der Stadt Braunschweig der Teufel los und hetzte das Volk gegen den Rat. Ein Teil der Ratsherren wurde totgeschlagen, ein Teil gefangengenommen und geköpft, ein Teil aus der Stadt vertrieben [...]. Das führerlose Volk lief in die Weinkeller, zerschlug die Fässer und ließ den Wein auf die Erde laufen. Sie führten den Bürgermeister Tile von dem Damme unter schmählicher Misshandlung vor die Stadt, liefen dann in sein Haus und nahmen, was sie fanden, sie legten Feuer an das Haus, dass es bis auf den Erdboden niederbrannte, dann schlugen sie Herrn Tile den Kopf ab. Zu all diesen lästerlichen Missetaten setzten sie aus allen Zünften einen neuen Rat ein, so wie es ihnen behagte. Das Allerschlimmste war, dass sie an die Zünfte aller Städte Briefe sandten, in denen sie ihr Recht dartun wollten und klagten, dass sie zu hart behandelt und besteuert worden wären, was sie nicht mehr hätten ertragen können.

Auf dem Lübecker Hansetag von 1375 beschließen die Abordnungen der Städte:

Fürsten, Herren, Städten, Rittern und Knechten, Ländern und Leuten ist wohl offenbar und kund, dass die Braunschweiger übel an den ehrbaren Leuten in ihrem Rat gehandelt haben [...]. Da sie nun immer noch in ihrer Verstocktheit beharren, an ihrer Untat festhalten und nicht die Absicht haben, Sühne zu geben, so haben die Städte der deutschen Hanse mit Einwilligung der anderen Städte, die zu ihrem Rechte gehören, einträchtig beschlossen, dass sie die Braunschweiger aus der Hanse und den Rechten und Freiheiten des Kaufmanns stoßen wollen, also dass kein Kaufmann in England, Flandern, Dänemark, Norwegen, Nowgorod oder sonst irgendeiner Stadt, die im Recht des Kaufmanns steht, Gemeinschaft oder irgendwelchen Handel mit den Braunschweigern haben soll, weder zu Lande noch zu Wasser, weder im Zuführen noch im Fortbringen bei Verlust von Ehre und Gut. Auch soll man niemandem gestatten, ihnen Waren zu bringen oder fortzuführen, wenn man es hindern kann. Ferner sollen weder die Braunschweiger noch ihre Waren in irgendeiner Stadt, die im Rechte des Kaufmanns steht, Geleit oder Sicherheit haben. In welcher solcher Stadt die Verwandten der Toten oder wen dies sonst angeht, leben, da soll man die, die mit Rat und Tat bei dem Mord geholfen haben, nach der Höchststrafe richten.

All diese geschriebenen Bestimmungen sollen so lange gelten, bis die Braunschweiger für ihre Missetaten so viel Sühne getan haben, als redlich und möglich ist.

Wolfgang Lautemann (Bearb.), Mittelalter. Reich und Kirche, München [2]1978, S. 747 f.

M 2 Die „Kölner Weberschlacht" von 1371.
Nachträglich kolorierter Holzschnitt von 1499. Der Protest der Zünfte gegen die Ratsherrschaft der Patrizier löste im 13./14. Jh. auch in Augsburg, Braunschweig, Bremen, Hamburg, Lübeck und Magdeburg Bürgerkämpfe aus. Die Hanse griff nur in wenigen Fällen ein.

1. *Fasse zusammen, was 1374 in Braunschweig und 1375 in Lübeck geschah (M 1).*
2. *Der Lübecker Chronist berichtet nicht unparteiisch (M 1). Zeige am Text, auf wessen Seite er stand.*
3. *Ihr könnt aus M 1 ein Rollenspiel erarbeiten. Folgende Themen sind möglich: Die Vertreter der Zünfte stellen ihre Forderungen und begründen sie. Die Ratsherren diskutieren sie und teilen ihre Entscheidung den Zünften mit. Die Vertreter des Lübecker Hansetages begründen ihre Entscheidung gegenüber den Ratsherren. Beachtet: 1380 wurde der alte Rat wieder ins Amt gesetzt und die Stadt erneut Mitglied der Hanse. 1386 ließ man in Braunschweig Zunftmitglieder zum Rat zu.*

Geld und Macht

1 In der Schalterhalle einer italienischen Bank.
Wandgemälde, um 1500.
In den italienischen Städten wurden bereits im 14./15. Jh. die Gehälter der Angestellten und Arbeiter auf Bankkonten überwiesen.
Übrigens: Der Begriff **Bank** *stammt wie zahlreiche andere Ausdrücke der Handelssprache (Konto, Giro, bankrott) aus dem Italienischen.*

Gewinn geht über alles

Während der Renaissance begann sich eine neue Auffassung von Arbeit und Einkommen durchzusetzen: Ziel einzelner Unternehmer war nicht mehr ein zum Leben ausreichendes Auskommen innerhalb der Zunft- und Gildeordnungen, sondern ein hoher Gewinn.
Clevere Unternehmer verarbeiteten Rohstoffe nicht mehr selbst, sondern wurden zu Verlegern: Sie „legten" Handwerkern und Heimarbeitern ihre Rohmaterialien zur Bearbeitung „vor". Oft verteilten sie die Arbeit auf mehrere Betriebe, da zur Herstellung bestimmter Tuche mehr als zwanzig Arbeitsgänge notwendig waren. Dadurch förderten die Verleger die Arbeitsteilung. Häufig verliehen sie die zur Verarbeitung erforderlichen Arbeitsmittel wie die Webstühle. Die vor allem auf dem Lande lebenden Heimarbeiter und Handwerker erhielten von den Verlegern für ihre Arbeit nur einen kargen Lohn.
Die Verleger konnten Waren billiger und schneller auf den Markt bringen als das „zünftige" Handwerk. Zugleich versuchten sie, zum einzigen Anbieter eines bestimmten Produktes oder Rohstoffes zu werden. Hatten die Unternehmer das erreicht, konnten sie Preise und Löhne frei bestimmen.

Fernhändler und Bankiers

Der Fernhandel brachte große Gewinne. Die Händler gingen ein erhebliches Risiko ein, wenn sie ihre Einnahmen als Münzen bei sich trugen. In den italienischen Handelsstädten wurden deshalb im 13. Jh. aus Geldwechslern erste Bankiers, die Zahlungen ohne Bargeld ermöglichten: Sie übernahmen Geld, stellten Wechsel* aus und gaben Geld für Schecks. Dazu vergaben sie Kredite, für die sie Zinsen verlangten. Die Bankiers finanzierten nicht nur Handelsgeschäfte, sondern auch risikoreiche Entdeckungsreisen, aufwändige Hofhaltungen und teure Kriege. Päpste, Kaiser und Landesherren waren auf die Kredite der Banken angewiesen. Sie überließen dafür den Kreditgebern oft neben Steuern und Zöllen die Rechte, Bodenschätze zu heben.

Schätze aus dem Boden

Der Abbau von Silber, Kupfer und Blei zählte zu den Geschäften mit den höchsten Gewinnen. Da immer mehr Metall gebraucht wurde, stiegen die Preise ständig. Um Bergleute anzuwerben und die komplizierten Förderanlagen zu errichten, benötigte der Unternehmer besonders viel Geld im voraus. Bergwerke warfen nämlich nur Gewinne ab, wenn sie die neuerfundene, aber sehr teure Technik nutzten: die Grubenentwässerung, die erst den Erzabbau in großen Tiefen ermöglichte, und Schmelzverfahren, die noch mehr Metall aus dem geförderten Gestein lösten.

**Wechsel: schriftliche Verpflichtung zur Zahlung in einem bestimmten Zeitraum*

Frühkapitalistische Unternehmer

Um das erforderliche Kapital zusammenzubekommen, wurden Gesellschaften gegründet, in denen mehrere Eigentümer Geld, Produktions- und Transportmittel zusammenlegten. Die erfolgreichsten Unternehmer begnügten sich nicht mit einer Geschäftssparte. Sie betrieben gleichzeitig Verlagswesen, Fernhandel, Bankgeschäfte und Bergbau. Beispiele sind die Familienunternehmen der *Medici* und *Fugger*. Die von ihnen betriebene Wirtschaftsform wird als **Frühkapitalismus** bezeichnet.

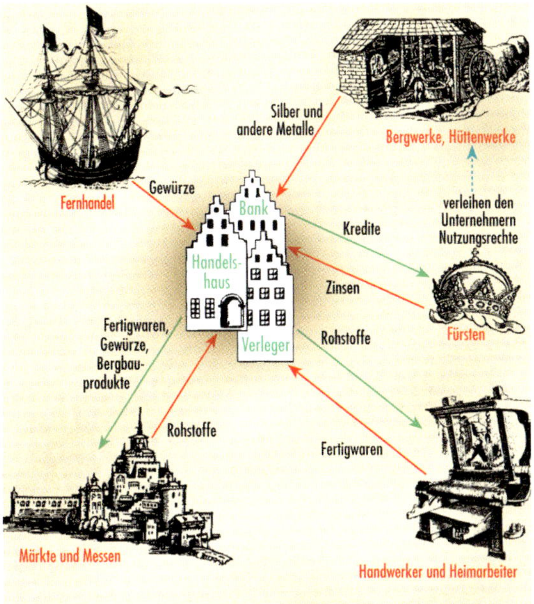

2 Eine Handelsgesellschaft um 1500.

3 Der Hafen von Sevilla im 16. Jh.
Ölgemälde von Alonso Sánches Coello, um 1580 (Ausschnitt).
Die Hafenstadt war im 16. Jh. ein Dreh- und Angelpunkt der Seewege über den Atlantik und das Mittelmeer.

Ein „goldenes Zeitalter"?

Dank der Reichtümer aus der „Neuen Welt" schien für Spanien und Portugal ein „goldenes Zeitalter" anzubrechen: Nach Spanien wurden zwischen 1530 und 1660 rund 180 000 kg Gold und rund 17 000 000 kg Silber gebracht. Daran verdienten auch italienische und deutsche Bank- und Handelshäuser, die Geld in die Entdeckungs- und Kolonialpolitik gesteckt hatten. Die eingeführten Edelmetalle förderten nicht nur Handel und Gewerbe, sondern trugen durch Vermehrung der Geldmenge zu einer großen Teuerung bei: Zwischen 1470 und 1620 stiegen im Reich die Preise für Getreide um 260 und für Fleisch um 180 Prozent, während die Löhne um durchschnittlich 120 Prozent stiegen.
In Spanien zeigten sich im 17. Jh. die Grenzen des Wachstums. Die Spanier hatten versäumt, Handel und Gewerbe zu modernisieren: Es wurde zu wenig im eigenen Land hergestellt und gekauft. Außerdem leistete sich das Land teure Kriege gegen Frankreich, das Osmanische Reich, England und die Niederlande. Sie führten zu einer großen Staatsverschuldung. Die Regierung konnte den Banken mehrfach nicht einmal mehr die Zinsen für ihre Kredite bezahlen.

Alle gegen alle

Die Schwäche Spaniens und Portugals nutzten die Niederlande, England und Frankreich aus. Sie brachen deren Vorherrschaft auf den Weltmeeren. Die Niederlande konnten im 17. Jh. die Portugiesen fast ganz aus dem asiatischen Raum verdrängen. Die Engländer und Franzosen breiteten sich in Nordamerika aus. Dabei wandten sie vor allem zwei Mittel an: Erstens störten sie den Handel Spaniens und Portugals durch niedrige Preise, Schmuggel und Seeräuberei. Zwischen 1497 und 1572 kehrten von 625 portugiesischen Schiffen, die nach Asien ausgelaufen waren, nur 315 wohlbehalten zurück. Zweitens schlossen sich Handelshäuser mit Genehmigung ihrer Landesherren zu Kompanien, großen Gesellschaften, zusammen. Zu den mächtigsten gehörten die in England um 1599 entstandene *East India Company* und die in den Niederlanden 1602 gegründete *Vereinigte Ostindische Compagnie*.

Neue Handelszentren

Der Handel hatte durch die Entdeckungen neue Ausmaße erreicht. Zwischen Europa, Afrika und Amerika entstand der **atlantische Dreieckshandel**.
Durch das rasche Wachstum des Atlantikhandels verlor das Mittelmeer allmählich seine wirtschaftliche Bedeutung. Die Handelszentren hießen nun nicht mehr Istanbul, Venedig und Genua, sondern Sevilla und Lissabon und später Amsterdam und London.

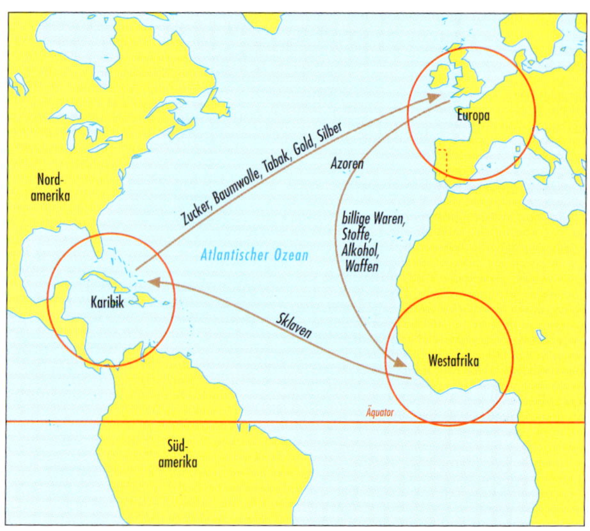

4 Der atlantische Dreieckshandel.
Beschreibe, welche Waren von den europäischen Umschlagplätzen ausgingen, was über den Atlantik gebracht und in Amerika verkauft wurde.
Begründe, warum die Europäer von diesem „Dreieckshandel" den größten Nutzen zogen.

M 1 Im Fuggerkontor.
Miniatur (etwa 16 x 10 cm) aus dem Trachtenbuch des Matthäus Schwarz, nach 1520. Das Bild zeigt Jakob Fugger (rechts) und Matthäus Schwarz. Schwarz arbeitete seit 1516 für die Fugger und war Chefbuchhalter der Firma. Das Buch auf dem Tisch zeigt – hier nicht lesbar – die Seitenüberschriften „uns soll" (links) und „wir sollen" (rechts). Dahinter verbirgt sich das System der doppelten Buchführung, mit dessen Hilfe genau bekannt war, welche Waren gekauft und bezahlt oder welche verkauft und bezahlt worden waren. Schwarz hatte vor 1516 diese Buchführung in Venedig kennengelernt.

M 2 Die Fugger zu Beginn des 16. Jh. in Europa.
Die Fugger beteiligten sich auch an der Finanzierung von Entdeckungsfahrten. Sie waren auch in Südamerika aktiv und machten beim Sklavenhandel mit.

M 3 Der Aufstieg der Fugger

1367	Der Weber Hans Fugger lässt sich in Augsburg nieder.
1370	Hans Fugger wird durch Heirat einer Zunftmeistertochter Augsburger Bürger.
vor 1450	Die Fugger betätigen sich neben der Weberei zunehmend im Handel und erwerben Grundbesitz in Augsburg und im Umland.
1454	Jakob I., Stammvater der erfolgreichsten Linie der Fuggerfamilie, wird Mitglied im Großen Rat Augsburgs.
1467	Jakob I. nimmt Platz 7 unter den reichsten Bürgern Augsburgs ein.
um 1470	Erste Kontakte zum päpstlichen Hof: Übernahme des Verkaufs von kirchlichen Ämtern, Rechten und Ablässen* gegen Gebühren.
ab 1480	Die Fugger investieren in Bergwerke: Abbau von Gold, Silber, Kupfer in Salzburg und Tirol; der Textilhandel wird erweitert um den Metallhandel und das Prägen von Münzen.
nach 1490	Jakob II. errichtet ein Kupfermonopol in Europa, indem er zahlreiche Kupferbergwerke erwirbt; die Kaiser und Landesherren unterstützen die Fugger dabei, sie erhalten für die Schürfrechte umfangreiche Kredite.
um 1500	Die Fugger sind Bankiers der Kaiser, Päpste und zahlreicher Landesherren.
1510	Jakob II. leitet die Geschäfte der Familie Fugger allein; für ihn bürgert sich der Beiname „der Reiche" ein.
um 1510	Der Bau der „Fuggerei", einer Siedlung für unverschuldet in Not geratene Bürger, wird in Augsburg begonnen.
nach 1511	Die Fugger kontrollieren die europäische Blei-, Silber- und Kupferproduktion und erwerben auch noch das Quecksilbermonopol**.
1514	Jakob II. wird von Kaiser Maximilian I. in den Reichsgrafenstand erhoben.
1519	Jakob II. finanziert mehr als die Hälfte der Kosten für die Wahl des Habsburgers Karl I. von Spanien zum Kaiser (Karl V.)***.
1525	Jakob II. stirbt; der Kaiser schuldet der Firma Fugger über 1 Mio. Gulden****.

* *Über den Ablasshandel erfährst du mehr auf* *S. 201.*
** *Quecksilber war für die Silberaufbereitung unersetzlich.*
*** *Über Karl V. erfährst du auf Seite 216 ff. mehr.*
**** *Das Jahreseinkommen eines Tagelöhners lag Anfang des 16. Jh. bei etwa 20, das eines hohen städtischen Beamten zwischen 150 und 250 Gulden.*

1. *Im Hintergrund der Abbildung M 1 sind die Aktenfächer einzelner Kontore zu sehen. Kannst du die Namen der Städte entziffern (Ofen = Budapest und Antorff = Antwerpen)? Worüber mögen die beiden gerade sprechen? Verfasse dazu einen Dialog.*
2. *Nenne die heutigen Staaten, in denen sich Niederlassungen der Fugger befanden (M 2).*
3. *Welche Unternehmungen der Fugger gehen aus der Karte M 2 nicht hervor (M 3)?*

1 **Massenbestattung.** *Buchmalerei aus den Annalen des Gilles de Muisis, Abt von Saint-Martin in Tournai im heutigen Belgien, um 1350.*
Während die Pesttoten in Tournai 1349 noch in Särgen bestattet werden konnten, verscharrten andere Städte ihre Toten in Massengräbern.

Der Schwarze Tod

Eine Katastrophe

In der Mitte des 14. Jh. wurden die meisten europäischen Länder von Hungersnöten, Erdbeben und Heuschreckenplagen heimgesucht. Die Pest war eine der größten Katastrophen der europäischen Geschichte und wird seit dem 17. Jh. auch „Schwarzer Tod" genannt. Besonders grausam wütete sie zwischen 1347 und 1351.

Die Krankheitserreger der Pest wurden entweder wie Schnupfen und Grippe durch eine „Tröpfcheninfektion" oder durch Flöhe und Ratten verbreitet. Eingeschleppt hatte man sie aus Asien.

Rund ein Drittel der europäischen Bevölkerung starb daran. Die Zahl der Toten war in den einzelnen Ländern und Städten unterschiedlich. Florenz verlor rund die Hälfte seiner Einwohner; Prag und Nürnberg blieben von der Pestwelle verschont.

Wo die Seuche auftrat, waren alle gesellschaftlichen Schichten betroffen. Besonders hoch waren die Verluste der ärmeren Bevölkerung, die in den Städten und Dörfern unter beengten und unsauberen Wohnverhältnissen lebte.

Die Pest wirkte sich auf Alltag, Moral, Politik, Kunst und Literatur aus und auch auf den wirtschaftlichen Wandel. Denn den Überlebenden fiel zum Teil ein reiches Erbe in den Schoß.

Gewalt gegen sich und Minderheiten

Da die Menschen die Ursache für die Pest nicht kannten, verstanden viele sie als Strafe Gottes. Zahlreiche Gläubige schlossen sich zusammen und zogen singend und sich selbst schlagend (geißelnd) durch die Städte. Sie wollten sich damit von den Sünden befreien und Gott gnädig stimmen.

Die fürchterlichste Begleiterscheinung der Pest war die Verfolgung und Ermordung von Juden. Da sie scheinbar weniger oft erkrankten als andere, beschuldigte man an vielen Orten Juden, die Pest durch Vergiftung von Brunnen und Quellen verursacht zu haben.

In ganz Europa wurden zigtausende Juden ermordet und ganze Gemeinden ausgelöscht. Nur in Italien, wo in fast allen Städten Judengemeinden bestanden, fanden keine größeren Ausschreitungen statt.

Die überlebenden Juden ließen oft ihr Hab und Gut zurück und flohen nach Polen, Litauen und Oberitalien. Im 15./16. Jh. bemühten sich einige Landesherren wieder um die Rückkehr jüdischer Händler und Bankiers.

2 **Die Ausbreitung der Pest.**

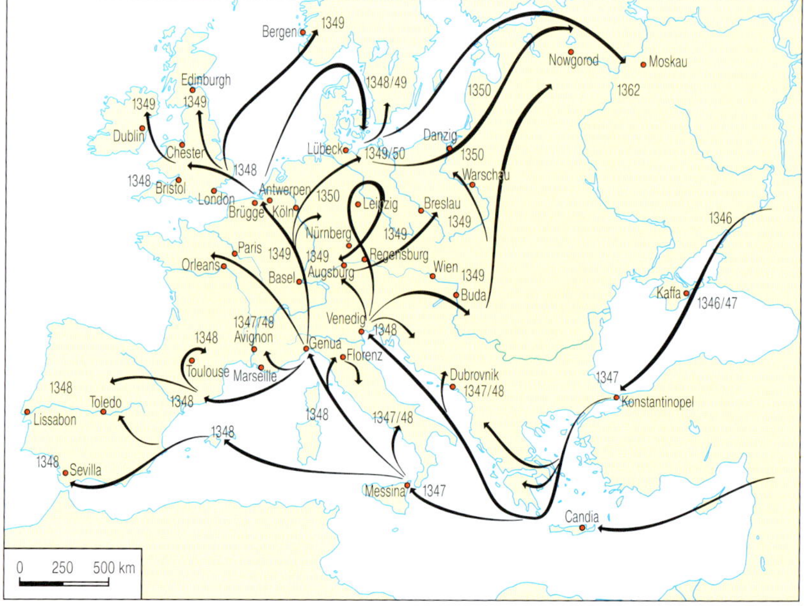

M 1 Die Pest breitet sich aus

Gabriele de Mussis, ein junger Notar aus Piacenza, der 1346 in Caffa am Schwarzen Meer lebte, berichtet:

So gelangte man aus [...] Caffa mit einigen Schiffen, welche von zwar noch lebenden, aber bereits mit der Seuche infizierten* Seeleuten gesteuert wurde, nach Genua, mit anderen nach Venedig, mit wieder anderen in weitere Regionen der Christenheit. Es klingt unglaublich: Kaum gingen die Matrosen irgendwo an Land – die krankmachenden Ausdünstungen begleiteten sie ja – und kamen dort mit den Menschen in Berührung, starben diese. Aufgrund des pestbringenden Ansteckungsstoffs ereilte in jeder Stadt, jedem Ort und jedem Land die Bewohner beiderlei Geschlechts ein rascher Tod. Wenn jemand erkrankte, brach er bald darauf zusammen und starb.

Klaus Bergdolt, Der Schwarze Tod in Europa. Die Große Pest und das Ende des Mittelalters, München 1994, S. 39 (vereinfacht)

***infizieren**: *Krankheitserreger übertragen*

M 2 Auswirkungen der Pest

Der Schriftsteller Giovanni Boccaccio erlebt die Pest in Florenz. Über die Folgen schreibt er 1350:

Und fast alle hatten nur ein grausames Ziel vor Augen: die Kranken und ihre Sachen zu meiden und zu fliehen. [...] Bei einer so schrecklichen und elenden Verfassung unserer Stadt war das ehrwürdige Ansehen der Gesetze, der göttlichen und menschlichen, fast völlig gesunken und vernichtet [...]. Durch diese Heimsuchung hatte die Herzen der Männer und Frauen eine solche Angst befallen, dass ein Bruder den anderen verließ, der Onkel den Neffen, die Schwester den Bruder und [...] die Frau ihren Mann, und was [...] fast unglaublich ist, Väter und Mütter scheuten sich, zu ihren Kindern zu gehen und sie zu pflegen, als ob sie nicht die ihren gewesen wären.

Klaus Bergdolt (Hrsg.), Die Pest 1348 in Italien, Heidelberg 1989, S. 43 f.

M 3 Was in Straßburg und andernorts geschah

Um 1400 verfasst der Straßburger Kirchenmann Jakob Twinger von Königshofen eine Chronik. Er schreibt auch über die Pest und die Verfolgung der Juden:

In Bern [...] folterte man etliche Juden, die gestanden, sie hätten viele Brunnen vergiftet [...]. Da verbrannte man sie in vielen Städten und schrieb diese Geschichte nach Straßburg, Freiburg und Basel, auf dass sie dort auch ihre Juden verbrennen sollten. [...]

Daraufhin wurden die Juden im ganzen Land gefangen gesetzt und ein Tag zu Beratungen in Benefeld bestimmt. Dorthin kamen der Bischof von Straßburg, alle Landesherrn des Elsass und die Ratssendboten der drei genannten Städte zusammen. Die von Straßburg wurden befragt, was sie mit ihren Juden zu tun gedächten; sie antworteten, sie wüssten keine Bosheit von ihren Juden. Da fragte man sie, warum sie dann ihre Brunnen verschlossen und die Eimer entfernt hätten, und es entstand ein großer Lärm und ein Geschrei gegen die Straßburger. So kamen der Bischof, die Herren und die Reichsstädte überein, sich ihrer Juden zu entledigen. [...] An diesem Freitag* fing man auch die Juden in Straßburg, und am folgenden Samstag [...] verbrannte man sie auf einem hölzernen Gerüst in ihrem Kirchhofe; es waren ihrer an die zweitausend. Nur wer sich taufen lassen wollte, den ließ man leben.** Es wurden auch viele kleine Kinder gegen den Willen ihrer Eltern aus dem Feuer genommen, um sie zu taufen.

Was man den Juden schuldete, galt damit als bezahlt, alle Pfänder und Schuldbriefe, die die Juden in Verwahrung gehabt hatten, wurden zurückgegeben. Das Bargeld der Juden nahm der Rat an sich und verteilte es unter die Handwerker. Das Geld war auch die Ursache, warum die Juden getötet wurden. Denn wären sie arm und die Landesherrn nicht ihre Schuldner gewesen, so hätte man sie nicht verbrannt.

Klaus Arnold (Bearb.), Das Mittelalter. Quellen zur deutschen und europäischen Geschichte vom 8.-15. Jahrhundert, Paderborn 1991, S. 80 f.

* *Am 13. Februar 1349*

***Auch die Getauften sollen später noch hingerichtet worden sein.*

M 4 Juden werden verbrannt.

Holzschnitt von Michael Wolgemut aus der Schedel'schen Weltchronik, Nürnberg 1493. Im Zusammenhang mit der Pest von 1348/49 kam es im Reich in 350 Städten zu Verfolgungen von Juden, in 210 Orten wurden alle Juden ermordet.

1. *Wie erklären sich die Zeitgenossen die Ausbreitung der Pest? Vergleiche M 1 mit dem Darstellungsteil.*
2. *Zeige mithilfe des Darstellungstextes und M 3 die Folgen der Pest auf.*
3. *Arbeite die in M 3 genannten Gründe für die Judenverfolgungen heraus. Hätte jemand die Judenverfolgungen verhindern können?*

Italienische Verhältnisse

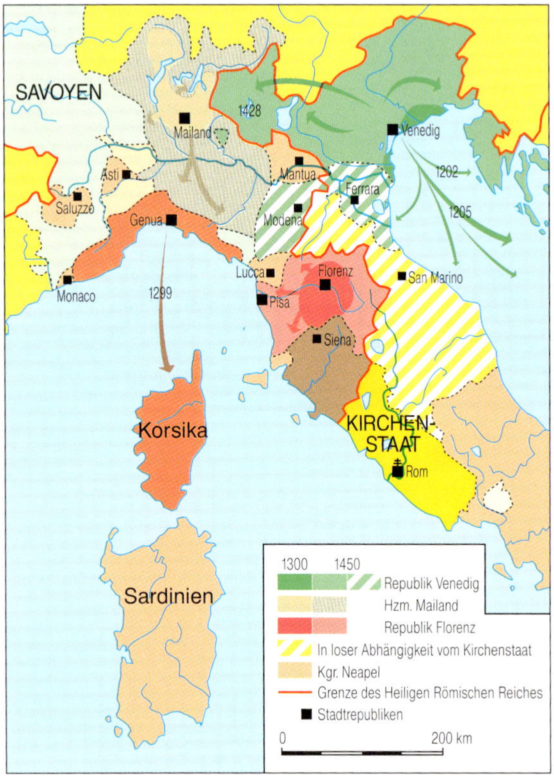

1 Italienische Fürstentümer und Stadtstaaten im 14./15. Jh.

Ein Land mit vielen Städten

Italien war im Mittelalter kein einheitlicher Staat. Die Oberfläche des Landes – ein Fünftel gebirgig, drei Fünftel hügelig – erschwerte die Landwirtschaft nicht. Der leichte Zugang zum Meer förderte Handel und Gewerbe.

Während der Kreuzzüge hatten die Italiener die führende Rolle im Mittelmeerhandel übernommen. Kaufleute aus Venedig, Genua und anderen Hafenstädten wickelten fast den gesamten Warenverkehr mit dem Byzantinischen Reich, dem Nahen und Fernen Osten sowie mit den Ländern nördlich der Alpen ab. Die Gewinne dieser Fernkaufleute waren hoch. Gleichzeitig wuchs die Zahl der Gewerbebetriebe.

Um 1500 gab es in Italien rund 40 Städte mit 10 000 oder mehr Einwohnern. Etwa die Hälfte von ihnen hatte sogar 25 000 Einwohner und mehr. Im übrigen Europa erreichten nicht mehr als 20 Städte diese Größe.

In den italienischen Städten entwickelte sich ein einflussreiches Bürgertum. Die ständischen Schranken der mittelalterlichen Gesellschaftsordnung verloren an Bedeutung. Neben der Abstammung verhalfen persönliche Leistungen den Bürgern zu Anerkennung und Einfluss.

Die „großen Fünf"

In Nord- und Mittelitalien bestanden im 12. und 13. Jh. rund 70 Stadtrepubliken, in denen Adel oder Bürgerschaft regierten. Bis zum 15. Jh. verloren jedoch die meisten von ihnen ihre Selbstständigkeit: Sie wurden von ihren aufstrebenden, mächtigeren Nachbarn „geschluckt". Die „großen Fünf" Italiens, die sich in diesem rücksichtslosen Kampf um Land, Geld und Macht schließlich durchsetzten, waren Florenz, Venedig, Mailand, Rom und Neapel. Während Venedig und Florenz Stadtrepubliken blieben, waren die drei anderen Monarchien; dort regierte ein Herzog, ein Papst oder ein König.

Wer herrscht in Florenz?

Florenz war im 15. Jh. eine der wichtigsten Gewerbe- und Handelsstädte Italiens. Hier wurden vor allem Tuche hergestellt. Bedeutend waren auch die Seidenweberei, die Holzverarbeitung, das Goldschmiede- und das Steinmetzhandwerk. Dazu kamen die Banken.

Das Schicksal von Florenz prägte die Familie *Medici*. Durch die Tuchherstellung war sie reich geworden. Später mehrten Handelsunternehmen, die Bewirtschaftung großer Landgüter und vor allem ausgedehnte Bankgeschäfte das Vermögen der Familie. Die Bank der Medici war im 15. Jh. eine der größten Europas. Ihre Kredite schufen die Grundlage nicht nur für zahlreiche Unternehmen und Handelsgeschäfte, sondern auch für viele Kriege. Denn die Medici liehen wie andere Banken vor allem den Fürsten, Päpsten und Städten das Geld, mit dem Waffen und Söldner bezahlt wurden.

Der Reichtum öffnete Florenz und den Medici den Weg zu großem Einfluss in der Politik. Denn in der Republik Florenz beschränkte sich die tatsächliche Macht auf einen sehr kleinen Kreis reicher und angesehener Männer. Die Medici stellten später die Großherzöge der Toskana. Einige Familienmitglieder wurden Kardinäle und sogar Päpste. Zwei französische Königinnen stammten aus ihrem Hause.

Größer, schöner, moderner

Der Konkurrenzkampf zwischen Stadtrepubliken, Fürstenhöfen und Kirchenstaat ließ eine prachtvolle Kunst und Kultur entstehen. Handwerker und Künstler erhielten von Fürsten, Päpsten, Stadtregierungen, Zünften und Privatpersonen Aufträge für Befestigungsanlagen, Rathäuser, Paläste, Kirchen, Klöster und Wohnhäuser sowie für Skulpturen, Gemälde, Fresken und Möbel. Für Feste, Umzüge und Empfänge wurden prächtige Kulissen errichtet. Größer, schöner, moderner – so lautete das Motto der Zeit.

M 1 „Lorenzo der Prächtige".
Büste, 15. Jh.
Lorenzo de Medici (1449-1492) galt als kluger Kaufmann und Politiker. Er war mit Gelehrten befreundet, trat als Dichter hervor und förderte zahlreiche Künstler.

M 3 Florenz um 1500.
Die sogenannte „Carta della Catena", um 1482/92 (Ausschnitt).
Florenz hatte im frühen 14. Jh. etwa 100 000 Einwohner.

M 2 Ein väterlicher Rat
Der Schriftsteller Thomas Mann veröffentlichte 1905 ein Schauspiel, das uns einen Einblick in die Gedankenwelt des 15. Jh. gibt. Im folgenden Auszug teilt der im Sterben liegende Lorenzo de Medici seinem Sohn Piero sein „politisches Vermächtnis" mit:

LORENZO: Wir sind nicht Könige, nicht Fürsten in Florenz. Kein Pergament verbrieft uns unsere Größe. Wir herrschen ohne Krone […]. Wir wurden groß in uns, durch Fleiß, durch Kampf, durch Zucht […]. Doch solche Herrschaft, mein Sohn, will täglich neu errungen sein. Ruhm und Liebe, die Dienstbarkeit der Seelen, sind treulos und falsch. Denkst du zu ruhen und tatenlos zu glänzen, ist dir Florenz verloren […]. Bewahre dir die schmerzliche Verachtung der trägen Jubler. Du stehst für dich, du ganz allein für dich – begreifst du! Bleib streng mit dir! Lässt du vom Ruhm dich weich und sorglos machen, ist Florenz verloren. Begreifst du?
PIERO: Ja, Vater.
LORENZO: Achte den äußeren Schein der Macht für nichts […]. Sei kein Narr! Nimm dich in Acht! Scharfe Augen und eine lose Zunge hat Florenz. Halt dich zurück und herrsche […]. Bedenk auch, dass wir aus dem Bürgerstande, nicht aus dem Adel hervorgegangen; dass wir nur von Volkes wegen sind, was wir sind; dass nur, wer uns des Volkes Seele abwendig zu machen trachtet, unser Feind und Nebenbuhler wäre […]. Begreifst du?

Thomas Mann, Fiorenza, in: Ders., Frühe Erzählungen, Frankfurt a. M. 1981, S. 461 f.

1. *Wie wird die Figur des Lorenzo in M 2 dargestellt? Erkläre, warum Lorenzo seinem Sohn gerade diese Ratschläge erteilt.*
2. *Beschreibe Lage und Aussehen der Stadt Florenz (M 3).*

Ein neues Menschenbild

Die Einstellung ändert sich
Im Mittelalter galt das Leben auf Erden nur als eine Etappe auf dem Weg zum ewigen Leben. Nach den Pestjahren sorgten sich die Menschen besonders um ihr Seelenheil, denn sie fürchteten die Hölle. Indem sie Gott und den Vertretern Gottes auf Erden gehorchten, hofften sie nach dem Tod auf ein Leben im Paradies.
Die Einteilung in die drei Stände (Geistlichkeit, Adel sowie Bauern und Bürger) galt als gottgewollt. Sich dagegen aufzulehnen, bedeutete zu sündigen. Ein solches Weltverständnis ließ nur wenig Platz für die freie Entfaltung einer einzelnen Person.
Trotzdem entwickelte sich seit dem Ende des 13. Jh. in den italienischen Städten ein neues Bild vom Menschen. Künstler und Gelehrte machten den Einzelnen, das *Individuum,* zum Mittelpunkt der von Gott geschaffenen Welt. Sie erklärten ihn für selbst verantwortlich für sein persönliches Glück und Leid. Für sie war jeder Mensch ein besonderes Geschöpf und mit allen Fähigkeiten begabt. Dieses neue Verständnis des Menschen gipfelte in der Feststellung eines Gelehrten des 15. Jh.: *Sobald die Menschen wollen, können sie von sich aus alles.*

Neue Leitbilder
Zum Leitbild der kleinen Oberschicht wurde im 15. Jh. der allseits gebildete Mensch: der *uomo universale.* Er sollte klug und weltoffen sein, sich als Krieger, Gelehrter und Künstler betätigen, in Gesellschaft sicher und höflich auftreten. Er sollte ein angenehmer und wortgewandter Gesprächspartner und ein ebenso guter Tänzer wie Fechter sein.

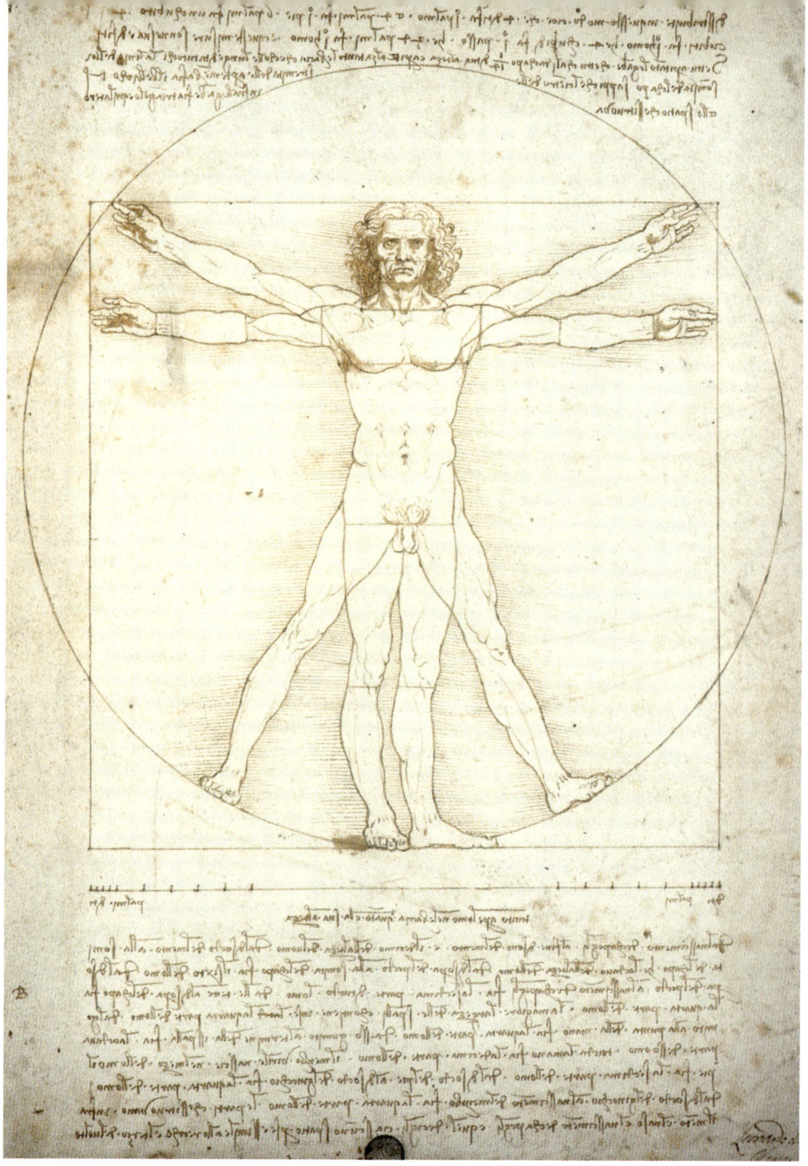

1 Der menschliche Körper als Ausdruck der Harmonie.
Skizze (34,4 x 24,5 cm) von Leonardo da Vinci, um 1485-90.
Kreis und Quadrat sind Grundformen der Harmonie, sie bestimmen auch die Größenverhältnisse (Proportionen) des menschlichen Körpers. Auf diesen Zusammenhang hatte schon der römische Baumeister und Schriftsteller Vitruv, der um Christi Geburt lebte, hingewiesen. Sein Werk war Anfang des 15. Jh. wiederentdeckt worden und beeinflusste danach zahlreiche Baumeister und Künstler.
Übrigens: Den Text auf dem Blatt schrieb der Linkshänder Leonardo in Spiegelschrift.

Von einer Dame wurden neben den mütterlichen Tugenden und hausfraulichen Fähigkeiten noch Bildung und Bescheidenheit gefordert. Geburt und Standesgrenzen spielten in diesen Vorstellungen eine geringe Rolle. Letztlich unterschied man nur noch zwischen Gebildeten und Ungebildeten. Die Gebildeten blickten dabei oft hochmütig auf die Ungebildeten herab.

1. *Stelle in einer Tabelle Kennzeichen des mittelalterlichen und des „neuen" Menschenbildes gegenüber.*
2. *Vergleiche die Eigenschaften eines Ritters mit denen des „uomo universale".*
3. *Erkläre, warum es für die meisten Menschen schwierig war, diesem Ideal des „uomo universale" zu entsprechen.*

Warum ändert sich das Denken?

Das neue Denken über den Menschen und die Politik hatte zahlreiche Ursachen. In den italienischen Staaten lebten viele gebildete Menschen, und es wurde frei und offen über Politik, Religion und Kunst nachgedacht; wohl auch deshalb, weil die Führungsschichten durch Kriege und Handel mit fremden Kulturen in Berührung gekommen waren, etwa mit dem griechisch-orthodoxen Byzantinischen Reich und dem muslimischen Orient. Hinzu kam die Erinnerung an die zahllosen Opfer der Pest. Sie hatte gezeigt, wie vergänglich das Leben sein konnte, und bei den Reichen und Gebildeten einen grenzenlosen Lebenshunger geweckt.

Die Antike wird wiederentdeckt

Die lateinischen und griechischen Schriftsteller der Antike waren in Westeuropa fast vergessen. Das änderte sich seit dem Ende des 13. Jh. Die italienischen Dichter und Gelehrten, die die Machtlosigkeit und Zerrissenheit ihrer Heimat beklagten, erinnerten sich an die Macht des Römischen Reiches und interessierten sich für die antike Kultur. Nach über 1000 Jahren waren nur noch Bruchstücke erhalten. Die römischen Ruinen hatte man jahrhundertelang als Steinbrüche benutzt; die antiken Schriften waren zwar gesammelt worden, aber die Kirchengelehrten hatten nur die Teile abgeschrieben und überliefert, die mit der kirchlichen Lehre übereinstimmten. Die antike Kunst galt als heidnisch.

Jetzt wurden die antiken Schriftsteller und Philosophen wieder gelesen. Das Interesse steigerte sich, als zahlreiche Gelehrte aus Byzanz nach Westeuropa zogen. Sie hatten antike Schriften im Gepäck, denn Byzanz war 1453 durch die Osmanen erobert worden.*

*Lies dazu Seite 184 f.

2 David.
Bronzestatue von Donatello, um 1430; Höhe 158 cm.
Der Florentiner Bildhauer Donatello gab in der Statue die Körperhaltung so wieder, wie sie bereits der griechische Künstler Polyklet im 5. Jh. v. Chr. dargestellt hatte. Diese 1,58 m hohe Statue gilt als die erste freistehende Aktfigur seit der Antike.
Nebenbei: Die biblische Figur des David diente mehreren Renaissance-Künstlern als Motiv. Mit dem Hirtenjungen David erinnerte man an die Stärke und Kampfbereitschaft der kleinen städtischen Führungsschicht.

Humanismus und Renaissance

Begeisterte Liebhaber der antiken Kultur lernten Latein und Griechisch, um die alten Werke verstehen und übersetzen zu können. Sie suchten in Klosterbibliotheken nach Handschriften, erwarben sie, schrieben sie ab oder ließen sie abschreiben. Wer es sich leisten konnte, sammelte Bücher antiker Autoren. Erstmals konnten zahlreiche römische und griechische Autoren vollständig gelesen werden.

In den Schriften des römischen Schriftstellers und Politikers *Cicero* aus dem 1. Jh. v. Chr. fand man den Begriff *studia humanitatis*. Er bedeutet so viel wie „Fähigkeiten, die jeder erwerben muss, um sich zum wirklichen Menschen auszubilden". Dazu gehörten Kenntnisse der Grammatik, der Redelehre (*Rhetorik*), der Geschichte, der Dichtkunst und der Morallehre (*Philosophie*). Alle, die sich mit diesen Wissenschaften beschäftigten und sich dabei an antiken Vorbildern orientierten, nannte man bald Humanisten. Die Bezeichnung *Humanismus* wurde im 19. Jh. für diese Epoche geprägt.

Das gilt auch für den Begriff Renaissance. Er ist die französische Übersetzung des italienischen Wortes *rinascitá*, zu Deutsch: „Wiedergeburt". Anders ausgedrückt: Die Befürworter der „neuen Zeit" waren stolz darauf, das Erbe der Antike nach einer 1000-jährigen Epoche der „Finsternis" wieder ans Licht geholt zu haben.

Für einige Historiker beginnt daher mit der Renaissance eine neue Phase der Weltgeschichte: die Neuzeit.

Manche Humanisten sprachen abschätzig vom „Finsteren Mittelalter". Stimmt ihr ihnen zu?

M 1 Die Erschaffung Adams.
Ausschnitt aus dem Deckenfresko der Sixtinischen Kapelle in Rom von Michelangelo, 1508-12. Vor Michelangelo hatte kein Maler gewagt, diesen Augenblick der Vollendung der biblischen Schöpfungsgeschichte so zu gestalten.

M 2 Was wäre die Welt ohne sie?

Der Gesandte und Geschichtsschreiber Gianozzo Manetti schrieb 1452:

Die Welt ist wohl von Gott geschaffen, aber der Mensch hat sie verwandelt und verbessert. Denn alles, was uns umgibt, ist unser eigenes Werk, das Werk des Menschen; alle Wohnstätten, alle Schlösser, alle Gebäude auf der ganzen Welt […]. Von uns sind die Gemälde, die Skulpturen; von uns kommen der Handel, die Wissenschaften und philosophischen Systeme. Von uns kommen alle Erfindungen und alle Arten von Sprachen und Literaturen.

John R. Hale, Fürsten, Künstler, Humanisten, Reinbek 1973, S. 26

M 3 Ein einzigartiges Geschöpf

Der italienische Gelehrte Giovanni Pico della Mirandola verfasst im Jahre 1486 eine Rede „Über die Würde des Menschen", die er nie gehalten hat und die erst nach seinem Tod veröffentlicht wurde. Pico lässt darin Gott zu Adam sagen:

Keinen bestimmten Platz habe ich dir zugewiesen, auch keine bestimmte äußere Erscheinung und auch nicht irgendeine besondere Gabe habe ich dir verliehen, Adam, damit du den Platz, das Aussehen und alle die Gaben, die du dir selber wünschst, nach deinem eigenen Willen und Entschluss erhalten und besitzen kannst. Die festumrissene Natur der übrigen Geschöpfe entfaltet sich nur innerhalb der von mir vorgeschriebenen Gesetze. Du wirst von allen Einschränkungen frei nach deinem eigenen freien Willen, dem ich dich überlassen habe, dir selbst deine Natur bestimmen. In die Mitte der Welt habe ich dich gestellt, damit du von da aus bequemer alles ringsum betrachten kannst, was es auf der Welt gibt.

Giovanni Pico della Mirandola, Oratio de hominis dignitate/Rede über die Würde des Menschen, hrsg. und übers. von Gerd von der Gönna, Stuttgart 1997, S. 9

1. *Beschreibe, wie Michelangelo die Schöpfungsgeschichte darstellt (M 1). Vergleiche mit der Bibel.*
2. *Stelle zusammen, welche Leistungen Manetti und Pico della Mirandola dem Menschen zuschreiben (M 2 und M 3).*
3. *Überlege, welche Chancen und Gefahren darin liegen, dass der Mensch die Welt nach seinem „eigenen freien Willen" verändern kann (M 3).*

Die Kunst der Renaissance

Anregungen aus der Antike

Das Interesse an der Antike erfasste auch Maler, Bildhauer und Baumeister. Sie arbeiteten bald überall „nach der Art der Alten". Die Kunst des Mittelalters lehnten sie ab, vor allem die Gotik, die sich in Italien ohnehin nie hatte durchsetzen können.

Die Künstler der Renaissance studierten die antiken Ruinen und Kunstwerke ebenso wie die Äußerungen antiker Schriftsteller über die Kunst und Architektur. Sie ahmten sie nicht nach, sondern ließen sich von ihnen anregen.

Aufschwung für die Künste

Vom 4. bis zum 17. Jh. war die Kirche der wichtigste Auftraggeber für die Künstler. Was den Umfang der Aufträge betraf, nahmen Kaiser, Könige und Fürsten erst den zweiten Rang ein. Seit dem 12. Jh. erweiterte sich der Kreis der Auftraggeber um Stadtregierungen, Zünfte, Gilden und reiche Privatleute. In Florenz war es beispielsweise die Zunft der Tuchmacher, die den Auftrag für den Dom gab. Päpste, Fürsten und Bankiers wetteiferten miteinander, Auftraggeber und Förderer der Künste (*Mäzene*) zu werden. Sie hofften, sich durch die Kunstwerke ein Denkmal zu setzen. Sie alle bestimmten Inhalt und Form der Kunstwerke.

2 Die ideale Stadt.
Gemälde eines unbekannten Florentiner Künstlers des späten 15. Jh.
Das Bild zeigt in zentralperspektivischer Malweise eine Stadtarchitektur, die so nie verwirklicht wurde.*

***Zentralperspektive**: *Beim räumlichen Sehen bezieht sich das Auge auf einen zentralen Punkt, zu dem alle wichtigen Linien eines Bildes führen. Künstler nutzen die Zentralperspektive, um einen dreidimensionalen Raum oder Gegenstand auf eine Ebene abzubilden.*

1 Santa Maria del Fiore.
Foto, um 1990.
Der Dom von Florenz, errichtet zwischen 1296 und 1436. Architekt der Kuppel, die zwischen 1420 und 1436 entstand, war Filippo Brunelleschi. Der Chor mit der Kuppel ist ein Zentralbau. Bei ihm sind – im Gegensatz zum Langbau der sonstigen Kirchen – mehrere Räume um einen runden oder ovalen Grundriss gruppiert. Als Vorbild diente der Anfang des 2. Jh. in Rom errichtete Pantheon-Tempel.

3 Palazzo Rucellai, Florenz.
Foto, um 1990.
Architekt des um 1456 begonnenen Baues ist Leon Battista Alberti.

4 **Selbstbildnis.**
Zeichnung (33,2 x 21,2 cm) von Leonardo da Vinci, um 1512-15.

5 **„La Gioconda", genannt Mona Lisa.**
Ölgemälde (77 x 53 cm) von Leonardo da Vinci, um 1503-05.

Vom Handwerker zum Künstler
Wer als Künstler das Glück hatte, von einem reichen Bürger oder Fürst gefördert zu werden, kam in der Renaissance zu hohem Ansehen. Maler, Bildhauer und Baumeister galten nicht mehr als einfache Handwerker, sondern als schöpferisch tätige, ja geniale Menschen. Kunstfreunde pilgerten zu den Wohn- und Geburtshäusern der berühmtesten Künstler. Lobende Schriften und Beschreibungen ihres Lebens machten die Runde, und viele erhielten nach ihrem Tod Ehrengräber.

Leonardo da Vinci
Besonders bewundert wurden Künstler, die in mehreren Bereichen Hervorragendes leisteten. *Leonardo da Vinci*, der von 1452 bis 1519 lebte, war vielseitiger als seine Zeitgenossen. Er dichtete und musizierte, malte Ölbilder und Fresken, entwarf Standbilder, Gebäude und Befestigungsanlagen. Seinen Lebensunterhalt verdiente er mit Dekorationen von Wohnräumen hochgestellter Persönlichkeiten, Ausstattungen für glänzende Feste, Bühnenbildern und Kostümentwürfen für Maskeraden. Zugleich forschte und experimentierte Leonardo: Er untersuchte den menschlichen Körper und die Naturerscheinungen, er entwarf Flugmaschinen, gepanzerte Fahrzeuge, Unterseeboote und anderes. Vieles war damals allerdings nicht zu verwirklichen.

Die Renaissance bei uns

Die Kunst der Renaissance breitete sich von Italien in ganz Europa aus. In den deutschen Gebieten setzte sie sich am Ende des 15. Jh. durch, vor allem in der Freien Reichsstadt Nürnberg, die durch den Handel mit Metallwaren (Rüstungen, Waffen) mit ganz Europa in Verbindung stand. Dort arbeiteten im 15. und 16. Jh. viele berühmte Künstler. Der bedeutendste war *Albrecht Dürer*, der von 1471 bis 1528 lebte. Er hatte sich wie andere europäische Künstler Anregungen auf Reisen aus Italien geholt.

Den italienischen Einfluss auf die Architektur kann man heute an vielen öffentlichen und privaten Bauten erkennen. Zum Beispiel am *Heidelberger Schloss*, am *Kölner Rathaus* oder an der *Münchener Residenz*.

6 **„Selbstbildnis im Pelzrock."**
Ölgemälde (67 x 49 cm) von Albrecht Dürer, 1500.
Die lateinische Inschrift auf der rechten Seite des Bildes – hier kaum lesbar – lautet übertragen: „So malte ich, Albrecht Dürer aus Nürnberg, mich selbst mit meinen eigenen Farben im Alter von 28 Jahren."

7 **Schloss Johannisburg in Aschaffenburg.**
Foto, um 2000.
Die fast 90 x 90 Meter messende Vierflügelanlage gehört zu den bedeutendsten Schlossbauten der deutschen Renaissance.

1. Informiert euch über bedeutende Werke Dürers.
2. Das Selbstbildnis (Abb. 6) gilt als Ausdruck eines „Renaissance-Menschen". Erkläre!
3. Bereitet in der Klasse eine Ausstellung mit Abbildungen deutscher Renaissance-Kunstwerke vor. Berücksichtigt dabei euren Heimatraum.

LERNTIPP

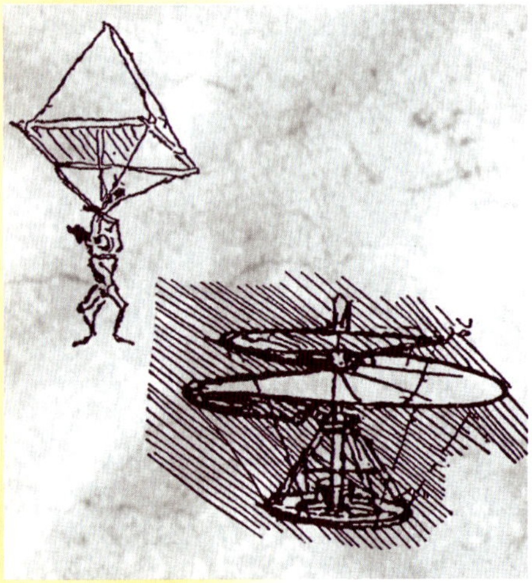

M 1 Technische Zeichnungen von Leonardo da Vinci.

Aus den Skizzenbüchern. Oben: Fallschirm. Rechts: Luftschraube oder Luftkreisel – eine Art Hubschrauber.

Beschreibt, wie die Erfindungen funktionierten. Wieso wurden sie damals nicht verwirklicht?

M 2 Leonardo – mehr als ein Künstler

Leonardo stellt etwa um das Jahr 1482 dem Herzog von Mailand in einem Schreiben seine Fähigkeiten vor.

1. Ich habe Pläne für sehr leichte, aber dabei starke Brücken, die sich ganz leicht befördern lassen und mit denen man den Feind verfolgen und manchmal auch fliehen kann, und solche für andere, feste Brücken, die weder durch Feuer noch im Kampf zerstört und leicht und bequem abgebrochen und errichtet werden können, und auch Pläne, um die des Feindes zu verbrennen und zu zerstören.

2. Ich kann bei der Belagerung eines Platzes das Wasser aus den Gräben ableiten und zahlreiche Brücken, Rammböcke, Sturmleitern und andere zu einem solchen Unternehmen gehörende Geräte machen [...].

4. Ferner habe ich Pläne für Bombarden*, die sich sehr bequem und leicht befördern lassen, mit denen man kleine Steine schleudern kann, fast so, als ob es hagle, und deren Rauch dem Feind gewaltigen Schrecken einjagt [...].

6. Ferner werde ich sichere und unangreifbare gedeckte Wagen bauen, die mit ihren Geschützen durch die Reihen des Feindes fahren und jeden noch so großen Haufen von Bewaffneten zersprengen werden [...].

10. In Friedenszeiten kann ich mich wohl mit jedem anderen in der Baukunst messen, sei es bei der Errichtung öffentlicher und privater Gebäude oder bei der Leitung des Wassers von einem Ort zum anderen.

Ferner werde ich bei der Bearbeitung von Marmor, Erz und Ton sowie in der Malerei wohl etwas leisten, was sich vor jedem anderen, wer immer es sei, sehen lassen kann.

Leonardo da Vinci, Tagebücher und Aufzeichnungen, hrsg. v. Theodor Lücke, München ²1952, S. 889 f.

***Bombarden**: große Kanonen*

M 3 Natur, Kunst und Wissenschaft

Der Sekretär des Herzogs von Aragón berichtet über einen Besuch bei Leonardo am 10. Oktober 1517:

Dieser Herr hat eine besondere Abhandlung über den Körperbau zusammengestellt, mit Illustrationen nicht nur der Glieder, sondern auch der Muskeln, Nerven, Adern, Gelenke, Eingeweide und allem, was an den Körpern der Männer wie auch der Frauen studiert werden kann, so wie noch kein anderer Mensch es jemals getan hat. All das haben wir mit unseren eigenen Augen gesehen; und er sagte, er hätte bereits mehr als dreißig Leichen zerlegt, Männer wie Frauen jeden Alters. Er hat auch über die Natur des Wassers geschrieben, und über verschiedene Maschinen und andere Dinge, die er in einer endlosen Zahl von Bänden niedergeschrieben hat, und all das in Umgangssprache.

Kenneth Clark, Leonardo da Vinci, Reinbek 1989, S. 167 f.

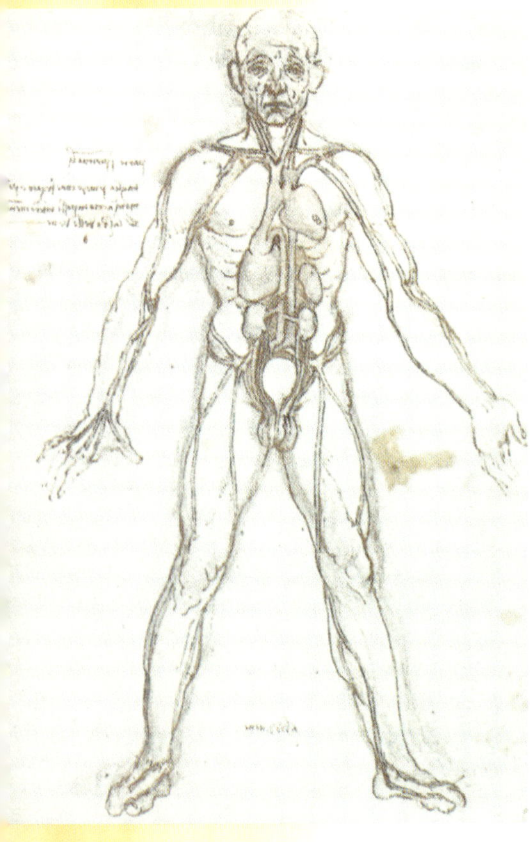

M 4 Figur mit Herz, Lunge und Hauptschlagadern.

Zeichnung von Leonardo da Vinci, um 1490. Vergleiche mit Abb. 1 auf Seite 172.

1. *Stelle zusammen, für welche Arbeiten sich Leonardo in dem Brief anbietet (M 2).*
2. *Der Sekretär des Herzogs von Aragón betont, dass Leonardo die Ergebnisse seiner wissenschaftlichen Arbeiten in der „Umgangssprache“ schrieb. Nenne einen Grund für diesen Hinweis.*
3. *Überlege, welche Kenntnisse für die Skizze notwendig waren (M 4). Berücksichtige M 3.*

Die Schwarze Kunst

Bücher sind gefragt

Bis ins 15. Jh. hinein wurden in Europa Bücher handschriftlich kopiert. Den wachsenden Bedarf konnten die Mönche und Nonnen, die bis dahin fast ausschließlich die Schreibarbeiten leisteten, nicht mehr befriedigen. Handschriftenhändler beteiligten sich daher seit dem 14. Jh. an der Buchherstellung. Sie beschäftigten Lohnschreiber und -schreiberinnen und verkauften die Bücher.
Zwei chinesische Erfindungen, die über den Orient nach Europa gekommen waren, beeinflussten die weitere Entwicklung der Buchherstellung: die Papierherstellung und die Technik, von einer Holzplatte mit einem spiegelverkehrten Relief Schriftzeichen-Blöcke herzustellen. Papier machte Bücher billiger. Denn im 15. Jh. kostete es ein Viertel so viel wie Pergament.

Gutenberg hat eine Idee

Der große Bedarf an Geschriebenem mag den um 1400 geborenen *Johannes Gutenberg* angetrieben haben, nach neuen Wegen zu suchen, um Bücher herzustellen. Um 1450 erfand er in Mainz das Drucken mit beweglichen Metallbuchstaben. Der erste wichtige Schritt war, eine Metallmischung für haltbare **Lettern** (*Druckbuchstaben*) zu finden. Der zweite war die Herstellung eines Gießgerätes, mit dem Gutenberg beliebig viele solcher Lettern mit demselben Schriftbild und gleichen Maßen herstellen konnte. Diese Erfindungen allein reichten nicht aus, um den Buchdruck voranzubringen. Also verbesserte Gutenberg weitere Arbeitsschritte wie das Zusammensetzen der Lettern, das Einfärben der Druckvorlage mit der richtigen Druckerschwärze aus Leinöl und Ruß sowie das Pressen der Vorlagen. Dazu führte er diese Arbeiten in einem bestimmten Herstellungsablauf zusammen. Gutenberg griff dabei auf die Erfahrungen von Gold- und Waffenschmieden und Tischlern zurück. Für die Druckerpresse mögen ihm Weinpressen Anregungen gegeben haben.
Das erste mit dieser Technik gedruckte Buch war 1456 eine Bibel. Etwa drei Jahre hatte man daran gearbeitet. Die Kosten waren hoch: Gutenberg musste sich dafür 800 Gulden leihen. Mit dem Betrag hätte er damals in Mainz mehrere Häuser kaufen können!
Gewinn brachten die ersten gedruckten Bibeln nicht, dafür aber der Druck von Schulbüchern, Kalendern und Einblattdrucken.
Gutenberg zog aus seiner Erfindung kaum Vorteile. 1457 musste er seine Druckerei aufgeben, um seine Schulden bezahlen zu können. 1468 starb er in Mainz.

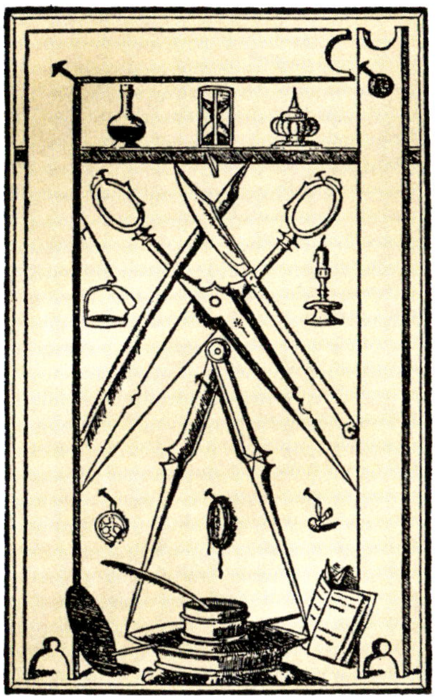

1 Werkzeug eines Schreibers.
Holzschnitt aus einem Schreibmeisterbuch von 1524.

2 Gutenberg und sein Geldgeber.
Holzstich (24,3 x 29,0 cm) von Friedrich Ludwig Unzelmann nach einer Zeichnung von Adolph Menzel, 1840.
Mit dem Bild wurde an das 400-jährige Jubiläum der Erfindung der Buchdruckerkunst erinnert. Dargestellt ist, wie Gutenberg und ein Gehilfe dem Geldgeber Gutenbergs, Johann Fust, einen fertigen Druckbogen zeigen. Auf dem Tisch steht die Grundlage der Erfindung Gutenbergs. Nenne sie!

1. *Nenne Gründe, weshalb Bücher während der Renaissance eine neue Bedeutung bekamen.*
2. *Arbeite heraus, worin das Besondere der Erfindung Gutenbergs lag.*

3 Buchdruckerwerkstatt.
Nachträglich kolorierter Kupferstich von Matthäus Merian d. Ä., 1632.

Das Medienzeitalter beginnt

Die Erfindung Gutenbergs setzte sich nicht sofort durch. Bis ins 17. Jh. hinein wurden Bücher noch durch Abschreiben vervielfältigt. Trotzdem waren Gutenbergs Neuerungen ein riesiger Erfolg. Sein Druckverfahren wurde in ganz Europa bekannt. In Bamberg erschien 1461 erstmals ein in deutscher Sprache und mit Holzschnittillustrationen gedrucktes Buch. In Straßburg, Köln, Speyer und Nürnberg wurden die ersten Druckereien des Reiches eingerichtet. Das erste in Italien gedruckte Buch erschien 1464. Die erste Druckerei in Frankreich gründeten 1470 zwei Deutsche in der Pariser Universität.

Bis 1500 wurden etwa 30 000 Titel gedruckt. Bei einer Auflagenhöhe zwischen 100 und 2 000 Exemplaren kann von etwa zehn Millionen gedruckten Büchern ausgegangen werden. Dazu kam eine ständig wachsende Zahl von Einblattdrucken, die mit und ohne Bilder als sogenannte **Flugblätter** zu bestimmten Themen Stellung nahmen.

Eine breite Wirkung erlangte der Buchdruck erst, als mehr Menschen lesen lernten. Während um die Mitte des 16. Jh. in den großen Handelsstädten wie Nürnberg, Augsburg, Straßburg und Köln wohl 25 bis 30 Prozent der Bevölkerung lesen konnten, waren es auf dem Lande nur wenige. Das gedruckte Wort erreichte die Menschen durch lautes Vorlesen. Trotzdem: Es schuf eine verbesserte Möglichkeit der Wissensvermittlung und eine neue Öffentlichkeit. Das Medienzeitalter begann. Es veränderte das kulturelle und politische Leben tiefgreifend.

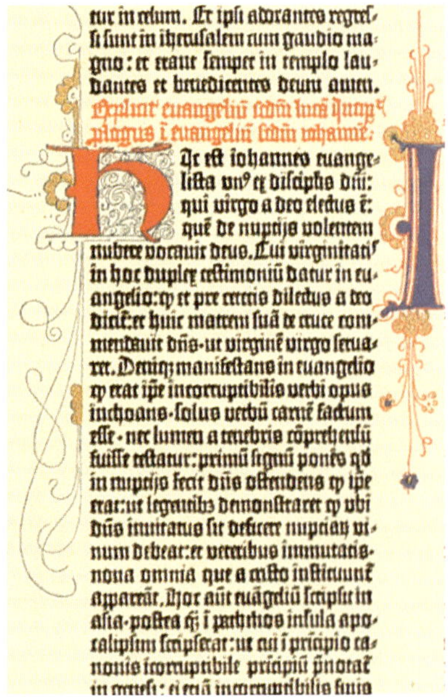

tur in celum. Et ipsi adorantes regressi sunt in iherusalem cum gaudio magno: et erant semper in templo laudantes et benedicentes deum amen.
Explicit evangelium secundum lucam. Incipit prologus in evangelium secundum iohannem:
Hic est iohannes evangelista unus ex discipulis domini: qui virgo a deo electus est: quem de nupciis volentem nubere vocavit deus. Cui virginitatis in hoc duplex testimonium datur in evangelio: quod et pre ceteris dilectus a deo dicitur: et huic matrem suam de cruce commendavit dominus - ut virginem virgo servaret. Denique manifestans in evangelio quod erat ipse incorruptibilis verbi opus inchoans - solus verbum carnem factum esse - nec lumen a tenebris comprehensum fuisse testatur: primum signum ponens quod in nupciis fecit dominus ostendens quod ipse erat: ut legentibus demonstraret quod ubi dominus invitatus sit deficere nuptiarum vinum debeat: et veteribus immutatis nova omnia que a christo instituuntur appareant. Hoc autem evangelium scripsit in asia - postea quam in pathmos insula apocalipsim scripserat: ut cui in principio canonis incorruptibile principium prenotatur in genesi: ei etiam incorruptibilis finis

4 Ausschnitt aus einer Seite der Gutenberg-Bibel von 1456.
Die verzierten Anfangsbuchstaben wurden nach dem Druck mit der Hand eingefügt.

Avisa I.
Relation oder Zeitung.
Was sich begeben vnd zugetragen hat / in Deutsch: vnd Welschland / Spannien / Niederlandt / Engellandt / Franckreich / Vngern / Osterreich / Schweden / Polen / vnnd in allen Provintzen / in Ost: vnnd West Indien etc.
So alhie den 15. Januarij angelangt.
Gedruckt im Jahr / 1609.

5 Titelseite einer Zeitung.
Eine der ersten regelmäßig erscheinenden Zeitungen kam ab 1609 wöchentlich in Wolfenbüttel als „Avisa, Relation oder Zeitung" heraus.

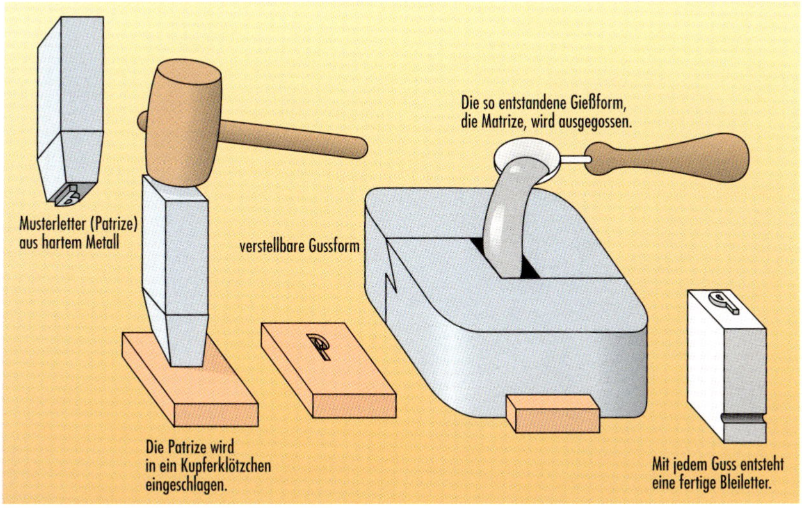

M 1 Die Herstellung von beweglichen Lettern.

M 2 Buchstabenentwürfe.
Gutenberg entwarf für die großen und kleinen Buchstaben des Alphabets nicht nur je eine Type, sondern mehrere verschiedene sowie Buchstabenverbindungen.

M 3 „Wie bekommt man das so hin?"
In einem Jugendbuch lässt Wiebke von Thadden einen Gesellen beschreiben, wie Buchstaben hergestellt wurden:

„Wenn man solche Lettern herstellen will, die beim Drucken Buchstaben ergeben sollen", begann der Geselle, „dann schreibt man als Erstes den Buchstaben – oder besser das ganze Alphabet – in der Schriftart, in der man es haben möchte, sauber auf ein Blatt Pergament. Dann paust man jeden Buchstaben einzeln seitenverkehrt auf eine Platte aus hartem Metall und schneidet die Buchstaben als kleine Stempel aus ihr heraus. Diese Stempel nennt man Patrizen. Die seitenverkehrte Patrize eines Buchstabens schlägt man in eine Form aus weicherem Metall und erhält so eine Vertiefung, eine seitenrichtige Matrize. Und diese Matrize legt man als Verschluss unten in eine Handgießform und gießt sie mit einer Legierung aus Blei und anderen Metallen aus. Damit erhält man eine seitenverkehrte Letter [...] und die druckt dir dann einen seitenrichtigen Buchstaben aus. Du musst dir einmal vorstellen, dass man aus einer einzigen Patrize unzählig viele gleiche Matrizen und aus einer einzigen Matrize unzählig viele gleiche Lettern herstellen kann. Mit einer Letter lassen sich dann wieder unzählig viele Buchstaben drucken. Das ist das Geheimnis unserer Druckerkunst, die man auch die Schwarze Kunst nennt – und nicht nur wegen der Druckerschwärze, mit der wir die Lettern einfärben."

Wiebke von Thadden, Thomas und die schwarze Kunst. Ein Roman aus der Frühzeit des Buchdrucks, Hamburg [2]1997, S. 49 f.

M 4 Typensetzmaschine von Charles Kastenbein, 1871.
Erst nach rund 400 Jahren wurde der Handsatz durch Setzmaschinen abgelöst. Zur Funktion: Drückt man eine Taste, gelangt die entsprechende Type aus einem der senkrechtstehenden Vorratsrohre durch einen Kanal der dreieckigen Leitplatte senkrecht in die Leitrinne zu den bereits gesetzten Typen. Nebenbei: Die Technik der Setzmaschinen wurde ständig verbessert. Aber bereits nach rund 100 Jahren war sie veraltet. Was löste diese Technik ab?

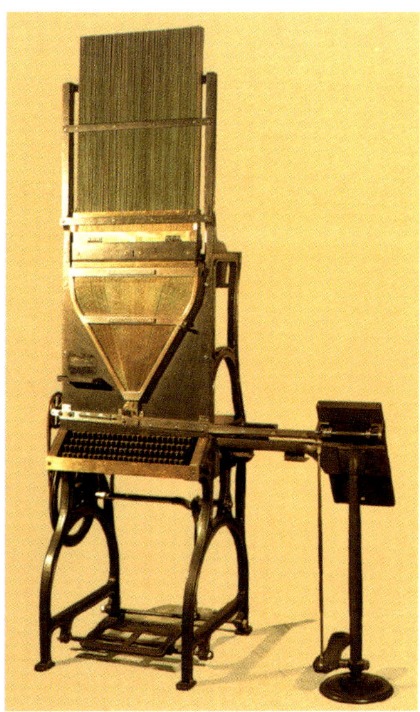

Internettipps → *Unter www.gutenberg.de und www.gutenbergdigital.de findest du weitere Informationen über Gutenberg und den Buchdruck.*

Exkursionstipps → *Gutenberg-Museum in Mainz und/oder Besuch einer Zeitungsredaktion und Druckerei*

Lesetipps → *Stephan Füssel, Johannes Gutenberg, Reinbek [3]2003;*
Wiebke von Thadden, Thomas und die schwarze Kunst. Ein Roman aus der Frühzeit des Buchdrucks, Hamburg [2]1997

1. *Beschreibe die in M 1 zu sehenden Arbeitsschritte. Finde heraus, welche wichtige Arbeit hier nicht dargestellt ist.*
2. *Inzwischen gibt es eine große Anzahl von Schriftarten. Druckt Beispiele mit dem PC aus (Groß- und Kleinbuchstaben). Vielleicht könnt ihr eine kleine Ausstellung zum Thema „Schriften" zusammenstellen.*
3. *Entwirf selbst Buchstaben.*
4. *Erkläre den Ausdruck „Schwarze Kunst" für das Druckhandwerk.*
5. *Erkläre die besondere Bedeutung der Buchdruckerkunst und überlege, wie sie Gesellschaft und Politik veränderte.*

Und sie bewegt sich doch!

Die Erde steht nicht still

Der Erdmittelpunkt ist nicht der Mittelpunkt der Welt [...]. Die Erde dreht sich mit den ihr anliegenden Elementen in täglicher Bewegung einmal ganz um ihre unveränderlichen Pole.

Diese Sätze stehen in einem Buch, das 1543 in Nürnberg gedruckt wurde und folgenden Titel trägt: *Sechs Bücher über den Umschwung der himmlischen Kugelschalen.* Der Verfasser war *Nikolaus Kopernikus* (1473-1543). Er verwarf das allgemein anerkannte **geozentrische Weltbild** (griech. *gē*: Erde), wonach die Erde der Mittelpunkt des Weltalls sei, und trug mit seinem Werk zu einem neuen Bild der Erde bei.

Die Ansicht, dass die Erde eine Scheibe sei, hatten die Gelehrten längst verworfen. Sie gingen davon aus, dass die Erde eine Kugel sei.

Wendezeit

Kopernikus hatte an den Universitäten von Krakau, Bologna, Padua und Ferrara humanistische, mathematische, juristische und medizinische Studien betrieben. Danach lebte er in Frauenburg, wo er als Domherr, eine Art leitender Angestellter einer Kirche, den Besitz des ostpreußischen Bistums Ermland im heutigen Polen verwaltete. Nebenbei studierte Kopernikus antike Schriften, beobachtete den Himmel und fand durch Berechnungen heraus, dass die Sonne im Mittelpunkt der Welt steht. Das erst kurz vor seinem Tode veröffentlichte Werk bestätigte seine Überzeugung, dass die Erde sich wie die anderen Planeten um die Sonne dreht. Kopernikus war es ursprünglich nicht um die Widerlegung des geozentrischen Weltbildes gegangen. Er wollte lediglich die Dauer des Jahres genauer bestimmen, um damit einen Beitrag zur Reform des Kalenders zu leisten.

1 Kopernikus.
Nachträglich kolorierter Stich aus einem Astronomiebuch des 17. Jh.

Das **heliozentrische Weltbild** (gr. *helios*: Sonne) wurde von dem italienischen Gelehrten *Galileo Galilei* (1564-1642) bestätigt. Galilei war wohl der Erste, der im Jahr 1609 mit einem Fernrohr in die Tiefen des Universums blickte.

Glaube gegen Wissenschaft?

Die katholische Kirche verwarf das heliozentrische Weltbild. Es stand für sie im Widerspruch zur Bibel. In der Heiligen Schrift bildete die Erde den Mittelpunkt der Schöpfung und damit des Universums. Die Beweise schienen der Kirche nicht schlüssig. Sie reagierte nicht sofort mit dem Verbot der Lehre. Erst 1616 setzte der Papst das Buch von Kopernikus auf den **Index**, das Verzeichnis der von der katholischen Kirche verbotenen Bücher.* Forscher wie Galilei ließen sich nicht abhalten, weiter nach Beweisen für die kopernikanischen Überlegungen zu suchen. Zum Ärgernis für die Kirche wurde Galilei, als er den Erkenntnissen der Natur eine größere Bedeutung zumaß als der Heiligen Schrift. Nachdem er den Papst in einer seiner Schriften lächerlich gemacht hatte, stellte die Kirche Galilei 1633 vor ein Inquisitionsgericht. Es wollte öffentlich festhalten, dass der Glaube an die göttliche Schöpfung nicht durch das menschliche Wissen infrage gestellt werden dürfe. Die Richter brachten den inzwischen 70-jährigen Forscher dazu, gegen seine Überzeugung sein Bekenntnis zum heliozentrischen Weltbild zu widerrufen, und verurteilten ihn zu einer lebenslänglichen Gefängnisstrafe.

Seinen Lebensabend verbrachte Galilei nicht hinter Gittern, sondern unter kirchlicher Aufsicht im eigenen Landhaus. In Abgeschiedenheit verfasste er ein für die weitere Entwicklung der Physik wichtiges Werk, die *Unterredungen und mathematischen Demonstrationen über zwei neue Wissenszweige, die Mechanik und die Fallgesetze betreffend.* Vier Jahre nach dieser Veröffentlichung, die von den Gelehrten in ganz Europa gelesen wurde, starb Galilei.

Erst 1992, 350 Jahre nach seinem Tod, gestand die katholische Kirche öffentlich ein, dass sie Galilei unrechtmäßig verurteilt hatte.

** In welchem Zusammenhang der „Index“ von der katholischen Kirche eingeführt wurde, erfährst du* *auf Seite 219.*

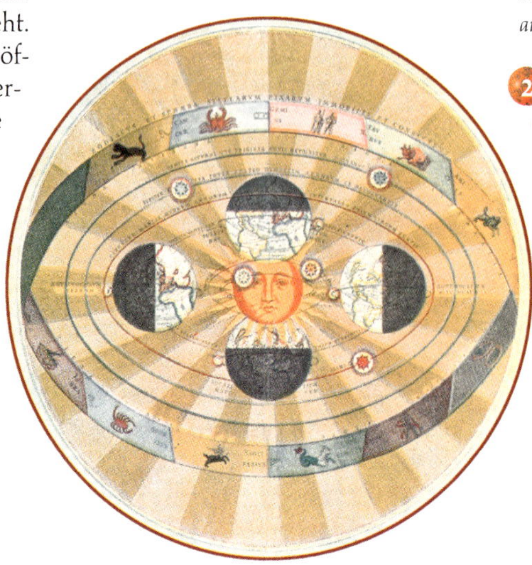

2 Das heliozentrische Planetensystem des Kopernikus.
Kupferstich aus dem „Himmelsatlas“ von Cellarius, 1660.
Drei Bewegungen kennzeichnen das kopernikanische Planetensystem:
1. Die Erde dreht sich täglich einmal um ihre Achse. 2. Sie bewegt sich einmal im Jahr um die Sonne.
3. Die Planeten bewegen sich auf Kreisen um die Sonne.

M 2 Galileo Galilei.
Kopie eines Gemäldes von Justus Sustermans, 1640.

M 3 Fernrohre.
Mit diesen beiden von ihm selbst angefertigten Fernrohren führte Galilei seine Beobachtungen durch.
Galilei hat die Fernrohre nicht erfunden. Die Idee, durch Kombination von zwei Linsen entfernte Gegenstände größer erscheinen zu lassen, scheint zuerst in Italien um 1590 entwickelt worden zu sein. Gebaut wurde das erste Fernrohr wahrscheinlich 1608 von einem Brillenmacher in Holland.

M 1 Ein Experiment
In Galileis „Dialog über die beiden hauptsächlichen Weltsysteme" von 1632 wird folgender Versuch beschrieben:

Auf einem Lineale, oder sagen wir auf einem Holzbrett von 12 Ellen Länge, bei einer halben Elle Breite und drei Zoll Dicke, war auf dieser letzten schmalen Seite eine Rinne von etwas mehr als einem Zoll Breite eingegraben. Dieselbe war sehr gerade gezogen, und um die Fläche recht glatt zu haben, war inwendig ein sehr glattes und reines Pergament aufgeklebt; in dieser Rinne ließ man eine sehr harte, völlig runde und glattpolierte Messingkugel laufen. Nach Aufstellung des Brettes wurde dasselbe einerseits gehoben, bald eine, bald zwei Ellen hoch; dann ließ man die Kugel durch den Kanal fallen und verzeichnete in sogleich zu beschreibender Weise die Fallzeit für die ganze Strecke; häufig wiederholten wir den einzelnen Versuch, zur genaueren Ermittlung der Zeit, und fanden gar keine Unterschiede, auch nicht einmal von einem Zehntel eines Pulsschlages. Darauf ließen wir die Kugel nur durch ein Viertel der Strecke laufen, und fanden stets genau die halbe Fallzeit gegen früher. Dann wählten wir andere Strecken und verglichen die gemessene Fallzeit mit der zuletzt erhaltenen und mit denen von zwei Drittel oder drei Viertel oder irgend anderen Bruchteilen; bei wohl hundertfacher Wiederholung fanden wir stets, dass die Strecken sich verhielten wie die Quadrate der Zeiten […]. Hierbei fanden wir außerdem, dass auch die bei verschiedenen Neigungen beobachteten Fallzeiten sich genauso zueinander verhielten, wie weiter unten unser Autor dasselbe andeutet und beweist. Zur Ausmessung der Zeit stellten wir einen Eimer voll Wasser auf, in dessen Boden ein enger Kanal angebracht war, durch den ein feiner Wasserstrahl sich ergoss, der mit einem kleinen Becher aufgefangen wurde, während einer jeden beobachteten Fallzeit; das dieser Art aufgesammelte Wasser wurde auf einer sehr genauen Waage gewogen; aus den Differenzen der Wägungen erhielten wir die Verhältnisse der Gewichte und die Verhältnisse der Zeiten, und zwar mit solcher Genauigkeit, dass die zahlreichen Beobachtungen niemals merklich voneinander abwichen.

Michael Heidelberger und Sigrun Thiessen, Natur und Erfahrung, Reinbek 1981, S. 157

1. *Anfang des 17. Jh. setzte sich eine neue Auffassung von Wissenschaft durch. Beschreibe sie mit dem Lehrbuchtext und M 1.*
2. *Weder Kopernikus noch Galilei haben die Umlaufbahnen der Planeten um die Sonne genau berechnen können. Dazu waren weitere Forschungen notwendig. Informiert euch, wer die Umlaufbahnen der Planeten um die Sonne genauer erklärt hat und wie sie aussehen.*

M 4 Der Versuch mit der schiefen Ebene.
Fresko von Giuseppe Bezzuoli, um 1839.
Erläutere das Experiment.

Ist das Abendland in Gefahr?

1 Rudolf I. belehnt auf dem Reichstag zu Augsburg 1282 seine Söhne Albrecht und Rudolf mit den Herzogtümern Österreich und Steiermark.
Buchmalerei aus dem „Ehrenspiegel" der Fugger, um 1555 (Ausschnitt).

Aufstieg der Habsburger
Im Südwesten des deutschen Reiches gehörten die Habsburger zu den wichtigsten Herrscherfamilien. Dies bewies die Wahl des Grafen *Rudolf IV. von Habsburg* zum römisch-deutschen König im Jahr 1273. Als *Rudolf I.* regierte er bis 1291. Durch Heiraten, Erbschaften und Kriege bauten die Habsburger ihre Macht aus. 1440 wurde *Friedrich III.* zum römisch-deutschen König gewählt und 1452 zum Kaiser gekrönt. Er sicherte durch Gesetze seiner Familie eine Führungsrolle im Reich. Seitdem führten die Habsburger den Titel **Erzherzog**.

Osmanen erobern Konstantinopel
Friedrich regierte in einer unruhigen Zeit. Die Osmanen beherrschten das Mittelmeer und eroberten im 15. Jh. Teile Südosteuropas. Im Mai 1453 nahmen die Truppen des osmanischen Herrschers *Mehmed II.* Konstantinopel, die Hauptstadt des Byzantinischen Reiches, ein. Der siegreiche Herrscher sah sich als Nachfolger des byzantinischen Kaisers und wählte die alte Kaiserstadt zum neuen Zentrum seines Reiches. Aus Konstantinopel wurde Istanbul, das bis 1923 die Hauptstadt des Osmanischen Reiches blieb.

Die Reaktion des christlichen Europa
Auf den Untergang des christlichen Byzanz reagierten die römisch-katholische Kirche und die westlichen Staaten unterschiedlich.
Das katholische Spanien begann, die Muslime zu vertreiben, die seit Anfang des 8. Jh. auf der iberischen Halbinsel lebten. 1492 wurden auch alle Juden, die sich nicht zum Christentum bekehren lassen wollten, des Landes verwiesen.
Der Papst und andere führende Staatsmänner forderten den Zusammenschluss des christlichen Europa gegen die muslimische Gefahr. Ohne Erfolg, Europa blieb uneins. Vor allem die italienischen Stadtrepubliken suchten ihr Auskommen mit dem Osmanischen Reich, da sie ihren Handel mit dem Orient sichern wollten. Die französischen Könige unterstützten die Feldzüge der Osmanen auf dem Balkan, um die Habsburger zu schwächen.

2 Sultan Mehmed II.
Osmanische Miniatur, 15. Jh.

Begegnungen und Konflikte
Sie konnten trotz der Osmanen ihr Herrschaftsgebiet weiter vergrößern. Friedrich III. hatte mit wichtigen Nachbarn im Westen und Osten seines Reiches Erbabmachungen getroffen. Sie verhalfen den Habsburgern in Burgund, Spanien und Südosteuropa zu bedeutenden Erbschaften. Die 1515 geschlossenen Ehen zwischen Habsburgern und den ungarisch-böhmischen Thronanwärtern sicherten der Familie die Erbansprüche auf Böhmen und Ungarn.
Das Habsburger Reich wurde Opfer weiterer osmanischer Feldzüge: 1526 eroberten die Osmanen große Teile Ungarns, 1529 belagerten sie erstmals Wien und 1541 verloren die Habsburger große Teile Ungarns für Jahrzehnte an sie. Die sogenannten „Türkenkriege" flackerten bis zum Beginn des 18. Jh. immer wieder auf.

M 1 Das belagerte Konstantinopel im Jahre 1453.
Französische Buchmalerei von 1455.
Die Hauptstadt des Byzantinischen Reiches lag schon vor der Eroberung in dem von Osmanen beherrschten Gebiet.

M 2 Europa ist in Gefahr

Die Gefahr, die man mit der Eroberung Konstantinopels verband, stellt der im Dienste des habsburgischen Kaisers stehende Enea Silvio Piccolomini 1454 in einer Rede auf dem Frankfurter Reichstag eindringlich dar; er ruft zum „Kreuzzug" gegen die Osmanen auf.

Der Verlust Konstantinopels, erlauchteste Väter, ruhmvollste Fürsten und ihr übrigen Männer, die ihr nach Herkunft und Gelehrsamkeit ausgezeichnet seid, der einen großen Sieg der Türken, den endgültigen Untergang der Griechen, die größte Schande für die Lateiner bedeutet, ängstigt und schmerzt einen jeden von euch umso mehr, wie ich meine, je vornehmer und je edler er ist […]. Wenn wir die Wahrheit gestehen wollen, hat die Christenheit seit vielen Jahrhunderten keine größere Schmach erlebt als jetzt.
Denn in früheren Zeiten sind wir nur in Asien und Afrika, also in fremden Ländern, geschlagen worden, jetzt aber wurden wir in Europa, also in unserem Vaterland, in unserem eigenen Haus, an unserem eigenen Wohnsitz, aufs Schwerste getroffen.

Rolf Hellmut Foerster (Hrsg.), Die Idee Europa 1300-1946. Quellen zur Geschichte der politischen Einigung, München 1963, S. 40

M 3 Der Mittelmeerraum im 16. Jh.

M 4 Das Ende naht

In einem Brief aus derselben Zeit wie der Aufruf M 2 schreibt Enea:

Abgeschnitten ist der Fluss allen Wissens […]. Jetzt ist die Dichtung, jetzt die Philosophie gewissermaßen zu Grabe getragen worden. Ich will nicht leugnen, dass es im lateinischen Westen vielerorts blühende Universitäten gibt: in Rom, Paris, Bologna, Padua, Siena, Perugia, Köln, Wien, Salamanca, Oxford, Pavia, Leipzig oder Erfurt. Sie alle sind jedoch aus griechischen Quellen abgeleitete Bächlein. Trenne den Bach von seiner Quelle – er trocknet sofort aus.

Manfred Fuhrmann, Europa. Zur Geschichte einer kulturellen und politischen Idee, Konstanz 1981, S. 17

1. *Stelle die Argumente zusammen, mit denen Enea die Mitglieder des Reichstags für einen „Kreuzzug" zu gewinnen versucht (M 2).*
2. *Erkläre, warum das Osmanische Reich im 16. Jh. die europäische Politik beeinflussen konnte.*

Die Europäer entdecken die Welt

1 Venezianische Kaufleute.
Französische Buchmalerei, um 1410. Das Bild stammt aus einer Ausgabe des Reiseberichts „Il Milione. Die Wunder der Welt" von Marco Polo, dem bekanntesten Asienreisenden des 13./14. Jh.

Der reiche Osten
Indien und allgemein Asien bedeuteten im 14./15. Jh. für die Europäer Reichtum: Italienische Kaufleute brachten kostbare Stoffe wie Seide, Edelsteine wie Diamanten, Smaragde und Rubine und vor allem Gewürze wie Pfeffer, Zimt und Nelken sowie Zucker, Wachse, Duft- und Farbstoffe aus dem Orient und Asien nach Europa. Die Genuesen und Venezianer übernahmen die Waren von arabischen Zwischenhändlern. Da der Transport lang und gefährlich und teuer war, mussten die Kunden für die Ware viel bezahlen. Europäische Kaufleute versuchten daher, die begehrten Güter in Afrika billiger zu bekommen. Außerdem suchten wagemutige Seefahrer einen direkten Seeweg nach Asien.

Die Anstrengungen wurden verstärkt, nachdem die Osmanen 1453 Konstantinopel erobert hatten und damit den Mittelmeerhandel sowie die alten Handelsstraßen nach Asien kontrollierten. Zu den wirtschaftlichen Motiven kamen religiöse: Der Kreuzzugsgedanke gegen Andersgläubige war nach dem Untergang von Byzanz wiederbelebt worden. Der Einfluss der „Heiden" sollte zurückgedrängt und der christliche Glaube verbreitet werden.

Die beiden „christlichen" Seefahrernationen Portugal und Spanien übernahmen die Führung, als es darum ging, diese Ziele zu verwirklichen. Ihre am Atlantik gelegenen Häfen wurden mit Unterstützung italienischer und deutscher Handels- und Bankhäuser zum Ausgangspunkt der europäischen Entdeckungen und Eroberungen.

2 Christoph Kolumbus.
Ölgemälde von Sebastiano del Piombo, etwa 1519.
Es gibt keine zeitgenössischen Porträts von Kolumbus. Das hier ausgesuchte Gemälde gilt als verlässliches Bild des Seefahrers.

Im Westen den Osten suchen
Am Ende des 15. Jh. war zwischen Portugal und Spanien eine Art „Wettlauf" auf der Suche nach dem neuen Seeweg nach Indien entstanden. Dem Portugiesen *Bartolomeu Dias* gelang es 1488, entlang der Westküste die Südspitze Afrikas zu erreichen. Der Weg zum Indischen Ozean war offen. Um bei dem „Wettlauf" nicht leer auszugehen, unterstützten die Könige Spaniens, *Ferdinand II. von Aragón* und *Isabella von Kastilien*, in den folgenden Jahren *Christoph Kolumbus*.

Kolumbus war 1447 oder 1451 in Genua geboren worden und hatte sich 1477 in Lissabon niedergelassen. Er rühmte sich großer seemännischer Erfahrung und versuchte, bei mehreren Höfen Interesse und Unterstützung für seine Idee zu gewinnen, Indien im Westen zu suchen. Seiner Meinung nach musste es möglich sein, nach dem östlich von Europa gelegenen Asien zu gelangen, indem man auf dem Atlantik nach Westen segelte. Kolumbus setzte voraus, dass die Erde eine Kugel sei. Den Umfang der Erde, und damit die Entfernung von Europa nach Asien, kannte bis dahin niemand genau. Die Berechnungen von Kolumbus galten als unsicher. Portugiesische Experten hatten daher seine Pläne als „Geschwätz" abgelehnt. Auch in Spanien stießen seine Ideen zunächst auf Widerstand.

M 1 Sandhur, um 1500.

Die Sanduhr war das einzige Instrument, mit dem die Seefahrer seit dem 13. Jh. die Zeit messen konnten. Etwa jede halbe Stunde, sobald der Sand durchgelaufen war, musste das sogenannte Stundenglas umgedreht und die Zeit ausgerufen werden. Nur so konnte die Länge der Schiffswachen genau eingeteilt werden.

M 2 Rekonstruktion der Weltkarte des Florentiners Toscanelli von 1474.

Vereinfachte Nachzeichnung.
Toscanelli schätzte die Entfernung zwischen den Kanarischen Inseln und Japan (Zippangu) auf 3 000 Seemeilen (1 Seemeile = 1,852 km) und die von Japan bis China (Catai) auf nochmal 2 000 Seemeilen. Kolumbus ging von einer geringeren Entfernung aus.

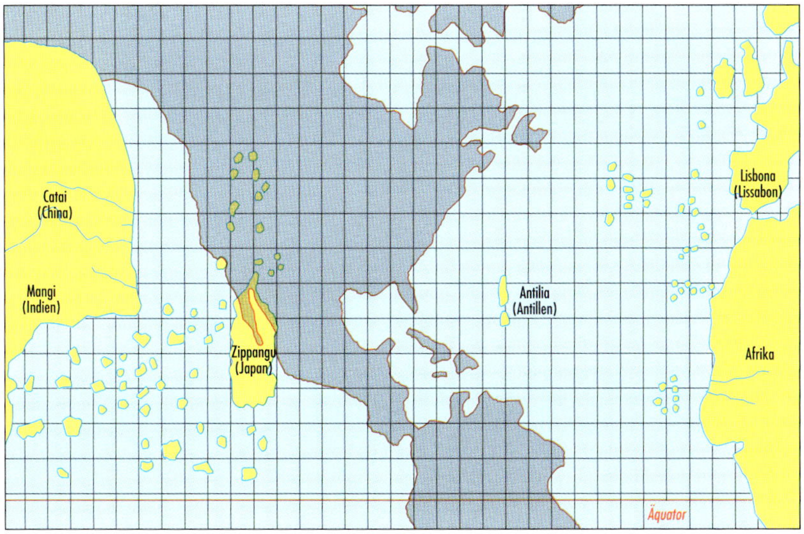

M 3 Der „Erdapfel" des Martin Behaim von 1492.

Durchmesser der Kugel: 51 cm.
Der in portugiesischen Diensten stehende Nürnberger Geograf und Forschungsreisende Martin Behaim (1459-1507) ließ 1492 diese Erdkugel aus Pappe und Gips in seiner Heimatstadt anfertigen. Die Oberfläche zeigt das europäische Weltbild am Vorabend der Kolumbusfahrten. Für das Kartenbild wurden auch die Vorstellungen und Berechnungen von Toscanelli über die Lage der Kontinente und Inseln benutzt (siehe M 2).
Der Globus wird heute im Germanischen Nationalmuseum in Nürnberg aufbewahrt.

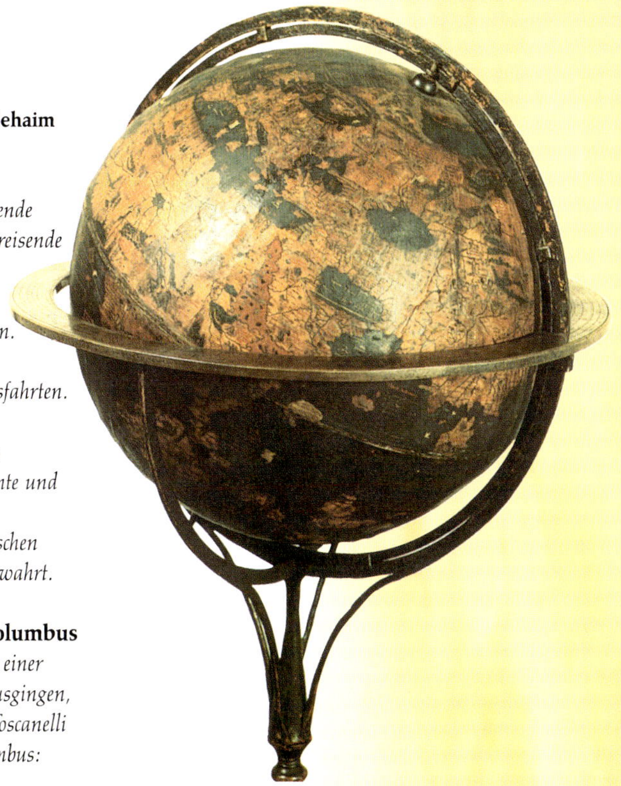

M 4 Toscanelli schreibt an Kolumbus

Einer der ersten Kartografen, die von einer kugelförmigen Oberfläche der Erde ausgingen, ist der italienische Humanist Paolo Toscanelli (1397-1482); 1480 schreibt er Kolumbus:

Ich lobe Eure Absicht, nach Westen zu fahren, und ich bin überzeugt, wie Ihr auf meiner Karte bereits gesehen habt, dass der Weg, den Ihr nehmen wollt, nicht so schwierig ist, wie man denkt. Im Gegenteil, der Weg nach jenen Gegenden, die ich eingezeichnet habe, ist ganz sicher. Ihr würdet keine Bedenken haben, wenn Ihr, wie ich, mit vielen Personen verkehrt hättet, die in jenen Ländern gewesen sind. Und seid gewiss, mächtige Könige anzutreffen, viele volkreiche wohlhabende Städte und Provinzen zu finden, die an jeder Art von Edelsteinen Überfluss haben. Und es wird die Könige und Fürsten, die in jenen entfernten Ländern herrschen, hoch erfreuen, wenn man ihnen einen Weg bahnt, um mit den Christen in Verbindung zu treten und sich von ihnen in der katholischen Religion und in allen Wissenschaften, die wir besitzen, unterrichten zu lassen.

Fritz Dickmann (Bearb.), Renaissance, Glaubenskämpfe, Absolutismus. Geschichte in Quellen, München [2]1976, S. 40

1. *Fasse die Gründe zusammen, die die Europäer zu den Entdeckungsreisen veranlassten.*
2. *Bestimme die Rolle der Karthografie für die Entdeckungsreisen (M 2 bis M 4).*
3. *Verfasse eine Antwort von Kolumbus auf den Brief Toscanellis (M 4).*
4. *Überlege, warum es für Kolumbus wichtig war, vor einer Reise die Entfernung zwischen Europa und Asien zu kennen.*
5. *Stelle mit einer Weltkarte die Entfernung von den Kanarischen Inseln bis Japan fest. Vergleiche mit den Angaben Toscanellis (M 2).*

PROJEKT

Wissen vertiefen – Beispiel Seefahrt

M 1 Kompass, um 1500.
Die ältesten Hinweise auf einen Kompass stammen aus China (um 1100). Seine heutige Form erhielt er im 13. Jh., angeblich von italienischen Seefahrern, die ihn über die Araber kennengelernt haben sollen.

Immer Land in Sicht
Die Kapitäne der Koggen, der Frachtschiffe der Hanse, segelten auf Nord- und Ostsee ohne Seekarte und bis etwa 1400 auch ohne Kompass. Bei Tage hielten sie sich in Sicht des Festlands oder der Inseln, orientierten sich dabei an Kirchtürmen, warfen das Lot und fuhren nach mündlich überlieferten Segelanweisungen. Denn die meisten Seeleute konnten nicht lesen.

Der „Nachtsprung"
Dafür kannten sie sich am Himmel aus: Wichtig war für Koggefahrer der Polarstern. Mit dem „Nachtsprung" überwanden sie lange Strecken über die offene See, die sie tagsüber nicht bewältigen konnten: Wenn sie ihr Schiff in klaren Nächten stets im selben Winkel zum Polarstern hielten, konnten sie geradeaus in jede Richtung fahren. Allerdings musste wieder Land in Sicht sein, wenn der Stern morgens verblasste.

Kolumbus mit „High-Tech"
Auch die Portugiesen riskierten auf ihren ersten Entdeckungsfahrten noch Kopf und Kragen, wenn das Land hinter dem Horizont verschwand. Deshalb segelten sie zunächst an der Küste Afrikas entlang nach Süden.
Kolumbus bewies viel Mut, als er sich auf den Atlantik hinaus traute. Mit Karten, Kompass, Astrolabium und Stundenglas hatte er die „High-Tech" seiner Zeit an Bord. Doch wo sein Schiff gerade schwamm, wusste er trotzdem nicht genau.

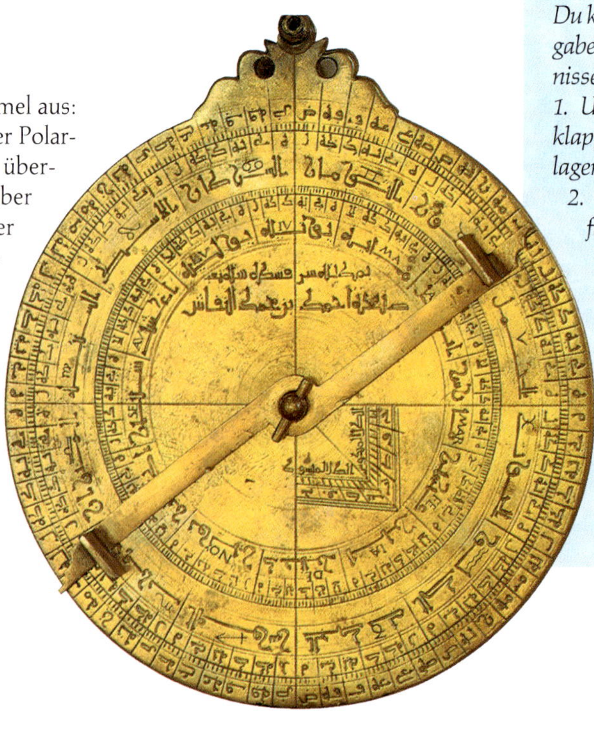

M 2 Astrolab von 1079/80 aus Saragossa (Spanien).
Es wurde in der Spätantike erfunden. Die Araber entdeckten es im 8. Jh. in Byzanz und entwickelten es weiter. Über das muslimische Spanien kam das Astrolabium im 10. Jh. nach Europa.
Es besteht aus einer Messingscheibe mit Eintragungen und Skalen sowie einem beweglichen Arm mit einem Visier aus zwei Löchern an jedem Ende.
Der Seemann richtete das Instrument auf den Horizont aus, drehte den Arm mit dem Visier, bis das Sonnenlicht durch beide Löcher fiel, und las auf der entsprechenden Skala die Höhe der Sonne über dem Horizont ab. So ließ sich der Breitengrad berechnen.

M 3 Ein Jakobsstab im Einsatz.
Rekonstruktionszeichnung aus dem Marinemuseum in Lissabon (Portugal).
Der Seemann richtete den Stab auf den Horizont und hielt die Spitze des kurzen beweglichen Querstabes in einer Linie mit dem Stern. Der lange Stab hatte eine Gradeinteilung. Der Winkel des Querstabes zeigte die Höhe des Sterns über dem Horizont. Daraus ließ sich der Breitengrad ermitteln. Der Jakobsstab kam im 14. Jh. auf und sollte das Astrolabium ersetzen.

Du kannst bei den folgenden Aufgaben üben, dir weitergehende Kenntnisse zum Thema anzueignen.
1. *Unter welchen Bedingungen klappte der „Nachtsprung"? Wo lagen die Risiken?*
2. *Finde heraus, wie ein Kompass funktioniert.*
3. *Informiere dich über das Loten auf den Koggen.*
4. *Warum wusste Kolumbus nicht genau, wo er sich auf See befand? Welche wichtige Information fehlte ihm? Welche spätere Erfindung machte die Bestimmung des Schiffsstandortes auf hoher See erst verlässlich?*

Auf zu neuen Ufern!

1 Die Schiffe Niña, Pinta und Santa Maria.
Originalgetreue Nachbauten. Foto von 1990.
Am 3. August 1492 stach Christoph Kolumbus mit einer Mannschaft von 87 Männern und drei Schiffen von der spanischen Hafenstadt Palos aus in See. Die erste Etappe führte zu den Kanarischen Inseln. Von dort segelte man am 6. September weiter. Am 12. Oktober erreichte man eine Insel der Bahamagruppe. Der gläubige Entdecker gab der Insel den Namen „San Salvador", was mit „Heiliger Erlöser" übersetzt werden kann.

Ein genialer Irrtum

Kolumbus und seine Mannschaft hatten Glück, dass sie 1492 einen neuen Kontinent entdeckten. Sie wären nämlich unterwegs verhungert oder verdurstet, wenn sie den Weg von Europa bis nach Indien westwärts ohne Aufenthalt hätten zurücklegen müssen. Aber das wusste 1492 noch keiner. Im Frühjahr 1493 kehrte Kolumbus mit zwei vollbeladenen Schiffen nach Spanien zurück. Das spanische Königspaar bereitete ihm in Barcelona einen prunkvollen Empfang und machte ihn – wie vor der Reise vereinbart – zum Generalgouverneur und Vizekönig der entdeckten Gebiete.
Kolumbus unternahm drei weitere Fahrten über den Atlantik. Dabei fand er weitere Inseln. Das Festland von Mittel- und Südamerika betrat er aber nicht. Nach wie vor glaubte er, den westlichen Seeweg nach Indien gefunden zu haben. Die Bewohner des Landes wurden von ihm deshalb **Indios** genannt. Als Generalgouverneur und Vizekönig der neuen Gebiete konnte der Entdecker sich nicht durchsetzen. Er fiel bei seinen Förderern in Ungnade und wurde sogar zeitweise gefangengehalten. Verbittert soll er 1506 in Spanien gestorben sein.

Die „Neue Welt"

Die „Neue Welt", die Kolumbus entdeckt hatte, wurde nicht nach ihm, sondern nach dem Italiener *Amerigo Vespucci* benannt. Dieser hatte im Auftrag des Florentiner Bankhauses der Medici und des portugiesischen Königs zwei Forschungsreisen nach Mittel- und Südamerika unternommen und erkannt, dass Kolumbus nicht in Indien gelandet war, sondern einen neuen Erdteil entdeckt hatte. Seine 1502 gedruckte Beschreibung der „Neuen Welt" fand eine größere Verbreitung als die Berichte des Kolumbus.
So ist es zu erklären, dass der elsässische Humanist *Matthias Ringmann* 1507 dem aus Freiburg im Breisgau stammenden Kartografen *Martin Waldseemüller* vorschlug, auf einer neuen Weltkarte der „Neuen Welt" nach *Amerigo Vespucci* die Bezeichnung **Amerika** zu geben. Dieser Name setzte sich durch.
Auch Kolumbus hatte den neuen Kontinent nicht entdeckt. Schon um das Jahr 1 000 waren Wikinger an der nordöstlichen Küste Amerikas gelandet, doch ihre Fahrten hatten im Gegensatz zu der des Jahres 1492 keine bleibenden Erinnerungen und Spuren hinterlassen. Deshalb wird die Entdeckung Amerikas Kolumbus zugeschrieben.

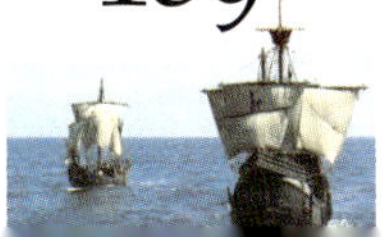

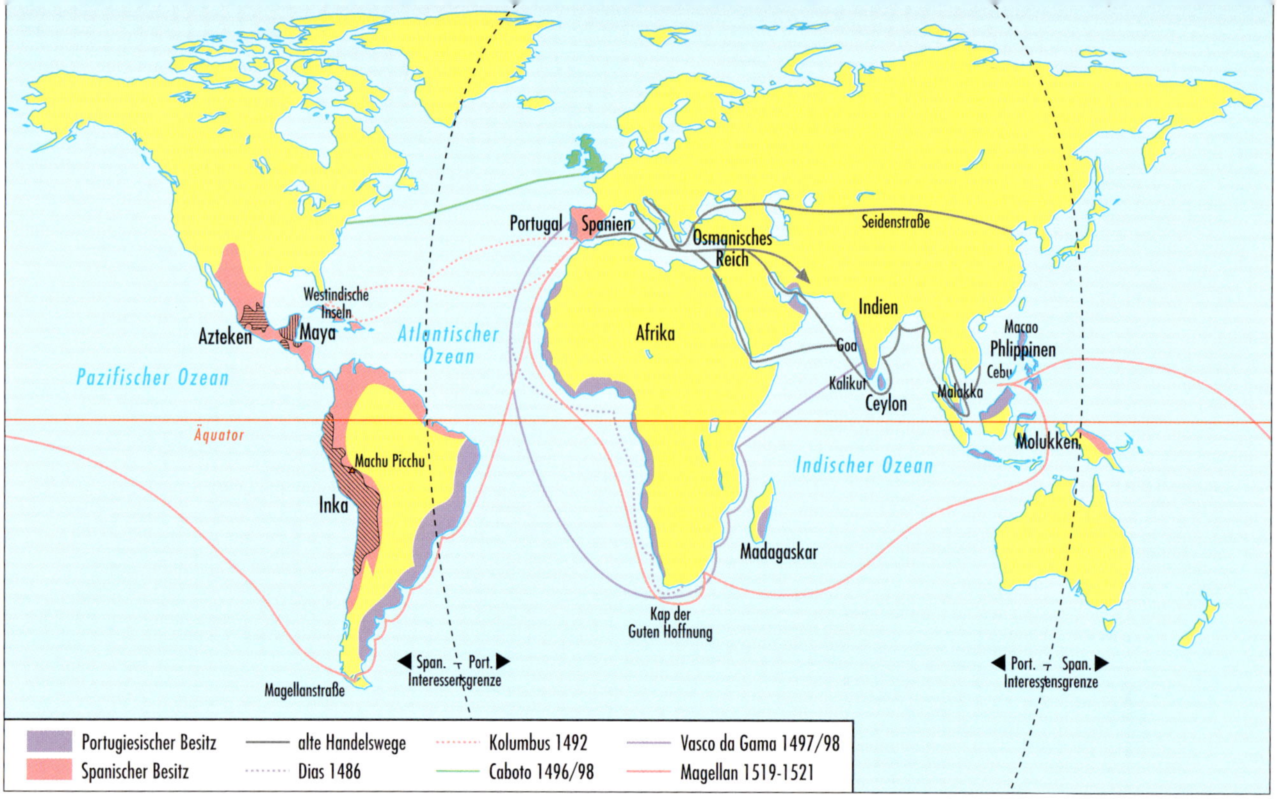

2 Wichtige Entdeckungsfahrten bis 1522.

Immer weiter

1498 umsegelte der Portugiese *Vasco da Gama* Afrika und erreichte mithilfe eines arabischen Lotsen Indien auf dem kürzesten Seeweg. Ein weiterer Portugiese, *Ferdinand Magellan*, versuchte 1519 im Auftrag der spanischen Krone erneut, auf dem westlichen Seeweg nach Indien zu kommen. Magellan überlebte die Reise nicht. Er starb 1521 im Kampf gegen die Bewohner der Philippinen-Insel Mactan (bei Cebu). Von den 265 Männern, mit denen er die Reise angetreten hatte, kehrten nach drei Jahren nur etwa 30 zurück. Sie hatten erstmals die Welt umsegelt.
Nicht nur Portugal und Spanien beteiligten sich an den Entdeckungsreisen. Der unter britischer Flagge segelnde Italiener *Giovanni Caboto* entdeckte 1497 die Küste Nordamerikas. Doch die Engländer zeigten an den Gebieten kein Interesse, da sie dort weder Gold noch Silber fanden.

„Für Gott die Seelen, das Land dem König"

Zwischen Spanien und Portugal begann ein Streit um die entdeckten Gebiete. Erst ein Schiedsspruch des Papstes legte ihn vorübergehend bei. Nachdem der Papst den Grundsatz *Für Gott die Seelen, das Land dem König* durchgesetzt hatte, einigte man sich 1494 im **Vertrag von Tordesillas**, den westlichen Ozean und die entdeckten Länder in einen spanischen und einen portugiesischen Interessenbereich zu teilen.
Die übrigen europäischen Seefahrerstaaten erkannten diese Aufteilung der Erde zwischen Spaniern und Portugiesen nicht an. Sie wollten sich von dem einsetzenden Atlantikhandel und den Reichtümern der entdeckten Gebiete nicht ausschließen lassen. Diese Gegensätze führten im 16./17. Jh. zu zahlreichen Seekriegen.

3 Vasco da Gama am Hofe des Herrschers von Calicut in Südindien.
Holzstich nach einem Gemälde von José Vellosa-Salgado von 1898.
Vasco de Gama überreicht dem Radscha Samurin von Calicut ein Schreiben seines Königs und lässt Geschenke verteilen.*

***Radscha**: *König oder Fürst*

1. *Lege eine Tabelle der wichtigsten Entdeckungsfahrten an (Abb. 2). Begründe, warum um 1500 ein „Wettlauf nach Indien" stattfand.*
2. *Erkläre das Motto „Für Gott die Seelen, das Land dem König".*

M 1 „Kolumbus, als er in India erstlich angekommen, wird von den Einwohnern aufgenommen und mit großem Geschenk verehrt und begabet."

Nachträglich kolorierter Kupferstich (16,4 x 19,3 cm) aus dem 4. Band der „Sammlung von Reisen in das westliche Indien (America)" von 1594. Herausgeber dieses umfangreichen Werkes, dessen erster Band in vier Sprachen (französisch, deutsch, englisch und lateinisch) und dessen weitere 13 Bände in deutscher und lateinischer Sprache erschienen, war der Frankfurter Verleger, Kunsthändler und Kupferstecher Theodor de Bry (1528-1598).

Zum Bild: Da es keine zeitgenössischen Bildvorlagen des Ereignisses gibt, ist diese Illustration nur das Fantasiebild eines Europäers, der sich von den veröffentlichten Briefen und Berichten der Entdecker anregen ließ.

M 2 Die Ankunft

Das Bordbuch des Kolumbus enthält die täglichen Eindrücke des Entdeckers. Die Eintragungen sind nur durch Überlieferung eines Zeitgenossen bekannt. Das Original ist verlorengegangen.

Freitag, den 12. Oktober 1492

Der Admiral rief die beiden Kapitäne und die anderen, die an Land gegangen waren, zu sich […] und sagte, sie sollten bestätigen und rechtlich bezeugen, dass er vor aller Augen von der Insel Besitz ergriff, wie er es dann auch im Namen des Königs und der Königin, seiner Herren, tat […]. Das Folgende sind wörtliche Äußerungen des Admirals in seinem Buch über die erste Fahrt und die Entdeckung […].

„Da ich ihre Freundschaft gewinnen wollte und bemerkte, dass es Leute waren, die sich eher durch Liebe für unseren heiligen Glauben gewinnen und zu ihm bekehren ließen, gab ich einigen von ihnen ein paar bunte Mützen und einige Ketten aus Glasperlen und andere Dinge von geringem Wert, an denen sie großes Vergnügen fanden. Sie waren uns derart zugetan, dass es ein wahres Wunder war. Hernach kamen sie zu den Booten geschwommen, in denen wir uns befanden, und brachten uns Papageien und Knäuel von Baumwollfäden, Wurfspieße und viele andere Dinge und tauschten sie gegen Dinge ein, die wir ihnen gaben, wie kleine Glasperlen und Glöckchen. Kurz gesagt, sie nahmen einfach alles und gaben bereitwillig von allem, was sie besaßen. Aber mir schien es, als seien sie in jeder Hinsicht außerordentlich arme Leute. Sie gehen allesamt nackt herum, wie sie ihre Mutter zur Welt gebracht hat, auch die Frauen […]. Sie tragen keine Waffen […]. Sie sind sicher hervorragende Arbeitskräfte; sie haben einen aufgeweckten Verstand, denn ich sehe, dass sie sehr schnell alles nachsagen können, was man ihnen vorspricht. Außerdem glaube ich, dass man sie leicht zum Christentum bekehren könne, denn es scheint mir, dass sie noch keine Religion haben."

Eberhard Schmitt (Hrsg.), Dokumente zur Geschichte der europäischen Expansion, Bd. 2, München 1984, S. 112 ff. (vereinfacht)

M 3 Über das Gold der Indios

Einen Monat nach seiner Ankunft notiert Kolumbus in seinem Schiffstagebuch:

Montag, den 12. November

Die Indios sind fest davon überzeugt, dass […] wir vom Himmel gekommen sind […]. Zweifellos gibt es in diesen Gebieten riesige Mengen Gold, und nicht ohne Grund sagen die Indios, die ich mitführe, dass es auf diesen Inseln Orte gibt, wo man das Gold aus der Erde gräbt und die Leute es als dicke Ringe am Hals, an den Ohren, den Armen und Beinen tragen. Außerdem gibt es Edelsteine und Perlen und unendlich viele Gewürze.

Eberhard Schmitt (Hrsg.), Dokumente zur Geschichte der europäischen Expansion, Bd. 2, a.a.O., S. 119 f.

1. *Überprüfe, wo Bild (M 1) und Quelle (M 2) übereinstimmen und wo nicht.*
2. *Untersuche, was Kolumbus an den Menschen interessierte (M 2 und M 3).*

1 Der Huayna Picchu über der Ruinenstadt Machu Picchu.
Foto, um 1970.
Die um 1450 errichtete Inkastadt blieb den Spaniern unbekannt. 1911 wurde die verfallene und vom Urwald überwucherte Stadt wiederentdeckt und ausgegraben. Heute zählt Machu Picchu zu den wichtigsten Kulturdenkmälern der Welt.

Die indianischen Kulturen werden zerstört

Spanier erobern die „Neue Welt"
Der Entdeckung der „Neuen Welt" folgte die Eroberung. Die in Europa veröffentlichten Berichte schilderten die Einwohner als ungebildet und erzählten vom Gold- und Silberreichtum der Inseln und Länder. Fürsten, Handelsherren und rücksichtslose Abenteurer sahen hier eine Chance, schnell zu Reichtum zu kommen. Die Kirche meinte, die Eingeborenen zum christlichen Glauben bekehren zu müssen.

Die indianischen Hochkulturen
Kolumbus hatte kleine Völker kennengelernt, deren Leben in der Natur ihn an das Paradies denken ließen. Aber die „Neue Welt" war auch die Heimat der mächtigen Hochkulturen der *Inka, Maya und Azteken**. An deren Spitze standen Herrscher, die wie Götter verehrt wurden und die große Macht über das Land und die Menschen hatten.
Diese Völker kannten weder Pferde noch Wagen. Auch Eisen war ihnen fremd. Doch ihre Städte mit gepflasterten Straßen, gewaltigen Tempeln und Palästen, ihr spezialisiertes Handwerk sowie zahlreiche Kunstwerke aus Keramik, Textilien, Gold und Silber zeugten von einer bedeutenden Kultur.

Das Verhängnis der Indios
Die Eroberer** hatten keinen Sinn für die Kultur der Völker Alt-Amerikas. Sie interessierten sich fast ausschließlich für Gold, Silber und Perlen. Nichts hielt die Eindringlinge ab, weder die Unkenntnis der riesigen Länder noch Urwald und Hochgebirge, Kälte und Hitze, Hunger und andere Entbehrungen. Über den Atlantik kamen keine großen Armeen. Trotzdem gelang es den wenigen Europäern, in nicht einmal 15 Jahren die mittel- und südamerikanischen Reiche zu erobern und die Hochkulturen der einheimischen Völker weitgehend zu zerstören.

* *Wo die Reiche der Inka, Maya und Azteken lagen, kannst du auf Abb. 2, Seite 190, sehen.*

** *Die spanischen und portugiesischen Anführer der Expeditionen zur Entdeckung, Eroberung und Inbesitznahme der Länder werden auch* **Konquistadoren** *(dt. Eroberer) genannt.*

Die Eroberer siegten, weil sie mit ihren Pferden, Bluthunden, modernen Waffen und Rüstungen den Einheimischen militärisch überlegen waren. Sie waren aber auch erfolgreich, weil sie sich mit List und Gewalt in die bestehenden inneren Machtkämpfe und Streitigkeiten einmischten.
Dazu kamen Besonderheiten der indianischen Religionen: Die Azteken erwarteten, dass der Gott *Quetzalcoatl* in einer strahlenden Rüstung aus dem Osten zurückkommen würde, um die Herrschaft in seinem Reiche zu übernehmen. Ihr Verhängnis war, dass diese Vorstellung genau auf die weißen Eindringlinge passte. Außerdem verlangte der Glaube der Indios, sich einem von den Göttern verhängten Schicksal zu fügen. Daher wehrten sie sich fast nie mit voller Kraft gegen die Eroberer.

2 Goldschmuck aus Südamerika, vor 1500.
Da die Eroberer fast alle Goldfunde einschmelzen ließen, ist von den Schmuckarbeiten der früheren amerikanischen Kulturen kaum etwas erhalten geblieben.

3 Pater Bartolomé de Las Casas vor einem zerstörten Aztekentempel.
Ölgemälde von Felix Parras, 1875.
Las Casas, der Kolumbus kannte, kam 1502 in die „Neue Welt".
Als Soldat und Militärkaplan nahm der damals 28-Jährige an einem Feldzug gegen aufständische Indios teil. Für seine Verdienste erhielt er eine **Encomienda**, *d.h. ihm wurden Ländereien überlassen und Indios als Arbeitskräfte zugeteilt. Seine Erfahrungen veränderten seine Einstellung gegenüber der Kolonisationspraxis. Unermüdlich berichtete er der spanischen Krone über die Gräueltaten der Kolonisten und forderte, dass alle Menschen gleich behandelt werden müssten. Die Indianer könnten seiner Meinung nach allenfalls durch Überredung und gutes Beispiel dazu gebracht werden, das Christentum und die europäische Lebensweise aufzunehmen, auf keinen Fall durch Gewalt. 1523 trat Las Casas dem Dominikanerorden bei und wurde 1543 Bischof von Chiapas in Mexico. Bis zu seinem Tod im Jahre 1566 bemühte er sich, das Leben der Indios zu verbessern.*

Aus Stützpunkten werden Kolonien
Zuerst errichteten die Spanier Handelsstationen an der Küste. Dann bauten sie Befestigungsanlagen und Städte, um von dort aus das eroberte Land zu verwalten, die Natur- und Bodenschätze auszubeuten und Plantagen anzulegen. So entstanden die ersten Kolonien in der „Neuen Welt" und die **Europäisierung der Welt** begann.

Wie es den Indios erging
Die spanischen Kolonien wurden von Sevilla aus geleitet. Gouverneure und Vizekönige regierten in den neuen Gebieten mit immer mehr Beamten. So versuchte die spanische Regierung, ihre Einkünfte zu sichern und die Rücksichtslosigkeit der selbstherrlichen Eroberer einzuschränken.
Die Kolonisten sahen sich als Herren der Indios. Sie zwangen die Indios, in den Gold- und Silberbergwerken oder auf neueingerichteten Plantagen zu arbeiten. Dabei wurden Familien auseinandergerissen. Kinderarbeit war selbstverständlich. Viele Indios vertrugen die ungewohnte Arbeit nicht und starben.
Außerdem wirkten sich die von den Europäern ins Land gebrachten ansteckenden Krankheiten verheerend aus: Pocken, Masern, Scharlach, Typhus und Grippe entvölkerten ganze Landstriche. Nach Schätzungen sank allein die Bevölkerung Innermexikos von 1 500 000 (1519) auf 325 000 (1570) und dann auf 70 000 (1644). Erst im 18. Jh. wuchs die Bevölkerung wieder.

„Sind Indios keine Menschen?"
Einer der wenigen Europäer, die sich diese Frage stellten, war der Spanier *Bartolomé de Las Casas*. Er prangerte die Unterdrückung, Ausbeutung und Ausrottung der Indios an. Mehrfach reiste er an den spanischen Hof, um sich für die Indios einzusetzen. Dies führte 1542 zu einem Gesetz zum Schutz der Indios. Doch wenige Jahre später wurde es zurückgenommen, da die spanischen Unternehmer dagegen protestierten und erklärten, auf die Indios angewiesen zu sein. Gleichzeitig hatten die großen Handelsunternehmungen wie die *Welser* begonnen, Sklaven aus Afrika als Ersatz für die Indios in die Kolonien zu bringen. Auch Las Casas empfahl dem spanischen König, Afrikaner in die „Neue Welt" zu holen, da sie kräftiger als die Indios seien. Später bereute er seine Empfehlung.

Die Europäer breiten sich aus
Vom 15. bis zum Ende des 18. Jh. kamen über sechs Millionen Europäer nach Nord- und Südamerika. Die Einwanderer brachten ihre Kultur, Lebens- und Arbeitsweise, ihre Sprache und Religion mit, die sie den Indios aufzwangen.
Die Europäer lernten Kartoffeln, Mais, Erdnüsse, Kakao, Tomaten, Paprika, Vanille und Tabak kennen und machten sie in Europa heimisch. In die „Neue Welt" brachten sie Zuckerrohr, Weizen, Gerste, Hafer, Hopfen, Baumwolle und Kaffee sowie Rinder, Schafe, Schweine und Pferde.

LERNTIPP

Perspektiven wechseln: Spanier oder Indios

Wie könnt ihr mit Quellen und Darstellungen umgehen, die voneinander abweichen oder sich sogar widersprechen?
Zunächst müsst ihr überhaupt erkennen, dass ein Geschehen oder eine Entwicklung aus einer bestimmten Perspektive (Sicht) beschrieben wird, dass der Verfasser des Textes einen eigenen Standpunkt einnimmt. Achtet dazu auf die Sprache, besonders auf wertende Substantive, Verben und Adjektive.
Prüft beim Vergleich von Texten, was der eine erwähnt, der andere aber vielleicht weglässt.
Um die Quelle auf ihre Glaubwürdigkeit hin zu überprüfen, ist es auch wichtig zu wissen, wer der Autor des Textes ist, wann, wo und in wessen Auftrag er den Text verfasst hat.
Was ihr außerdem berücksichtigen solltet, erfahrt ihr im Lerntipp „Meinungen vergleichen" *(siehe Vorsatzblatt vorne)*.

M 1 Die Spanier kommen!
Wie die Inkas auf die spanischen Seefahrer reagierten, schildert folgender Bericht, den ein Geistlicher Anfang des 17. Jh. überliefert hat:

Huayna Capac* erholte sich gerade in seinen Palästen [...], da erfuhr er von der Ankunft der Spanier an den Küsten und in der Stadt von Tumbes [...]. Die Boten brachten diese Nachricht vor den Inka [...]; sie erzählten, am Strande von Tumbes seien sonderbare Fremdlinge, wie man sie nie vorher gesehen habe, gelandet; sie hätten neue Lehren und Gesetze gepredigt; sie seien so tapfere Männer, dass sie keine Gefahr fürchteten; sie gingen in Kleider gehüllt von Kopf bis Fuß, seien weiß, hätten Bärte und ein wildes Aussehen. Sie sprachen noch von vielen anderen Dingen, die den Inka erstaunten, und als er sie fragte, von welchem Teile der Welt die Männer gekommen seien, antworteten sie, sie wüssten nicht mehr, als dass jene in großen hölzernen Häusern übers Meer führen, diese lenken und wenden und damit hin und her fahren könnten und kommen und verschwinden, wohin sie wollten; bei Nacht begäben sie sich aufs Meer und schliefen in ihren Häusern, und bei Tag gingen sie wieder an Land [...].
Der Inka war sprachlos über das Gehörte, und ihn überkam eine solche Bestürzung und Wehmut, dass er sich allein in sein Gemach zurückzog und nicht mehr herauskam bis zum Anbruch der Nacht.
Da kamen weitere Boten von der Küste und ließen ihn wissen, jene Leute seien in ihre Häuser und königlichen Paläste eingedrungen, hätten sie geplündert und alle Schätze mitgenommen.

Eberhard Schmitt (Hrsg.), Dokumente zur Geschichte der europäischen Expansion, 2. Bd., a. a. O., S. 387 f. (vereinfacht)

***Huayna Capac**: Name des Inka-Herrschers*

M 2 Maya-Zeichnung, Anfang des 16. Jh.
Beschreibe, wie die Personen dargestellt sind. Wodurch wird sichtbar, dass ein Maya die Zeichnung angefertigt hat?

M 3 Gier nach Gold
Ein Dokument altmexikanischer Kultur ist uns durch den Franziskaner Fray Bernardino de Sahagún überliefert worden, der aztekische Erzählungen, Traditionen und Berichte gesammelt und um 1558 aufgeschrieben hat. Er überliefert folgenden aztekischen Augenzeugenbericht aus dem Jahre 1518:

Sie [die Azteken] schenkten den Göttern [den Spaniern] goldene Banner und Fahnen aus Quetzalfedern* und goldene Halsketten. Als sie das Gold in ihren Händen hatten, brach Lachen aus den Gesichtern der Spanier hervor, ihre Augen funkelten vor Vergnügen, sie waren entzückt. Wie Affen griffen sie nach dem Gold und befingerten es, sie waren hingerissen vor Freude, auch ihre Herzen waren angesteckt von den Strahlen des Goldes.
Nur nach Gold hungerten und dürsteten sie, es ist wahr! Sie schwollen an vor Gier und Verlangen nach Gold. Gefräßig wurden sie in ihrem Hunger nach Gold, sie wühlten wie hungrige Schweine nach Gold. Sie rissen die goldenen Banner an sich, prüften sie Zoll für Zoll, schwenkten sie hin und her, und auf das unverständliche fremde Rauschen im Wind antworteten sie mit ihren wilden, barbarischen Reden.

Miguel León-Portilla und Renate Heuer (Hrsg.), Rückkehr der Götter. Die Aufzeichnungen der Azteken über den Untergang ihres Reiches, Frankfurt am Main 1986, S. 43

***Quetzalfedern**: die Schwanzfedern des Vogels Quetzal; sie waren bei den Azteken als Schmuck sehr geschätzt und in erster Linie den Fürsten vorbehalten.*

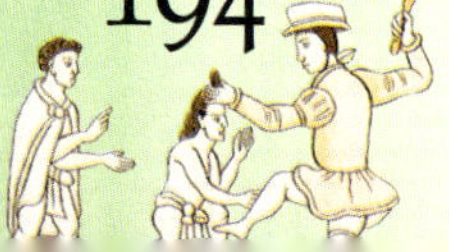

LERNTIPP

M 6 „Wie die Indianer das Gold aus den Bergen graben."
Kupferstich aus dem 9. Band der „Sammlung von Reisen in das westliche Indien (America)" von 1601 (siehe dazu auch die Informationen in M 1, Seite 191). Die Darstellung des Bergwerkes ist frei erfunden.
Die Gold- und Silberminen von Potosi (im heutigen Bolivien) wurden 1545 entdeckt.
Der im selben Jahr gegründete Ort entwickelte sich zu einer der größten Städte der damaligen Welt. 1585 lebten dort auf rund 4000 m Höhe etwa 120000 Menschen.

M 7 Amerika und Europa.
Karikatur aus Südamerika von 1992.
Der Text auf dem Schild heißt übersetzt: „1492: Die amerikanischen Ureinwohner entdecken die Neue Welt ..." Der Zeichner legt dem Indianer folgende Worte in den Mund: „Hey! Das wird ein großartiger Ort sein, sobald wir diese Leute beseitigt, sie um ihr Land beraubt und ihre Kultur zerstört haben werden!"

M 4 Die Spanier auf Kuba

1511 kommen die Spanier auf die Insel Kuba. Bartolomé de Las Casas berichtet:

Ein königlicher Beamter, der [...] dreihundert Indios zugeteilt bekam, hatte nach drei Monaten durch die Arbeiten in den Gruben zweihundertsiebzig davon zu Tode gebracht, sodass ihm von allen nur dreißig blieben; das ist nur der zehnte Teil. Danach gab man ihm wiederum dieselbe Zahl und noch mehr; doch er brachte sie wiederum um, und je mehr man ihm gab, desto mehr mordete er, bis er selbst starb und der Teufel seine Seele nahm.
In drei oder vier Monaten starben in meinem Beisein mehr als siebentausend Kinder, weil ihre Väter und Mütter sie in die Gruben schickten. Und ich sah noch weitere gräuliche Dinge. Daraufhin beschlossen die Spanier, auf die Jagd nach den Indios zu gehen, die sich in den Bergen aufhielten. Dort richteten sie absonderliche Verheerungen an, und so verwüsteten und entvölkerten sie die ganze Insel.

Christoph Strosetzki (Hrsg.), Der Griff nach der Neuen Welt. Der Untergang der indianischen Kulturen im Spiegel zeitgenössischer Texte, Frankfurt a. M. 1990, S. 274

M 5 „Denn das ist die natürliche Ordnung"

Der spanische Theologe und königliche Geschichtsschreiber Juan Ginés de Sepúlveda begründet um 1545 das Vorgehen der Spanier gegen die Indios:

Da die Indianer ihrer Natur nach Sklaven, Barbaren, rohe und grausame Gestalten sind, lehnen sie die Herrschaft der Klugen, Mächtigen und Vortrefflichen ab, anstatt sie zu ihrem eigenen Besten zuzulassen, wie es einer natürlichen Gerechtigkeit entspricht.
Denn der Körper muss der Seele, die Begierde der Vernunft, die rohen Tiere dem Menschen, das heißt also das Unvollkommene dem Vollkommenen, das Schlechte dem Besseren unterworfen sein. Denn das ist die natürliche Ordnung.

Richard Konetzke, Lateinamerika seit 1492, Stuttgart 1970, S. 8

1. *Wie nehmen sich Indios und Spanier wahr? Nenne Textstellen, wo verschiedene Sichtweisen erkennbar sind (M 1 bis M 6 sowie M 1 und M 2 von Seite 191). Erkläre!*
2. *Worin besteht der Perspektivenwechsel in der Karikatur (M 7)? Führt ein Streitgespräch über das Bild. Berücksichtigt dabei Materialien und Darstellung.*
3. *„Entdeckungsfahrten – Fluch oder Segen?" Diskutiert aus der heutigen Sicht der Europäer und der Südamerikaner über das Thema.*

Was war wichtig?

Daten

1215	*König Johann I. von England stimmt der „Magna Charta" zu.*
1302	*In Frankreich beruft der König erstmals die Generalstände ein.*
1300-1600	*Das Zeitalter der Renaissance: Die Antike wird wiederentdeckt und Mäzene fördern die Kunst.*
1347-1351	*Die Pest wütet in Europa.*
1350-1450	*Die Hanse erlebt ihre Blütezeit.*
1356	*In der „Goldenen Bulle" werden die Regeln der Königswahl im Reich festgeschrieben.*
um 1450	*Gutenberg erfindet das Drucken mit beweglichen Metallbuchstaben.*
1453	*Die Osmanen erobern Konstantinopel.*
1492	*Kolumbus entdeckt Amerika; das Zeitalter der Entdeckungen beginnt.*

Begriffe

Arbeitsteilung: Aufgliederung der Herstellung eines Produkts in mehrere Arbeitsgänge, dabei werden die Teilschritte nacheinander von mehreren Arbeitnehmern, oft auch in verschiedenen Betrieben durchgeführt.

Entdeckungen und Eroberungen: Ende des 15. Jh. und im Verlauf des 16. Jh. entdeckten europäische Seefahrer wie *Kolumbus* und *Vasco da Gama* die Seewege nach Amerika und Indien. Sie schufen damit die Voraussetzungen für die Eroberung Süd- und Mittelamerikas sowie die Vorherrschaft Europas in der Welt.

„Goldene Bulle": Reichsgesetz von 1356, das das Verfahren für die Wahl des *Königs* und *Kaisers* des Heiligen Römischen Reiches festlegte. Es bestimmte z. B., dass die Königswahl „binnen Jahr und Tag" nach dem Tod eines Königs stattfinden musste, und legte fest, dass derjenige König sein sollte, der bei der Wahl die meisten Stimmen der → *Kurfürsten* erhielt.

Hanse: zunächst eine Gemeinschaft (*Hanse*) von Kaufleuten im Ost- und Nordseeraum. Unter Führung Lübecks entstand um die Mitte des 13. Jh. ein Bund von freien Hansestädten, der bis zum 15. Jh. im Ostseeraum den Handel beherrschte und die stärkste politische Macht war.

Humanismus (lat. *humanum*: das Menschliche): Geisteshaltung, die ab dem 14. Jh. dazu beitrug, dass sich das Wissen über Grammatik, Rhetorik, Geschichte, Dichtkunst und Morallehre grundlegend änderte. Die antike Wissenschaft und Kunst war für Humanisten Ausgangspunkt ihrer Vorstellungen und Lehren.

Kapital: Geld, Rohstoffe, Produktions- und Transportmittel sowie Marktkenntnisse, die von Unternehmern (*Kapitalisten*) gewinnbringend eingesetzt werden.

Kurfürsten: die Fürsten, die nach der → *„Goldenen Bulle"* den *Kaiser* des Heiligen Römischen Reiches „küren" (wählen) durften. Im 13. Jh. gab es sieben Kurfürsten: die Erzbischöfe von Köln, Mainz und Trier, der Pfalzgraf bei Rhein, der Markgraf von Brandenburg, der Herzog von Sachsen und der König von Böhmen.

Neuzeit: in der europäischen Geschichte die Zeit, die das *Mittelalter* ablöst. Die → *Renaissance* und der *Humanismus* sowie der Buchdruck, die Entdeckung Amerikas und Veränderungen in der Wirtschaft und im Glauben werden als Gründe für den Beginn der Neuzeit genannt.

Renaissance: moderner Begriff für die „Wiedergeburt" der antiken Kunst und Kultur, die seit 1300 von Italien ausging, bis etwa 1600 anhielt und die Kultur aller europäischen Staaten beeinflusste. In dieser Zeit machte sich der Mensch zum Mittelpunkt jeder Erfahrung. Zahllose Dinge wurden entdeckt und erfunden (→ *Neuzeit*).

Ständewesen: Herkunft und Abstammung (Geburt) gliederten die mittelalterliche Gesellschaft in die drei Stände *Adel*, Klerus (Bischöfe und Vertreter der Klöster) und *Bürger*. Diese Stände unterschieden sich durch jeweils besondere Rechte, Pflichten, Vorrechte (Privilegien) und gesellschaftliche Funktionen (Beruf) sowie durch ihre besondere Lebensführung. Gegenüber den Landesherren beanspruchten die Vertreter der Stände ein Mitspracherecht (→ *Territorialstaat*).

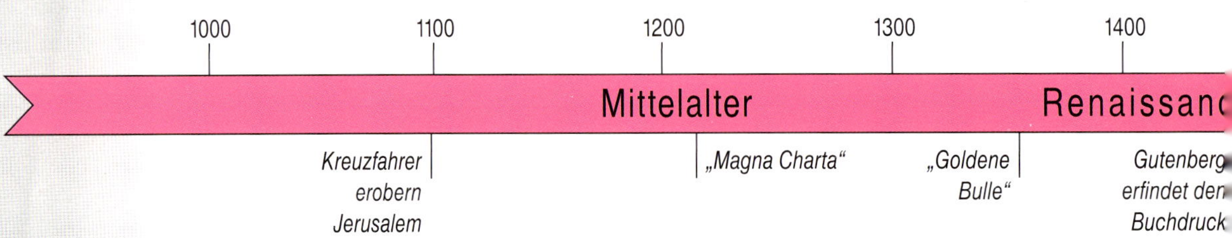

Territorialstaat (lat. *territorium*: Gebiet): Bezeichnung für ein Herrschaftsgebiet (*Territorium*), über das ein Landesherr ohne Einmischung eines anderen Herren regierte. Die Landesherren waren allerdings schon im → *Mittelalter* auf die Zustimmung der Stände (→ *Ständewesen*), d.h. des *Adels*, des Klerus (Bischöfe und Vertreter der Klöster) und der Städte (*Bürger*) angewiesen, um ihre Kriege und aufwändige Hofhaltung bezahlen zu können. Sie versammelten die Ständevertreter daher auf Landtagen und gaben ihnen bestimmte Mitspracherechte, versuchten aber, diese Mitsprache so gering wie möglich zu halten.

Verleger: Unternehmer, die Handwerkern und Heimarbeitern Rohstoffe „vorlegen", um sie von ihnen gegen Lohn bearbeiten zu lassen und schließlich selbst zu verkaufen (→ *Arbeitsteilung*).

Grundfertigkeiten

Du hast in diesem Kapitel den Umgang mit umfangreicheren Quellentexten, zahlreichen Kunstwerken und einigen Karten üben können. Darüber hinaus haben wir dir einen Lerntipp zum Thema „Perspektivenwechsel" vorgelegt, der mit Texten und Bildern deutlich macht, wie unterschiedlich Ereignisse oder Entwicklungen gesehen werden können.

Übertrage die Zeitleiste und füge ein: wann Galilei, Kopernikus, Leonardo da Vinci und Dürer lebten, wann der 100-jährige Krieg begann und in welchem Jahr die Welt zum ersten Mal umsegelt wurde.

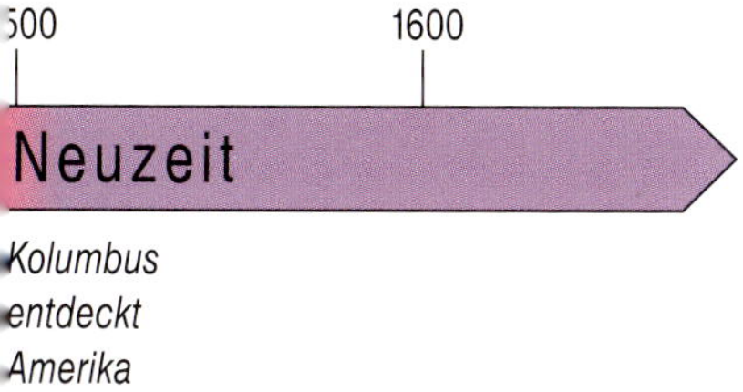

Zusammenfassung

Die Normannen eroberten 1066 England und errichteten eine starke Erbmonarchie. Als 1154 die englische Krone an *Heinrich II.* vererbt wurde, regierte er auf der Insel und dem Kontinent. Konflikte mit dem französischen König, dem Papst und dem Adel schwächten die englische Krone. 1215 musste *Johann I. „ohne Land"* dem Adel in der „Magna Charta" alte Rechte bestätigen und allen königlichen Lehnsnehmern ein Mitspracherecht bei Steuererhebungen zubilligen.

In Frankreich setzten die *Kapetinger*, die seit 987 die Könige stellten, die Erbmonarchie durch. Durch Heirat, Kauf und Eroberung konnten sie ihren Kronbesitz vergrößern. Die Konflikte mit dem Papst führten dazu, dass der französische König zur Sicherung seiner Macht 1302 erstmals eine Ständeversammlung (*Generalstände*) einberief. Als 1328 die Kapetinger ausstarben, entstand ein über hundert Jahre dauernder Konflikt zwischen England und Frankreich. Er endete mit dem Sieg des französischen Königs.

Während sich in England und Frankreich Erbmonarchien durchgesetzt hatten, blieb das Deutsche Reich eine Wahlmonarchie. Die Reichsfürsten konnten hier ihre Herrschaftsgebiete zu selbstständigen Territorialstaaten ausbauen. Ihren Einfluss auf die Königswahl hielten sie 1356 in der „Goldenen Bulle" fest.

Mit der *Hanse* errangen die im Nord- und Ostseeraum tätigen Kaufleute im 14./15. Jh. ihre größte wirtschaftliche und politische Macht.

Etwa zur selben Zeit entwickelte sich in Europa die frühkapitalistische Wirtschaftsweise. Unternehmer nutzten das Verlagssystem, die Arbeitsteilung in der gewerblichen Warenherstellung, den Bergbau und das Bankwesen, um möglichst hohe Gewinne zu erzielen.

Naturkatastrophen, Kriege und die Pest veränderten im 14. Jh. nicht nur die sozialen und wirtschaftlichen Verhältnisse, sondern auch den Glauben.

Die Künstler und Humanisten der *Renaissance* ließen sich von antiken Vorbildern beeinflussen. Sie sahen im Menschen den Mittelpunkt der von Gott geschaffenen Welt.

Der von *Gutenberg* erfundene Buchdruck mit beweglichen Lettern steigerte die Buchherstellung. Er trug dazu bei, dass immer mehr Menschen wissenschaftliche, politische und religiöse Vorstellungen kennenlernten.

Der Astronom *Kopernikus* war zu der Überzeugung gekommen, dass die Erde sich wie die anderen Planeten um die Sonne drehe. Aber erst *Galilei* konnte die neue heliozentrische Lehre beweisen. Das brachte ihn in einen Konflikt mit der katholischen Kirche. Für sie sollte die von Gott geschaffene Erde Mittelpunkt aller Vorstellungen bleiben.

1453 eroberten Truppen des osmanischen Herrschers *Mehmed II.* Konstantinopel. Muslime übernahmen die Macht im christlichen Byzantinischen Reich. Aus Konstantinopel wurde Istanbul.

Weil Waren aus dem Orient und Asien in Europa sehr begehrt, ihr Transport auf dem Land aber unsicher, langwierig und teuer war, suchten die am Mittelmeer gelegenen europäischen Staaten einen Seeweg nach Indien.

Mit diesem Ziel segelte *Kolumbus* auf dem Atlantik nach Westen. Er landete 1492 in Amerika.

Auf der Fahrt um das südliche Afrika erreichte *da Gama* 1498 tatsächlich Indien. Magellan versuchte 1519 erneut, den westlichen Weg nach Indien zu finden. Er selbst überlebte die Reise nicht, aber einigen Mitgliedern seiner Expedition gelang die erste Weltumsegelung.

Aus Entdeckern wurden Eroberer. Die Europäer zerstörten die Kulturen der Inka, Maya und Azteken und zwangen den Indios ihre Lebensweise und Religion auf.

Kampf um den Glauben?

Nun mach doch schon!“, rief er seinem Gehilfen ungeduldig zu. Doch der ließ sich nicht aus der Ruhe bringen. Gleichmütig nahm er Schaufel um Schaufel von dem Haufen vor sich und streute die Erde in den Rhein. Alles, was er entgegnete, war: „Du wirst schon noch früh genug nach Hause kommen. Und du weißt ja, dass wir sorgfältig arbeiten müssen. Nicht die geringste Spur von der Asche dieses Ketzers darf übrigbleiben, damit seine Anhänger keine Reliquien daraus machen können.“ „Ich weiß schon“, beruhigte ihn der Henker und fügte unvermittelt hinzu: „Seine Richter haben anscheinend sogar noch vor dem toten Johannes Hus Angst. Sonst hätten sie uns nicht so eindringlich befohlen, seinen Leichnam auch wirklich vollständig zu Asche zu verbrennen.“ „Richtig. Sogar die Erde unter dem Scheiterhaufen mussten wir abtragen.“ „Ich verstehe nicht viel von Theologie. Aber wenn stimmt, was ich gehört habe, dann weiß ich schon warum: Dieser Hus aus Böhmen soll verkündet haben, dass die Kirche, auch der Papst, irren kann. Klar, dass eine solche Behauptung die Mächtigen das Fürchten lehrt und dass sie alles daran setzen, ihre Verbreitung zu verhindern.“ „Das hätte dieser Hus aber doch wissen müssen. Wieso ist er dann überhaupt hierher nach Konstanz gekommen?“ „Angeblich hat ihm der König freies Geleit zugesichert, ihm seinen Schutz aber dann doch verweigert, als Hus obendrein noch behauptete, ein König, der eine Todsünde begangen hat, könne kein König mehr sein.“ „Aber dann hat der König ja sein Wort gebrochen und ist ein Lüg…!“ Weiter kam der Gehilfe nicht. Der Henker hatte ihn mit einer hastigen Armbewegung unterbrochen. Denn hinter ihnen erschien zu Pferd Pfalzgraf Ludwig mit großem Gefolge, um nach dem Rechten zu sehen. Er war ein Onkel des Königs und hatte die Verbrennung des Johannes Hus geleitet.

Dieter Brückner

Die Hinrichtung des Johannes Hus.
Siehe dazu Abb. 1, Seite 200.

Die Unzufriedenheit wächst

Die Kirche wird kritisiert
Der tschechische Kirchenkritiker *Johannes Hus* wurde als Ketzer verbrannt. Er hatte gelehrt, dass nicht Priester und Mönche den Christen den Weg zu Gott öffneten, sondern allein die „Heilige Schrift". Außerdem hatte er den Reichtum der Klöster und der geistlichen Würdenträger kritisiert.
Solche Vorwürfe verstummten während des ganzen 15. Jh. nicht. Päpsten, Bischöfen, Mönchen und Nonnen wurde ein Leben in Luxus, Geldverschwendung und Machtmissbrauch vorgeworfen. Und tatsächlich waren oft höchste kirchliche Stellen mit Personen besetzt, die versuchten, ihr Vermögen durch möglichst viele Ämter zu vergrößern.

Seelsorge und Predigt
Ihre geistlichen Aufgaben übertrugen viele hohe kirchliche Würdenträger meist einfachen Priestern. Diese wurden schlecht bezahlt und waren auf Nebenerwerb angewiesen. Manche Geistliche unterhielten sogar Gasthäuser. Oft hatten sie Lebensgefährtinnen und Kinder. Auch die unzureichende Bildung der Priester wurde von den Zeitgenossen beanstandet. Rund zwei Drittel besaßen keine höhere Bildung. Ein Teil der Priester konnte nicht einmal die lateinische Bibel richtig lesen.
Immer wieder wurde der Ruf laut nach einer umfassenden **Reform** der Kirche „an Haupt und Gliedern", d. h. vom Papst bis hinunter zum Dorfgeistlichen.

Der „ungeheure Hunger nach Gott"
Trotzdem waren die Gläubigen erfüllt von einem ungeheuren Hunger nach Gott. Sie suchten vor allem Antwort auf eine Frage: Wie rechtfertige ich mein sündhaftes Leben vor Gott, um das ewige Leben zu erlangen?
Gott stellten sich die Menschen nach der kirchlichen Lehre als einen strengen Richter vor. Das Bild vom Jüngsten Gericht, von den fürchterlichen Qualen des Sünders im Fegefeuer und seiner ewigen Pein in der Hölle war damals jedem Christen vertraut. Und da das „runde" Jahr 1500 nahte, fürchteten viele den Weltuntergang und das Ende aller Zeiten.
Die Gläubigen meinten, neben Gebet und Besuch der Heiligen Messe zusätzlich Leistungen erbringen zu müssen, um Gott gnädig zu stimmen. Deshalb begaben sie sich auf Wallfahrten, um die verehrten Heiligen als Fürsprecher vor Gott zu gewinnen. Wer es sich leisten konnte, stiftete in der örtlichen Kirche einen Altar. Manch einer stellte einen Geistlichen an, der regelmäßig für das Seelenheil der eigenen Familie die Messe las.

1 Die Hinrichtung des Johannes Hus.
Holzschnitt (ca. 30 x 20 cm) aus der „Chronik des Konstanzer Konzils" von Ulrich von Richental, 1483.
Auf dem **Konzil** *von Konstanz (1414-18) verdammten die Vertreter der Kirche und der weltlichen Mächte die Lehre des böhmischen Kirchenkritikers Johannes Hus. Er hatte den Reichtum der Klöster und geistlichen Würdenträger offen kritisiert. Darüber hinaus hatte er verkündet, dass nicht Priester und Mönche den Gläubigen den Weg zu Gott öffneten, sondern in erster Linie die Heilige Schrift. Am 6. Juli 1415 wurde er vor der Stadt Konstanz verbrannt.*
Zur Abbildung: Hus trägt hier eine Bischofsmütze mit der Aufschrift „Heresiarcha", d. h. soviel wie „Erzketzer". Im Hintergrund ist der Kurfürst Ludwig III. von der Pfalz (auf dem Pferd) zu sehen, der als weltlicher Fürst die Hinrichtung überwachen musste.
Überlege, warum Hus wohl auf dem oberen Bild mit einer Bischofsmütze dargestellt wurde.
Erkläre, was auf dem unteren Bild geschieht.

Der Ablass lockt

Seit dem 11. Jh. gab die Kirche den Gläubigen die Möglichkeit, einen Ablass (*Nachlass*) der zeitlichen Sündenstrafen im Fegefeuer zu bekommen. Dafür hatten die Christen bestimmte Leistungen wie Stiftungen, Teilnahme an Wallfahrten oder Kreuzzügen, Beiträge zum Bau einer Kirche aufzubringen. Zuvor mussten die Sünder aber bereut und gebeichtet haben sowie von einem Priester freigesprochen worden sein.

Ab dem 15. Jh. wurde der Ablass durch Geld immer häufiger. Das lag im Interesse von Papst, Bischöfen und weltlichen Landesherren. Sie alle konnten damit ihre Einkünfte steigern. Denn die Landesherren erhielten bis zur Hälfte der Einnahmen, wenn sie Ablassverkäufe genehmigten. Als der Papst 1476 den Verkauf von Ablässen für die Seelen bereits Verstorbener zuließ, bemängelten dies sogar kirchentreue Gläubige.

Hoffen und Bangen

Zu Beginn des 16. Jh. änderte sich das Leben der Menschen: Die Bevölkerung wuchs rasch, die Kluft zwischen Arm und Reich nahm zu. Die Landesherrschaft wurde ausgebaut, und die vom Humanismus geprägte Bildungsbewegung veränderte das Denken. Alle Neuerungen wirkten sich auf die Menschen in den Fürstentümern, Reichsstädten und sonstigen Herrschaftsgebieten des **Heiligen Römischen Reiches Deutscher Nation** – so die Bezeichnung für die deutschen Teile der von den habsburgischen Kaisern regierten Gebiete seit Ende des 15. Jh. – unterschiedlich aus. Der Frühkapitalismus trug einerseits zur Blüte der Städte und zum Aufstieg des Bürgertums bei, andererseits konnte er die wirtschaftliche und soziale Not der Menschen nicht beseitigen. Mit der Einführung einheitlicher Rechts- und Verwaltungsordnungen in den Territorialstaaten stieg zwar allmählich die Rechtssicherheit, doch zugleich wurden alte Selbstverwaltungsrechte auf dem Lande gegen den Willen der Betroffenen aufgehoben, wie die Verfügung über die Allmende sowie die Wahl bestimmter Dorfämter. Der Humanismus schuf eine neue Weltsicht, die im religiösen Bereich im Gegensatz zu alten Vorstellungen stand. Auf alle diese Veränderungen reagierten die Menschen je nach Herkunft, Stand, Bildung und Auskommen unterschiedlich. Immer häufiger wurden soziale und politische Wünsche mit der Forderung nach einer Reform der Kirche verknüpft.

2 **Höllenqualen und Erlösung.**
Teil eines Altarbildes (113,2 x 64,7 cm), um 1480.
Erkläre einige Szenen.

Untersuche den Lehrbuchtext und arbeite heraus, warum die Gläubigen unzufrieden waren und was sie sich wünschten.

M 2 Johannes von Capestrano predigt auf dem Bamberger Domplatz.
Ölgemälde (152 x 73 cm) eines unbekannten Meisters, Ende 15./Anfang 16. Jh.
Der Franziskaner Johannes von Capestrano (1386-1456) zog als Wanderprediger durch ganz Europa. Im Jahre 1452 war er auch in Nürnberg und Bamberg. Er predigte gegen Luxus, ausschweifendes Leben und die Juden. Auf dem Gemälde hält der Mönch in der linken Hand eine Strahlenscheibe mit dem Monogramm (Namenszeichen) Jesu.

M 1 Über die Frömmigkeit der Deutschen

Der Italiener Antonio de Beatis reist im April 1517 durch deutsche Länder. In seinem Reisetagebuch beschreibt er, was ihm an dem religiösen Leben der Deutschen auffällt.

Sowohl Frauen als Männer besuchen fleißig die Kirchen, in denen jede Familie ihren eigenen Kirchenstuhl hat; die Kirchen sind alle gedielt und die Bänke mit etwas Zwischenraum in der Mitte in zwei Reihen geordnet, wie in einer Schule; nur für die Priester bleibt der Chor frei. Da spricht man nicht von Geschäften und unterhält sich nicht wie in Italien; man richtet seine Aufmerksamkeit nur auf Messe und Gottesdienst, und beim Gebet knien alle nieder [...].

Von Trient an pflegt man an allen Straßen in der Nähe der Dörfer und Städte unter freiem Himmel sehr hohe und große Kruzifixe aufzustellen, meist mit den Schächern* zur Seite, was zugleich Schrecken und Andacht erweckt. Und in geringen Entfernungen voneinander sind überall hölzerne oder steinerne Säulen aufgerichtet mit einem ausgehöhlten Fensterchen, in welchem sich ein Bild des Gekreuzigten mit den zwei Marien oder andere Geheimnisse der heiligsten Passion** des Herrn dargestellt befinden. Man findet auch selten auf deutschen Gemälden Heilige dargestellt, ohne dass etwas aus der Passion damit verbunden wäre [...].

Die Kirchtürme sind hoch und spitz. Sie haben sehr schöne Glocken; und es gibt kein noch so kleines Dorf, das nicht wenigstens eine schöne Kirche hätte mit so großen, schönen und kunstreichen Glasfenstern, als man sich nur denken kann. Innerhalb der Kirchen werden nur große und reiche Persönlichkeiten bestattet, alle andern außerhalb der Kirche auf den unbedeckten, aber mit Mauern umschlossenen Friedhöfen; hier stehen viele Kreuze, auf manchen Gräbern auch steinerne Denkmäler mit Inschriften und Wappen aus Messing, auch Weihwasserkesselchen, an Holzpflöcken befestigt. Dem Gottesdienst und den Kirchen wenden sie viel Aufmerksamkeit zu, und so viele Kirchen werden neu gebaut, dass ich, wenn ich damit die Pflege des Gottesdienstes in Italien vergleiche und daran denke, wie viele arme Kirchen hier ganz in Verfall geraten, diese Länder nicht wenig beneide und im innersten Herzen Schmerz empfinde über das geringe Maß von Religion, das man bei uns Italienern findet.

Karl Heinz Neubig (Hrsg.), Renaissance und Reformation 1350 - 1648, Ebenhausen bei München 1962, S. 37 ff.

* **Schächer**: *Verbrecher*
** **Passion**: *Leidensweg Christi*

1. *Wie beschreibt und bewertet de Beatis die Frömmigkeit der Deutschen (M 1)? Woran lässt sich erkennen, dass Glaubensfragen eine große Bedeutung in den besuchten Gebieten hatten?*
2. *Vergleiche einen heutigen Friedhof mit der Beschreibung des Italieners (M 1).*
3. *Betrachte M 2 und bestimme, was die Frau in die Flammen wirft. Erkläre, was dies ausdrücken soll.*
4. *Der Künstler hat den Prediger mit „Nimbus" gemalt (M 2). Erkläre!*

Bruder Martin fordert die Kirche heraus

Luthers Leben

Ein Mann gab den Anstoß für einen tiefgreifenden Wandel der Christenheit. Dieser Mann war der Mönch *Martin Luther*. Er wurde am 10. November 1483 in Eisleben (Thüringen) geboren. Seine Großeltern waren Bauern, sein Vater hatte es zu einer kleinen Kupfermine gebracht. Martin war der Erste in seiner Familie, der studieren durfte. Mit 17 Jahren begann er an der Universität Erfurt ein Studium und beendete es nach drei Jahren mit der Magisterprüfung. Auf Wunsch des Vaters studierte er ab 1505 Rechtswissenschaft.

Als Martin sich nach einem halben Jahr entschloss, in das Kloster eines Bettelordens in Erfurt einzutreten, konnte sein Vater dies nicht verstehen. Als Grund soll Martin ein Unwetter angeführt haben, das ihn in Todesangst versetzt und zu dem Versprechen veranlasst habe, Mönch zu werden.

Bruder Martin lebte streng nach den Regeln seines Ordens und begann das Studium der Theologie. 1507 wurde er in Erfurt zum Priester geweiht. Ein Jahr später lehrte Luther bereits Philosophie in Wittenberg im damaligen Kurfürstentum Sachsen. 1510/11 reiste er für seinen Orden nach Rom. 1512 wurde Luther Doktor der Theologie und Professor für Bibelauslegung in Wittenberg. Außerdem hatte er verschiedene Ämter in seinem Orden inne und war zeitweise auch Prediger an der Wittenberger Stiftskirche, der heutigen Schlosskirche.

1 Martin Luther als Augustinermönch. *Gemälde (43,4 x 29,5 cm) von Lucas Cranach dem Älteren, um 1522. Zu Lucas Cranach d. Ä. siehe auch S. 204 und 208.*

„Sobald das Geld im Kasten klingt …"

Der Ablasshandel war in den deutschen Ländern nach 1514 in die Kritik geraten. Das lag vor allem an *Albrecht von Brandenburg*. Mit 23 Jahren war er Erzbischof von Magdeburg und Bischof von Halberstadt geworden, ein Jahr später auch Erzbischof von Mainz. Seine Ämterhäufung widersprach dem Kirchenrecht. Doch Albrecht hatte für viel Geld die Zustimmung des Papstes erkauft. Das hatte ihm das Augsburger Bankhaus Fugger geliehen. Damit er die Kredite zurückzahlen konnte, gewährte der Papst Albrecht das Recht des Ablasshandels. Die eine Hälfte der Einnahmen war für den Erzbischof bestimmt, die andere für den Bau der *Peterskirche* in Rom.

In dem Leipziger Dominikanermönch *Johannes Tetzel* fand Albrecht einen bewährten Ablassprediger, dem die Menschen „wie Verrückte" zuliefen, so Martin Luther. Tetzel wurde vorgeworfen, beim Ablass mehr aufs Geld als auf Beichte und Reue zu setzen und die Gläubigen mit dem Versprechen „sobald das Geld im Kasten klingt, die Seele aus dem Feuer springt" zu verführen. Immer häufiger kamen Männer und Frauen mit dem Ablassbrief in der Hand zu Luther in den Beichtstuhl und forderten ohne Buße ihre Lossprechung von den Sünden. Dafür hatte Luther aus seelsorgerlichen und theologischen Gründen immer weniger Verständnis.

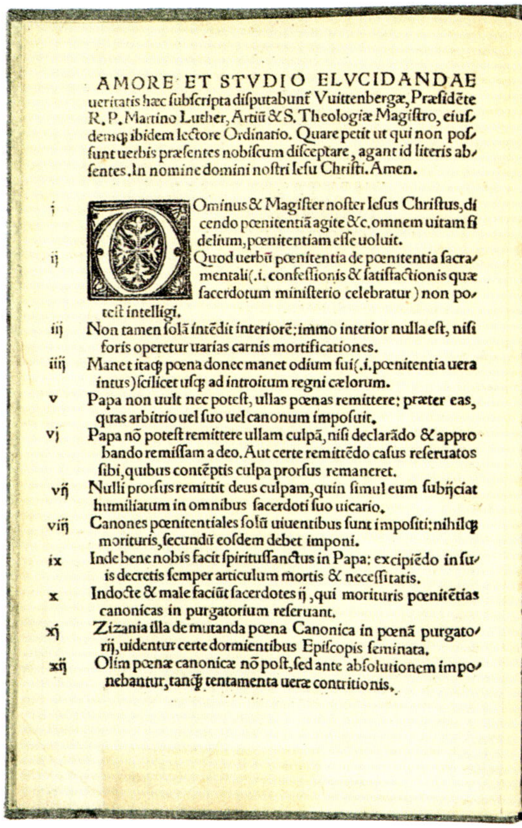

AMORE ET STVDIO ELVCIDANDAE ueritatis hæc ſubſcripta diſputabunt Vuittenbergæ, Præſidēte R. P. Martino Luther, Artiū & S. Theologiæ Magiſtro, eiuſdemq; ibidem lectore Ordinario. Quare petit ut qui non poſſunt uerbis præſentes nobiſcum diſceptare, agant id literis abſentes. In nomine domini noſtri Ieſu Chriſti. Amen.

i DOminus & Magiſter noſter Ieſus Chriſtus, dicendo pœnitentiā agite &c. omnem uitam fidelium, pœnitentiam eſſe uoluit.

ij Quod uerbū pœnitentia de pœnitentia ſacramentali (.i. confeſſionis & ſatiſfactionis quæ ſacerdotum miniſterio celebratur) non poteſt intelligi.

iij Non tamen ſolā intēdit interiorē: immo interior nulla eſt, niſi foris operetur uarias carnis mortificationes.

iiij Manet itaq; pœna donec manet odium ſui (.i. pœnitentia uera intus) ſcilicet uſq; ad introitum regni cælorum.

v Papa non uult nec poteſt, ullas pœnas remittere: præter eas, quas arbitrio uel ſuo uel canonum impoſuit.

vj Papa nō poteſt remittere ullam culpā, niſi declarādo & approbando remiſſam a deo. Aut certe remittēdo caſus reſeruatos ſibi, quibus contēptis culpa prorſus remaneret.

vij Nulli prorſus remittit deus culpam, quin ſimul eum ſubijciat humiliatum in omnibus ſacerdoti ſuo uicario.

viij Canones pœnitentiales ſolū uiuentibus ſunt impoſiti: nihilq; morituris, ſecundū eoſdem debet imponi.

ix Inde bene nobis facit ſpirituſſanctus in Papa: excipiēdo in ſuis decretis ſemper articulum mortis & neceſſitatis.

x Indocte & male faciūt ſacerdotes ij, qui morituris pœnitētias canonicas in purgatorium reſeruant.

xj Zizania illa de mutanda pœna Canonica in pœnā purgatorij, uidentur certe dormientibus Epiſcopis ſeminata.

xij Olim pœnæ canonicæ nō poſt, ſed ante abſolutionem imponebantur, tanq; tentamenta uera contritionis.

2 Lateinischer Druck von Luthers 95 Thesen, Basel 1517.
Die ersten Drucke erschienen Ende 1517 in Nürnberg, Leipzig und Basel. Die evangelischen Christen feiern in Erinnerung an die Veröffentlichung der Thesen am 31. Oktober das Reformationsfest.

Luther protestiert

Am 31. Oktober 1517, dem Vorabend des Allerheiligen-Festes, schrieb Luther einen Brief an seine Vorgesetzten, in dem er die Ablasspraxis kritisierte. Seinen Zeilen legte er nach Art der Gelehrten ein in lateinischer Sprache geschriebenes Papier mit **95 Thesen*** bei. Diese Schrift schickte Luther auch Fachkollegen. Er forderte sie zu einer Diskussion auf. Obwohl nur für die Kirchenoberen und Professoren bestimmt, wurden seine Thesen bald in deutscher Übersetzung gedruckt und auf Flugblättern im ganzen Reich verbreitet.

* **Thesen**: *Behauptungen, die noch bewiesen werden müssen.*

3 **Gesetz und Gnade:**
Die Rechtfertigung des Sünders.
Ölgemälde auf zwei Holzplatten (71,9 x 59,6 cm und 72,6 x 60,1 cm) aus der Werkstatt von Lucas Cranach dem Älteren. Seit 1529 hat Cranach in enger Anlehnung an Luthers Lehre mehrere Bilder zu diesem Thema angefertigt. Dieses Gemälde stammt von 1535. Es stellt die evangelische Lehre bildhaft dar. Im Mittelpunkt der linken Bildhälfte wird der Mensch vom Teufel (dem „alten Drachen") und dem Tod, dessen Spieß die Sünde ist, den Verdammten im ewigen Feuer zugetrieben. Auf der rechten Bildhälfte weist Johannes der Täufer auf den gekreuzigten Christus hin, das Lamm Gottes, das die Sünde der Welt trägt.
Welchen Teilen der Bibel entsprechen die rechte und die linke Seite des Bildes? Die beiden Bildteile werden in der Mitte durch einen Lebensbaum geteilt. Beschreibe sein Aussehen. Was versuchte der Künstler damit zu verdeutlichen?

Was Luther glaubte

Der Mönch, Hochschullehrer und Seelsorger Martin Luther hatte seit etwa 1514 sein neues Religionsverständnis entwickelt. Mit dem 1517 vorgelegten Brief gegen den Ablass wollte er die Menschen warnen. Denn „diese falsche Sicherheit" durch den Ablass, so Luther zu seinen Studenten, „führt zu Lauheit und bedenkenlosem Sündigen". Luther fragte sich, wie der Mensch seine Sünden überwinden und sich vor Gott rechtfertigen könne. Er fand die Antwort.

Luthers **Rechtfertigungslehre** lässt sich in vier Grundsätzen zusammenfassen:
- Gott verlangt vom Menschen, dass er seine Gebote befolgt, also nicht sündigt. Er verspricht aber auch dem sündigen Menschen seine Gnade.
- Zum Beweis seiner Gnade hat Gott seinen Sohn Jesus Christus geopfert.
- Um die Gnade zu erlangen, muss der Mensch nur bereit sein, an Gottes Versprechen zu glauben.
- Damit der Mensch Gottes Willen erkennen kann und im Glauben fest bleibt, hat Gott ihm sein Wort in der „Heiligen Schrift" übermittelt. Vor allem im *Evangelium*, der frohen Botschaft von Jesus, kann Gottes Wille erkannt werden.

Die Kirche wehrt sich

Der von den Thesen betroffene Erzbischof Albrecht verurteilte Luthers Vorstellungen als ketzerisch und meldete sie sofort dem Papst. Im Frühjahr 1518 erhob der Dominikanerorden, dem Tetzel angehörte, Anklage gegen Luther wegen Ketzerei. Luther wurde zum Verhör und Widerruf nach Rom gerufen. Daher wandte er sich an seinen Landesherrn, Kurfürst *Friedrich III. (den Weisen) von Sachsen*, der seit 1486 regierte. Dieser erreichte beim Papst, dass das Verhör ins Reich verlegt wurde. 1518 wurde Luther am Rande des Augsburger Reichstags von einem der besten Theologen der Kirche, Kardinal *Thomas Cajetan de Vio*, vernommen und aufgefordert, seine Lehre zu widerrufen. Luther ging darauf nicht ein.

Nur die „Heilige Schrift" zählt

Der Prozess gegen Luther verzögerte sich. Ende 1518 kündigte sich der Tod Kaiser *Maximilians I.* an. Da der Papst gern Luthers Landesherrn als neuen Kaiser gesehen hätte, hielt er sich zunächst gegenüber dem Kirchenkritiker zurück. Luther konnte weiterhin ungehindert lehren und seine Ideen verbreiten.

Ein Höhepunkt war ein Streitgespräch mit dem Ingolstädter Theologen *Johannes Eck* im Sommer 1519 auf der Pleißenburg in Leipzig. Dabei ließ sich Luther zu der Behauptung hinreißen, nicht nur der Papst, sondern auch die Konzilien könnten irren. Er meinte, Christen sollten sich nur an die Worte der Bibel halten. Um von vielen Menschen verstanden zu werden, schrieb er Deutsch statt Latein. Zwischen 1517 und 1521 verfasste er 81 Schriften, die in mehr als 500 000 Exemplaren gedruckt und verkauft wurden – eine beachtliche Zahl, denn nur genauso viele Deutsche konnten zu jener Zeit lesen!

Ein neuer Glaube

In seinen Schriften wies Luther schließlich so gut wie alles zurück, worauf die damalige, d. h. alle Christen umfassende katholische Kirche seit Jahrhunderten aufbaute:

- das Papsttum, das beanspruchte, die Kirche zu leiten und allein entscheiden zu können, welche Glaubenslehre richtig sei;
- die Stellung des Priestertums als alleiniger Mittler zwischen Gott und den Gläubigen;
- die guten Werke, einschließlich Wallfahrten, Ablasszahlungen, Stiftungen, ohne die eine Rechtfertigung vor Gott unmöglich sein sollte;
- nur zwei von sieben Sakramenten, Taufe und Abendmahl, ließ Luther gelten; Firmung, Buße, Letzte Ölung, Priesterweihe und Ehe verwarf er, da sie nicht in der Bibel vorkommen.

Nach Luther brauchte ein getaufter Christ niemanden, der zwischen ihm und Gott vermittelte, keinen Priester, Bischof oder Papst, auch keine Heiligen oder Reliquien. Jeder Christ war für sein Tun gegenüber Gott verantwortlich. Für Luther lag in dieser Verantwortung für die Beziehung zwischen dem Einzelnen und Gott die neue „Freiheit eines Christenmenschen".

Der Bruch

Der Prozess gegen Luther wurde im Februar 1520 wiederaufgenommen. Die päpstlichen Ankläger beurteilten 41 Sätze aus Luthers Schriften als ketzerisch. Sie forderten ihren Widerruf und drohten mit dem Kirchenbann. Am 10. Dezember 1520, dem Tage, an dem Luthers Widerrufsfrist ablief, brach er öffentlich mit der Kirche: Nachdem seine Bücher in Flandern und im Rheinland auf Scheiterhaufen gelandet waren, verbrannte er vor der Stadtmauer von Wittenberg die Androhung des Kirchenbanns, einige kirchliche Rechtsbücher sowie ein Beichthandbuch. Am 5. Januar 1521 verhängte der Papst den Bann über den Mönch aus Wittenberg. Die Reformation nahm ihren Lauf.

CD-ROM-Tipp → *Martin Luther (1483-1546), Neuhausen: Hänssler*
Internettipps → *www.luther.de und www.martinluther.de*

1. *Die Kritik an der Kirche hatte Ende 1520 bereits weiterreichende Folgen, als Luther im Herbst 1517 beabsichtigt hatte. Erkläre! Berücksichtige, was du auf den Seiten 179 f. über die Schwarze Kunst erfahren hast.*
2. *Wovon leiten die evangelischen Christen ihren Namen ab?*

M 3 „Eyn Frag an eynen Müntzer…".
Holzschnitt (18,9 x 27,3 cm) von Jörg Breu dem Älteren, um 1530. Der Holzschnitt ist Teil eines Flugblattes. Über und unter dem Holzschnitt befinden sich auf dem Flugblatt Textzeilen, die obere beginnt so:
„Eyn Frag an eynen Müntzer/ wahin doch sovil Geltz kumme das man alltag müntzet…"
Ein Kardinal betrachtet von seinem Pferd aus das Treiben. Am Kreuz hängt ein übergroßer Ablassbrief. In der Mitte des Bildes prägt ein Münzer Siegel für die Ablasszettel, links sitzt ein Geldverleiher.

M 1 Gnädiger Gott gesucht

Martin Luther sucht eine neue Antwort auf die Frage: Wie finde ich einen gnädigen Gott? Er findet 1520 folgende Lösung:

Also hilft es der Seele nichts, ob der Leib heilige Kleider anlegt, wie die Priester und Geistlichen tun, auch nicht, ob er in den Kirchen und heiligen Stätten sei. Auch nicht, ob er mit heiligen Dingen umgeben ist. Auch nicht, ob er bete, faste, wallfahre und viele gute Werke tue […]. Es muss noch etwas anderes sein, das die Seele fromm und frei macht. Denn alle guten Werke und Verhaltensweisen kann auch ein an sich böser Mensch ausüben […].
Sicher ist nur, dass die Seele auf das Wort Gottes nicht verzichten kann […]. Gott spricht: „[…] glaube an Christus, und ich gebe dir alle Gnade, Gerechtigkeit, Friede und Freiheit; glaubst du, so hast du; glaubst du nicht, so hast du nicht. Denn was dir unmöglich ist mit allen Werken, das wird dir leicht und kurz durch den Glauben […]."
Hieraus ist leicht zu erkennen, warum der Glaube so viel vermag und dass keine guten Werke ihm gleich sein mögen. Denn kein gutes Werk hängt an dem göttlichen Wort wie der Glaube […]. Gute, fromme Werke machen nimmermehr einen guten, frommen Mann, sondern ein guter Mann macht gute fromme Werke.

Martin Luther, Werke, Bd. 7, Weimar 1897, S. 21 f., 24 und 32 (stark vereinfacht)

M 2 Allgemeines Priestertum

In seiner Schrift „An den christlichen Adel deutscher Nation" erklärt Luther 1520:

Papst, Bischöfe, Priester und Klostervolk wird der geistliche Stand genannt, Fürsten, Herren, Handwerks- und Ackerleute der weltliche Stand […]. Niemand soll darüber schüchtern werden und das von Herzensgrund. Denn alle Christen sind in Wahrheit geistlichen Standes, unter ihnen ist kein Unterschied, es sei denn des Amtes halben allein […]. Das rührt alles daher, dass wir eine Taufe, ein Evangelium, einen Glauben haben und gleiche Christen sind […]. Demnach werden wir also allesamt durch die Taufe zu Priestern geweiht […].
Denn was aus der Taufe gekrochen ist, das kann sich rühmen, dass es schon zum Priester, Bischof und Papst geweihet sei, obwohl nicht einem jeglichen ziemt, solches Amt zu üben […]. Ein Schuster, ein Schmied, ein Bauer, ein jeglicher hat seines Handwerks Amt und Werk, und dennoch sind sie alle gleich geweihte Priester und Bischöfe, und ein jeglicher soll mit seinem Amt oder Werk den anderen nützlich und dienstlich sein […].
Wird ein Priester erschlagen, so liegt ein Land im Interdikt*; warum nicht auch, wenn ein Bauer erschlagen wird? Wo kommt solch großer Unterschied unter den gleichen Christen her? Allein aus menschlichen Gesetzen und Erdichtungen.

Martin Luther, An den christlichen Adel deutscher Nation …, hrsg. v. Ernst Kähler, Stuttgart 1962, S. 14-19 (stark gekürzt und vereinfacht)

***Interdikt**: *Kirchenstrafe; vom Papst oder Bischof angeordnetes Verbot, an kirchlichen Feierlichkeiten (Gottesdienst, Wallfahrt) oder Handlungen (Abendmahl) teilzunehmen*

1. *Erkläre, wodurch nach Luther der Mensch Gottes Gnade erreichen kann (M 1).*
2. *Versetze dich in die Lage eines Bauern oder Handwerkers, der seinem Grundherrn oder Stadtrat mitteilt, wie er Luthers Schrift versteht (M 2).*
3. *Bestimme den im Flugblatt (M 3) vertretenen Standpunkt.*

Die neue Lehre setzt sich durch

1 Luther spricht vor Kaiser Karl V. am 18. April 1521 in Worms.
Historiengemälde von Anton von Werner, um 1877.
Das Bild misst 66 x 125 cm und ist die Nachbildung (Replik) eines 3,50 x 7,00 m großen Wandbildes, das Anton von Werner 1870 für die Aula der Kieler Gelehrtenschule gemalt hat.
Die Originalunterschrift lautet: „Hier stehe ich, ich kann nicht anders, Gott helfe mir, Amen."
Das Bild vermittelt eine bestimmte Deutung der Person und Lehre Luthers. Beschreibe sie. Erkläre, auf wessen Seite der Maler steht.

Vor dem Kaiser

Mit dem Kirchenbann wurde Luthers Lehre zum Fall für die Fürsten. Denn auf den Bann musste die **Reichsacht** folgen. Wer geächtet war, war vogelfrei, ausgeschlossen aus der Rechtsgemeinschaft. Jeder durfte ihn verfolgen. Doch Luthers Landesherr, Kurfürst *Friedrich der Weise,* hatte sich geweigert, den Bann gegen Luther in Sachsen zu veröffentlichen. Er erreichte stattdessen, dass ein Schiedsgericht beim Reichstag in Worms über den Kirchenkritiker urteilen sollte. Luther erhielt einen Schutzbrief und konnte unbesorgt nach Worms fahren. Seine Reise glich einem Triumphzug.

Kaiser *Karl V.** wollte die Einheit der katholischen Kirche bewahren. Aber Luther verweigerte am 18. April den geforderten Widerruf. Im Streit verließ er Worms. Zu seinem Schutz ließ Friedrich der Weise ihn zum Schein überfallen und auf die Wartburg bringen. Der Kaiser verhängte daraufhin über Luther und seine Anhänger mit dem **Wormser Edikt** die Reichsacht.

Aber nicht alle Teilnehmer des Reichstags hatten für die Reichsacht gestimmt, sondern Kirche und Kaiser kritisiert und sich für Luther eingesetzt. Deshalb musste der Kaiser einen Bürgerkrieg befürchten.

Folgen in Stadt und Land

Unmittelbar vor und nach dem Wormser Reichstag begannen Anhänger Luthers in einigen Dörfern und Städten mit einer Reformation „von unten": Gemeinden wählten ihre Geistlichen, änderten die Gottesdienstordnung, stellten die Predigt des Evangeliums ins Zentrum des Gottesdienstes und lehnten außer Taufe und Abendmahl alle Sakramente ab. Die Anhänger des *evangelisch-lutherischen* Glaubens lösten Klöster auf. Geistliche, die am katholischen Glauben festhielten, wurden vertrieben. Einige radikale Anhänger der reformatorischen Vorstellungen, die sogenannten „Bilderstürmer", zerstörten Kircheneinrichtungen und -kunstwerke. In den alten Heiligendarstellungen sahen sie nur „Götzenbilder".

Viele Priester, Mönche und Nonnen gründeten nun Familien. Auch der 41-jährige Luther heiratete: Am 13. Juni 1525 nahm er die 26-jährige ehemalige Nonne *Katharina von Bora* zur Frau. Sie hatte bereits seit 1523 in seinem Haushalt gelebt.

**Über die Regierungszeit Karls V. erfährst du auf den Seiten 216 ff. mehr.*

Internettipp → *Über Katharina von Bora erfährst du mehr unter: www.lutherin.de*

2 Kurfürst Johann Friedrich I. von Sachsen und seine Mitarbeiter an der Reformation.
Ölgemälde (72,8 x 39,7 cm) von Lucas Cranach dem Älteren und Werkstatt, um 1532/39 (Ausschnitt).
Links: Martin Luther. Mitte: Kurfürst Johann Friedrich I. (der Großmütige), der seit 1532 Sachsen regierte. Rechts (mit dem erhobenen Zeigefinger): Philipp Melanchthon; Melanchthon war 1518, mit 21 Jahren, als Professor des Griechischen nach Wittenberg berufen worden und übernahm während der Reformation Organisationsaufgaben im Unterrichtswesen.

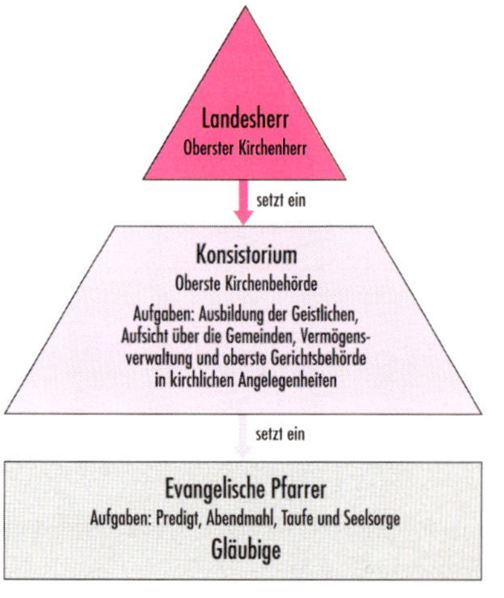

3 Aufbau einer evangelisch-lutherischen Landeskirche.

Wo bleibt das Gewissen?
Einige Landesherren und Vertreter der Reichsstädte nutzten nach 1525 die Uneinigkeit im Reich, um ihre Eigenständigkeit gegenüber Kaiser und Reich auszubauen. In den Kurfürstentümern Sachsen und Brandenburg, in der Landgrafschaft Hessen, in den Herzogtümern Württemberg und Braunschweig-Lüneburg sowie in zahlreichen Reichsstädten (z. B. Goslar, Magdeburg, Memmingen und Nürnberg) wurde zum Teil über die Köpfe der Einwohner hinweg der neue Glauben eingeführt.
Das Vorgehen widersprach Luthers ursprünglicher Auffassung: Er hatte auf das Gewissen des einzelnen Christen vertraut und gemeint, jede Gemeinde sollte alles, was sie angehe, selbst entscheiden. Mit dem Bauernkrieg* hatte er seine Einstellung geändert: Um die „rechte Zucht" zu gewährleisten, billigte er den wachsenden Einfluss der Obrigkeiten auf die reformatorische Bewegung. Die Landesherren regierten nun in alle Bereiche der neuen Konfession (Glaubenbekenntnis, -gemeinschaft; von lat. *confessio*: ich bekenne) hinein. Sie bestimmten die Kirchen- und Gemeindeordnung für ihr Territorium, sorgten für die Ausbildung und Anstellung „ihrer" Geistlichen und Lehrer, beaufsichtigten Kirchen, Schulen, Universitäten, Kranken- und Armenhäuser sowie andere öffentliche Einrichtungen und bezahlten diese aus dem eingezogenen Kirchenvermögen oder aus der Landes- oder Stadtkasse.
Luther unterstützte diese Veränderungen. Um seine Lehre zu festigen, schrieb er zahlreiche Abhandlungen für Pfarrer und Prediger, verfasste Kirchenlieder und Lehrbücher.

Informiert euch über die Reformation in eurer Region.
Wenn ihr in einer überwiegend evangelischen Gegend lebt: Wann und von wem wurde die Reformation eingeführt? Was geschah mit den Klöstern? Gab es Widerstände?
Wenn ihr in einer überwiegend katholischen Region lebt: Hat es in eurer Heimat im 16. Jh. reformatorische Bestrebungen gegeben? Warum haben sie sich nicht durchgesetzt? Befragt dazu einen Experten.

*Lies dazu Seite 212 ff.

M 1 Luther und Karl V. in Worms

Als Luther am 18. April 1521 auf dem Reichstag aufgefordert wird, seine Lehren zu widerrufen, begründet er seine Ablehnung angeblich so:

Wenn ich aber nicht mit Zeugnissen der Schrift oder mit offenbaren Vernunftgründen besiegt werde, so bleibe ich von den Schriftstellen besiegt, die ich angeführt habe, und mein Gewissen bleibt gefangen in Gottes Wort. Denn ich glaube weder dem Papst noch den Konzilien, allein, weil es offenkundig ist, dass sie öfters geirrt und sich selbst widersprochen haben. Widerrufen kann und will ich nicht, weil es weder sicher noch geraten ist, etwas gegen sein Gewissen zu tun.
Gott helfe mir. Amen.

Auf Luther antwortete Kaiser Karl V.:
Ihr wisst, dass ich von den allerchristlichsten Kaisern der edlen deutschen Nation, den katholischen Königen von Spanien, den Erzherzögen von Österreich und den Herzögen von Burgund abstamme, die alle bis zu ihrem Tod treue Söhne der katholischen Kirche gewesen sind […]. Deshalb bin ich entschlossen, alles zu halten, was meine Vorgänger und ich bis zum gegenwärtigen Augenblick gehalten haben […]. Denn es ist sicher, dass ein einzelner Bruder in seiner Meinung irrt, wenn diese gegen die der ganzen Christenheit, wie sie seit mehr als tausend Jahren und heute gelehrt wird, steht, denn sonst hätte ja die ganze Christenheit heute und immer geirrt.

Erster Text: Martin Luther, Werke, Bd. 7, Weimar 1897, S. 837 f. (vereinfacht). Zweiter Text: Fritz Dickmann (Bearb.), Renaissance, Glaubenskämpfe, Absolutismus, München [2]1976, S. 126

M 2 Die Reformation „von unten"

In Wittenberg beginnen die Anhänger Luthers 1521, die neuen Vorstellungen umzusetzen.

Der Propst* zu Wittenberg hat Erich Saltes Tochter zu Ehe genommen. Ein Barfüßermönch ist ein Schuster geworden und hat eines Bürgers Tochter genommen. Ein anderer Barfüßer ist ein Bäcker geworden und hat eine Frau genommen. Ein Augustiner ist ein Schreiner geworden und hat eine Frau genommen. Dr. Feldkirch hat seine Köchin genommen. Der Rat zu Wittenberg hat den Barfüßern und Augustinern gesagt, sie sollen ihre Klöster räumen, und hat alle Wertsachen in den Klöstern aufgezeichnet. Der Rat hat 14 Männer eingesetzt und verordnet, dass alle armen Leute erfasst werden sollen. Sie seien von den eingezogenen geistlichen Gütern zu versorgen. Die Pfarrkirche steht alle Tage zu; nur am Sonntag hält man eine deutsche Messe darin und predigt, und das Volk geht eifrig zum hochwürdigen Sakrament und nimmt es selbst auf dem Altar. Allenthalben lassen die Mönche und Pfaffen ihre Kopfhaare wachsen und nehmen sich Eheweiber.

Karl Kaulfuß-Diesch (Hrsg.), Das Buch der Reformation, Leipzig [2]1917, S. 287 f. (vereinfacht)

* **Propst**: *Vorsteher, Aufseher einer kirchlichen Einrichtung*

M 3 Die Reformation „von oben"

Der Landgraf Philipp von Hessen notiert sich im Januar 1527 auf einem „Merkzettel", worauf er im Zusammenhang mit der Einführung der Reformation achten will.

Ferner ist in Marburg eine Ordnung zu erstellen, die Messe und Zeremonien betreffend.
Ferner ist zu berücksichtigen, dass man der Armen gedenke und zu diesem Zweck die Bruderschaften, Spitäler und Stiftungen heranziehe.
Ferner ist es nötig, mit dem Rat der Richter Aufsichtsbeamte einzusetzen, die überall gute Prediger einsetzen und die schlechten absetzen.
Ferner ist an die Spitäler zu gedenken.
Ferner ist hier in Marburg eine Universität zu errichten.
Ferner haben die Aufsichtsbeamten überall Schulen einzurichten und sie mit frommen und gelehrten Lehrern auszustatten und für deren Versorgung zu sorgen.
Ferner soll man das Silbergeschirr aus den Klöstern holen, das ich noch nicht eingezogen habe.

Zit. nach: Margret Suchier, Das landesherrliche Kirchenregiment Philipp von Hessen, in: Praxis Geschichte H. 3/1990, S. 48

Internettipp → *Zur Einführung der Reformation in Hessen siehe www.stad.hessen.de/digitalesarchiv/anfang.html*

M 4 Bildersturm. *Holzschnitt von Erhard Schön, um 1530.*

Überschrift des Bildes: „Klagerede der armen verfolgten Götzen vnd Tempelpilder über so vngleich vrtayl vnd straffe."
Zum Bild oben rechts: Einem gutgekleideten Mann ragt ein gewaltiger Balken aus dem Auge, entsprechend dem Wort des Evangelisten Matthäus: „Was siehst du aber den Splitter in deines Bruders Auge und wirst nicht gewahr des Balkens in deinem Auge?"

1. *Vergleiche Luthers Standpunkt mit dem des Kaisers (M 1).*
2. *Zähle auf, wer von der Reformation betroffen war und was sich durch sie änderte (M 2 und M 3).*
3. *Übertrage die Bildüberschrift in heutiges Deutsch und erkläre die dargestellten Handlungen (M 4). Was sagt das Bild aus?*

LERNTIPP

Bild als Waffe

M 1 „Ich bin der Papst."
Holzschnitt, um 1500.
Flugblatt gegen Papst Alexander VI., der von 1492 bis 1503 die Kirche führte.

Kurz vor und dann vor allem während der Reformation erschienen erstmals im Reich zahlreiche Spottbilder. Sie wandten sich an eine oft noch leseunkundige Öffentlichkeit. Wie giftige Pfeile wurden die Bilder zwischen den Lagern der Reformwilligen und ihren Gegnern hin und her geschossen. Zentrale Gestalten des Bilderkampfes waren Luther und die Päpste.
Die meisten Spottbilder erschienen als Flugblätter, oft ohne den Zeichner zu nennen. Es ist bekannt, dass auch namhafte Künstler solche Bilder zeichneten, allen voran *Lucas Cranach der Ältere.* Er arbeitete mit Luther zusammen. Nach Luthers Tod endete der erste „Bilderkampf" der deutschen Geschichte.

M 2 Wendekopf.
Holzschnitt (26,5 x 16,0 cm) um 1520/22 (Ausschnitt).
Die einführenden lateinischen Verse auf diesem Flugblatt lauten übersetzt:
Wenn Du, Leser, fragst,
was für ein ungeheuerliches Bild hier vorliegt/
Aus ihm kannst Du
die Lehre Luthers erfahren/
Denn wie Dir beim ersten Anblick der verehrte Prediger erscheint/
Erscheint umgewendet in Wahrheit
nichts anderes als ein Narr/
Aufs Beste verkünden so
die Prediger glänzende Worte/
die doch nichts als Narrheiten enthalten.

Exkursionstipp → *Im Wilhem-Busch-Museum in Hannover finden regelmäßig Ausstellungen solcher Bilder aus verschiedenen Zeiten statt. Informiert euch!*

1. *Beschreibe die Gestalt auf dem Holzschnitt M 1 und schreibe einen Begleittext.*
2. *Erkläre, wie der Holzschnitt M 2 benutzt werden muss, und fasse seine Aussage in einem Satz zusammen: „Luther ist…"*
3. *Überlege, aus welchen religiösen Lagern die beiden Holzschnitte stammten.*
4. *Bis heute nutzen Zeichner die Möglichkeit, mit Bildern ihre Meinung zu aktuellen Themen auszudrücken. Welche Abbildungen sind gemeint? Ihr findet sie vor allem in überregionalen Zeitungen. Sammelt Beispiele und ordnet sie nach Themen und Personen. Sprecht über die mit den Zeichnungen verbundenen Absichten.*

Legenden um Luther

M 1 Luther (Joseph Fiennes) schlägt die 95 Thesen am Tor der Schlosskirche in Wittenberg an.
Szenenbild aus dem Film „Luther", 2003.

M 2 „Es ist ein Spielfilm …"

Auf den Hinweis, dass der Film-Reformator nur teilweise dem historischen Luther entspräche, sagt Mandy Müller von der Thüringen-Tourismus:

Der echte Luther war eher beleibt. Im Film aber ist er rank, schlank, mit braunen Mandelaugen. Das Kino mag nun mal schöne Menschen. Auch ist nicht jede Filmszene historisch belegt: etwa jene, in der Luther Friedrich dem Weisen die übersetzte Bibel überreicht – sehr ergreifend, aber frei erfunden. Es ist ein Spielfilm, keine Dokumentation. Doch die wesentlichen Ereignisse stimmen.

Die Zeit 45/2003

M 3 „Goldener Kompass"

Der Film „Luther" von Eric Till wurde im Mai 2004 mit dem „Goldenen Kompass" des Christlichen Medienverbundes ausgezeichnet. Der Ministerpräsident von Sachsen-Anhalt, Wolfgang Böhmer, begründet die Entscheidung so:

Mit dem Luther-Film ist es gelungen, eine ansprechende und spannende Produktion zu erstellen, die nicht auf fiktiven Ideen fußt, sondern Geschichte und Religion durch ein Filmerlebnis vermittelt. […]
Es gilt mehr denn je, Menschen Mut zu machen und aus der Verwurzelung in Geschichte und Glaube die Gegenwart und Zukunft zu gestalten.

www.welt.de/data/2004/05/04/273254.html

M 4 „Hier stehe ich …"

Der evangelische Theologe Friedrich Schorlemmer aus Wittenberg schreibt:

Was ist eine berühmte Person ohne ihre Legenden? Die drei populärsten Worte Luthers sind ebenso wenig belegbar wie die dramatischen Hammerschläge am Vortag von Allerheiligen 1517 an die Tür der Schlosskirche. Oder das Tintenfass, mit dem er in der winzigen Wartburg-Kemenate im Wutausbruch nach dem Teufel geworfen habe. Diese Erdichtungen bezeichnen in der Sache durchaus Zutreffendes. Ein spektakulärer Hammerschlag fand nicht statt, doch die Thesen wurden in der Tat in Windeseile in ganz Deutschland verbreitet und fanden einen überraschenden Widerhall. Und mit Tinte, mit geschriebenen, gedruckten und von den Menschen aufgenommenen Worten hat dieser Mann die Welt verändert und dem Teufel und all seinem Wesen das Handwerk gelegt. (Er-)Dichtung wird hier zur Wahrheit, denn sie bündelt Grundhaltungen.
„Hier stehe ich. Ich kann nicht anders." Das wollen die damaligen Beobachter in Worms am Ende seiner Verteidigungsrede gehört haben. Diese Worte hat Luther nie gesprochen! Doch sie stimmen völlig überein mit dem, was er dort als ein Abgehärmter mit demonstrativ geschorener Tonsur vor Kaiser und Reich vortrug. Ungebrochen seinem Gewissen folgend, seiner Erkenntnis getreu, hat er dem massiven öffentlichen und „staatsoffiziellen" Druck widerstanden, der ihm ein Revoco! (ich widerrufe) abnötigen wollte. Er konnte wirklich nicht anders. Aber: Das hat er so nicht gesagt, sondern praktisch getan. Aufrecht. Mutig. Gewiss.

Friedrich Schorlemmer, Hier stehe ich – Martin Luther, Berlin [2]2003, S. 12 f.

1. *Überlege, was die Produzenten des Luther-Filmes bewogen haben mag, das Leben des Reformators zu verfilmen.*
2. *Findet heraus, was in den Medien an dem Luther-Film gelobt und was bemängelt worden ist. Bildet euch ein eigenes Urteil.*
3. *Nehmt euch andere Personen aus der Reformationszeit wie Katharina von Bora oder Philipp Melanchthon vor und überlegt, ob ihr Leben ebenfalls verfilmt werden sollte.*
4. *Klärt den Begriff „Legende" und überlegt, welche Bedeutung den in M 4 erwähnten Luther-Legenden für unser Bild von Luther bis heute zukommt.*

1 „Ein neuer Spruch / Wie die Geystlicheit vnd etlich Handtwercker vber den Luther clagen."
Nachträglich kolorierter Holzschnitt (15 x 26,4 cm) von Sebald Beham auf einem Flugblatt, um 1524.
Auf der rechten Seite steht Luther mit seinen Anhängern, links seine Gegner.
Beschreibe das Aussehen der beiden Gruppen. Worüber mögen sie sich streiten? Beachte dabei den Bildtitel. Überlege, wen die über beide Gruppen thronende Figur darstellen mag und welche Aufgabe ihr zukommen soll.

Nicht nur die Bauern erheben sich

Aufstand gegen die Obrigkeit

Was im Frühjahr 1525 gemeldet wurde, war für die Zeitgenossen ungeheuerlich: „In stetten und uf dem Land" lehnte sich der „gemeine Mann" gegen die Obrigkeit auf. Den Anfang hatten Bauern aus Stühlingen im Südschwarzwald gemacht.

In vielen Gebieten waren Bauern, Angehörige der ländlichen und städtischen Unterschichten sowie Arbeiter der Bergwerke (*Bergknappen*) nicht zufrieden mit den bestehenden Zuständen. Sie verweigerten ihre Dienste und Abgaben, verfassten oft mithilfe von Geistlichen Beschwerden und schlossen sich in „Haufen" zusammen, um mit Gewalt Veränderungen zu erzwingen, wenn ihre Forderungen unerfüllt geblieben waren. Da die Erhebungen von den Bauern ausgingen, sprachen schon die Zeitgenossen vom **Bauernkrieg**.

Die Unruhen breiteten sich in kurzer Zeit in dem dichtbesiedelten Gebiet vom Oberrhein über Südwestdeutschland bis weit nach Tirol, Thüringen und darüber hinaus aus. Die Aufständischen stürmten Klöster, Schlösser und Burgen, plünderten sie oder steckten sie in Brand. Das heutige Niedersachsen blieb bis auf die städtischen Aufstände in Goslar und Osnabrück von den Unruhen unberührt.

Warum kam es zum Aufstand?

Die Ursachen der Aufstände waren vielfältig und oft von Ort zu Ort verschieden: Die Landwirtschaft steckte in einer Krise. Die Preise für landwirtschaftliche Erzeugnisse waren stetig gesunken. Einige Grundherren hatten versucht, ihre Einkommensverluste durch Ausweitung der Dienste und Abgaben auszugleichen. Dagegen erhoben sich die Bauern an einigen Orten. Am heftigsten wehrten sie sich gegen die Einschränkungen der „alten" Selbstverwaltungsrechte wie der gemeinsamen Nutzung von Wäldern, Wiesen und Seen (*Allmende*). Der „gemeine Mann" lehnte sich auch gegen die Fürsten auf, weil sie neue Steuern erhoben, von denen Adel, Klerus und Beamte meist befreit waren. Hinzu kamen die Klagen über die Kirche. Den Geistlichen wurde vorgeworfen, Kirchengelder zu verprassen und die Seelsorge zu vernachlässigen.

Das „göttliche Recht"

In manchen Gegenden waren diese Klagen über hundert Jahre alt. Die Zahl der Bauernunruhen war seit dem Ende des 14. Jh. im Reich ständig gestiegen: Im letzten Viertel des 15. Jh. waren es acht, zwischen 1500 und 1525 bereits 18. Diese Unruhen blieben aber zeitlich und räumlich begrenzt.

Das ungewöhnliche Ausmaß der Aufstände zwischen 1524 bis 1526 ist mit der Reformation zu erklären. Luther hatte den Menschen scheinbar eine Rechtfertigung für ihre Beschwerden und Klagen geliefert: das „göttliche Recht". Unter Berufung auf die „Heilige Schrift", auf Gottes Wort, erklärte der „gemeine Mann" wie Luther zuvor in Worms das Evangelium zur Grundlage seiner Forderungen. Die reformatorischen Predigten schienen das Streben nach religiöser und politischer Selbstständigkeit zu rechtfertigen. Die Aufständischen stützten ihre Forderungen damit nicht mehr nur auf das „alte Recht", sondern auch auf das aus dem Evangelium abgeleitete „göttliche Recht".

Einige Historiker beurteilen diese große soziale Bewegung als **Revolution**, als einen Versuch zahlreicher Menschen, die sozialen, politischen und religiösen Verhältnisse schnell und gründlich zu ändern.

„Der Bundtschu…"
Nachträglich koloriertes Titelblatt einer Schrift von 1514.
Der mit Riemen gebundene Bundschuh ist seit dem 13. Jh. das volkstümliche Symbol der Bauern und steht im Gegensatz zum Stiefel der adligen Ritter.

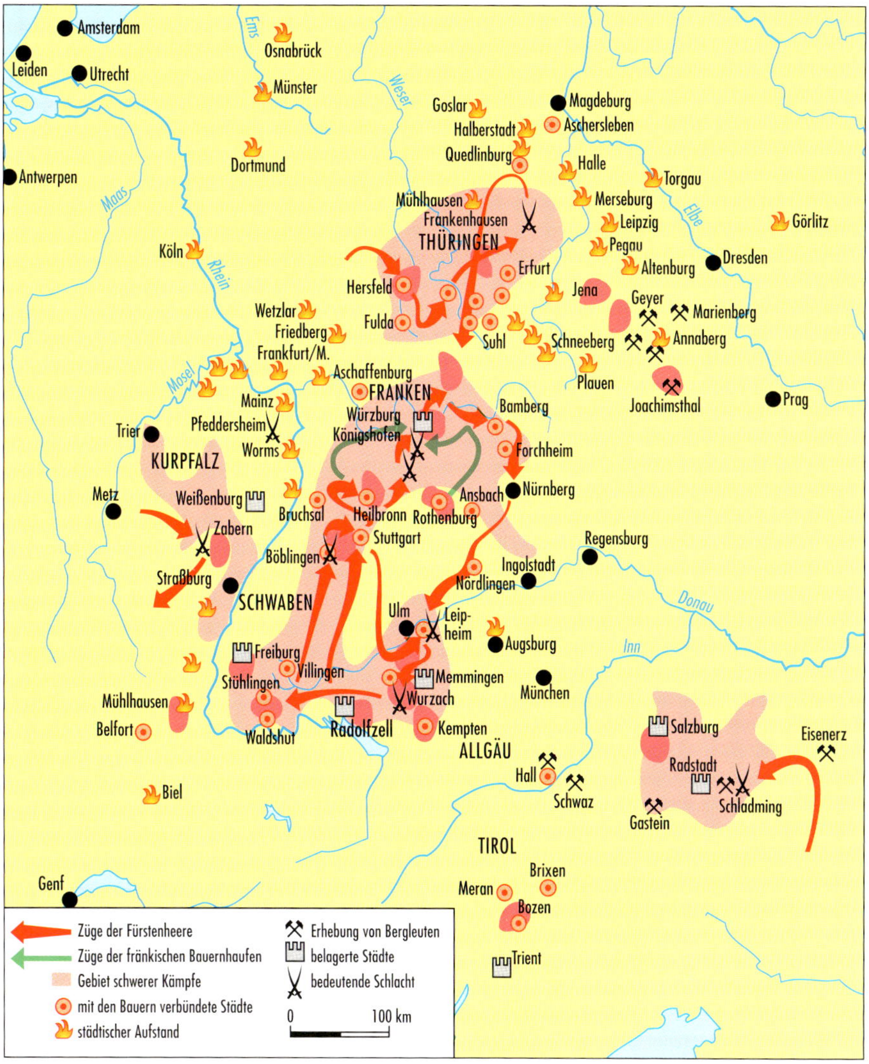

Aufstandsgebiete im Bauernkrieg.
Die verwendeten Symbole erklären die Karte. Erläutere die Aussagen.

Die Ziele des „gemeinen Mannes"

Die Erhebung des „gemeinen Mannes" bestand aus mehreren Einzelaufständen. So wie es keine gemeinsame Leitung gab, verfolgten die verschiedenen „Haufen" auch keine einheitlichen Ziele. Die einen wollten nur ihre früher besseren Lebens- und Rechtsverhältnisse wiederherstellen. Andere forderten, die Leibeigenschaft aufzuheben sowie die Klöster zu enteignen; manche lehnten die Herrschaft von Adel und Kirche ab und wollten selbst in ihren Dörfern und Städten entscheiden.

Wer glaubte, in dem Reformator Luther einen Verbündeten zu finden, wurde enttäuscht. Luther tadelte zwar die Willkür der Herren und redete ihnen ins Gewissen, aber noch schärfer verurteilte er den „Aufruhr" gegen die von Gott gewollte „Obrigkeit".

Anders verhielt sich *Thomas Müntzer*, ein Pfarrer im kursächsischen Allstedt. Er widersprach Luther und wollte das Reich Gottes schon auf Erden verwirklichen. Er beabsichtigte, die Verhältnisse zu beseitigen, die die Menschen daran hinderten, ein gottgefälliges Leben zu führen. Die Fürsten wollten ihm dabei nicht helfen, deshalb wandte Müntzer sich an den „gemeinen Mann". Er rief zum Kampf zwischen Gottlosen und Auserwählten auf. Wer nicht bereit sei, seine „widergöttliche Aufsässigkeit" (*Müntzer*) aufzugeben, werde vernichtet.

Das blutige Ende

Die Obrigkeit war angesichts der vielen Aufstände für kurze Zeit wie gelähmt. Doch bald schlugen große Söldnerheere im Auftrag der Fürsten und Herren die Erhebungen nieder. Der letzte Aufstand fand 1526 in Tirol statt.

Etwa 70000 Opfer blieben auf den Schlachtfeldern. Die Anführer wurden hingerichtet. Die Überlebenden mussten Schadensersatz an die siegreichen Herren zahlen.

Aber die „Bilanz" des Bauernkrieges weist nicht nur Opfer und Strafen auf. In etwa einem Drittel der Aufstandsgebiete kamen Reformen in Gang. Sie schränkten die Willkür der Herren ein.

M 1 Die „Zwölf Artikel“

Unter dem Einfluss eines Stadtpfarrers schrieb der Kürschner Sebastian Lotzer Ende Februar/ Anfang März 1525 in Memmingen (Schwaben) die „Zwölf Artikel“ der Bauern an die „weltlichen und geistlichen Obrigkeiten“.

1. Es ist unsere demütige Bitte und unser Wunsch, dass jede Gemeinde den Pfarrer selbst wählen soll und diesen auch wieder absetzen kann. Er soll das heilige Evangelium rein und klar predigen.
2. Wir geben gern den rechten Korn-Zehnten, wie es die Bibel vorschreibt. Er soll aber für den Unterhalt des Pfarrers und als Almosen verwendet werden.
3. Bisher hat man behauptet, wir seien Abhängige. Nun hat uns aber Christus alle mit seinem kostbaren vergossenen Blut erlöst – den Hirten ebenso wie den Höchsten, keinen ausgenommen. Nicht, dass wir völlig frei sein und keine Obrigkeit haben wollen: Das lehrt uns Gott nicht.
4. Bisher ist es Brauch gewesen, dass kein Untertan Wild, Geflügel oder Fische fangen durfte. Dies ist eigennützig und entspricht nicht dem Worte Gottes und der brüderlichen Liebe.
5. Alle Waldungen, die geistliche und weltliche Herren nicht durch Kauf erworben haben, sollen wieder an die Gemeinde fallen.
6. Unsere Dienste gegenüber den Grundherren werden von Tag zu Tag vermehrt. Wir begehren, nicht so hart belastet zu werden, und erkennen nur die Dienste an, die schon unsere Eltern geleistet haben.
7. Wir wollen keine weiteren Lasten annehmen. Wenn die Herren Dienste nötig haben, so soll ihnen der Bauer willig und gehorsam sein; aber nur zu einer Zeit und Stunde, wo es ihm nicht zum Nachteil gereicht, und nur gegen eine angemessene Bezahlung.
8. Die Pachtzinsen für die Güter sollen nach der Ertragslage des Hofes festgesetzt werden.
9. Für Vergehen setzt man immer neue Strafen fest. Wir wünschen, dass man aufgrund alter geschriebener Strafsatzungen Recht spricht und nicht nach Lust und Laune des Grundherrn.
10. Wiesen und Äcker, die sich Herren zu Unrecht angeeignet haben, sollen wieder an die Gemeinde zurückgegeben werden.
11. Nach dem Tode eines Erbbauern soll der Besitz nicht an den Grundherrn zurückgehen, damit den Witwen und Waisen nichts genommen wird.
12. Wenn einer oder mehrere der aufgestellten Artikel nicht dem Worte Gottes entsprechen, so wollen wir ihn fallen lassen, wenn man uns dies anhand der Heiligen Schrift beweist.

Günther Franz (Hrsg.), Quellen zur Geschichte des Bauernkrieges, München 1963, S. 174 ff. (zusammengefasst und in heutiges Deutsch übertragen)

M 2 Die „Zwölf Artikel“ der Bauern.
Titelblatt eines Druckes aus Zwickau von 1525.
Die Artikel wurden erstmals um den 20. März 1525 in Augsburg gedruckt. Weitere Drucke in anderen Städten folgten, sodass die Forderungen bald von Tirol bis Thüringen, vom Elsass bis zum Erzgebirge bekannt waren.

M 3 Kampfszene aus dem Bauernkrieg.
Ausschnitt aus einem großen Panoramabild, das der Maler Werner Tübke zwischen 1979 und 1981 für die Bauernkriegsgedenkstätte in Frankenhausen (Thüringen) gemalt hat.

1. *Zähle die Verpflichtungen auf, welche die Bauern als bedrückend empfanden (M 1).*
2. *In welchen Artikeln berufen sich die Bauern auf die Heilige Schrift, in welchen auf ein „altes Recht“ (M 1)?*
3. *Diskutiert, ob und warum in Gedenkstätten an den Bauernkrieg erinnert werden sollte.*

M 4 Wer war Thomas Müntzer?

1486 oder 1489	Müntzer wird in Stolberg im Harz geboren.
1514-25	Müntzer ist als Geistlicher an verschiedenen Orten tätig.
1518	Müntzer schließt sich der Reformation an.
1524	Müntzer gründet in Allstedt einen „Bund getreulichen und göttlichen Willens", um mit Bürgern und Bergleuten eine neue Gesellschaft gegen die „Gottlosen" aufzubauen; er wird aus Allstedt vertrieben.
1524/25, Winter	Müntzer nimmt Kontakt zu den aufständischen Bauern auf.
1525	Müntzer setzt in der Stadt Mühlhausen eine neue politische Ordnung durch und wird Führer der aufständischen Bauern in Thüringen. Nach der Niederlage der Bauern in der Schlacht bei Frankenhausen wird er gefangen und am 27. Mai enthauptet.

M 5 „Dieser Prophet sihet dem Thomas Müntzer gleich."

Holzschnitt (22 x 25 cm) aus: Johannes Lichtenberger, Profeceien und Weissagungen, Wittenberg 1527.

M 6 Über die Ursache des Aufruhrs

Im Spätherbst 1524 schreibt Thomas Müntzer:

Es ist der allergrößte Gräuel auf Erden, dass niemand der Bedürftigen Not sich will annehmen [...]. Sieh zu, die Grundsuppe des Wuchers, der Dieberei und Räuberei sind unsere Herren und Fürsten; sie nehmen alle Kreaturen als Eigentum: Die Fische im Wasser, die Vögel in der Luft, das Gewächs auf Erden muss alles ihr sein. Darüber lassen sie dann Gottes Gebot ausgehen unter die Armen und sprechen: Gott hat geboten, du sollst nicht stehlen. Es hilft ihnen aber nicht. So sie nun alle Menschen nötigen, den armen Ackersmann, Handwerksmann und alles, was da lebt, schinden und schaben, und wenn einer sich dann am Allergeringsten vergreift, so muss er hängen. Da sagt dann der Doktor Lügner* auch noch: Amen. Dabei machen die Herren das selber, dass ihnen der arme Mann feind wird. Die Ursache des Aufruhrs wollen sie nicht wegtun, wie kann es auf die Dauer gut werden? Wenn ich das sage, muss ich aufrührerisch sein, wohlan!

Thomas Müntzer, Schriften und Briefe, hrsg. von Gerhard Wehr, Zürich 1989, S. 113 (leicht vereinfacht)

* **Doktor Lügner**: *gemeint ist Martin Luther*

M 7 Aufruf an die Mansfelder Bergleute

Um eine Unterstützung der aufständischen Bauern zu erreichen, wendet sich Thomas Müntzer am 26./27. April 1525 mit folgendem Aufruf an die Mansfelder Bergleute:

Dran, dran, solange das Feuer heiß ist! Lasset euer Schwert nicht kalt werden, erlahmt nicht! Schmiedet pinkepanke auf den Ambossen Nimrods*, werfet ihnen den Turm** zu Boden! Es ist nicht möglich, solange sie leben, dass ihr der menschlichen Furcht leer werden solltet. Man kann euch von Gott nichts sagen, solange sie über euch regieren. Dran, dran, solange ihr Tag habt; Gott geht euch voran, folget, folget!

Thomas Müntzer, Schriften und Briefe, a.a.O., S. 161

* **Nimrod**: *Nachkomme Noahs, gilt nach dem Alten Testament als der erste Machthaber unter den Menschen*

** **Turm**: *Symbol der Gewalt der Herrscher*

M 8 Luthers Meinung

Luther verfasste drei Schriften gegen Müntzer und die Aufständischen. In einer, die er kurz vor Müntzers Hinrichtung schrieb, heißt es:

Ein Aufrührerischer ist nicht wert, dass man ihm mit Vernunft antworte, denn er nimmts nicht an; mit der Faust muss man solchen Mäulern antworten, dass der Schweiß zur Nasen ausgehe [...]. Wer Gottes Wort nicht hören will mit Güte, der muss den Henker hören mit der Schärfe. Sagt man, ich sei gar ungütig und unbarmherzig hierin, antworte ich: Barmherzig hin, barmherzig her, wir reden jetzt von Gottes Wort, der will den König geehrt und den Aufrührerischen verderbt haben.

Thomas Müntzer, Schriften und Briefe, a.a.O., S. 172

M 9 Müntzers letzter Brief

Vor seiner Hinrichtung schreibt Müntzer am 17. Mai 1525 an die Mühlhauser:

Darum sollt ihr euch meines Todes nicht ärgern, welcher zur Förderung der Guten und Warnung der Unverständigen geschehen wird [...]. Liebe Brüder, es ist ganz wichtig, euch davor zu warnen, dass ihr solche Schlappen wie die von Frankenhausen nicht auch erleidet, denn die Niederlage ist ohne Zweifel daraus entstanden, dass ein jeder seinen eigenen Nutzen mehr gesucht hat als die Rechtfertigung der Christenheit.

Thomas Müntzer, Schriften und Briefe, a.a.O., S. 166

1. *Beschreibe, wie die neue Gesellschaft aussehen und mit welchen Maßnahmen sie errichtet werden sollte (M 6 und M 7).*
2. *Führt als Luther und Müntzer ein Streitgespräch: Dürfen sich die Bauern gegen die Obrigkeit wehren?*
3. *Müntzer gibt den Grund für seine Niederlage an (M 9). Nenne weitere Gründe für das Scheitern des Bauernkrieges.*

1 Karl V.
Ölgemälde (332 x 279 cm) von Tizian, 1548. Das Bild wurde von Tizian in Augsburg gemalt. Es stellt den Kaiser auf dem Schlachtfeld bei Mühlberg an der Elbe im Jahre 1547 dar.

Uneinig im Reich und im Glauben

Die Einheit des Glaubens zerbricht
Die Grenzen seiner Macht im Reich wurden *Karl V.*, der 1519 in Frankfurt am Main von den Kurfürsten zum Kaiser gewählt worden war, bei der Bekämpfung der Reformation deutlich. Auf den Reichstagen nach 1521 konnten deren Anhänger ihre Stellung sogar verbessern. Nach dem Bauernkrieg erlaubte Karls Bruder *Ferdinand*, der den Kaiser im Reich vertrat, 1526 den Reichsständen* auf dem Reichstag von Speyer, in Glaubensfragen vorläufig ihrem Gewissen zu folgen.

Die Luther wohlwollenden Reichsstände nutzten diese Gelegenheit, um in ihren Gebieten ihr „landesherrliches Kirchenregiment" auszubauen. Drei Jahre später wollten Karl V. und die meisten der katholischen Fürsten auf dem Reichstag zu Speyer das Ruder herumreißen. Dagegen protestierten die evangelisch-lutherischen Reichsstände mit der Begründung, in Glaubensangelegenheiten zähle nur das Gewissen. Die Minderheit müsse sich hier nicht der Mehrheit beugen. Seitdem hießen die Evangelischen auch **Protestanten**.
Ein Jahr später, auf dem Augsburger Reichstag von 1530, legten die evangelischen Fürsten und Reichsstädte ihre Vorstellungen vor: das **Augsburger Bekenntnis**. Sie wollten damit belegen, dass ihr Glaube grundsätzlich mit der katholischen Lehre übereinstimme. Diese Schrift wies der Kaiser aber zurück.

Karl V. muss nachgeben
Der Kaiser erklärte nach dem Augsburger Reichstag jeden weiteren Widerstand gegen das Wormser Edikt von 1521 zum Landfriedensbruch und stellte ihn unter Strafe. Daher schlossen sich evangelische Reichsstände 1531 in Schmalkalden (Thüringen) zu einem Verteidigungsbündnis unter Führung Hessens und Kursachsens zusammen: dem *Schmalkaldischen Bund*.
Die Bedrohung Wiens durch die Osmanen, die 1529 erstmals bis Wien vorgedrungen waren, zwang Karl V. zu Zugeständnissen gegenüber den evangelischen Reichsständen, da er ihre militärische Unterstützung brauchte. Karl V. billigte ihnen bis auf weiteres zu, die Religion frei wählen zu können.

Der Schmalkaldische Krieg
Ein von allen Seiten lange gefordertes, immer wieder verschobenes Konzil konnte erst Ende 1545 in Trient eröffnet werden. Als die Protestanten die Versammlung ablehnten, versuchte Karl V., die Glaubenseinheit mit Gewalt wiederherzustellen: Nach einem Sieg über Frankreich und einem Waffenstillstand mit den Osmanen begann der Kaiser einen Krieg gegen den Schmalkaldischen Bund. In der entscheidenden **Schlacht bei Mühlberg** an der Elbe (24. April 1547) verloren die Protestanten. Der Bund wurde aufgelöst. Seine Führer wurden gedemütigt und bestraft.

***Reichsstände**: *im Heiligen Römischen Reich zählten dazu alle Fürsten, Grafen, Städte und Ritter, die zusammen mit dem Kaiser das Reich vertraten. Die Reichsstände hatten Sitz und Stimme im Reichstag. Sie mussten die vom Reichstag bewilligten Steuern aufbringen und im Kriegsfall das Reichsheer stellen.*

2 Kurfürst Johann der Beständige von Sachsen überreicht Kaiser Karl V. auf dem Reichstag zu Augsburg 1530 das Augsburger Bekenntnis.
Ölgemälde (159,5 x 235 cm) aus der Evang.-Luth. Pfarrkirche St. Nikolaus und Ulrich in Nürnberg-Mögeldorf von Andreas Herneisen, 1601 (Ausschnitt).

Der Kaiser zieht sich zurück

Karl V. wollte nach dem Sieg die kaiserliche Stellung im Reich stärken. Seine Absicht stieß aber auf den Widerstand der Reichsstände – auch der strengkatholischen Fürsten. Die Lage ermutigte 1552 einige Gegner der habsburgischen Politik zu einem **Fürstenaufstand**. Sie verbündeten sich mit Frankreich, um gegen Karl V. militärisch vorzugehen. Der Kaiser konnte sich in letzter Minute durch eine Flucht aus Innsbruck über die Alpen in Sicherheit bringen.
Karl V. zog sich nach dieser Demütigung nach Spanien in ein Kloster zurück. Enttäuscht hatte er seinem Bruder *Ferdinand I.* die Kaiserwürde 1556 übertragen. Seinem Sohn *Philipp* überließ er 1555/56 Spanien und die Niederlande. Zwei Jahre später starb er. Das Habsburgerreich war nun geteilt.

„Wessen das Land, dessen die Religion"

Ferdinand I., der 1531 zum römisch-deutschen König gewählt worden war, wollte den Glaubensstreit beilegen. Das Ergebnis seiner Bemühungen wurde im **Augsburger Religionsfrieden** von 1555 festgehalten:

- Die Protestanten – soweit sie das „Augsburger Bekenntnis" von 1530 billigten – wurden im Reich rechtlich anerkannt. Die Katholiken erklärten sich bereit, mit ihnen in einem „beharrlichen, unbedingten, für und für ewig währenden Frieden" zu leben.
- Die Reichsstände erhielten das Recht, ihren Glauben frei zu wählen. Ihre Untertanen mussten sich der Entscheidung anschließen. Der Rechtsgrundsatz lautete: *cuius regio, eius religio*: wessen das Land, dessen die Religion. Wer sich dem nicht anschließen wollte, musste das Land verlassen und auf sein Eigentum verzichten.
- In konfessionell gemischten Reichsstädten sollten beide Bekenntnisse gleichberechtigt sein.
- Die protestantischen Reichsstände durften alle bis 1552 eingezogenen Kirchengüter behalten.

Das Ende der Religionseinheit

Der Augsburger Religionsfrieden besiegelte die Glaubensspaltung bzw. das Ende der Religionseinheit im Reich. Der Versuch, die nach Sprache, Sitte und Gebräuchen unterschiedlichen Gebiete des Reiches durch den Glauben zusammenzuhalten, war gescheitert.
Erst 444 Jahre später, am 31. August 1999, unterschrieben Vertreter der römisch-katholischen Kirche und des Lutherischen Weltbundes in Augsburg eine Erklärung zur Rechtfertigungslehre. Sie gilt als entscheidender Schritt zur Überwindung der Kirchenspaltung.

1. *Nenne die Folgen des Augsburger Religionsfriedens für den einzelnen Christen und die Länder im Reich.*
2. *Für wen gab es Religionsfreiheit?*

M 1 Das kaiserliche Amt

Der Rechtsgelehrte und spanische Kanzler Mercurino de Gattinara, einer der wichtigsten Berater Karls V., legt dem Kaiser am 12. Juli 1519 seine Vorstellungen über das kaiserliche Amt in einer Denkschrift vor:

Herr! Da Gott, der Schöpfer, Euch die Gnade erwiesen hat, Eure Würde über alle christlichen Könige und Fürsten zu erhöhen, indem Er Euch zum größten Kaiser und König seit der Teilung des Reiches Karls des Großen, Eures Vorgängers, machte und Euch auf den Weg der rechtmäßigen Weltherrschaft [...] verwies, um den ganzen Erdkreis unter einem Hirten zu vereinigen, ist es recht und billig, dass Eure Kaiserliche Majestät sich vor der Sünde des Undanks hüte und den Schöpfer, den wahren Geber aller Güter, erkenne [...].

Bittet Gott ohne Unterlass [...], dass Er Euch mit seiner Gnade erfüllen und solcher Art erleuchten und lenken möge, dass Ihr das Euch verliehene Amt wohl verwalten und darüber Rechenschaft geben könnt, zum Dienst Seiner Göttlichen Majestät, zur Erhöhung Seines heiligen katholischen Glaubens und zur Förderung der gesamten Christenheit [...], auf dass Ihr mit Hilfe und Beistand des Heiligen Stuhles das Gut des allgemeinen Friedens [...] erlangen möget, der nicht anders als durch die Kaiserliche Herrschaft [...] erreicht werden kann.

Fritz Dickmann (Bearb.), Renaissance, Glaubenskämpfe, Absolutismus, a.a.O., S. 212 f.

M 2 Rückblick auf die Regierungszeit

Nach dem Bericht einer unbekannten Person gibt Karl V. am 25. Oktober 1555 in Brüssel in Gegenwart seines Sohnes Philipp folgenden Rückblick auf seine Regierungszeit ab:

In meinem neunzehnten Jahre wagte ich es, beim Tode des Kaisers um die kaiserliche Krone mich zu bewerben, nicht um meine Besitzungen auszudehnen, sondern um nachdrücklich für das Wohl Deutschlands und meiner anderen Königreiche [...] wirksam sein zu können, und in der Hoffnung, unter den christlichen Völkern den Frieden zu erhalten und ihre Streitkräfte zu vereinigen zur Verteidigung des katholischen Glaubens gegen die Türken.

Ich bin teils durch den Ausbruch der deutschen Ketzerei, teils durch die Eifersucht nebenbuhlerischer Mächte behindert worden, das Ziel dieser Bestrebungen zu erreichen; aber ich habe mit Gottes Hilfe nie aufgehört, meinen Feinden zu widerstehen und mich zu bemühen, die mir übertragenen Pflichten zu erfüllen [...].

Ich habe gegen meine Feinde getan, was ich vermochte, aber der Erfolg eines Krieges liegt in der Hand Gottes, der Siege gibt oder hinwegnimmt, wie es ihm beliebt. Danken wir der Vorsehung, dass wir keinen jener großen Wechsel der Dinge zu beklagen haben, die unverlöschliche Spuren zurücklassen, sondern im Gegenteil manche Siege gewonnen haben, deren Angedenken unsere Kinder sich freuen mögen. Mich zurückziehend, bitt ich Euch inständig, Eurem Fürsten getreu zu sein und unter Euch selber auf gutes Einverständnis zu halten. Vor allem hütet Euch vor jenen neuen Sekten, von welchen die angrenzenden Länder heimgesucht sind, und wenn die Ketzerei auch über Euere Grenzen eindringen sollte, dann zögert nicht, sie zu vertilgen, oder es wird Euch übel ergehen. Ich für meinen Teil muss bekennen, dass ich mich zu mannigfachen Irrtümern habe verleiten lassen, sei es durch jugendliche Unerfahrenheit, oder durch den Stolz des reiferen Alters, oder durch eine andere Schwäche der menschlichen Natur; aber ich erkläre, dass ich niemals wissentlich und freiwillig Unrecht oder Gewalt geübt oder andere dazu veranlasst oder ermächtigt habe.

Alfred Kohler (Hrsg.), Quellen zur Geschichte Karls V., Darmstadt 1990, S. 466 f. (vereinfacht)

M 3 Das Wappen Karls V.

Das Wappen kennzeichnet Karl V. als Kaiser. Erkläre!

1. *Erläutere die Ziele, die Gattinara vortrug und die Karl V. verfolgte (M 1 und M 2).*
2. *Prüfe die „Lebensbilanz" Karls V. (M 2). Wo kannst du dem Kaiser zustimmen, was siehst du anders? Begründe.*

Konfessionen spalten Europa

1 Das Marburger Religionsgespräch. *Kolorierter Holzstich, 1557. In der Mitte Landgraf Philipp von Hessen, rechts von ihm Luther, links von ihm Zwingli.*

Zwingli in Zürich

Angeregt von Martin Luther, brachte der Schweizer Priester *Huldrych (Ulrich) Zwingli* 1523 den Rat der Stadt Zürich dazu, seine Vorstellungen umzusetzen. Schrittweise wurden alle nicht aus der Bibel ableitbaren Teile des kirchlichen Lebens abgeschafft: Messe, Heiligenbilder, Reliquien, Gemeindegesang, Prozessionen und Klöster. Der reformierte Gottesdienst beschränkte sich auf Gebet und Predigt.

Einheit von Bürger- und Kirchengemeinde

Ein Ziel Zwinglis war es, das öffentliche Leben stärker christlich zu prägen. Ihm ging es um die Einheit von Bürger- und Kirchengemeinde. Nach Zwingli durfte die weltliche Obrigkeit den Kirchenbesuch und die Teilnahme am Abendmahl befehlen, den Lebenswandel der Gemeindemitglieder überwachen und Unwürdige vom Abendmahl ausschließen. Seine Vorstellungen setzten sich in den Städten, aber nicht auf dem Lande durch. 1531 fiel Zwingli im Kampf gegen die katholisch gebliebenen Kantone.

Reformatoren diskutieren in Marburg

Gegen die sich abzeichnende Spaltung der Reformation wandte sich der hessische Landgraf *Philipp der Großmütige*. Er hatte sich bereits 1524 Luthers Reformation angeschlossen und 1527 die erste evangelische Universität in Marburg gegründet.* 1529 lud er Reformatoren unterschiedlichster Auffassungen zu einem Religionsgespräch auf das Marburger Schloss ein. Luther, Melanchthon, Zwingli und weitere evangelische Theologen kamen, um über ein gemeinsames Bekenntnis zu beraten. Die Einigung im Glauben sollte die Reformatoren gegenüber Kaiser und Papst stärken. Doch die Bemühungen scheiterten, weil sich Luther und Zwingli nicht einigen konnten. Auf dem Augsburger Reichstag von 1530 waren daher drei verschiedene protestantische Bekenntnisse vorgelegt worden.

Calvin in Genf

Ein anderer einflussreicher Schweizer Reformator war *Johannes Calvin*. Er führte die Reformation nach 1540 in Genf ein. Der Gottesdienst fand in Kirchen ohne Altäre, Bilder, Kerzen und Orgelspiel statt. Im Mittelpunkt stand die Predigt, dazu kamen Gebet, Sündenbekenntnis und Psalmengesang. Jeder war zur Teilnahme am Abendmahl verpflichtet. Das ganze Leben wurde durch die Kirche kontrolliert. Luxus in Bezug auf Kleidung, Frisuren, Essen und Trinken war verboten, auch weltliche Vergnügungen wie Tanz, Theater, Gasthausbesuche und Glücksspiele waren nicht erlaubt. Der Lebenswandel der Bürger wurde überwacht, Verfehlungen untersucht, gerügt oder bestraft. Dabei schreckte Calvin nicht vor Hinrichtungen (von 1542 bis 1546 allein 58), Verstümmelungen, Folterungen und Verbannungen zurück.
Andererseits war es Calvin, der sich um einen Ausgleich der verschiedenen Standpunkte bemühte und dem es zu verdanken ist, dass Genf zum Zufluchtsort vieler religiös Verfolgter wurde. Auch hat Calvin den wichtigen politischen Grundsatz aufgestellt, dass Widerstand gegen die Obrigkeit geboten sei, wenn diese ihre Pflichten grob verletze.

Auserwählt?

In der Theologie Calvins hieß es, jeder Mensch sei bereits vor seiner Geburt entweder zum ewigen Leben oder zur Verdammnis prädestiniert (vorausbestimmt). Und es gebe im Leben der Erwählten äußerlich sichtbare Zeichen dieser „Auswahl". Da kein calvinistischer Gläubiger sicher sein konnte, zu den „Auserwählten" zu gehören, bemühte sich jeder, die göttliche Gnade durch ein besonders frommes sowie ein äußerst pflichtbewusstes und sparsames Leben nachzuweisen. Arbeit war für die Calvinisten göttliches Gebot. Sie lebten sparsam und legten ihre Einkünfte in Grund- und Hausbesitz oder ihre Gewinne in neue Geschäfte an. Wirtschaftlichen Erfolg verstanden sie als ein Zeichen von Gottes Wohlgefallen.

*Siehe M 3, Seite 209

2 **Sitzung des Konzils zu Trient.**
Ölgemälde (70,5 x 96,5 cm), nach 1562.

Gegen den neuen Glauben
Der Augsburger Religionsfrieden löste nicht alle Fragen des Zusammenlebens der Konfessionen. Unter Druck und Zwang mussten evangelisch-lutherische Gebiete zum katholischen Glauben zurückkehren. Umgekehrt wurden katholische Einflussbereiche evangelisch-lutherisch gemacht. Der Papst ergriff einerseits Maßnahmen, um die Macht der katholischen Kirche zurückzugewinnen. Dies nennt man Gegenreformation. Andererseits bemühte er sich um eine innerkirchliche katholische Reform. 1542 gründete der Papst das *Heilige Offizium*, eine neue Inquisitionsbehörde, die mit den katholischen Fürsten zusammenarbeitete und z. B. bei vielen Hexenprozessen* mitwirkte. 1559 wurde das erste Verzeichnis der für Katholiken verbotenen Bücher veröffentlicht, der **Index** (lat. *Index librorum prohibitorum*). So versuchte der Papst, die Gläubigen vom Lesen kritischer, angeblich schädlicher Werke abzuhalten. Erst 1966 wurde der Index, der ständig erneuert worden war, aufgehoben.

Was sollen Katholiken glauben?
Wichtig für die Reform der römisch-katholischen Kirche war das Konzil von Trient. Es wurde im Dezember 1545 eröffnet und dauerte 18 Jahre.
Das Konzil legte **Dogmen** fest, verbindliche Glaubensaussagen, um die katholische von der reformatorischen Lehre abzugrenzen.
Ein Beispiel: Das Konzil entschied, dass die Bibel und die kirchliche Überlieferung, also die Schriften der Kirchenväter und Konzilsentscheidungen, gleichwertige Quellen des Glaubens seien. Nur die *Vulgata*, die aus dem 7. Jh. stammende lateinische Bibelausgabe, sollte für die Auslegung der Heiligen Schrift maßgeblich sein, nicht der hebräische oder griechische Urtext des Alten und Neuen Testaments.

Weitere Reformen
In jedem Bezirk eines Bischofs wurden künftig Priester ausgebildet. Beschlossen wurden Regeln gegen Ämterhäufung und -verkauf sowie Ablassmissbrauch. Außerdem wurde die Kirchen- und Klosteraufsicht strenger. Neue Anweisungen über Predigt und Unterricht vervollständigten die innere Reform.
Indem das Konzil diese Beschlüsse vom Papst bestätigen ließ, erkannte es dessen Vorrangstellung feierlich an. Aber es dauerte Jahrzehnte, bis die Reformen verwirklicht waren.

Der Jesuitenorden
Die 1534 von dem baskischen Adligen *Ignatius von Loyola* gegründete *Gesellschaft Jesu* (lat. *Societas Jesus*; Abk. S.J.) entwickelte sich zu einer „päpstlichen Kampftruppe".
Zu den Aufgaben des Jesuitenordens, der nach 20 Jahren etwa 1 000 und um 1700 rund 20 000 Mitglieder hatte, gehörte die Festigung des katholischen Glaubens, die „Rück"-Gewinnung evangelischer Christen und die Heidenmission in Übersee.
Die Päpste und die katholischen Landesfürsten förderten ihn. Die „Kampfmittel" der Jesuiten waren Predigt, Seelsorge und Erziehung der Jugend. Sie gründeten neue Schulen und Universitäten und kümmerten sich um die Ausbildung künftiger Priester und Staatsdiener. Darüber hinaus übten sie als Erzieher von Fürstensöhnen und als Beichtväter vieler Herrscher großen Einfluss aus.
Um den katholischen Glauben zu stärken, schrieben die Jesuiten „lehrreiche" Theaterstücke und befürworteten den Bau prachtvoll ausgeschmückter Kirchen, in denen sie wie auf einer Bühne predigten. Sie belebten das Prozessions- und das Wallfahrtswesen.

* *Lies dazu Seite 223 f.*

3 Der Massenmord an den Hugenotten in Paris in der Bartholomäusnacht. *Ölgemälde (105 x 155 cm) von François Dubois d'Amiens, um 1570. Katharina von Medici, die Mutter des seit 1560 regierenden katholischen Königs Karl IX. von Frankreich, hatte während der Hochzeit ihrer Tochter Margarete von Valois mit dem Hugenotten Heinrich von Navarra am 24. August (Tag des Heiligen Bartholomäus) 1572 versucht, einen Führer der Hugenotten töten zu lassen. Das Attentat scheiterte. Die Hugenotten empörten sich öffentlich. Daraufhin gab das Königshaus das Zeichen zur Ermordung führender Hugenotten in Paris. Die Aktion weitete sich aus. Allein in Paris wurden etwa 3000, im ganzen Land etwa 10000 Hugenotten umgebracht.*

Vielfalt oder Chaos?

Luthers Lehre übernahmen Dänen, Schweden, Norweger und Finnen. Nach der Einigung der Zwinglianer mit den Calvinisten (1549) verbreiteten sich die calvinistisch-reformierten Glaubensanhänger vor allem in den Niederlanden, Frankreich und England. Sogar im Reich fanden sie Anhänger: in der Pfalz, in Hessen, Brandenburg und Ostfriesland.

In Frankreich lösten die Gegensätze zwischen Anhängern der reformatorischen Lehre, die sich hier *Hugenotten* nannten, und den Katholiken seit den 60er-Jahren des 16. Jh. Religions- und Bürgerkriege aus. Die Konflikte endeten erst, nachdem 1598 im **Edikt von Nantes** die katholische Religion als die herrschende bestätigt und den Hugenotten Glaubensfreiheit gewährt wurde.

In England brach *Heinrich VIII.* mit dem Papst, weil dieser sich weigerte, seine Ehe für ungültig zu erklären. Heinrich unterstellte nach 1532 die englische Kirche seiner Obergewalt (*Suprematie*). Damit legte er den Grundstein für die **anglikanische Staatskirche**. Sie prägte eine Mischung aus katholischer Tradition und calvinistisch-reformierten Auffassungen. Um 1567 lösten sich die ersten *Puritaner* (lat. *purus*: rein), die Anhänger der „reinen" calvinistisch-reformierten Lehre, aus der anglikanischen Staatskirche und gingen teilweise unter Zwang in die Niederlande. Von dort wanderten später viele von ihnen nach Nordamerika aus.

4 Die Bekenntnisse in Europa Ende des 16. Jh.

M 1 Taufgottesdienst in der zweiten Hugenottenkirche von Lyon (Frankreich).
Anonymes Gemälde, um 1570.
In der Mitte des Chores steht die Kanzel. Die Männer behielten ihre Hüte während des Gottesdienstes auf; sie wurden nur abgesetzt, während aus der Bibel gelesen oder wenn der Name Gottes ausgesprochen wurde.

M 2 Zwinglis Regeln

In Zürich werden 1530 folgende Regeln Zwinglis erlassen:

Wir gebieten, dass jedermann ohne Ausnahme, der sich nicht durch Krankheit oder andere redliche Gründe bei der Gemeinde oder beim Pfarrer entschuldigen kann, alle Sonntage bei guter Zeit zur Kirche gehe und bis zu Ende verbleibe.
Kein Wirt darf Einheimischen an Sonn- und Feiertagen vor der Kirche Speise und Trank geben. Kein Einheimischer soll sich nachts nach 9 Uhr mehr im Wirtshause finden lassen, auch dürfen nach dieser Zeit keine Schlaftrünke außer dem Hause verabreicht werden, Kranke vorbehalten [...]. Weil das Spiel, wie unsere biederen Landleute klagen, die meiste Ursache aller Winkelwirtschaften, Frevel und anderer Unfuge ist, so haben wir auf das Ansuchen unserer Landleute alle Spiele verboten, es sei mit Karten, Würfeln, Brettspiel, Kegeln, Wetten usw.

Hermann Schuster (Hrsg.), Quellenbuch zur Kirchengeschichte, Bd. I/II, Frankfurt a. M. [9]1976, S. 120 f.

M 3 Calvinistische Vorschriften

In seinem Buch „Unterricht in der christlichen Religion" von 1536 schreibt Calvin:

Die erste Grundlage der Zucht besteht nun darin, dass persönliche Ermahnungen stattfinden. Das bedeutet, dass der, der aus eigenem Antrieb heraus nicht seine Pflicht tut, oder der sich frech aufführt, oder dessen Lebenswandel an Ehrbarkeit zu wünschen übrig lässt, oder der etwas Tadelnswertes begangen hat, sich ermahnen lässt, und dass ein jeder seinen Eifer daran wendet, seinem Bruder, wenn es die Sache erfordert, solche Ermahnung zukommen zu lassen. Vor allem aber sollen die Pastoren und Ältesten* hierüber wachen. Denn ihre Aufgabe ist es nicht allein, dem Volke zu predigen, sondern auch hin und her in den einzelnen Häusern Ermahnung und Ermunterung auszuteilen, wenn man irgendwo durch die allgemein geschehene Unterweisung nicht weit genug vorangekommen ist.

Hermann Schuster (Hrsg.), Quellenbuch zur Kirchengeschichte, Bd. I/II, a.a.O., S. 120 f. (vereinfacht)

***Älteste**: zwölf ausgewählte Männer „von ehrbarem Lebenswandel"*

Internettipp → *Informationen über Zwingli findest du unter www.zwingli.ch*

1. *Erkläre, weshalb der Lebenswandel überwacht und die Sittenlosigkeit bestraft wurden (M 2).*
2. *Wie beurteilst du die Kirchenzucht und das Vorgehen der Kirchenältesten (M 3)?*

1 Hexen brauen ein Unwetter.
Holzschnitt von 1489/90.

Hexenwahn

Kommt der Teufel?
Der Glaube an Zauberei und dämonische (unheimliche und unerklärbare) Mächte scheint seit langem unter den Menschen verbreitet zu sein. Mittelalterliche Schriften nennen Heilszauber, Liebeszauber und Wachstumszauber. Im Mittelalter sahen Kirche und weltliche Rechtsordnungen darin nur einen unsinnigen und verabscheuungswürdigen Aberglauben. Diese Auffassung wandelte sich Ende des 15. Jh. Die Zeit der blutigen Hexenverfolgungen begann. Was war geschehen?
Viele Christen litten unter der Auflösung des bisher gültigen Weltbildes, der Glaubensspaltung und den Kriegen. Das Leben schien ihnen unsicherer und schwerer als zuvor. Die Furcht vor dem leibhaftigen Teufel war gewachsen. Auch der Reformator Martin Luther glaubte, in seinem Studierzimmer auf der Wartburg, den Teufel getroffen zu haben.

Der „Hexenhammer"
Die katholische Kirche forderte 1484 in der sogenannten Hexenbulle, Hexen „beiderlei Geschlechts" zu bekämpfen. Drei Jahre später veröffentlichte ein für die deutschen Staaten ernannter päpstlicher Inquisitor*, der Dominikanermönch *Heinrich Institoris*, dazu einen Kommentar. Der lateinische Titel des Werkes lautet *„Malleus maleficarum"*, also *„Hammer der Schadensstifterinnen"*. Mit dem „Hammer" sollte das Unrecht zerschmettert werden. Der „Hexenhammer" wurde bis 1669 in 29 Auflagen gedruckt. Das Werk beschreibt alle gängigen Anschauungen über Schadenszauber und erklärt die Frauen zu Hauptverdächtigen, weil sie von Natur aus schlecht seien.
Neu war, dass der Schadenszauber nicht nur als Verstoß gegen die kirchlichen Lehren verstanden wurde, sondern als ein weltliches Verbrechen wie Mord und Brandstiftung. **Hexerei** umfasste danach vier „Straftaten":
- Teufelspakt, bei dem Gott geleugnet wird,
- Teufelsbuhlschaft, eine Art Hochzeit mit dem Satan,
- Schadenszauber, die Schädigung und Vernichtung von Menschen und Tieren,
- Hexensabbat, auf dem Hexen und Teufel ausschweifende Feste feiern.

Der „Hexenhammer", der auch Hinweise zur Führung von Prozessen gegen die „Schadensstifterinnen" enthält, beeinflusste lange Zeit die Hexenprozesse im Reich.

***Inquisitor**: *Untersuchungsrichter*

Hexen vor Gericht
Die Hexenprozesse fanden in katholischen und protestantischen Gebieten statt. Sie wurden von Gerichten durchgeführt. Gerichtsherren konnten entscheiden, ob sie einen Prozess eröffnen wollten. Häufig taten sie es auf Druck der Bevölkerung. Bei den Verhören hatten mindestens ein Richter, zwei Schöffen und ein Gerichtsschreiber anwesend zu sein.

2 Die „Wasserprobe".
Holzschnitt aus dem 16. Jh.
Die Angeklagte wurde gefesselt ins Wasser geworfen. Ging sie nicht unter, war sie schuldig; ertrank sie, war sie unschuldig, weil das Wasser keine Hexe aufnehmen würde.
Nebenbei: Wasser galt als Sinnbild der Reinheit.

3 „Von einer grauenvollen Tat, wie eine Mutter ihre Tochter dem Sathan verheiratete."
Kolorierter Holzschnitt von 1568 aus der Nachrichtensammlung von Johann Jakob Wick aus Zürich.
Beschreibe und deute das dargestellte Geschehen.

Haben Hexen rote Haare?

Für einen Prozess reichte bereits die üble Nachrede: In Notzeiten kam es häufig vor, dass für ein unerklärliches Unglück ein unbequemer Nachbar beschuldigt wurde. Außenseiter der Gesellschaft wie Witwen, Bettler, Kräuterfrauen, Hebammen und Andersgläubige wurden oft angezeigt. Manchmal reichten schon rote Haare, um beschuldigt zu werden. Auch Neid konnte zum Vorwurf der „Hexerei" führen.
Gründe für die Verfolgung von Frauen waren zum einen frauenfeindliche Vorstellungen der Theologen und Rechtsgelehrten, zum anderen der verbreitete Glaube an magische Fähigkeiten der Frauen.
Die Zahl der Prozesse stieg durch sogenannte „Besagungen". Alle Angeklagten wurden dabei gezwungen, weitere Personen zu nennen, die angeblich an den Hexenversammlungen teilgenommen hatten. Ein Hexereiverdacht konnte also jeden treffen.

4 Stachelstuhl.
Folterinstrument aus der Zeit der Hexenverfolgungen.

Auf den Scheiterhaufen!

Hexenprozesse wurden in ganz Europa geführt. Überall brannten Scheiterhaufen. Höhepunkt der Hexenverfolgung waren die Jahre 1560 bis 1690. Zentren im Reich waren das Rheinland mit Trier und Köln, Westfalen, Sachsen und die Bistümer Minden, Paderborn, Fulda, Bamberg, Würzburg, Eichstätt und Augsburg. Im niedersächsischen Raum kam es vor allem in Osnabrück, Hildesheim und Verden zu Hexenprozessen. Historiker schätzen, dass dabei im Reich mindestens 30000 Menschen hingerichtet wurden. Etwa 80 Prozent aller Verurteilten waren Frauen aus ländlichen Unterschichten. Während der Prozesswellen verurteilten die Gerichte auch reiche Frauen und Männer. Sie verschonten nicht einmal Kinder.

Widerstand gegen die Hexenprozesse

Bereits in der zweiten Hälfte des 15. Jh. traten Gegner der Hexenlehre auf. Im 16. Jh. versuchte der Arzt *Johannes Weyer* aus Kleve, den Hexenglauben als Wahnvorstellung zu entlarven. Wichtiger für das Ende der Prozesse wurde der Jesuit *Friedrich Spee von Langenfeld*, der von 1591 bis 1635 lebte. Er hielt zwar am Hexenglauben fest, lehnte aber die grausame Folter ab.
Als Straftatbestand wurden Zauberei und Hexerei Ende des 17. Jh. aufgehoben. Aber noch im 18. Jh. fanden einzelne Hexenprozesse statt.

Internettipp → *Unter www.sfn.uni-muenchen.de/hexenverfolgung/startlexikon.htm findest du ein Lexikon zur Geschichte der Hexenverfolgung; Quellen aus Hessen findest du unter www.stad.hessen.de/digitalesarchiv/anfang.html*

1. *Zähle die Gründe auf, weshalb Menschen in einen Hexenprozess verwickelt werden konnten.*
2. *Ein Meinungsforschungsinstitut fragte 1956: „In früheren Jahrhunderten hat man an Hexen geglaubt. Denken Sie, dass vielleicht doch etwas dran ist, dass es vielleicht Hexen gibt?" Damals sagte 1 Prozent: „Ja, bestimmt gibt es Hexen." 7 Prozent sagten: „Vielleicht". 92 Prozent waren davon überzeugt, dass der Hexenglauben Unsinn ist. Vor einigen Jahren wurde die Umfrage wiederholt. Nun antworteten insgesamt 16 Prozent, dass am Hexenglauben „bestimmt" oder „vielleicht" etwas dran sei. Wie erklärt ihr diese Veränderung? Führt in eurer Klasse (oder Schule) eine Umfrage durch, und unterscheidet als Antworten: „Bestimmt", „Vielleicht" und „Glaube ich nicht".*

M 1 Beinschraube.
Sie wurde auch „Spanischer Stiefel" genannt.

M 2 Die „Hexenbulle"

Am 5. Dezember 1484 erlässt Papst Innozenz VIII. eine Verlautbarung, für die sich im 19. Jh. die Bezeichnung „Hexenbulle" eingebürgert hat.

Uns ist neuerdings zu unserem nicht geringen Leidwesen zu Ohren gekommen, dass […] eine große Anzahl von Personen beiderlei Geschlechts, des eigenen Heiles vergessend und vom katholischen Glauben abfallend, mit […] Teufeln Unzucht treiben und mit ihren Zaubersprüchen, Beschwörungen und Verschwörungen sowie anderen abscheulichen abergläubischen Handlungen und zauberischen Übertretungen Verbrechen und Vergehen bewirken, dass sie Geburten der Frauen, die Jungen der Tiere, die Feldfrüchte, die Weintrauben und die Früchte der Bäume sowie auch Männer, Frauen, Zugtiere, Kleinvieh, Schafe und […] die Weinberge auch, die Obstgärten, Wiesen, Weiden und das Korn sowie andere Erzeugnisse des Bodens verderben, ersticken und umbringen. Und sie belegen die Männer, die Frauen, das Groß- und Kleinvieh und die Lebewesen mit grausamen inneren und äußeren Schmerzen und Qualen und peinigen sie; gleichzeitig verhindern sie, dass die Männer zu zeugen, die Frauen zu empfangen, Verheiratete sich die ehelichen Pflichten zu leisten vermögen.

Peter Segl, Als die Ketzer fliegen lernten. Über den Hexen-„wahn" im Mittelalter, Abensberg 1991, S. 8

M 3 Das Protokoll der Rebekka

Rebekka L., eine angesehene Frau aus Nördlingen (und insofern eine Ausnahme bei den Hexenprozessen), wird am 1. Juni 1590 in Abwesenheit ihres Ehemannes verhaftet. Das folgende Protokoll zeichnet den Verlauf ihrer Gefangenschaft nach:

2. Juni Erstes Verhör durch die Ratsherren […]. Verlesen der Anklage; Reaktion: Anrufung Gottes, „so wahr Christus am Kreuz für sie gelitten, sie sei unschuldig […]".

6. Juli Gegenüberstellung mit Apollonia A. und der Ratsherrnwitwe Maria Sch., die auch als Hexen angeklagt sind. Beide belasten Rebekka L. und behaupten, sie auf dem Weinmarkt und bei anderen Hexenzusammenkünften gesehen zu haben.

10. Juli Apollonia A., Maria Sch. und eine andere Angeklagte werden verbrannt, ohne ihr falsches Zeugnis widerrufen zu haben. Dies versetzt Rebekka L. in Aufregung; Brief an ihren Ehemann.

29. Juli Nach zweimonatiger Haft beschließt der Rat, Rebekka L. nochmals „gütlich" anzusprechen, dann aber mit ihr so zu verfahren wie mit allen anderen. Am selben Tag erfolgen Verhör und erste Folterungen mit Daumenschrauben und spanischen Stiefeln. Rebekka bestreitet alle Vorwürfe.

30. Juli Abermals Folter mit Daumenschrauben und spanischen Stiefeln. Rebekka L. leugnet jede Schuld. Am Nachmittag erneut Folter, diesmal wird sie mit auf den Rücken gebundenen Händen aufgezogen. Erstes Bekenntnis Rebekkas: Teufelsbuhlschaft und -pakt.

Juli/Aug. Bei weiteren Verhören gesteht Rebekka L. den Hexenritt, den Schadenszauber und nennt Namen ihrer „teuflischen Gespielinnen"; ausschließlich Frauen aus ihrem näheren Bekanntenkreis […].

2. Aug. Nach dem Verhör verfällt Rebekka L. in tiefe Verzweiflung. Ihr Geständnis bedeutet für sie den qualvollen Tod, ein Widerruf neue Folterqualen […].

3. Aug. Erneutes Verhör. Rebekka L. bekennt, dass sie ihren Mann um Gift gebeten habe, „Gott wolle es ihr verzeihen. Sie habe es nur getan, um ihren Kindern die Schande ihres schimpflichen Todes zu ersparen […]."

10. Aug. Sie widerruft alles und erhebt schwerste Anklagen gegen den Rat. Der Hohe Rat erreicht den Widerruf des Widerrufs […].

20. Aug. Erneute Folterung. Rebekka L. gesteht, tote Kinder gegessen zu haben.

21. Aug. Sie gesteht einige Morde, die bereits eine andere Frau gestanden hatte.

2. Sept. Verkündung des Todesurteils.

9. Sept. Verbrennung von Rebekka L. und vier anderen Frauen.

Eva Maria und Wilhelm Lienert, Die geschändete Ehre der Rebekka L. oder: Ein ganz normaler Hexenprozeß …, in: Praxis Geschichte 4/1991, S. 33 (gekürzt und vereinfacht)

M 4 „So sind wir schließlich alle Zauberer"

Der Jesuit Friedrich Spee von Langenfeld veröffentlicht seine Kritik an den Hexenprozessen 1631 noch ohne seinen Namen zu nennen, um nicht selbst verfolgt zu werden. Gegen die Prozesse wendet er unter anderem ein:

Man kann nicht alles Ärgernis aus der Welt schaffen, man muss vieles geschehen lassen, was sich nicht gut ändern lässt. Es ist besser, dreißig und noch mehr Schuldige laufen zu lassen, als auch nur einen Unschuldigen zu bestrafen […].
Was suchen wir so mühsam nach Zauberern? Hört auf mich, ihr Richter, ich will euch gleich zeigen, wo sie stecken. Auf, greift Kapuziner, Jesuiten, alle Ordenspersonen und foltert sie, sie werden gestehen. Leugnen welche, so foltert sie drei-, viermal, sie werden schon bekennen.

Wolfgang Behringer (Hrsg.), Hexen und Hexenprozesse in Deutschland, München 1988, S. 377 ff.

1. *Liste auf, welche „Verbrechen" die „Hexenbulle" nennt (M 2). Welche sind beweisbar?*
2. *Stelle die Straftaten zusammen, die Rebekka L. vorgeworfen werden und die sie bekennt (M 3).*
3. *Entwerft Briefe, die Rebekka L. an ihren Mann, an ihre Kinder und an ihre Richter geschrieben haben könnte.*
4. *Für welchen Rechtsgrundsatz spricht sich Spee aus (M 4)?*

LERNTIPP

Christen grenzen Juden aus

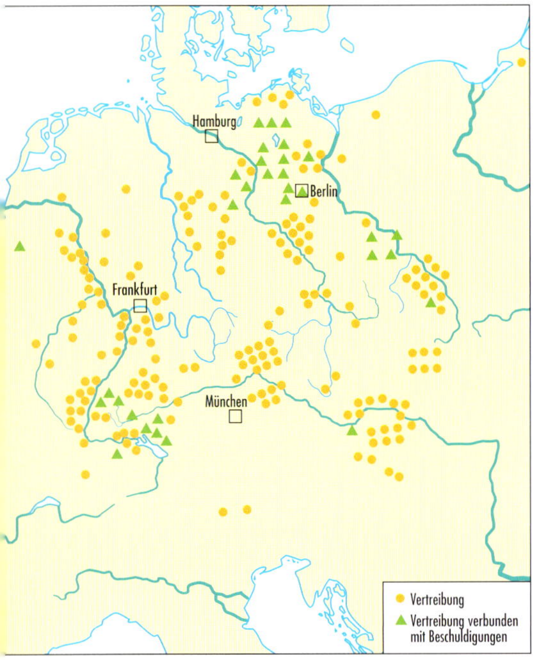

1 Vertreibungen von Juden 1390-1600.

Ausgegrenzt und verfolgt

Juden wurden im Mittelalter in vielen Städten als Bürger aufgenommen und wirkten an der Stadtverteidigung mit. Unter ihnen waren angesehene Kaufleute, Gelehrte und Ärzte. Jüdische Mediziner behandelten Christen. Sie waren nicht selten die Leib- und Hofärzte von Bischöfen, Königen und Kaisern.
Ende des 15. Jh. wurden die Juden aus Spanien (1492), Portugal (1496/97) und verschiedenen italienischen Fürstentümern und Stadtstaaten vertrieben. Auch im Reich wiesen zwischen 1440 und 1550 Fürsten und Stadtherren die jüdische Bevölkerung aus. In manchen Städten wurde aber auf die Ausweisung verzichtet. Stattdessen schrieb man den Juden das Leben in Ghettos, in besonderen Stadtteilen, vor. Außerdem schränkten „Judenordnungen" das jüdische Leben ein. Juden wurden z.B. verpflichtet, einen gelben Fleck auf dem Gewand zu tragen.

Beschuldigt und angeklagt

Krisen verschärften die Ausgrenzung der jüdischen Bevölkerung noch: In wirtschaftlich schlechten Zeiten vertrieben oft verschuldete Kleinkaufleute, Handwerker und Bauern ihre jüdischen Kreditgeber, um so ihre Verpflichtungen loszuwerden.
Die Ausschreitungen gegen Juden wurden meist religiös begründet. Man wollte die „unchristlichen" Mitbewohner vertreiben und verdächtigte sie vielfältiger Untaten. Die Beschuldigungen reichten von der Brunnenvergiftung bis zu der Behauptung, Juden schlachteten Christenkinder.

Was tun Protestanten und Katholiken?

Die Reformation verbesserte die Verhältnisse für die jüdische Bevölkerung nicht. Luther hatte gehofft, mit seiner Lehre die Juden zum Christentum bekehren zu können. Als deutlich geworden war, dass diese seinen Glauben nicht übernahmen, verfasste er mehrere Hetzschriften gegen sie.
Auch die katholische Kirche wandte sich gegen die Juden. 1555 veröffentlichte sie einen Erlass, in dem sie die Juden „wegen ihrer Schuld zu ewiger Sklaverei" verdammte.
Viele Juden zogen daraufhin nach Polen oder in andere osteuropäische Länder.

3 Jüdische Frau aus Worms.
Buchmalerei von Markus zum Lamm, 16. Jh.
Woran erkennst du, dass es sich um eine Jüdin handelt?

2 Stadtplan von Frankfurt a. M. mit Judengasse.
Ausschnitt aus einem Kupferstich von Matthäus Merian d. Ä., 1628.
In der Freien Reichsstadt Frankfurt am Main mussten die Juden auf Anordnung des Kaisers seit 1462 in einem Ghetto am Rande der Stadt leben. Sie durften nur in einer etwa 300 Meter langen „Judengasse" wohnen.
Das Ghetto lag zwischen Stadtmauer und einer weiteren Mauer. Drei Tore begrenzten den Zu- und Ausgang. Zu Beginn des 16. Jh. wohnten dort in rund 20 Wohnhäusern etwa 200 Menschen. Bis zum Beginn des 17. Jh. stieg die Einwohnerzahl des Ghettos auf über 2 700 Personen in 195 Häusern.

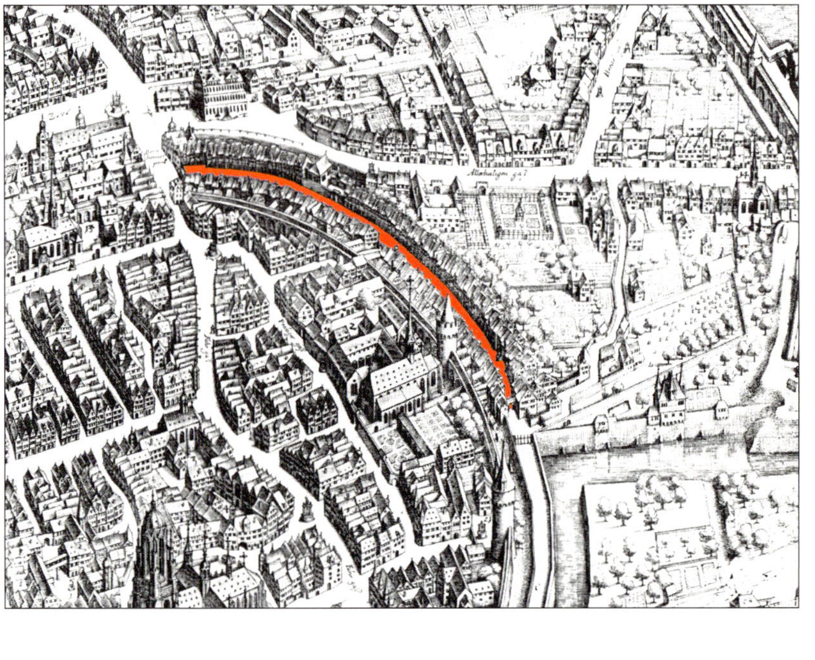

Der „Fettmilch-Aufstand"

Ein Streit zwischen dem Rat der Stadt Frankfurt und der Bürgerschaft mündete im August 1614 in Unruhen. Unter Führung des Lebkuchenbäckers und Zunftmeisters *Vincenz Fettmilch* stürmten Handwerker die Judengasse und vertrieben die Juden. Der Kaiser griff ein, er verkündete die Reichsacht gegen die Aufrührer und ließ den Aufstand niedergeschlagen. Die Anführer wurden festgenommen und 1616 hingerichtet. Am Tag der Hinrichtung wurden die Frankfurter Juden unter dem Schutz kaiserlicher Truppen in die Judengasse zurückgeführt.

M 1 Plünderung der Judengasse am 22. August 1614.
Handkolorierter Holzschnitt aus einem zeitgenössischen Flugblatt.

M 2 Vertreibung der Juden am 23. August 1614.
Handkolorierter Holzschnitt aus einem zeitgenössischen Flugblatt.

M 3 Hinrichtung der Anführer des Aufstands und Rückführung der Juden am 28. Juni 1616.
Handkolorierter Holzschnitt aus einem zeitgenössischen Flugblatt.

M 4 Aus der Frankfurter Judenverordnung
Die 1617 veröffentlichte „Judenstättigkeit" der Stadt Frankfurt a. M. enthält folgende Anweisungen:

Die Juden sollen sich bei Nacht, auch an Sonntagen und anderen hochzeitlichen Festen der Christen, in der Judengasse aufhalten und in der Stadt nicht finden lassen. Dazu ist das große Tor, hinten und vorne an der Judengasse, zu schließen und zuzuhalten […].
Ferner soll den Juden auf dem Markt oder in der Stadt öffentlich ohne Erlaubnis keine Läden oder Kramstände zu halten gestattet werden, jedoch soll ihnen unbenommen sein, ihre Angebote durch die Stadt und Gasse ungehindert zu tragen und zu verkaufen […].
Zurzeit sind bereits über fünfhundertdreißig Familien in Frankfurt registriert, die Zahl soll in Zukunft nicht über fünfhundert hinausgehen […].
Ferner sollen nicht mehr als zwölf Paare unter den eingeborenen Juden jährlich heiraten dürfen.

Michael Wolffsohn und Uwe Puschner, Geschichte der Juden in Deutschland. Quellen und Kontroversen, München 1992, S. 50 f.

Internettipps → *Unter www.juedischesmuseum.de und www.judengasse.de findest du weitere Informationen und Links zum Thema.*

1. *Beschreibt die Lebensbedingungen im Ghetto (Abb. 2, Seite 226).*
2. *Welche Ziele verfolgte die Stadt nach dem Aufstand (M 4)?*
3. *Einiges habt ihr über den „Fettmilch-Aufstand" erfahren; manche Fragen bleiben aber offen. Welche? Versucht, sie zu beantworten.*
4. *Stellt fest, ob in eurem Heimat- oder Schulort im 15./16. Jahrhundert Juden lebten.*
5. *Informiert euch, ob in dieser Zeit vergleichbare Auseinandersetzungen in anderen Orten stattgefunden haben.*
6. *Gibt es in eurer Nähe einen Judenfriedhof? Wann fand hier das letzte Begräbnis statt?*

Warhafftige Zeitung

Aus Praag

Darinnen kürtzlich vermeldet wird/ der gefährliche Zustandt/ welcher uber die Evangelische Stände hat ergehen sollen/ Aber von Gott dem Allerhöchsten verhütet worden/ und hernachmals sich das Widerspiel begeben/ das es uber die Rahtgeber (so Gott und dem Landesfrieden zuwieder/) selbsten außgangen / Auch wie sich einer von den rähtlinsführer/ aus angst seines bösen Gewissens./ zu den Capuciner München ins Kloster versteckt / entlichen aber herauß geben müssen/ und den Evangelischen Ständen gefänglichen uberantwortet. Wie sie dann auch ferner jhr eigen bekändtniß gethan/ und umb Gnade gebeten.

1 Der „Prager Fenstersturz".
Titelholzschnitt aus einer Zeitung des Jahres 1618.
Unter Führung eines Calvinisten und eines Lutheraners warfen aufgebrachte Abgesandte der böhmischen Ständeversammlung am 23. Mai 1618 zwei kaiserliche Statthalter und ihren Sekretär aus einem Fenster der Prager Burg (Hradschin). Dieser protestantische Anschlag auf die katholischen Beamten wurde später zum Anlass für den Dreißigjährigen Krieg erklärt.
Übrigens: Die drei kaiserlichen Beamten überlebten den Sturz aus 17 m Höhe in den Burggraben, weil sie auf einen Misthaufen fielen. In einem Bericht eines Betroffenen wurde das so umschrieben: „Die Gnade und Barmherzigkeit Gottes bewahrte uns vor dem sicheren Tod."
Bestimme die Einstellung des Zeichners zu dem Ereignis.

30 Jahre Mord und Totschlag?

Vor dem „Großen Krieg"
Zu Beginn des 17. Jh. verschärften sich im Reich die Gegensätze. Entgegen dem Augsburger Religionsfrieden waren in einigen Reichsstädten konfessionelle Minderheiten unterdrückt worden. Einige Bischöfe hatten den neuen Glauben angenommen, ohne ihr Amt aufzugeben. Bis 1566 waren fast alle norddeutschen Bistümer protestantisch geworden. Dagegen gingen die katholischen Fürsten vor, da nach dem Augsburger Religionsfrieden von 1555 die geistlichen Territorien und das gesamte reichsunmittelbare Kirchengut der katholischen Kirche vorbehalten bleiben sollte.
Den Einrichtungen des Reiches wie dem Reichstag in Regensburg und dem Reichskammergericht in Speyer fehlte die Macht, den Streit zu beenden. Ein Familienstreit im Hause Habsburg ermutigte die protestantischen Stände in Böhmen, die katholische Herrschaft der Habsburger abzuschütteln. Die Schwäche der Habsburger wollte auch das französische Herrscherhaus nutzen, um die Vormacht in Europa zu übernehmen.

Union gegen Liga
Auf dem Reichstag von 1608 spitzte sich die Lage zu. Auf Anregung des calvinistischen Kurfürsten *Friedrich V. von der Pfalz* schlossen sich 1608 acht reformierte Fürsten mit 17 Städten zu einem militärischen Schutzbündnis zusammen: der **Union**. Im Gegenzug verbündeten sich unter Führung des katholischen Herzogs *Maximilian I. von Bayern* die meisten katholischen Reichsstände 1609 in der **Liga**. Beide Bündnisse bemühten sich um Unterstützung durch ausländische Mächte: die Union in Frankreich, England und den Niederlanden, die Liga in Spanien und Polen.

CD-ROM-Tipp → *Das Zeitalter des Dreißigjährigen Krieges. Alltagsleben, Wandel und Fortschritt in den Jahren des Umbruchs, Köln: MicroMedia-Arts*

Aufstand in Böhmen
1617 wurde der Habsburger *Ferdinand* König von Böhmen. Sofort leitete er gegenreformatorische Maßnahmen ein. Den reformierten Ständen gewährte Rechte wie die Steuerverwaltung und das Kirchenregiment erkannte er nicht mehr an. Die Spannung wuchs, als protestantische Geistliche durch katholische ersetzt werden sollten. Als dann noch zwei Kirchen der Protestanten geschlossen oder abgebrochen werden sollten, weil sie auf katholischem Grundbesitz errichtet worden waren, protestierten die böhmischen Stände: Eine radikale Gruppe der reformierten Ständevertreter warf am 23. Mai 1618 drei kaiserliche Beamte aus dem Fenster der Prager Burg.
Dabei blieb es nicht. Die Aufständischen bildeten eine vorläufige Regierung, stellten ein Heer auf und begannen, die Herrschaftsordnung neu zu gestalten. Mit den anderen zu Österreich gehörenden reformierten Ständen erklärten die aufständischen Böhmen König Ferdinand für abgesetzt. Am 26. August 1619 wählten sie den Führer der protestantischen Union, den Kurfürsten Friedrich V. von der Pfalz, zum neuen böhmischen König.

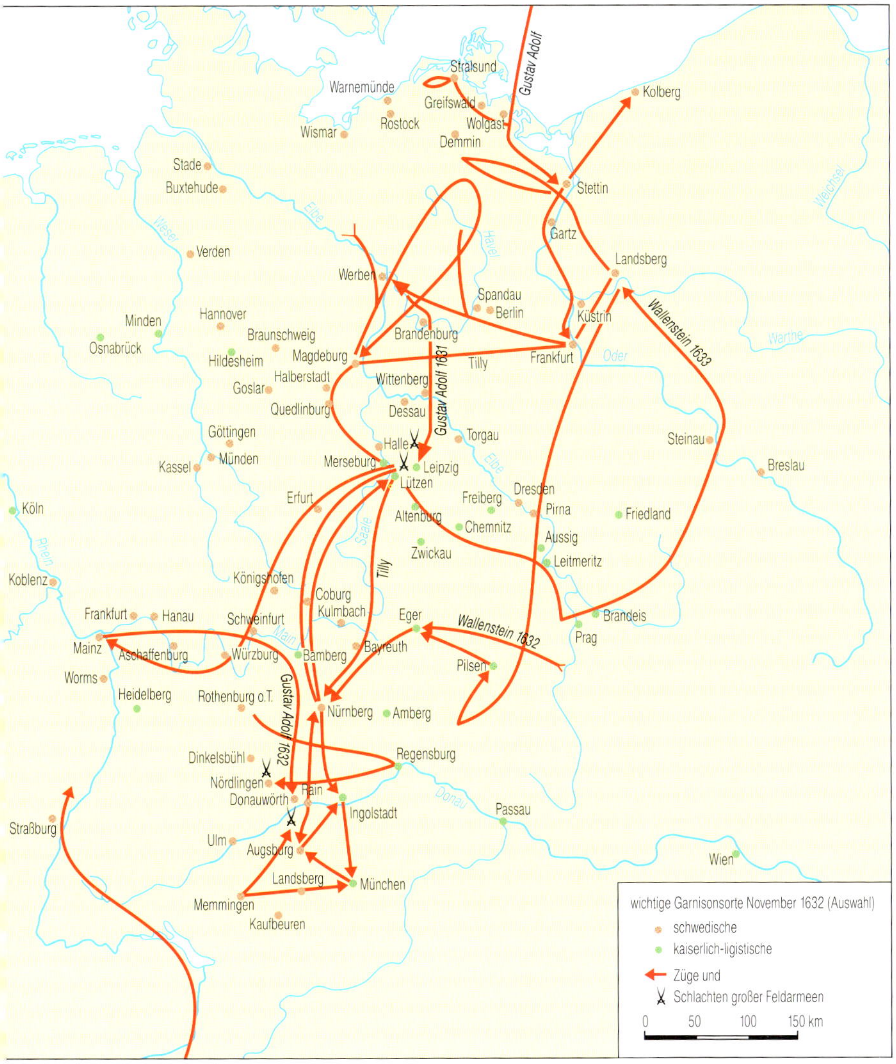

2 Auf dem Höhepunkt des Krieges (1630-1634).
Nach unterschiedlichen Schätzungen gab es von 1618 bis 1648 zwischen 30 und 80 große Schlachten und Belagerungen. Zu den Söldnerheeren so viel: Im Februar 1645 bestand beispielsweise eine Truppeneinheit in Bayern aus: 534 Deutschen, 218 Italienern, 15 Franzosen, 24 Lothringern, 43 Burgundern, 26 Griechen, 54 Polen, 5 Ungarn, 51 Tessinern, 2 Kroaten, 1 Iren, 11 Spaniern, 1 Sizilianer, 15 Türken und 18 Dalmatiern. Was sagt diese Zusammensetzung der Truppe über die Motive der Soldaten sowie der Kriegsherren aus?

Krieg gegen den „Winterkönig"

Zwei Tage nach dieser Wahl, wurde der in Böhmen abgesetzte Ferdinand in Frankfurt am Main zum Kaiser des Reiches gewählt. *Ferdinand II.* sicherte sich die Hilfe Bayerns, Sachsens und Spaniens, erreichte, dass sich die Union nicht einmischte und ging militärisch gegen die aufständischen Böhmen vor. Die unter Friedrich von der Pfalz kämpfenden Truppen verloren in der **Schlacht am Weißen Berg** bei Prag (3. November 1620).

Ferdinand II. setzte den „Winterkönig", wie Friedrich V. von der Pfalz spöttisch bezeichnet wurde, ab und ließ ein Strafgericht folgen. Die Führer des Aufstandes wurden in Prag öffentlich hingerichtet. Die protestantische Bevölkerung Böhmens musste zum katholischen Glauben zurückkehren. Daraufhin flohen etwa 150 000 Menschen aus ihrer Heimat.

Ein Nutznießer des böhmisch-pfälzischen Krieges war Maximilian I. von Bayern. Für die militärische Unterstützung des Kaisers durch das bayerische Heer bekam er – wie zuvor vereinbart – 1623 die pfälzische Kurwürde und 1628 die Oberpfalz. Ihre Einwohner mussten wieder katholisch werden.

Tilly und Wallenstein ziehen nach Norden

Von Böhmen zog das Heer der Liga unter Führung des in bayerischen Diensten stehenden Feldherrn *Johann Tserclaes Graf von Tilly* in die Pfalz und in die protestantischen Gebiete im Norden des Reiches. Daraufhin griff der dänische König *Christian IV.*, der als Herzog von Holstein deutscher Reichsfürst war, ein. England, Frankreich und die Niederlande unterstützten ihn mit Geld. Doch die von Tilly und dem kaiserlichen Feldherrn *Albrecht von Wallenstein* geführten Truppen konnten die norddeutschen Gebiete außer Stralsund unterwerfen. Der Dänenkönig musste im **Frieden von Lübeck** (1629) versprechen, sich nie wieder in die inneren Angelegenheiten des Reiches einzumischen.

Wird der Kaiser zu mächtig?

Ein Ziel des Kaisers schien nun erreichbar: die Wiederherstellung (lat. *restitutio*) der seit 1552 in protestantischen Besitz übergegangenen Kirchengüter. Ohne Befragung des Reichstages und nur mit Zustimmung der katholischen Reichsfürsten erließ Ferdinand 1629 das **Restitutionsedikt**. Betroffen waren davon unter anderem die Erzbistümer Magdeburg und Bremen, zwölf weitere Bistümer und über 500 Klöster. Der damit verbundene Machtzuwachs des Kaisers rief drei Gegner auf den Plan:

- Sowohl die katholischen als auch die protestantischen Reichsfürsten sahen ihre ständische Freiheit bedroht.
- Das katholische Frankreich bemühte sich weiter, die habsburgische Umklammerung durch das Reich, Spanien und die spanischen Niederlande zu sprengen.
- Die protestantischen Schweden sahen ihre Stellung als Großmacht im Ostseeraum gefährdet.

Die Schweden kommen bis München

1629 griff der protestantische König *Gustav II. Adolf* von Schweden in den Krieg gegen den Kaiser ein. Diplomatischer „Drahtzieher" war das katholische Frankreich: Um die Habsburger zu schwächen, versprach es den Schweden für den Krieg gegen den Kaiser hohe Hilfsgelder. 1630 eroberten schwedische Truppen Pommern, Mecklenburg und Brandenburg.

Die protestantischen Fürsten im Norden des Reichs standen den von den Schweden geführten Truppen zunächst misstrauisch gegenüber. Erst als Tillys Truppen 1631 Magdeburg niedergebrannt hatten, traten die Kurfürsten von Brandenburg und Sachsen auf die Seite Schwedens. Die vereinigten Heere konnten die kaiserlichen Truppen in mehreren Schlachten besiegen. Die Schweden zogen bis München.

In seiner Bedrängnis wandte sich der Kaiser an Wallenstein. Doch dieser ließ sich nur durch außerordentliche Vollmachten zu einem weiteren Kriegszug überreden. Erste Erfolge für die Kaiserlichen stellten sich ein: In der **Schlacht bei Lützen** (in der Nähe von Leipzig) verloren sie zwar, doch auf dem Schlachtfeld starb der Schwedenkönig (16. November 1632). Als Wallenstein danach angeblich nicht mit allen Mitteln versuchte, die Schweden aus dem Reich zu drängen, wurde er des Verrats beschuldigt und 1634 ermordet.

Kaiserliche Truppen konnten in der **Schlacht von Nördlingen** im August 1634 die Vorherrschaft der Schweden im Süden des Reiches brechen. Sie wurden nach Norden abgedrängt.

Keine Ruhe

Im Mai 1635 wurde der **Frieden von Prag** zwischen Sachsen und dem Kaiser vereinbart. Ihm schlossen sich die meisten protestantischen und calvinistischen Fürsten an. Der Kaiser verzichtete darauf, das Restitutionsedikt durchzusetzen und verbot Sonderbündnisse.

3 Schlachtfeld.
Radierung (17,0 x 19,6 cm) von Karel Dujardin, um 1652.
Nenne den Grund, weshalb der Tote ohne Kleider dargestellt wurde.

Trotzdem gab es keine Ruhe. Frankreich fürchtete einen Friedensschluss zwischen dem Kaiser und Schweden und entschloss sich, in den Krieg einzugreifen. Die folgenden Kämpfe fanden vor allem im Reich statt. Trotz zahlreicher Schlachten kam es zu keiner Entscheidung. Der Krieg zog sich noch dreizehn Jahre hin. Die letzten Kriegsjahre waren nur noch ein Rauben, Plündern und Morden.

Um Glauben oder Macht?

Der Dreißigjährige Krieg war ein gesamteuropäisches Ereignis. Er bestand aus mehreren Kriegen, die von 1618 bis 1648 nacheinander ausgetragen wurden. Der Begriff *Dreißigjähriger Krieg* ist seit 1648 nachweisbar.

Zu den Konfessionsgegensätzen war der Kampf der großen Staaten um die Vormachtstellung in Europa gekommen. Je nach politischer und militärischer Zweckmäßigkeit gingen die großen und kleinen Fürsten Bündnisse über die Konfessionen hinweg ein. Dies wurde spätestens deutlich, als das katholische Frankreich das protestantische Schweden gegen den katholischen Kaiser unterstützte.

Auch Not bringt Tod

Der Dreißigjährige Krieg war eine Katastrophe. Eine ganze Generation wurde von den Kriegszeiten geprägt und weitere Generationen von den Kriegsfolgen. Das macht ihn zum entsetzlichsten Ereignis der deutschen Geschichte vor dem *Zweiten Weltkrieg* (1939-45).

Während der 30 Kriegsjahre starben die Menschen nicht nur durch Waffen. Auch Not brachte den Tod. Die Kontributionen* und Plünderungen nahmen der Bevölkerung oft das Lebensnotwendige. Missernten vergrößerten den Hunger und förderten mit den herumziehenden Söldnern die Verbreitung von Seuchen. Die Bevölkerung des Reiches sank von etwa 16 auf 10 Millionen Menschen.

In manchen Orten war es einfacher, die Namen der Überlebenden anzugeben als die der Toten. Etwa 40 Prozent der ländlichen und rund ein Drittel der städtischen Bevölkerung kamen ums Leben. Erst um 1720 erreichte das Reich wieder annähernd die Bevölkerungszahl wie vor dem Ausbruch des Krieges.

Verwüstet und zerstört

Nach dem Krieg waren weite Teile des Landes verwüstet, viele Felder lagen brach. Es fehlten Menschen und Geld, um die zerstörten Bauernhöfe wieder aufzurichten und die verwüsteten Felder wieder fruchtbar zu machen. Nur wenige Landstriche blieben verschont.

Die vom Krieg betroffenen Städte waren verarmt. Die Kontributionen hatten sie ausgezehrt. Die Einwohnerverluste ließen die Steuereinnahmen sinken. Handwerk und Handel verloren ihre Kunden.

Der Dreißigjährige Krieg belastete das Reich noch lange. In fast jeder Hinsicht geriet es in Rückstand zu den anderen europäischen Großmächten.

***Kontributionen**: *besondere Kriegssteuern oder vom Feind erzwungene Warenlieferungen und Zahlungen*

M 1 Der Brand Magdeburgs. *Kolorierter Kupferstich von 1631. Um das Restitutionsedikt durchzusetzen, ließ Tilly das mit Schweden verbündete Magdeburg am 20. Mai 1631 stürmen. Dabei entstand ein Brand, der die Stadt einäscherte. Etwa 20 000 Menschen fanden den Tod.*

M 2 Kriegsleiden und -folgen

Ein Pfarrer aus Großbieberau (Hessen) erinnert an die Jahre 1634 und 1635:

1634: Bald fielen die Schweden über den Rhein herüber und jagten die Kaiserlichen aus ihrem Quartier, bald jagten diese wieder jene hinaus. Die Folge war, dass das ganze Land zwischen Main und Rhein ausgepresst wurde. Kein Mensch durfte sich auf dem Land blicken lassen, sonst wurde ihm nachgejagt wie einem Wild. Ergriff man einen, dann wurde er schlimmer als auf türkische Weise unbarmherzig geschlagen bis er verriet, wo er sein Geld oder sein Vieh oder sein Pferd hatte. Gefangene wurden nackend an heiße Öfen angebunden oder aufgehängt und mit Rauch gedämpft. Zuberweise schüttete man auch Wasser und Jauche in den Hals der Leute und sprang anschließend mit den Füßen auf die geschwollenen Bäuche. Diese barbarische Tränkung wurde „der schwedische Trunk" genannt …

Wegen dieser Tyrannei – und weil es keine Lebensmittel mehr auf dem Lande gab – verließen alle Einwohner die Dörfer …

1635: Nachdem nun – wie oben berichtet – das ganze Land ausgeplündert und kein Vieh noch Pferd mehr vorhanden war, wurde auch keine Sommerfrucht (außer etwas weniges zu Rüsselsheim, Darmstadt und Lichtenberg) angebaut …

Inzwischen hat Gott uns neben dem Kriegsleid noch die Pest hinterher geschickt … Die Leute sterben schnell und haufenweis dahin, sodass man sie gar nicht alle begraben konnte …

Durch diesen Krieg nun, durch Pest, Teuerung und Hungersnot sind der Leute so wenig im Land geworden, dass unsere Nachkommen es schwerlich glauben werden.

Günther Franz (Hrsg.), Quellen zur Geschichte des deutschen Bauernstandes in der Neuzeit, Darmstadt 1963, S. 117 ff. (stark vereinfacht)

M 3 Aus dem Tagebuch eines Söldners

Aufzeichnungen aus dem Tagebuch eines Unbekannten, der 1625 aus Geldnot Söldner geworden war, ab 1627 im Heer der katholischen Liga diente und 1631 an der Erstürmung Magdeburgs teilnahm.

Den 20. Mai haben wir mit Ernst angesetzt und gestürmt und auch erobert. Da bin ich mit stürmender Hand ohne allen Schaden in die Stadt gekommen. Aber in der Stadt, am Neustädter Tor, bin ich 2mal durch den Leib geschossen worden, das ist meine Beute gewesen …

Ist mir doch von Herzen leid gewesen, dass die Stadt so schrecklich gebrannt hat, wegen der schönen Stadt und weil es meines Vaterlandes ist.

Wie ich nun verbunden bin, ist mein Weib in die Stadt gegangen, obwohl sie überall gebrannt hat, und hat wollen ein Kissen holen und Tücher zum Verbinden und worauf ich liegen könnte. So habe ich auch das kranke Kind bei mir liegen gehabt. Ist nun das Geschrei ins Lager gekommen, die Häuser fallen alle übereinander, sodass viele Soldaten und Weiber, welche mausen* wollen, darin müssen bleiben … Sie [die Frau des Söldners] kommt nach anderthalb Stunden gezogen mit einer alten Frau aus der Stadt. Die hat sie mit sich hinausgeführt, ist eines Seglers Weib gewesen und hat ihr helfen tragen Bettgewand. So hat sie mir auch gebracht eine große Kanne von 4 Maß mit Wein und hat außerdem auch 2 silberne Gürtel gefunden und Kleider, sodass ich dafür 12 Taler eingelöst habe zu Halberstadt.

Jan Peters (Hrsg.): Ein Söldnerleben im Dreißigjährigen Krieg. Eine Quelle zur Sozialgeschichte, Berlin 1993, S. 138 f

*__mausen__: plündern

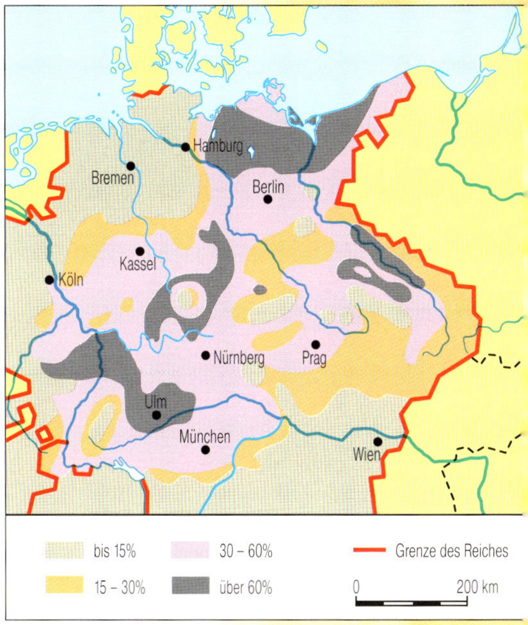

M 4 Bevölkerungsverluste 1618-48.

1. *„Der Krieg ernährt den Krieg." Erkläre diese Aussage anhand von M 2 und M 3.*
2. *Erläutere die Folgen des Krieges (M 1 bis M 4).*
3. *Informiert euch, wie stark Berlin-Cölln und Brandenburg vom Dreißigjährigen Krieg betroffen waren. Berichtet über eure Nachforschungen.*

LERNTIPP

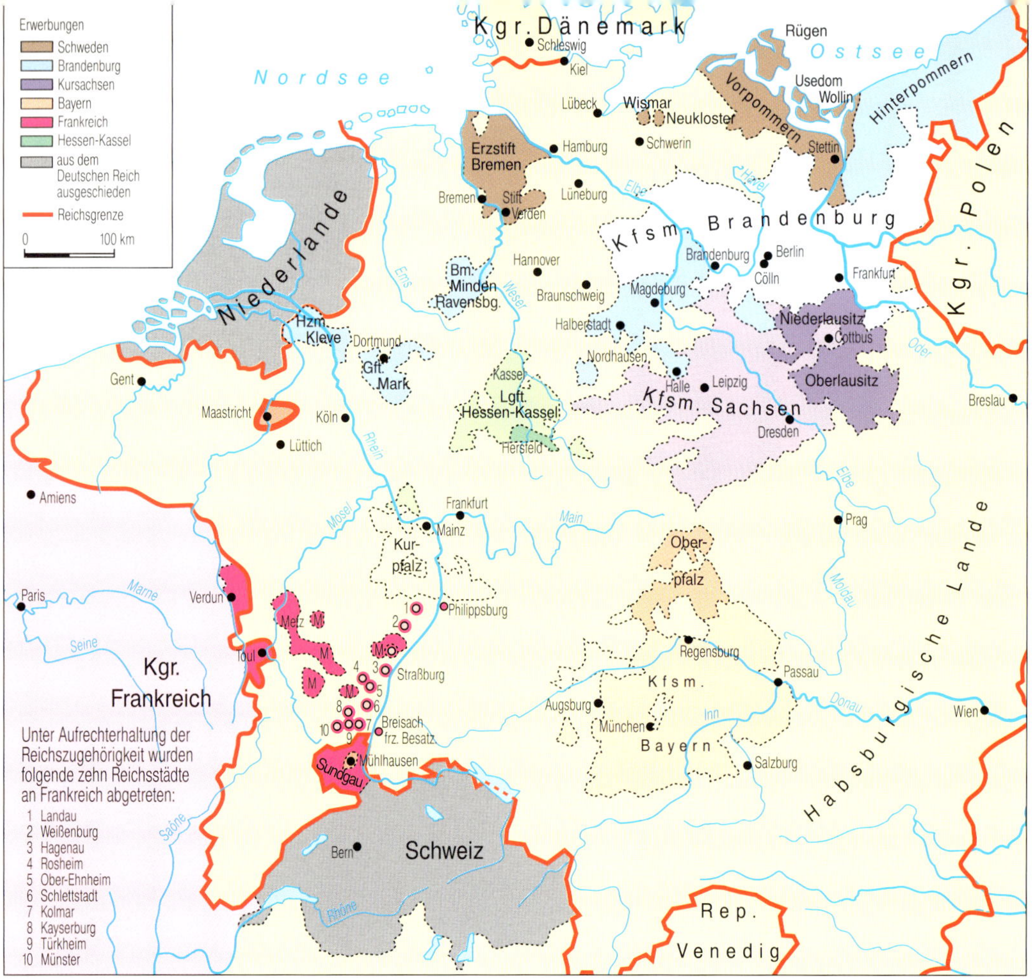

1 Gebietsveränderungen nach dem 30-jährigen Krieg 1648.

Genau 1 789 reichsunmittelbare Gewalten, darunter fast 300 unabhängige Reichsstände, gehörten nach dem Westfälischen Frieden zum Heiligen Römischen Reich Deutscher Nation.

Der Westfälische Frieden

Kongresse in Münster und Osnabrück

Noch während des Krieges versammelten sich 1643 in Münster und Osnabrück Gesandte aller am Krieg beteiligten Mächte zum ersten Friedenskongress der europäischen Geschichte. Die Verträge von Osnabrück zwischen Kaiser, Reichsfürsten und Schweden sowie von Münster zwischen Kaiser, Reichsfürsten und Franzosen verkündeten die Grundlagen eines Neuanfangs. Sie schufen eine europäische Friedensordnung, regelten die Gebietsansprüche, änderten die Verfassung des Reiches und bestimmten den konfessionellen Ausgleich.

Nur ein lockerer Bund

Der Friede im Reich wurde durch Gebietsabtretungen an die Sieger und die Garantiemächte des Friedens (Frankreich und Schweden) erkauft.

Die deutschen Reichsstände erhielten die volle Landeshoheit einschließlich des Rechts, Kriege zu erklären und Frieden zu vereinbaren. Sie waren nun frei, Bündnisse miteinander und mit fremden Staaten zu schließen, sofern sie nicht gegen Kaiser und Reich gerichtet waren. Dagegen war der Kaiser bei Reichsangelegenheiten wie Kriegssteuern sowie Kriegserklärungen, Friedensschlüssen und Bündnissen weiterhin an die Zustimmung der Reichsstände gebunden. Die Verträge legten fest, dass das Heilige Römische Reich Deutscher Nation ein lockerer Bund zahlreicher Staaten blieb. Zusammengehalten wurde es durch einige Gesetze und wenige gemeinsame Einrichtungen wie den *Reichstag* und das *Reichskammergericht*. Diese Ordnung hatte bis 1803/06 Bestand.

Der konfessionelle Ausgleich

Im Westfälischen Frieden wurden die Bestimmungen des Augsburger Religionsfriedens bekräftigt und auf die Calvinisten ausgedehnt. Die konfessionellen Besitzstände des Jahres 1624 waren wiederherzustellen. Alle religiösen Fragen sollten von nun an im Reichstag zwischen den getrennt beratenden katholischen und protestantischen sowie calvinistischen Reichsständen entschieden werden.

Bestimme die Bedeutung des Westfälischen Friedens
- *für Rechte und Besitzstand der Konfessionen,*
- *für das Verhältnis der Territorialstaaten zum Reich und*
- *für die Machtverhältnisse in Europa.*

M 1 „Neuer Auß Münster vom 25. deß Weinmonats im Jahr 1648 abgefertigter Freud= und Friedensbringender Postreuter."

Nachträglich kolorierter Holzschnitt (etwa 15 x 32 cm) von einem Flugblatt (34,6 x 32,9 cm), das der Augsburger Verleger und Stecher Marc Anton Hannas 1648 vertrieb. Am oberen Bildrand (links) verkündet eine „Fama" die Botschaft, der Götterbote Merkur (rechts) übergibt dem Reiter die Nachricht. Im Hintergrund des Blattes sind die Ziele des Reiters erkennbar. Deute die einzelnen Bildelemente.

M 2 Aus dem Osnabrücker Friedensvertrag

In Artikel II des am 25. Oktober 1648 verkündeten Friedensvertrages zwischen dem Kaiser (und seinen Verbündeten) sowie der Königin Christina von Schweden (und ihren Verbündeten) heißt es:

Beiderseits sei immerwährendes Vergessen und Amnestie* alles dessen, was seit Anbeginn dieser Unruhen an irgendeinem Ort und auf irgendeine Weise vom einen oder andern Teil, hüben und drüben, feindlich begangen worden ist […]; vielmehr sollen alle und jede hin und her, sowohl vor dem Kriege als auch im Kriege, mit Worten, Schriften oder Taten zugefügten Beleidigungen, Gewalttaten, Feindseligkeiten, Schäden und Unkosten ohne alles Ansehen der Personen oder Sachen dergestalt gänzlich abgetan sein, dass alles, was deshalb der eine vom andern fordern könnte, in immerwährendem Vergessen begraben sein soll.

Armin Reese, Pax sit Christiana. Die Westfälischen Friedensverhandlungen als europäisches Ereignis, Düsseldorf 1988, S. 131

* **Amnestie**: *Erlass von Strafen*

M 3 Über die Bedeutung des Friedenswerks

Der Historiker Michael Salewski urteilt 1993:

Gewiss beschleunigte das Friedenswerk die Aufsplitterung des Reiches in eine Unzahl von kleinen und kleinsten souveränen Territorialstaaten, darin konnte man auf der einen Seite ein Zeichen der Ohnmacht sehen. Auf der anderen war diese „Atomisierung" […] Voraussetzung zur Ausbildung einer schier unendlichen Fülle von individuellen, originellen Staats- und Gesellschaftsformen. Die in der Folgezeit entstehenden zahlreichen kleinen Residenzen prägen noch heute das Bild unserer Landschaften und Städte; die kulturelle Vielfalt, wie sie den Deutschen seither selbstverständlich geworden ist, geht auf diese politische Entwicklung wesentlich zurück.

Michael Salewski, Deutschland. Eine politische Geschichte. Von den Anfängen bis zur Gegenwart, Bd. 1, München 1993, S. 149

M 4 Osnabrücker Friedensreiter.
Foto von 1995.
Jedes Jahr reiten am 25. Oktober, dem Tag der Verkündung des Westfälischen Friedens, in Osnabrück Kinder mit Steckenpferden zum Rathaus. Vorbild für diesen Brauch ist das Nürnberger Friedensfest von 1650.

1. *Beurteile die Bedeutung des Artikels II für die damalige Zeit und überlege, ob er noch heute als Grundlage eines Friedensvertrages dienen könnte (M 2).*
2. *Erkläre Michael Salewskis Haltung mit eigenen Worten (M 3). Formuliere eine Gegenposition.*
3. *Kläre die symbolische Bedeutung des Merkurstabes (M 4).*

Was war wichtig?

Daten

1517 *Martin Luther stellt seine Thesen gegen den Missbrauch des Ablasses zur Diskussion.*

1524/25 *Der große Bauernkrieg: Ländliche und städtische Unterschichten erheben sich.*

1555 *Der Augsburger Religionsfrieden bestätigt die Glaubensspaltung.*

1648 *Der Westfälische Frieden beendet den Dreißigjährigen Krieg.*

Begriffe

Ablass: Nachlass zeitlicher, d.h. befristeter Strafen für Sünden gegen bestimmte Leistungen (Spende, Teilnahme an einer Wallfahrt u.a.m.). Voraussetzung des Ablasses waren aber Reue, Beichte und Freisprechung von den Sünden (*Absolution*) durch einen Priester. *Martin Luther* ging gegen den Ablasshandel vor, da der Papst und viele Bischöfe ihn als zusätzliche Einkommensquelle missbrauchten.

Gegenreformation: im Gegensatz zur → *katholischen Reform* die gewaltsamen Versuche der katholischen Kirche, ihren während der → *Reformation* an die Protestanten verlorenen Einfluss zurückzugewinnen.

Glaubensspaltung: die Aufteilung der mittelalterlichen katholischen Einheitskultur nach der → *Reformation* und dem „Augsburger Religionsfrieden" in eine Vielzahl von → *Konfessionen* und Kirchen (Katholiken, Lutheraner, Zwinglianer, Anglikaner, Calvinisten und Hugenotten), die auch eigene Formen des Alltagslebens, der Kunst und Kultur hervorbrachten.

Zu den Folgen der Glaubensspaltung zählen die Glaubenskriege: Je stärker die Konfessionen und ihre Abgrenzung alle Lebensbereiche bestimmten, umso mehr wurden aus zunächst religiös motivierten Konflikten politische Auseinandersetzungen. Ein Beispiel dafür ist der Dreißigjährige Krieg. Er beendete das Zeitalter der Glaubenskriege, aber nicht die Glaubensspaltung.

Katholische Reform: im Gegensatz zur → *Gegenreformation* die geistige Erneuerung und klare Abgrenzung der katholischen von der reformatorischen Lehre.

Konfession: Bekenntnis zum Glauben; mit der → *Reformation* entstand neben dem katholischen unter anderem das evangelisch-lutherische Glaubensbekenntnis.

Reformation (lat. *reformatio*: Wiederherstellung, Zurückformung): von *Martin Luther* ausgehende Bewegung, die eine Glaubensreform zum Ziel hatte und in einer Spaltung der katholischen Kirche in verschiedene Glaubensbekenntnisse (→ *Konfessionen*) endete (→ *Glaubensspaltung*).

Westfälischer Friede: Er beendete den Dreißigjährigen Krieg (1618-48). Durch ihn verlagerte sich das politische Schwergewicht vom Heiligen Römischen Reich auf die Territorialstaaten, gleichzeitig gewannen andere europäische Mächte durch ihn mehr Einfluss auf die deutsche Politik.

Grundfertigkeiten

Du hast in diesem Kapitel gesehen, wie Bilder für bestimmte Adressaten und bestimmte Ziele hergestellt und eingesetzt wurden.
Darüber hinaus konntest du die Arbeit mit verschiedenen Kartentypen und neuen Quellengattungen wie Reiseberichten und Protokollen vertiefen. Außerdem hast du am Beispiel Luthers gesehen, wie Legenden ein Geschichtsbild prägen.

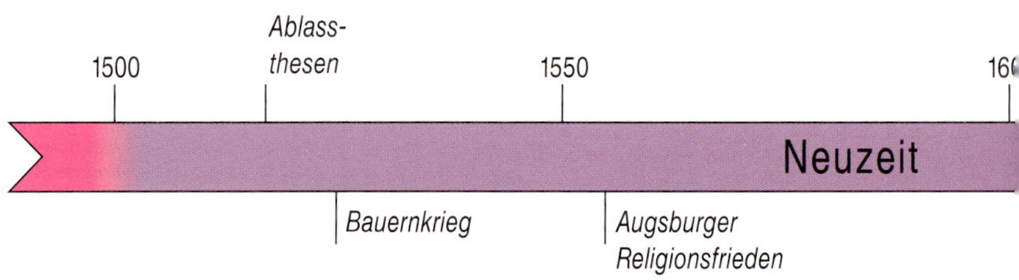

Zusammenfassung

Im 15. Jh. häuften sich Vorwürfe gegen Papst, Bischöfe, Priester und Äbte, sie missbrauchten ihre Macht und lebten in Luxus, statt sich um ihre geistlichen Aufgaben zu kümmern. Immer häufiger erließ die Kirche den Gläubigen ihre Sündenstrafen gegen Geld. Daran entzündete sich 1517 die Kritik *Luthers*. Seine Thesen gegen die Ablasspraxis machten ihn für die Kirche zum Ketzer und leiteten die Reformation ein. Der Streit spitzte sich zu, als Luther vor dem Kaiser erklärte, der Papst und die Konzilien könnten irren. Für ihn sei allein die Bibel und darin das Evangelium Maßstab des Glaubens. 1521 schloss zunächst der Papst Luther aus der Kirche aus, danach erklärte der Kaiser ihn und seine Anhänger für „vogelfrei".

Nachdem es bereits im 14. und 15. Jh. wegen schlechter Lebens- und Arbeitsbedingungen der ländlichen und städtischen Unterschichten hier und da zu Aufständen gegen Grund- und Stadtherren gekommen war, brachen 1524 größere Unruhen aus. Die reformatorische Lehre trug dazu bei, dass die Konflikte sich zum großen Bauernkrieg ausweiteten. Mit Söldnerheeren schlugen die Fürsten die regionalen Aufstände nieder.

Der Papst versuchte mit dem Kaiser sowie anderen katholischen Herrschern, die Einheit der Christenheit gewaltsam wiederherzustellen. Ohne Erfolg. Im Augsburger Religionsfrieden wurde die Spaltung der Christenheit bestätigt. Die Landesfürsten bestimmten von nun an die Religion ihrer Untertanen.

Die von Luther ins Leben gerufene Bewegung spaltete sich. In der Schweiz setzten die Reformatoren *Zwingli* und *Calvin* strenge Maßstäbe für den Glauben sowie für das private und öffentliche Leben. Die verschiedenen Konfessionen verhielten sich untereinander intolerant.

Herausgefordert durch die Reformation veränderte sich die katholische Kirche. Das Konzil von Trient legte Glaubensaussagen neu fest.

Vorurteile gegen Frauen, der feste Glaube an einen Teufel sowie frauenfeindliche Theologie und Rechtsprechung machten vor allem ärmere Frauen zu Opfern von Hexenverfolgung.

Aus einem regionalen Konflikt in Böhmen entstand der Dreißigjährige Krieg. In ihm ging es um konfessionelle Gegensätze und politische Macht. Für die Menschen war der Krieg eine Katastrophe. Vor allem die Bewohner des Heiligen Römischen Reiches Deutscher Nation litten unter ihm. Durch den Westfälischen Frieden festigten sich die Positionen Frankreichs und Schwedens; der Einfluss der Habsburger schwand. Das Reich blieb ein lockerer Verbund von vielen Einzelstaaten.

1 Luther-Denkmal auf dem Marktplatz von Wittenberg.
Foto, um 2004.
Das von Johann Gottfried Schadow entworfene Standbild wurde zum Reformationsfest 1821 enthüllt. Es ist das erste öffentliche Denkmal für eine bürgerliche Persönlichkeit in Deutschland und wurde zum Vorbild für zahlreiche andere Luther-Denkmale.

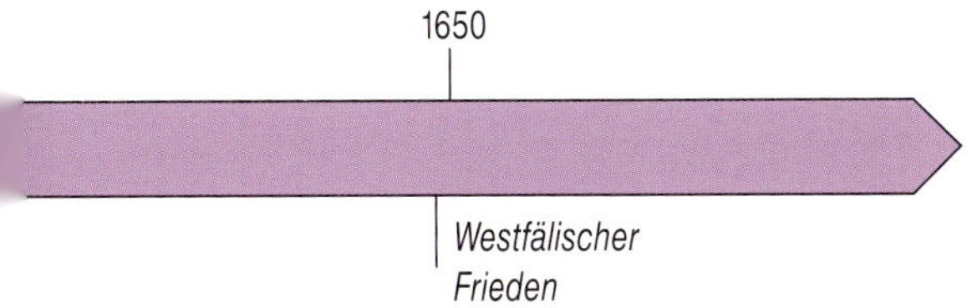

Übertrage die Zeitleiste und füge ein: die Geburts- und Sterbejahre von Luther und Karl V., wann der Prager Fenstersturz, das Konstanzer Konzil, die Bartholomäusnacht in Paris und die Schlacht bei Mühlberg stattfanden, wann der Papst den Jesuitenorden anerkannte und die meisten Hexenverfolgungen stattfanden.

Wichtige Daten

753 v. Chr.	*Rom wird der Sage nach gebaut.*
um Christi Geburt	*Das Zeitalter des Augustus.*
391	*Das Christentum wird alleinige Staatsreligion.*
395	*Aufgliederung des Römischen Reiches in einen östlichen und einen westlichen Herrschaftsbereich.*
476	*Ende des Weströmischen Reiches.*
622	*Flucht des Propheten Mohammed von Mekka nach Medina.*
800	*Karl der Große wird vom Papst in Rom zum Kaiser gekrönt.*
seit dem 8. Jh.	*Reiterheere sind den zu Fuß kämpfenden Bauernheeren überlegen; das Lehnswesen breitet sich aus.*
962	*Otto I. wird Kaiser und erneuert das abendländische Kaisertum.*
1077	*Heinrich IV. leistet dem Papst Buße vor der Burg Canossa; Höhepunkt des Investiturstreits.*
1099	*Die Kreuzfahrer erobern Jerusalem.*
seit dem 12. Jh.	*Die Zahl der Städtegründungen nimmt ständig zu.*
1122	*Mit dem Wormser Konkordat wird der Investiturstreit im Deutschen Reich beendet.*
1215	*König Johann I. von England stimmt der „Magna Charta“ zu.*
1231	*Im Zuge der Ostsiedlung gründet der Deutsche Orden einen eigenen Staat.*
1302	*In Frankreich beruft der König erstmals die Generalstände ein.*
1356	*In der „Goldenen Bulle“ werden die Regeln der Königswahl im Reich festgeschrieben.*
14./15. Jh.	*Die Hanse erlebt ihre Blütezeit.*
1300-1600	*Das Zeitalter der Renaissance: Die Antike wird wiederentdeckt.*
1347-1351	*Die Pest wütet in Europa.*
um 1450	*Gutenberg erfindet das Drucken mit beweglichen Metallbuchstaben.*
1453	*Die Osmanen erobern Konstantinopel.*
1492	*Kolumbus entdeckt Amerika; das Zeitalter der Entdeckungen beginnt.*
1517	*Martin Luther stellt seine Thesen gegen den Missbrauch des Ablasses zur Diskussion.*
1524/25	*Der große Bauernkrieg: Ländliche und städtische Unterschichten erheben sich.*
1555	*Der Augsburger Religionsfrieden bestätigt die Glaubensspaltung.*
1648	*Der Westfälische Frieden beendet den Dreißigjährigen Krieg.*

Wichtige Begriffe

Ablass: Nachlass zeitlicher, d.h. befristeter Strafen für Sünden gegen bestimmte Leistungen (Spende, Teilnahme an einer Wallfahrt u.a.m.). Voraussetzung des Ablasses waren aber Reue, Beichte und Freisprechung von den Sünden (*Absolution*) durch einen Priester. → *Martin Luther* ging gegen den Ablasshandel vor, da der → *Papst* und viele Bischöfe ihn als zusätzliche Einkommensquelle missbrauchten.

Adel (althochdeutsch *adal* = Geschlecht): eine Gruppe von Familien, die aufgrund von Geburt, Besitz oder Leistung eine besondere Stellung einnahm. Von der Bevölkerungsmehrheit grenzte der Adel sich im → *Mittelalter* durch Vorrechte, Umgangsformen und Kleidung ab. Zum niederen Adel gehörten die → *Ritter* und (ursprünglich unfreien) Dienstmannen (*Ministerialien*) der Könige. Zum Hochadel zählten Herzöge und Grafen. Die Herrscher nahmen sich das Recht, verdiente Personen in den Adelsstand zu erheben.

Allmende: von den Dorfbewohnern gemeinsam genutzte Wälder, Weiden, Wiesen und Teiche.

Arbeitsteilung: Aufgliederung der Herstellung eines Produkts in mehrere Arbeitsgänge, dabei werden die Teilschritte nacheinander von mehreren Arbeitnehmern, oft auch in verschiedenen Betrieben, durchgeführt.

Antike (lat. *antiquus*: alt): in der europäischen Geschichte die Zeit von etwa 1000 v. Chr. bis ins 5. Jh. n. Chr., in der Griechen und Römer den Mittelmeerraum beherrschten.

Bann → *Kirchenbann*

Bürger: alle freien Einwohner einer Stadt, die das Bürgerrecht besaßen und damit am politischen und sozialen Leben der Stadt teilnehmen durften. Das Bürgerrecht war im → *Mittelalter* erblich und beruhte auf städtischem Grundbesitz. Kein Bürgerrecht hatten Gesellen, Gesinde, Arme und Juden (seit dem 12./13. Jh.).

Byzanz: Bezeichnung für die östliche, griechisch-orientalisch geprägte Hälfte des Römischen Reiches (*Oströmisches Reich*).

Christentum: Anhänger der auf → *Jesus Christus* zurückgehenden monotheistischen → *Religion* (→ *Monotheismus*). Im Römischen Reich wurde das Christentum 391 n. Chr. zur alleinigen → *Staatsreligion*.

Diktatur (lat. *dictator*: der, der zu sagen hat): Um Notlagen zu überwinden, konnte in der römischen Republik (→ *Republik*) einer der beiden höchsten Beamten (→ *Konsul*) für sechs Monate allein regieren; ihm mussten sich alle fügen. Heute werden Herrscher, die alle Macht im Staat haben, Diktatoren genannt.

Dominat: Alleinherrschaft, die im 3. Jh. den → *Prinzipat* ablöste; die Kaiser betrachteten sich als „Herr und Gott".

Entdeckungen und Eroberungen: Ende des 15. Jh. und im Verlauf des 16. Jh. entdeckten europäische Seefahrer wie → *Kolumbus* die Seewege nach Amerika und Indien. Sie schufen damit die Voraussetzungen für die Eroberung Süd- und Mittelamerikas sowie die Vorherrschaft Europas in der Welt.

Frondienste: Dienste und Abgaben, die unfreie (hörige) Bauern ihren Grundherren schuldeten (→ *Grundherrschaft*).

Frühkapitalismus: Wirtschaftsform, in der Unternehmer wie → *Jakob Fugger* erstmals → *Kapital* gezielt einsetzten, um möglichst hohe Gewinne zu erzielen.

Gegenreformation: im Gegensatz zur → *katholischen Reform* die gewaltsamen Versuche der katholischen Kirche, ihren während der → *Reformation* an die Protestanten verlorenen Einfluss zurückzugewinnen.

Ghetto: Bezeichnung für ein von anderen Stadtteilen abgetrenntes Wohngebiet. Judenviertel gab es bereits in der Spätantike. 1170 wurde von der Kirche die räumliche Trennung von Juden und Christen beschlossen. Sie wurde zunächst kaum befolgt. Das erste Ghetto im Deutschen Reich entstand 1462 in Frankfurt am Main.
Die Bezeichnung „Ghetto" stammt aus Venedig, wo die Juden seit 1516 in einem Stadtteil „Ghetto Nuovo" wohnen mussten.

Glaubensspaltung: die Aufteilung der mittelalterlichen katholischen Einheitskultur nach der → *Reformation* und dem „Augsburger Religionsfrieden" in eine Vielzahl von → *Konfessionen* und Kirchen (Katholiken, Lutheraner, Zwinglianer, Calvinisten, Anglikaner und Hugenotten), die auch eigene Formen des Alltagslebens, der Kunst und Kultur hervorbrachten.
Zu den Folgen der Glaubensspaltung zählen die Glaubenskriege: Je stärker die Konfessionen und ihre Abgrenzung alle Lebensbereiche bestimmten, umso mehr wurden aus zunächst religiös motivierten Konflikten politische Auseinandersetzungen. Ein Beispiel dafür ist der Dreißigjährige Krieg. Er beendete das Zeitalter der Glaubenskriege, aber nicht die Glaubensspaltung.

„Goldene Bulle": Reichsgesetz von 1356, das das Verfahren für die Wahl des → *Königs* und → *Kaisers* des → *Heiligen Römischen Reiches* festlegte. Es bestimmte z. B., dass die Königswahl „binnen Jahr und Tag" nach dem Tod eines Königs stattfinden musste, und legte fest, dass derjenige König sein sollte, der bei der Wahl die meisten Stimmen der → *Kurfürsten* erhielt.

Gottesgnadentum: Rechtfertigung der erblichen Herrschaft eines Monarchen (→ *Monarchie*) als direkt von Gott verliehen.

Grundherrschaft: Herrschaft über Land und Leute. Die Grundherren übergaben Teile ihres Landbesitzes an Bauern zur Bewirtschaftung. Diese mussten ihnen dafür einen Teil der Erträge abliefern und Dienste leisten. Die Grundherren gewährten den Bauern Schutz und Hilfe und durften über sie bei einfachen Straftaten richten. Die größten Grundherren waren bis ins 18./19. Jh. die → *Könige*, der → *Adel* und die Kirche.

Hanse: zunächst eine Gemeinschaft (*Hanse*) von Kaufleuten im Ost- und Nordseeraum. Unter Führung Lübecks entstand um die Mitte des 13. Jh. ein Bund von freien Hansestädten, der bis zum 15. Jh. im Ostseeraum den Handel beherrschte und die stärkste politische Macht war.

Hegemoniestreben (griech. *hegemonia*: Oberbefehl): Bemühungen eines Herrschers oder eines Staates um die Vorherrschaft in einem Bündnis oder einem Gebiet. Im → *Mittelalter* entstanden dadurch die → *Territorialstaaten*. In der → *Neuzeit* bemühten sich beispielsweise Frankreich und England um eine Vorherrschaft in Europa.

Heiliges Römisches Reich: Bezeichnung für das im 10. Jh. entstandene deutsche Reich. Es unterschied sich von anderen Reichen wie Frankreich dadurch, dass dessen Herrscher sich als Nachfolger der römischen Kaiser und als Schutzherren der römisch-katholischen Kirche verstanden. Ende des 15. Jh. setzte sich für die deutschen Teile der von den habsburgischen Kaisern regierten Gebiete die Bezeichnung „Heiliges Römisches Reich Deutscher Nation" durch.

Herrschaft: Einzelne oder mehrere Menschen üben Macht über andere aus; sie kann auf Gewalt, Ansehen (*Autorität*) und Gesetzen beruhen.

Humanismus (lat. *humanum*: das Menschliche): Geisteshaltung, die ab dem 14. Jh. dazu beitrug, dass das Wissen über Grammatik, Rhetorik, Geschichte, Dichtkunst und Morallehre sich grundlegend veränderte. Die Wissenschaft und Kunst der → *Antike* war für Humanisten Ausgangspunkt ihrer Vorstellungen und Lehren.

Imperium Romanum (lat. *imperare*: befehlen): das Weltreich der Römer; Gebiete unter römischer Herrschaft.

Investiturstreit: Investitur (von lat. *investire*: bekleiden): → *Kaiser* und → *Päpste* stritten sich im 11./12. Jh. darüber, wer die Bischöfe, Äbte und Äbtissinnen in ihre Besitzrechte und geistlichen Aufgaben einsetzen durfte (→ *Reichskirche*). Der Investiturstreit war ein Machtkampf um die → *Reichskirche*. Er endete im → *Heiligen Römischen Reich* mit dem „Wormser Konkordat" (1122). Darin verzichtete der Kaiser auf die Investitur der Bischöfe, Äbte und Äbtissinnen in ihr geistliches Amt. Er behielt sich aber vor, ihnen die weltlichen Vasallenpflichten zu übertragen.

Islam: Anfang des 7. Jh. von → *Mohammed* gegründete monotheistische → *Religion* (→ *Monotheismus*); das arabische Wort bedeutet die völlige Hingabe der gläubigen Muslime an ihren Gott Allah. Nur derjenige, der diese Hingabe zeigt, gilt als Muslim.

Judentum: die → *Religion* des „Volkes Israel" und aller Menschen, die der jüdischen Gemeinschaft durch Geburt oder Glauben angehören. Der jüdische Glaube ist die älteste monotheistische → *Religion* (→ *Monotheismus*) und beeinflusste → *Christentum* und → *Islam*.

Kaiser: höchster weltlicher Herrschertitel. Der Begriff ist abgeleitet von dem Namen → *Caesar*, der Bestandteil des Titels der Herrscher des Römischen Reiches seit → *Augustus* war. Das abendländische Kaisertum wurde von → *Karl dem Großen* in Konkurrenz zum byzantinischen Kaisertum geschaffen. Das Recht, einen Kaiser zu krönen, blieb bis ins Spätmittelalter den Päpsten (→ *Papst*) vorbehalten. Mit der Kaiserkrönung → *Ottos I.* 962 wurde das Kaisertum auf das → *Heilige Römische Reich* übertragen. Dort wurde Kaiser, wer zum deutschen → *König* gewählt worden war (→ *„Goldene Bulle"*).

Kaiserzeit: die von → *Augustus* begründete Zeit, in der das Römische Reich „vom ersten Mann im Staat" (lat. *princeps*) regiert wurde (→ *Prinzipat*). Im Westen endete die Kaiserzeit mit dem Zerfall des Weströmischen Reiches im Jahre 476, im Osten mit dem Untergang des Byzantinischen Reiches im Jahre 1453.

Kapital: Geld, Rohstoffe, Produktions- und Transportmittel sowie Marktkenntnisse, die von Unternehmern (Kapitalisten) gewinnbringend eingesetzt werden. Unternehmer wie die *Fugger* prägten in der → *Neuzeit* den → *Frühkapitalismus*.

Katholische Reform: im Gegensatz zur → *Gegenreformation* die geistige Erneuerung und klare Abgrenzung der katholischen von der reformatorischen Lehre.

Kirchenbann: Strafe der Kirche, die den Ausschluss des Gebannten aus der Gemeinschaft der Gläubigen zur Folge hat; der Bann konnte durch Buße aufgehoben werden.

Kloster (lat. *claustrum*: Verschluss, abgeschlossener Bereich): Menschen, die ein ausschließlich religiös bestimmtes Leben führen wollen, werden Mönche oder Nonnen. Sie verpflichten sich, arm, ehelos und gehorsam zu leben. Grundlage für das abendländische Mönchtum sind die im 6. Jh. von → *Benedikt von Nursia* zusammengestellten Ordensregeln geworden. Ihr Ziel ist es, Gebet und Arbeit zu verbinden (lat. *Ora et labora!*: Bete und arbeite!).

König: Herrschertitel; der König regiert und/oder repräsentiert eine → *Monarchie*. Im frühen → *Mittelalter* wurde er von einer adligen Führungsschicht (→ *Adel*) gewählt, auch wenn die Wahl oft nur die Weitergabe des Titels an einen Erben bestätigte. Seit dem 14. Jh. regelte die → *„Goldene Bulle“* das Wahlverfahren im → *Heiligen Römischen Reich*.

Konfession: Bekenntnis zum Glauben; mit der → *Reformation* entstand neben dem katholischen unter anderem das evangelisch-lutherische Glaubensbekenntnis.

Konsul (lat. *consul*): einer von zwei Inhabern des höchsten Staatsamtes in der Römischen Republik (→ *Republik*). Sie wurden für ein Jahr gewählt und besaßen im Kriegsfall den Oberbefehl über die Truppen.

Koran: das heilige Buch der Muslime, das Mohammeds Lehren enthält; es gilt den Muslimen als das Wort Gottes und als Grundlage des Rechts.

Kreuzzug: bewaffnete Pilgerfahrt, die die Kirche im → *Mittelalter* zur Ausbreitung des Glaubens und zur Befreiung der heiligen Stätten forderte. Der erste Kreuzzug begann im Jahre 1096, um die Muslime aus Jerusalem zu vertreiben, der siebte endete 1291. Der Name wird von dem Kreuz abgeleitet, mit dem sich die Teilnehmer kennzeichneten.

Kurfürsten: die Fürsten, die nach der → *„Goldenen Bulle“* den → *Kaiser* des → *Heiligen Römischen Reiches* „küren“ (wählen) durften. Im 13. Jh. gab es sieben Kurfürsten: die Erzbischöfe von Köln, Mainz und Trier, der Pfalzgraf bei Rhein, der Markgraf von Brandenburg, der Herzog von Sachsen und der König von Böhmen.

Lehnswesen: Als Gegenleistung für die Unterstützung von Kriegszügen (→ *Ritter*) oder für die Übernahme von Diensten verliehen → *Könige* und andere Adlige (→ *Adel*) an Gefolgsleute Grundbesitz, einträgliche Ämter oder Vorrechte als Lehen. Wer sie vergab, hieß Lehnsherr, wer sie erhielt, → *Vasall*. Die Lehnsherren mussten ihre Vasallen beschützen, die Vasallen schuldeten ihnen dafür Dienste, Rat und Treue.

Limes: die durch Wälle und Wachtürme gesicherte Grenze des Römischen Reiches, hinter der militärische Befestigungsanlagen (Kastelle) lagen. Auf germanischem Gebiet wurde Ende des 1. Jh. mit dem Bau des insgesamt 550 km langen Limes begonnen.
Der nördliche (*obergermanische*) Teil verlief etwa von Andernach (bei Koblenz) bis Seligenstadt, der südliche (*rätische*) von Miltenberg bis Eining (bei Kelheim).

Mission: Verbreitung einer → *Religion* und die Gewinnung von Anhängern für sie. Im Reich der Franken setzte die römisch-katholische Mission mit der Taufe *Chlodwigs* um 500 ein. Sie wurde anfangs von irischen und angelsächsischen Mönchen betrieben und von den fränkischen Herrschern teilweise mit Gewalt vorangetrieben. Der → *Islam* breitete sich nach dem Tod des Propheten → *Mohammed* durch die Eroberungszüge seiner Nachfolger aus.

Mittelalter: in der europäischen Geschichte die Zeitspanne zwischen → *Antike* und → *Neuzeit*: ca. 500 bis 1500. → *Grundherrschaft*, → *Lehnswesen*, → *Klöster* und → *Ritter* prägten die frühmittelalterliche Gesellschaft, an deren Spitze der → *König* stand. Kennzeichen des Hochmittelalters sind die zahlreichen Stadtgründungen, die → *Hanse* und die → *Zünfte*.

Monarchie (griech. *mon-archia*: Allein-Herrschaft): → *Staatsform* mit einem erblichen → *König* oder → *Kaiser* (*Monarchen*) an der Spitze.

Monotheismus (griech. *monos*: allein; *theos*: Gott): Glaube an einen einzigen Gott; Beispiele: → *Judentum*, → *Christentum* und → *Islam*). Das Gegenteil zum Monotheismus ist der → *Polytheismus*.

Neuzeit: in der europäischen Geschichte die Zeit, die das → *Mittelalter* ablöst. Die → *Renaissance* und der → *Humanismus*, der Buchdruck, die → *Entdeckungen* sowie Veränderungen in der Wirtschaft (→ *Frühkapitalismus*), Wissenschaft und im Glauben (→ *Reformation*) werden als Gründe für den Beginn der Neuzeit genannt.

Ostsiedlung: die Vergrößerung und Missionierung des deutschen Siedlungsraumes zwischen dem 11. und 14. Jh. über Elbe und Saale hinaus nach Osten. Der „Deutsche Orden“ schuf dort mithilfe von Siedlern einen gutfunktionierenden Ordensstaat.

Papst (lat. *papa*: Vater): Oberhaupt der römisch-katholischen Kirche; ursprünglich Ehrentitel für alle Bischöfe. Nach der katholischen Glaubenslehre ist der Papst von Christus eingesetzt und Nachfolger des Apostels Petrus im römischen Bischofsamt. Mit der Krönung → *Karls des Großen* zum → *Kaiser* beanspruchten die Päpste, über das Kaisertum verfügen zu dürfen.

Patrizier (lat. *patres*: „Väter“): im alten Rom die Nachkommen der ältesten Familien, die zu Beginn der Römischen Republik (→ *Republik*) allein regierten. Sie übernahmen die wichtigsten Staatsaufgaben und stellten die Priester. Gegen ihre Macht kämpften seit dem 6. Jh. v. Chr. die → *Plebejer* (→ *Ständekämpfe*).
In Anlehnung an den alten römischen Adel wurden die angesehenen und wohlhabenden Familien in den mittelalterlichen Städten Patrizier genannt. Sie stellten zunächst allein die politische Führung in den Städten (→ *Stadtrecht*).

Plebejer: Bezeichnung für alle römischen Bürger, die keine → *Patrizier* waren. Sie wurden nach den → *Ständekämpfen* Ende des 3. Jh. v. Chr. mit den → *Patriziern* rechtlich gleichgestellt.

Polytheismus (griech. *poly*: viel; *theos*: Gott): Glaube an viele Götter. Die alten Ägypter verehrten z. B. mehrere Götter. Das Gegenteil des Polytheismus ist der → *Monotheismus*.

Prinzipat: Bezeichnung für die von → *Augustus* begründete Herrschaftsform, in der der Kaiser den Titel „princeps" (dt. „der erste Mann im Staat") trug.

Proletarier: nach Rom und in andere Städte abgewanderte besitzlose Bauern.

Reformation (lat. *reformatio*: Wiederherstellung, Zurückformung): von → *Martin Luther* ausgehende Bewegung, die eine Glaubensreform zum Ziel hatte und in einer Spaltung der katholischen Kirche in verschiedene → *Konfessionen* endete (→ *Glaubensspaltung*).

Reichsacht: eine nur vom → *Kaiser* und seinen Gerichten zu verhängende Strafe, mit der ein Missetäter für gesetzlos und vogelfrei erklärt werden konnte; das heißt jeder durfte die geächtete Person straflos töten.

Reichskirche: Die mittelalterlichen deutschen → *Könige* bemühten sich, die Kirche in den Dienst des → *Heiligen Römischen Reiches* zu stellen. Sie setzten dazu Bischöfe, Äbte und Äbtissinnen in ihre Ämter ein (*Investitur*) und übertrugen ihnen Land aus dem Königsgut als Lehen. Die Bischöfe, Äbte und Äbtissinnen hatten damit nicht nur geistliche Aufgaben zu erfüllen, sondern auch weltliche. Sie waren wie → *Vasallen* zu Diensten und Heeresfolge im Reich verpflichtet. Im 11./12. Jh. trug der → *Investiturstreit* zum Zerfall dieser Verhältnisse bei.

Reichsstände: im → *Heiligen Römischen Reich* zählten dazu alle Fürsten, Grafen, Städte und → *Ritter*, die zusammen mit dem → *Kaiser* das Reich vertraten. Die Reichsstände hatten Sitz und Stimme im Reichstag. Sie mussten die vom Reichstag bewilligten Steuern aufbringen und im Kriegsfall das Reichsheer stellen.

Renaissance: moderner Begriff für die „Wiedergeburt" der Kunst und Kultur der → *Antike*, die seit 1300 von Italien ausging, bis etwa 1600 anhielt und die Kultur aller europäischen Staaten beeinflusste. In dieser Zeit machte sich der Mensch zum Mittelpunkt jeder Erfahrung. Zahllose Dinge wurden entdeckt und erfunden (→ *Neuzeit*).

Ritter: Sie gehörten zum niederen → *Adel* und leisteten den Waffendienst auf Pferden. Zu ihren Idealen gehörten eine christliche Lebensführung, Tapferkeit, Treue und Gerechtigkeit.

Religion: Glaube an einen oder mehrere Götter und der sich daraus ergebende Kult (→ *Christentum*, → *Islam* und → *Judentum*).

Republik (lat. *res publica*: öffentliche Angelegenheit): nach der Vertreibung der etruskischen Könige in Rom um 500 v. Chr. entstandene → *Staatsform* mit jährlich wechselnder Regierung. Mit → *Augustus* verloren Magistrat, → *Senat* und Volksversammlungen an Einfluss, die → *Kaiserzeit* begann.

Romanisierung: Ausbreitung der Sprache und der Lebensweise der Römer im → *Imperium Romanum*; dabei wurden Sprache und Brauchtum der einheimischen Bevölkerung verdrängt.

Senat: Rat erfahrener Politiker; seine Mitglieder bestimmten die öffentlichen Angelegenheiten im republikanischen Rom. Die Senatoren stammten vor allem aus vornehmen Familien (→ *Patrizier*) und waren vorher Regierungsbeamte.

Sklaven: unfreie und rechtlose Menschen. Im Altertum wurden vor allem Kriegsgefangene versklavt. Auch freie Bürger konnten zu Sklaven gemacht werden, wenn sie ihre Verpflichtungen nicht einhielten (*Schuldknechtschaft*). Über Sklaven durfte wie über Gegenstände verfügt werden. Unter bestimmten Bedingungen konnten sie von ihren Eigentümern freigelassen werden.

Staatsform: die politische Ordnung in einem Staat. Staatsformen der → *Antike* und des → *Mittelalters* sind → *Monarchie* und → *Republik*.

Staatsreligion: eine von den Herrschern für ihre Untertanen festgelegte Form des Glaubens. 391 n. Chr. wurde das → *Christentum* im römischen Weltreich zur alleinigen → *Religion* erklärt.

Stadtrecht: Weltliche und geistliche Herren gründeten im → *Mittelalter* Städte als Mittelpunkte für Handel und Landesausbau. In den Gründungsurkunden gewährten sie den → *Bürgern* besondere Rechte und Freiheiten (Privilegien), um Einwohner zu gewinnen. Diese zahlten im Gegenzug Steuern und Abgaben. Die Stadtrechte räumten den Bürgern dazu ein hohes Maß an Selbstverwaltung und Rechtsprechung ein (→ *Patrizier*, → *Zunft*).

Ständekämpfe: Auseinandersetzungen zwischen den → *Plebejern* und den → *Patriziern* um politische, rechtliche, religiöse und militärische Gleichberechtigung. Die Ständekämpfe dauerten rund 200 Jahre. Sie endeten 287 v. Chr. damit, dass die Beschlüsse der Plebsversammlungen auch von den Patriziern befolgt werden mussten.

Ständewesen: Herkunft und Abstammung (Geburt) gliederten die mittelalterliche Gesellschaft in die drei Stände → *Adel*, Klerus (Bischöfe und Vertreter der Klöster) und → *Bürger* und Bauern. Diese Stände unterschieden sich durch jeweils besondere Rechte, Pflichten, Vorrechte (*Privilegien*) und gesellschaftliche Funktionen (Beruf) sowie durch ihre besondere Lebensführung. Gegenüber dem Landesherrn beanspruchten die Vertreter der Stände ein Mitspracherecht. (→ *Territorialstaat*)

Territorialstaat (lat. *territorium*: Gebiet): Bezeichnung für ein Herrschaftsgebiet (Territorium), über das ein Landesherr ohne Einmischung eines anderen Herrn regierte. Die Landesherren waren allerdings im → *Mittelalter* auf die Zustimmung der Stände (→ *Ständewesen*) angewiesen, um ihre Kriege und aufwändige Hofhaltung bezahlen zu können. Sie versammelten die Ständevertreter daher auf Landtagen und gaben ihnen bestimmte Mitspracherechte, versuchten aber, diese Mitsprache so gering wie möglich zu halten.

Vasall (kelt. *Gwas*: Knecht): Lehnsmann (→ *Lehnswesen*), der dem niederen, aber auch dem höheren → *Adel* angehören konnte.

Verleger: Unternehmer, die Handwerkern und Heimarbeitern Rohstoffe „vorlegen", um sie von ihnen gegen Lohn bearbeiten zu lassen und schließlich selbst zu verkaufen (→ *Arbeitsteilung*, → *Frühkapitalismus*).

Völkerwanderung: Seit etwa 300 n. Chr. drangen germanische Völkerschaften in römisches Reichsgebiet ein. Sie gründeten zum Teil Reiche von kurzer Dauer und trugen zum Zerfall des Römischen Reiches bei.

Westfälischer Friede: Er beendete den Dreißigjährigen Krieg (1618-48). Durch ihn verlagerte sich das politische Schwergewicht vom → *Heiligen Römischen Reich* auf die Territorialstaaten, gleichzeitig gewannen andere europäische Mächte durch ihn mehr Einfluss auf die deutsche Politik.

Zunft (mittelhochdeutsch *zumft*: was sich ziemt): Seit dem 11. Jh. schlossen sich städtische Handwerker eines Berufes zusammen, um ihre Interessen gemeinsam wirksamer gegenüber den → *Patriziern* durchsetzen zu können. Die Zünfte regelten die Ausbildung, kontrollierten Menge, Qualität und Preis der Waren, bekämpften unlauteren Wettbewerb und sicherten ihre Mitglieder durch Krankenkassen ab. Im 14. und 15. Jh. setzten die Zünfte gegen die Patrizier die Mitwirkung der Handwerker in den Stadträten durch.

Menschen, die Geschichte machten

Augustus (63 v.-14 n. Chr.): Großneffe → *Caesars*, der ihn zum Erben eingesetzt hatte. Er wurde nach 31 v. Chr. in Rom „der erste Mann im Staat" (lat. *princeps*) und herrschte weitestgehend unumschränkt (→ *Prinzipat*). Der → *Senat* verlieh ihm 27 v. Chr. wegen seiner Verdienste den Ehrentitel Augustus (der „Erhabene"). Augustus vererbte seine Macht in seiner Familie. Damit begann die → *Kaiserzeit*. Der Monat August wurde nach ihm benannt. Spätere Kaiser übernahmen die Bezeichnung Augustus in ihren Kaisertitel.

Benedikt von Nursia (um 480-547): Ordensgründer. Seine Regeln für das Klosterleben (→ *Kloster*) prägten das abendländische Mönchtum.

Bonifatius (um 672/675 - 754, ursprünglich Winfrid): Mönch und Missionar aus Wessex (England). Er missionierte die germanischen Völker (→ *Mission*), gründete zahlreiche Klöster und Bistümer und wurde so zum „Apostel der Deutschen".

Caesar (Gaius Iulius C., 100 - 44 v. Chr.): Feldherr, Staatsmann und Schriftsteller. Er begann 49 einen Bürgerkrieg, um seine Machtansprüche durchzusetzten. Als *Diktator* (seit Anfang 44 auf Lebenszeit) ordnete Caesar die Neuordnung des Staates an (→ *Diktatur*). An den Iden (15.) des März 44 v. Chr. wurde er von Angehörigen des → *Senats* ermordet. Der Monat Juli wurde nach ihm benannt. Caesar wurde zum Teil des Titels der römischen Herrscher; der Name lebt in den Herrschertiteln „Kaiser" und „Zar" fort.

Calvin, Johannes (1509-1564): neben → *Luther* der bedeutendste Reformator. Er wirkte vor allem in Genf. Seine Lehre bildete die Grundlage für eine reformierte Gottesdienstordnung und ein sittenstrenges Leben.

Diokletian (243 - 316): Feldherr, der 284 von seinen Truppen zum Kaiser ausgerufen wurde. Er führte den → *Dominat* ein und organisierte die Reichsverwaltung neu, indem er das Reich in vier große Verwaltungseinheiten gliederte.

Dürer, Albrecht (1509-1564): bedeutendster deutscher Maler der → *Renaissance*.

Friedrich I. Barbarossa (1122-1190): deutscher → *König* und → *Kaiser* aus dem Geschlecht der Staufer, der wegen seines rötlichblonden Bartes den Beinamen „Barbarossa" (dt. *Rotbart*) erhielt. Friedrich I. legte durch Rückgabe Bayerns an → *Heinrich den Löwen* den Streit zwischen Staufern und Welfen bei. Er führte viele Kriege, um seine Ansprüche gegenüber den lombardischen Städten und dem Papsttum durchzusetzen.

Friedrich II. (1194-1250): deutscher König und → *Kaiser*, Enkel von → *Friedrich I. Barbarossa*. Ein großer Teil seiner Regierungszeit wurde geprägt vom Streit mit den Päpsten (→ *Papst*). Zentrum seiner Herrschaft war Sizilien. Er verknüpfte antikes, arabisches und christliches Wissen und gilt als der „erste moderne Herrscher".

Fugger, Jakob II. der Reiche (1459-1525): seit 1511 war er Alleininhaber der 1494 gegründeten Fugger'schen Handels-Gesellschaft; er finanzierte → *Karl V.* die Wahl zum Kaiser und ließ in Augsburg die *Fuggerei*, eine Siedlung für verarmte Bürger, bauen.

Galilei, Galileo (1564-1642): italienischer Mathematiker, Physiker und Philosoph. Er befasste sich mit allen Fragen der Physik, baute das in Holland erfundene Fernglas nach und beobachtete Sterne und Mond. Er trat öffentlich für das heliozentrische Weltbild (→ *Neues Bild der Erde*) des → *Kopernikus* ein und widersprach dem damaligen kirchlichen Weltbild. In einem Prozess musste er 1633 seine Vorstellungen öffentlich widerrufen und wurde zu Hausarrest verurteilt.

Gutenberg, Johannes (um 1400-1468): Um 1450 erfand Gutenberg in Mainz das Drucken mit beweglichen Metallbuchstaben und damit den Buchdruck.

Hannibal (247- 183 v. Chr.): Feldherr aus Karthago und erbitterter Gegner der Römer. Seine Truppen brachten den Römern in der Schlacht von Cannae (216 v. Chr.) die größte Niederlage in ihrer Geschichte bei.

Heinrich der Löwe (um 1129-1195): → *Herzog* aus dem Geschlecht der Welfen; er erhielt 1142 das seinem Vater abgesprochene Herzogtum Sachsen zurück und wurde von seinem Vetter, → *Friedrich I. Barbarossa,* 1156 mit Bayern belehnt. Heinrich der Löwe dehnte seinen Machtbereich aus, gründete Bistümer und Städte (1159 Neugründung Lübecks). 1176 verweigerte er dem → *Kaiser* die Heerfolge und verlor daraufhin 1180 die Herzogtümer Bayern und Sachsen (nicht den Eigenbesitz um Braunschweig-Lüneburg). Erst ein Jahr vor seinem Tode gab er den Kampf gegen die Staufer endgültig auf.

Heinrich IV. (1050-1106): → *König* ab 1056 unter der Vormundschaft seiner Mutter Agnes aus dem Haus der Salier. Während des → *Investiturstreits* wurde er vom → *Papst* mit dem → *Kirchenbann* belegt und für abgesetzt erklärt. Mit seinem „Gang nach Canossa" (1077) konnte er sich aus dem Bann lösen und seine Herrschaft sichern. 1084 ließ er sich zum *Kaiser* krönen. 1105 musste er auf Druck seines Sohnes abdanken.

Jesus: Stifter des → *Christentums.* Er wurde wohl um das Jahr 6 vor der Zeitenwende als Jude in Bethlehem in Palästina geboren und wahrscheinlich im Jahre 30 (an einem Freitag) in Jerusalem gekreuzigt. Das Bekenntnis zu Jesus als dem „Christus" (griech. *christos*: „der Gesalbte"; Übersetzung des hebräischen „Messias") ist Mittelpunkt des christlichen Glaubens.

Justinian (482-564): oströmischer Kaiser. Er versuchte in seiner langen Regierungszeit (527-564), das geteilte und durch die Völkerwanderung geschwächte Weltreich der Römer wiederherzustellen. Die von ihm veranlasste Sammlung des gesamten römischen Rechts (*Corpus iuris civilis*) gilt als eine Grundlage der europäischen Rechtsentwicklung.

Karl der Große (lat. *Carolus Magnus,* frz. *Charlemagne*; 747-814): → *König* der Franken (seit 768) und Langobarden (seit 774). Er erneuerte das weströmische Kaisertum (→ *Kaiser* seit 800), unterwarf die Sachsen, erweiterte das Reich gegen die Araber in Spanien und gliederte Bayern in seinen Herrschaftsbereich ein. Karl der Große förderte Bildung, Wissenschaft und Kunst.

Karl V. (1500-1558): → *König* (ab 1519) und → *Kaiser* (ab 1530) des → *Heiligen Römischen Reiches* aus dem Geschlecht der Habsburger. Er herrschte über große, weit über Europa und Südamerika verstreute Gebiete. Karl V. versuchte vergeblich, die religiöse Einheit des Reiches zu bewahren. 1556 dankte er als Kaiser ab.

Kolumbus, Christoph (1451-1506): Seefahrer und Entdecker. Er versuchte, in westlicher Richtung nach Indien zu kommen, dabei entdeckte er 1492 Amerika.

Konstantin I. der Große (um 285-337): Feldherr und römischer Kaiser. Er erklärte im Jahre 330 Byzantion zur Hauptstadt des römischen Reiches und erkannte mit dem Toleranzedikt von Mailand 314 das *Christentum* als gleichberechtigte *Religion* an. Er ließ sich aber erst auf dem Sterbebett taufen.

Kopernikus, Nikolaus (1473-1543): Kirchenmann und Astronom. Er fand durch Berechnungen heraus, dass die Sonne im Mittelpunkt der Welt steht.

Las Casas, Bartolomé de (1474-1566): Dominikanermönch, Missionar und Bischof von Chiapas (Mexiko). Er setzte sich vergeblich für die Rechte der Indios ein. Seine Schriften schildern die Übel der spanischen Kolonisation (→ *Entdeckungen und Eroberungen*) und geben uns einen Einblick in die Kultur der Indios.

Leonardo da Vinci (1452-1519): italienischer Maler, Bildhauer, Naturforscher und Erfinder (→ *Renaissance*).

Luther, Martin (1483-1546): Reformator. Er veröffentlichte 1517 seine 95 Thesen über den → *Ablass* in Wittenberg, bestritt später die Führungsrolle des → *Papstes* und die Unfehlbarkeit der Konzilien. Der Konflikt zwischen Luther und katholischer Kirche führte zur → *Reformation.* Luther übersetzte die ganze Bibel neu, verfasste zahlreiche Lehrwerke und Kirchenlieder.

Magellan, Ferdinand (um 1480-1521): Seefahrer. Magellan stand anfangs in portugiesischen, dann in spanischen Diensten. Er fand den westlichen Seeweg nach Indien.

Marius (um 157-86 v. Chr.): römischer Feldherr; er formte aus den Truppen, die bis dahin nur im Kriegsfall einberufen worden waren, ein Heer von Berufssoldaten. In diese Armee nahm er auch → *Proletarier* auf.

Mohammed (um 570-632): Stifter des → *Islam*. Mohammed (arab. „der Gepriesene") lernte als junger Mann die Lehren der Juden und Christen kennen. Um 610 fühlte er sich zum Gesandten Gottes (*Allahs*) berufen. Die ihm von Gott gemachten „Mitteilungen" wurden im → *Koran* zusammengefasst. 622 wanderte er von Mekka nach Medina aus. Dort festigte sich sein religiöses und staatsmännisches Ansehen. Als Herrscher über weite Teile Arabiens und im Bewusstsein, eine neue → *Religion* gestiftet zu haben, starb er in Medina.

Müntzer, Thomas (um 1490-1525; hingerichtet): Geistlicher, Reformator und Anführer des Bauernaufstandes in Thüringen; nach der Niederlage der Bauern in der Schlacht bei Frankenhausen wurde er enthauptet.

Otto I., der Große (912-973): deutscher → *König* und → *Kaiser*. Er sicherte das Reich gegen die Ungarn, die seine Truppen in der Schlacht auf dem Lechfeld 955 endgültig besiegten. Otto errichtete zahlreiche Bistümer und machte die Reichskirche (→ *Reichskirchensystem*) zur Stütze seiner Herrschaft. Nach dem Vorbild → *Karls des Großen* ließ er sich in Rom zum Kaiser krönen (962).

Spartacus (starb 71 v. Chr. auf dem Schlachtfeld): Führer der Sklavenaufstände; er war gemeinsam mit anderen → *Sklaven* aus einer Gladiatorenschule geflohen und hatte sich an die Spitze eines Heeres von 40 000 Sklaven und entrechteten Freien gestellt. In der Entscheidungsschlacht fand Spartacus mit dem größten Teil seiner Anhänger den Tod. Spartacus wurde zur Symbolfigur für den Aufstand der versklavten und unterdrückten Menschen.

Trajan (53-117): römischer → *Kaiser* 98-117; unter ihm erreichte das römische Reich durch Neugewinnung von Provinzen seine größte Ausdehnung. Er unterstützte Gelehrte und Künstler.

Varus (starb 9 auf dem Schlachtfeld): römischer Statthalter und Oberbefehlshaber in Germanien. Bei einem Aufstand der Germanen wurde Varus mit seinen drei Legionen geschlagen; Ort der Schlacht ist wahrscheinlich Kalkriese bei Osnabrück (Niedersachsen).

Wallenstein, Albrecht von (1583-1634; ermordet): Feldherr und Staatsmann. Mit seiner Heirat (1609) sowie durch die Unterstützung des → *Kaisers* bei der Niederwerfung des böhmischen Aufstandes (1618/20) gewann er große Ländereien. Dem Kaiser stellte er ein eigenes Söldnerheer zur Verfügung und erhielt den Oberbefehl über alle kaiserlichen Truppen im Reich. 1630 erzwangen die Reichsfürsten die Entlassung Wallensteins. Zwei Jahre später bekam er aber erneut den Oberbefehl. Seine Gegner unterstellten ihm nach 1632 den Verrat des Reiches. Kaiserliche Offiziere ermordeten ihn.

Wo steht was?

*Auf den mit * gekennzeichneten Seiten findest du Erklärungen wichtiger Grundbegriffe.*

Wer steht wo?

*Auf den mit einem * gekennzeichneten Seiten findest du eine kurze Lebensbeschreibung der Person.*

Lesetipps

Themenübergreifende Bände

Martin Kronenberg (Hrsg.), Geschichte und Abenteuer, Heft 2: Vom Reich der Franken bis zum Bauernkrieg. Bamberg: Buchner
Martin Kronenberg (Hrsg.), Geschichte und Abenteuer, Heft 3: Vom 30-jährigen Krieg bis zum Deutschen Kaiserreich. Bamberg: Buchner
Sammlungen von Jugendbuchauszügen.

Jacques LeGoff, Die Geschichte Europas. Weinheim: Beltz & Gelberg
Ein französischer Historiker erzählt jungen Lesern die Geschichte Europas.

Manfred Mai (Hrsg.), Lesebuch zur deutschen Geschichte. Weinheim: Beltz & Gelberg
Sammlung von Jugendbuchauszügen.

Manfred Mai (Hrsg.), Lesebuch zur Weltgeschichte. München: Hanser
Sammlung von Jugendbuchauszügen.

Martin Zimmermann (Hrsg.), Weltgeschichte in Geschichten. Streifzüge von den Anfängen bis zur Gegenwart. Würzburg: Arena
Erzählungen zu allen Epochen der Geschichte.

Zur römischen Geschichte

Hans Baumann, Ich zog mit Hannibal. München: dtv
Der Roman schildert die Erlebnisse eines jungen Elefantentreibers auf dem Weg von Spanien über die Alpen nach Italien.

Stephan Biesty, Rom – ein Spaziergang durch die ewige Stadt. München: Hanser
Sachbuch mit vielen Rekonstruktionszeichnungen.

Mike Corbishley, Das Buch vom alten Rom. Würzburg: Arena
Sachbuch mit vielen Farbfotos, Illustrationen und Karten.

Lola Gándara, Hüte dich vor Caesars Rache. München: dtv
Der Abenteuerroman erzählt von der Aufklärung des Verbrechens.

Neil Grant, Altes Rom. Nürnberg: Tessloff
Illustriertes und informatives Jugendsachbuch.

Alix Hänsel, Ranulf und die Varusschlacht. Hamm: Roseni
Illustrierter Jugendroman, der den Kampf zwischen Römern und Germanen darstellt.

Andrew Haslam/Alexandra Parsons, Die Römer und ihre Welt. Nürnberg: Tessloff
Illustriertes Sachbuch.

Paul Knudsen, Der Wettstreit. München: Bertelsmann
Die Abenteuer eines jungen Mannes im Rom der Kaiserzeit.

David Macaulay, Eine Stadt wie Rom. München: dtv
Sachbuch über die Bauwerke einer römischen Stadt aus der Sicht eines Architekten.

Alberto Melis, Reise nach Jerusalem. Stuttgart: Ellermann
Erzählung aus der Zeit Christi.

Richard Platt, Julius Caesar. Römischer Staatsmann und Feldherr. Hildesheim: Gerstenberg
Illustriertes Sachbuch über Caesar und seine Zeit.

Tilman Röhrig, Mit Hannibal über die Alpen. Würzburg: Arena
Der Schreiber Silenos berichtet über den Zug Hannibals vom Rhonetal bis nach Oberitalien.

Hans Dieter Stöver, Drei Tage in Rom. München: dtv
Der vierzehnjährige Lucius erfährt vieles über die Geschichte Roms.

Hans Dieter Stöver, Quintus geht nach Rom. München: dtv
Die Geschichte des 14-jährigen Quintus, der zur Zeit Caesars lebt.

Hans Dieter Stöver, Caesar und der Gallier. Würzburg: Arena
Darstellung des Konflikts zwischen Rom und Gallien und zwischen Caesar und Vercingetorix, der zur Unterwerfung Galliens führte.

Zur Spätantike und zum frühen Mittelalter

Gabriele Beyerlein, In das Land, das ich dir zeigen werde. Würzburg: Arena
Spannende Erzählung über die Christianisierung Mainfrankens aus dem 7. Jh.

Josef C. Grund, Feuer am Limes. Bindlach: Loewe
Die Konflikte zwischen den Alamannen und den Römern bilden den Hintergrund der Erzählung.

Sjoerd Leiker, Kundschafter gegen Attila. Kevelaer: Anrich
Erlebnisse eines Germanen, der als Offizier im römischen Heer gegen die Hunnen kämpft.

Michael Schmauder, Die Völkerwanderung. Nürnberg: Tessloff
Illustriertes Sachbuch.

Anne Sefrioui / Michael Welply, Die islamischen Kulturen. Stuttgart: Union
Informatives und illustriertes Sachbuch.

Hans Dieter Stöver / Michael Gechter, Report aus der Römerzeit. Vom Leben im römischen Germanien, Würzburg: Arena
Sachbuch über den Alltag im römischen Germanien.

Jakob Streit, Columban. Ein Kämpfer für das irische Christentum. Stuttgart: Urachhaus
Mit der Lebensgeschichte des Missionars erfährt der Leser viel über die Ausbreitung des Christentums und das frühe Klosterleben.

Hedwig van de Velde, Aufstand gegen Rom. Stuttgart: Urachhaus
Römische und germanische Kultur treffen aufeinander.

Arnulf Zitelmann, Unterwegs nach Bigorra. Abenteuerroman aus dem frühen Mittelalter. Weinheim: Beltz & Gelberg
Die 16-jährige Itta wird Zeugin der Schlacht von Tours und Poitiers im Jahre 732 und lernt Juden und Araber kennen.

Herwig Wolfram, Plötzlich standen wir vor Attila. Wien: Ueberreuter.
Abenteuergeschichte, die einen Einblick in das Alltagsleben der Hunnen gibt.

Europa auf dem Weg in die Neuzeit

Hans Baumann, Der Sohn des Columbus. München: dtv
Geschichte des 13-jährigen Fernan Columbus, der seinen Vater auf dessen letzter Reise nach Amerika begleitet.

Ingeborg Bayer, Hernando Cortéz. Würzburg: Arena
Erzählung über die Eroberung Mexikos durch den spanischen Feldherrn Cortéz.

Günther Bentele, Wolfsjahre. Gütersloh: Bertelsmann
Ein 13-Jähriger sucht seinen Bruder und erlebt die Folgen des 30-jährigen Krieges.

Daniela Forni, Die Geschichte der Entdecker. München: Bertelsmann
Illustriertes Jugendbuch über die Zeit, in der Europäer die Welt entdeckten und erforschten.

Peter Gissy, 1492 – Das geheime Manuskript. München: cbg 2004
Roman, der die Entdeckungsreise mit einem Mordfall verknüpft.

Albrecht Gralle, Der Gürtel des Leonardo. Zürich: Bajazzo.
Roman, der über den Maler und Erfinder Leonardo da Vinci und über das Leben der Menschen in der Renaissance informiert.

Andrea Hensgen, Dich habe ich in die Mitte der Welt gestellt. München: Bertelsmann
Schüler setzen sich in einer Projektwoche mit der Renaissance auseinander und lernen dabei viel über sich selbst.

Ilse Kleberger, Pietro und die goldene Stadt. München: Klopp
Ein Bauernjunge kommt als Färberlehrling nach Florenz; eines Tages lernt er einen berühmten Maler kennen.

Gerd Lobin, Mit Kolumbus nach Amerika. Würzburg: Arena
Roman über die Ereignisse der ersten Amerika-Fahrt aus der Sicht eines Schiffsjungen.

Rosemarie Marschner, Nacht der Engel. München: dtv
Hier wird die Geschichte der Francesca del Bene und ihrem Mann Marco, die im Florenz des ausgehenden 15. Jahrhunderts leben, erzählt.

Michel Pierre, Die Renaissance. Stuttgart: Union
Bilder und Texte zeigen den Beginn einer neuen Zeit.

Carlo Ross, Kreuz und Davidstern. München: Bertelsmann
Roman über die Judenverfolgung im 15. Jahrhundert.

Rainer M. Schröder, Das Geheimnis des Kartenmachers. Würzburg: Arena
Hat es vor Kolumbus schon Karten gegeben, die das Land jenseits des Atlantiks aufzeigen? Der um 1490 in Augsburg spielende Roman geht dieser Frage nach.

Ulrike Schweikert, Das Jahr der Verschwörer. Würzburg: Arena
Der Roman führt mitten hinein in das Leben in der Freien Reichsstadt Schwäbisch Hall um 1450.

Simone van der Vlugt, Nina und das Amulett aus den Flammen. München: Bertelsmann
Die 13-jährige Nina flieht aus Würzburg vor den Hexenjägern.

Karl Rolf Seufert, „Kurs West!" Christoph Kolumbus entdeckt die Neue Welt. Bindlach: Loewe
Erzählung über das Leben des Entdeckers.

Kampf um den Glauben

Leif Esper Andersen, Hexenfieber. München: dtv
Das Schicksal einer Frau, die in einer dänischen Kleinstadt in Verdacht gerät, eine Hexe zu sein.

Ingeborg Bayer, Jacobäas Traum. Würzburg: Arena
Historischer Roman aus der Frühzeit der Reformation.

Günther Bentele, Der Feuerbaum. München: Bertelsmann
Historischer Roman, der die Reformationszeit und den Bauernkrieg darstellt.

Dörte Damm, Die Els und ich. Zwei Mädchen in den Wirren des Dreißigjährigen Kriegs. Wien: Ueberreuter
Lebensgeschichte zweier Mädchen, die in dieser Zeit mutig ihren Weg gehen.

Ingeborg Engelhardt, Hexen in der Stadt. München: dtv
Hexenverfolgung während des 30-jährigen Krieges in Würzburg, erzählt nach Originalquellen.

Sigrid Heuck, Der Fremdling. Stuttgart: Thienemann
Eine glaubwürdige Geschichte, die gegen Ende des 30-jährigen Krieges spielt.

Manfred Mai, Nichts als die Freiheit! Der deutsche Bauernkrieg. München: dtv 2004
Sachbuch über Vorgeschichte, Verlauf und Folgen des Bauernkrieges.

Maria Musiol, Dem Blatt im Winde gleich. Des fahrenden Schülers warhafftige Historia zue Kurzweil und Erbauung von ihme in Teutsch niedergeschrieben, da er selbstens ein Schulmeister geworden. Anno domini 1576. Lebensbeschreibung eines Vagabunden aus dem 16. Jahrhundert.
Aschaffenburg: Alibri Verlag 1998
Franziskus Lapidus erlebt als fahrender Schüler die Wirren von Reformation und Bauernkrieg.

Erna Osland, Marias Reise. Freiburg i. Br.: Herder
Maria unternimmt eine Reise durch das Europa der Reformation.

Inge Ott, Verrat. Stuttgart: Freies Geistesleben
Ein Junge wird hineingezogen in die Wirren des 30-jährigen Krieges und beobachtet die hinterlistigen Verwicklungen um Wallenstein.

Harald Parigger, Die Hexe von Zeil. München: dtv
Schicksal eines Mädchens zur Zeit der großen Hexenverfolgungen.

Nina Rauprich, Wenzel oder der Weg in die Freiheit. Gütersloh: Bertelsmann
Der junge Wenzel hört von Toleranz, Menschenwürde, Gleichheit und Freiheit, doch das Alltagsleben ist geprägt von Engstirnigkeit, Aberglauben und Ungerechtigkeiten.

Tilman Röhrig, In dreihundert Jahren vielleicht. Würzburg: Arena
Das Elend des 30-jährigen Krieges wird in diesem Roman verdeutlicht.

Arnulf Zitelmann, „Ich will donnern über sie!" Weinheim: Beltz & Gelberg
Die Lebensgeschichte des Reformators und Bauernkriegsrebellen Thomas Müntzer.

Arnulf Zitelmann, „Widerrufen kann ich nicht." Weinheim: Beltz & Gelberg
Die Lebensgeschichte des Reformators Martin Luther.

Abkürzungen

In den Karten wurden folgende Abkürzungen verwendet:

BM (Bm.)	Bistum
EBM (Ebm.)	Erzbistum
ERZHZM (Erzhzm.)	Erzherzogtum
FBM (Fbm.)	Fürstbistum
GFT (Gft.)	Grafschaft
GHZM (Ghzm.)	Großherzogtum
HZM (Hzm.)	Herzogtum
KGR (Kgr.)	Königreich
KRFSM (Krfsm.)	Kurfürstentum
KSR (Ksr.)	Kaiserreich
KST (Kst.)	Kaisertum
LGF (Lgf.)	Landgrafschaft
MGF (Mgf.)	Markgrafschaft

Bildnachweis

Abtei St. Hildegardis, Ebingen – S. 134; Akademie der Wissenschaften und Literatur, Mainz – S. 117; Alceto Historical Editions, London – S. 150; Architektur Kandula, Köln – S. 61; Archiv für Kunst und Geschichte, Berlin – S. 5 (2), 19, 34, 54, 82, 135, 172, 178, 179, 180, 182, 185, 214, 233, 244; Archiv für Kunst und Geschichte/Peter Conolly – S. 18, 21, 22, 45 (2), 46; Archiv Nationale, Paris – S. 154; Artothek, Weilheim – S. 177; D. Bartz/Fritz Rudolf Herrmann, Die Römer in Hessen, S. 94 – S. 62; Baugeschichtliches Archiv, Zürich – S. 111; Bayerische Verwaltung der Staatlichen Schlösser, Gärten und Seen, München – S. 177; Bertelsmann Verlag, München – S. 155; Biblioteca Apostolica Vaticana, Rom – S. 128, 158; Biblioteca del Palacio Real, Madrid – S. 139; Bibliotheca Reale, Turin – S. 176; Bibliothèque Nationale de France, Paris – S. 74, 106, 137, 153, 168; Bibliothèque Royale de Belgique, Bruxelles – S. 156; G. Binding, Darmstadt – S. 120, 121; Bischöfliches Dom- und Diözesanmuseum, Mainz – S. 134; Bodleian Library, Oxford – S. 97, 145; British Library, London – S. 152; British Museum, London – S. 9, 135; Cabinet des Medailles/Bibliothèque Nationale, Paris – S. 243; Cesa, Cölbe – S. 120; Cinetext, Frankfurt – S. 29, 155; College Library, Cambridge – S. 151; Das Israel Museum, Jerusalem – S. 54; Deutsche Grammophon-Gesellschaft, Hamburg – S. 155; Deutscher Kunstverlag, München – S. 106; Deutscher Taschenbuch Verlag, München – S. 31; Deutsches Archäologisches Institut, Rom – S. 10; Deutsches Historisches Museum, Berlin – S. 103 (2), 203, 220; Deutsches Schifffahrtsmuseum, Bremerhaven – S. 163; Diözesanmuseum, Rottenburg – S. 77; Dogli Orti, Paris – S. 72; Domkapitel, Aachen – S. 79, 83; dpa Picture-Alliance, Frankfurt – S. 192, 235; Edition Mazenod, Paris – S. 16; +Forschungs- und Landesbibliothek, Gotha – S. 83; Freya Stephan-Kühn. Viel Spaß im Mittelalter! Spiel- und Lesebuch zur mittelalterlichen Geschichte, Würzburg: Arena 1986, S. 64 – S. 110; Klaus Gast, Barsinghausen – S. 15; Germanisches Nationalmuseum, Nürnberg – S. 67, 169, 188, 203, 204/205, 212, 243; Giraudon, Paris – S. 61 (2); Hans-Joachim Gogler, Gelnhausen – S. 122; Renate Gruber, Darmstadt – S. 89, 113, 132; Gutenberg Museum, Mainz – S. 180; Fanny Hartmann – S. 3, 90/91; Herzog-Anton-Ullrich-Museum, Braunschweig – S. 167; Herzog-August-Bibliothek, Wolfenbüttel – S. 133; Hessische Landes- und Hochschulbibliothek, Darmstadt – S. 161; Hessische Landesbibliothek, Fulda – S. 131, 242; Historisches Museum, Bamberg – S. 202; Interfoto, München – S. 85, 86; Jüdisches Museum, Frankfurt – S. 226 (3), 227 (3); Aleppo Khaldoun, Fausa – S. 136; KNA-Bild, Bonn – S. 107; Königliche Bibliothek, Kopenhagen – S. 108; Kulturgeschichtliches Archiv Hausmann, München – S. 102; Kunsthistorisches Museum, Wien – S. 5, 32, 119, 126, 218; Les Èditions Albert René, Paris – S. 27, 30; Limesmuseum, Aalen – S. 64; Francois Martin, Genf – S. 222; Metropolitan Museum of Art, New York – S. 125; Mikado, Lübeck – S. 113; Museé de Picardie, Amiens – S. 75; Museé de la Tapisserie de la Reine Mathilde, Bayeux – S. 150; Museé National du Louvre, Paris – S. 155, 176; Museo Archaeologico, Florenz – S. 11; Museo Capitolini, Rom – S. 3, 6/7; Museo del Ort, Santale de Bogota – S. 192; Museo di Storia della Scienza, Florenz – S. 183; Museo Nacional del Prado, Madrid – S. 216; Museum Artaud, Lausanne – S. 221; Museum der Grafschaft Mark, Burg Altena –S. 103; Museum der Stadt Regensburg – S. 201; Museum für Vor- und Frühgeschichte, Frankfurt/Main – S. 50; Museum of Art, Toledo – S. 208; Museum und Park Kalkriese, Bramsche-Kalkriese – S. 38, 39 (2); National Gallery of Art, Washington – S. 171; Neue Filmproduktion NFP GmbH, Rolf von der Heyd, Halle – S. 211; W. Neumeister, München – S. 68; Palazzo Pitti, Florenz – S. 183; Palazzo Pubblico, Siena - Einband; Pfarrkirche St. Nikolaus und Ulrich, Nürnberg-Mögeldorf – S. 217; Prähistorische Staatssammlung, München – S. 35; Preußischer Kulturbesitz, Berlin – S. 3, 36, 148/149, 171, 191, 223; Ratschulbibliothek, Zwickau – S. 215; Rheinisches Landesmuseum, Bonn – S. 73; Römisch-Germanisches Museum, Köln – S. 32, 65; Rosengarten-Museum, Konstanz – S. 3, 198/199, 200; Saalburg-Museum, Archäologischer Park, Bad Homburg – S. 3, 58/59, 62; Scala, Antella – S. 14, 173, 174; Dr. Schareika, Stuttgart – S. 44; Schiller-Nationalmuseum/Deutsches Literaturarchiv, Marbach – S. 155; Uli Seidler, Schelldorf – S. 57; St. Bonifatius-Kirche, Hünfeld – S. 78, Staatl. Antikensammlung und Glyptothek, München – S. 25, 56; Staatsbibliothek, Bamberg – S. 101; Staatsbibliothek, Berlin – S. 144; Staatsgalerie, Stuttgart – S. 207; Städt. Reiss-Museum, Mannheim – S. 68; Stadtarchäologie, Kempten – S. 66; Stadtarchiv, Hamburg – S. 162; Stadtarchiv, Osnabrück – S. 233; Stadtarchiv, Volkach – S. 98; Stadtbibliothek, Nürnberg – S. 119; Stadtbibliothek, Schaffhausen – S. 129; Städtisches Museum, Göppingen (Foto Pfeifer, Stuttgart) – S. 156; Stadtmuseum, Freiburg – S. 121; Stadtmuseum, Münster – S. 230; Stadtverwaltung, Trier – S. 112; The Associated Press, Frankfurt – S. 87; Topkapi-Soray Museum, Istanbul – S. 184; Ullstein-Bild, Berlin – S. 105, 120, 190; Universitätsbibliothek, Heidelberg – S. 93, 100, 102, 140; Verkehrsamt, Gelnhausen – S. 112, 122, 147; Verwaltung der Staatlichen Schlösser und Gärten, Bad Homburg – S. 132; WMG Lippe-Detmold – S. 38; Württembergisches Landesmuseum, Stuttgart – S. 97, 108; Zentralbibliothek, Zürich – S. 224.

LERNTIPPS

Meinungen vergleichen

Nur über wenige Ereignisse, Entwicklungen und Persönlichkeiten der Geschichte gibt es einheitliche Urteile. Zeitzeugen und Historiker sind häufig unterschiedlicher Meinung über ein Geschehen oder den Charakter eines Menschen. Das liegt einmal daran, dass alle historischen Entwicklungen vielfältig und vielschichtig sind, ebenso die handelnden Personen.
Zum anderen hängt jedes Urteil von der Einstellung ab, mit der jemand an eine Sache herangeht: Wir alle urteilen nämlich von unserem jeweiligen Standpunkt aus. Er gründet sich auf unsere bisherigen Erfahrungen und wird von unseren Interessen beeinflusst. Wir legen also unterschiedliche Maßstäbe an. Einigen von uns sind bestimmte Werte und Ziele wichtig, anderen nicht. Manchmal wandeln sich die Auffassungen im Laufe der Zeit. All das beeinflusst eine Meinung über ein Geschehen oder eine Person. Achte bei einem Vergleich mehrerer Texte zuerst auf die inhaltlichen Gemeinsamkeiten, dann auf die Unterschiede. Suche nach Gründen für unterschiedliche Urteile.

Wie verschieden die Ausdehnung der römischen Macht von Zeitgenossen gesehen wurde, kannst du z. B. auf Seite 22 lesen. Siehe dazu auch den Lerntipp „Perspektiven wechseln" auf Seite 194 f.

→ Dieses Logo zeigt dir auf den Seiten dieses Buches weitere Lerntipps oder erinnert dich an die Informationen auf diesen Vorsatzblättern. Wenn du Aufgaben bearbeitest, solltest du dich von den Anregungen leiten lassen.

Comics und Jugendbücher beurteilen

Comics und Jugendromane können Geschichten erzählen, historische Quellen sind sie nicht. Meist haben sie eine Hauptfigur, deren Gedanken und Gefühle die damalige Zeit veranschaulichen sollen. Aus ihrer Sicht werden dir vergangene Ereignisse vorgestellt und erklärt.
Wichtig für historische Jugendbücher und Comics ist, dass die Verfasser die Personen und Handlungen glaubwürdig darstellen. Die erfundenen Geschichten sollten so dargestellt sein, dass sie unser gesichertes Wissen über die Vergangenheit berücksichtigen.

Einen Lerntipp zu diesem Thema findest du auf der Seite 30 f.

Lesetipps zu einem bestimmten Thema findest du auf Seite: allgemeine Lektürehinweise.

Bücher finden

Wenn du ein Thema gründlich erarbeiten willst, benötigst du Fachliteratur. In der Schul- oder Stadtbücherei sind Bücher alphabetisch in einem Verfasser- und in einem Sachkatalog aufgelistet. Auf einer Karteikarte oder auf einem Bildschirm erhältst du Angaben über Verfasser, Erscheinungsort und -jahr sowie die Signatur: eine Folge von Zahlen und Buchstaben, mit denen das Werk in der Bibliothek eingetragen ist.
Findest du zu deinem Thema mehr Bücher, als du auswerten kannst, musst du einige auswählen. Prüfe dann anhand des Inhaltsverzeichnisses, ob das Buch für dich ergiebig sein könnte.

Und das Internet?* Seine Bedeutung für die Beschaffung auch wissenschaftlicher Informationen wächst, zumal aus dem Ausland. Es kann die Arbeit in der Bibliothek nicht ersetzen, aber ergänzen.

** Zum Internet siehe das entsprechende Vorsatzblatt vorne.*

Geschichte im Film

Filme sind historische Quellen. Worüber sie Auskunft geben, hängt von der Fragestellung des Betrachters ab. Alle Filmgattungen (Spiel-, Dokumentar-, Historien- und Unterrichtsfilme, aber auch Mischformen aus Spiel- und Dokumentarfilmen) bieten zum einen Einblicke in die dargestelle Zeit und zum anderen Hinweise aus der Zeit, in der sie produziert wurden. Gleichzeitig drücken sie auch die Vorstellungen der Filmemacher aus.

Zum Umgang mit Filmen siehe z. B. das Projekt „Legenden um Luther" auf Seite 211.